民法典
合同编
实务手册

A PRACTICE MANUAL
FOR
CONTRACTS PART
OF
CIVIL CODE

陈 志 编著

法律出版社 LAW PRESS · CHINA

编写说明

2020年5月28日,《民法典》由第十三届全国人民代表大会第三次会议通过,其具体内容如下:第一编总则,第二编物权,第三编合同,第四编人格权,第五编婚姻家庭,第六编继承,第七编侵权责任,最后是附则。

《民法典》施行后,《合同法》将予以废止,故笔者编著本书(第二版)。

我国《民法典》合同编基本上承接了《合同法》的内容,主要内容没有太大变化。《合同法》与《宪法》、《刑法》、《行政诉讼法》等法律规定不同,不涉及国家体制等政治性问题,所以可以充分借鉴国际上通行的合同法规则。

《合同法》是调整平等主体之间的经济纠纷的法律,这一点在各个国家都差不多,所以,我国《合同法》和国际接轨的程度比较高。我国的合同法体系与德国、法国、日本等国的合同法体系既有类似,又有其特点。

《民法典》合同编分则中增加了保证合同、保理合同、物业服务合同、合伙合同四类有名合同。

劳务合同、旅游服务合同、出版合同这三类典型合同未增加在《民法典》中。劳务合同属于一种特殊的承揽合同,劳务合同在实务中非常容易和劳动合同发生混淆,劳务合同适用《民法典》,劳动合同适用《社会保障法》。司法实践中对一个合同认定为劳务合同还是劳动合同,争议和分歧较大,本次《民法典》立法未单独设立劳务合同。随着经济的发展,旅游服务合同已经成为非常普遍的合同,本次《民法典》立法未将其纳入并单独设立。

本书以《民法典》合同编27章为主体,每一章以法条为躯干,附以笔者对合同法的初步理解,附加了少量大陆法系民法法条供读者阅读,添加了典型案例以使读者更好地理解法条。买卖合同、借款合同、承揽合同之后附加了部分笔者拟定的示范文本,仅供读者参考。

本书采用的案例均是从笔者已经整理的合同案例中挑选的,每个案例均具有一定的典型性。实习生黄宇参与了本书的案例挑选。由于各种条件限制,尤其是要将几页甚至十几页的案例浓缩成不到一页,错误或不妥之处不可避免。任何人发现本书中的错误或不妥之处,均可联系笔者。

笔者联系方式:电话(微信):137 6188 4776;电子邮箱:582557938@qq.com

陈　志

目　　录

典型案例索引

第一分编　通　　则

第一章　一 般 规 定

一、合同与合同编[①]

第四百六十三条[②]　**【调整对象】**[③]本编调整因合同产生的民事关系。

第四百六十四条　【适用范围】合同是民事主体之间设立、变更、终止民事法律关系的协议。

婚姻、收养、监护等有关身份关系的协议，适用有关该身份关系的法律规定；没有规定的，可以根据其性质参照适用本编规定。

实务指引[④]

合同编调整的是平等的民事主体之间的法律关系。例如，机关单位采购一个办公桌，政府和卖家之间形成买卖合同关系，和普通人去购买一个办公桌并无区别。又如，父母送给子女一套房屋，双方形成的是平等的赠与合同关系。

现代社会中，为了保障合同正义，平等的民事主体间的私法关系逐渐受到来自公法及社会法的规制。劳动合同、保险合同、股权转让合同等这些特殊的合同关系就是很好的例子。这些特殊的合同关系虽然在某些方面有其区别于合同编的特殊规则，但大体上仍参照适用合同编的基本原理。

具有身份关系的平等主体之间的人身性质的协议性纠纷，优先适用相关的特殊法律规定，如《民法典》[⑤]人格权编、婚姻家庭编、继承编，在特别法没有相关规定

---

① 本内容为编者所加，下同。

② 本书框内法条均为《中华人民共和国民法典》合同编之内容，下同。

③ 法条主旨为编者所加，下同。

④ 实务指引为笔者个人观点，仅供参考，下同。

⑤ 本书中的《民法典》未特别注明者，均指《中华人民共和国民法典》。

的情况下,适用合同法的内容。

第一百一十八条[①] **【债权】**民事主体依法享有债权。

债权是因合同、侵权行为、无因管理、不当得利以及法律的其他规定,权利人请求特定义务人为或者不为一定行为的权利。

实务指引

本条属于民法典总则的内容,明确了债权因合同之债、侵权之债、无因管理、不当得利而产生。

我国《民法典》不设债法总则,将部分传统债法总则的内容置于合同法通则中,优点是体系稍微简单一些,便于非法律人士理解法律,缺点是债法总则的其他内容如何全部并入合同法通则中,典型如自然债务赌债、促成婚姻的中介费等法律问题,可能会遇到一些问题。我国各级法院在《民法典》生效后的判决中引用法条时估计会出现一些疑问和矛盾。尤其是我国法律学者,多数学习了设置债法总则的德国民法或日本民法。

第四百六十五条 【合同约束力及其相对性】依法成立的合同,受法律保护。

依法成立的合同,仅对当事人具有法律约束力,但是法律另有规定的除外。

第一百一十九条 【合同约束力】依法成立的合同,对当事人具有法律约束力。

实务指引

合同的成立是一个非常重要的概念。笔者认为,合同的成立,是指合同当事人的意思表示(要约和承诺)达成了一致,并且该意思表示符合合同成立的要件("依法"),即符合总则编关于意思表示的一般规定、合同编关于要约与承诺的相关规定以及合同编和其他相关法律法规关于合同成立的一些特殊规定。

合同双方达成一致,合同即成立。如果经过律师、公证员等法律从业人员的审核,表明双方非常重视合同的内容。但是,即使合同没有经过律师见证或者公证处公证,也不会影响合同的成立和效力。同样地,经过律师见证或者公证处公证,并不意味着合同一定就有效。

比如,农村有一些没有产权证的房屋,或者农村的宅基地,售价比较低,很多城

---

① 法条未标注者,均为《中华人民共和国民法典》之内容,下同。

市居民购买用来居住，公证处一般不会办理这类合同的公证事宜。于是，有的交易双方希望通过律师见证来保障交易安全，但是考虑到合同可能会被认定为无效，购买方存在一定的风险，律师见证是否妥当，值得探讨。对于没有产权证的房屋，购房者还是需要慎重权衡。

典型案例

1. 泉州市洛江区万安房地产开发有限公司诉庄良胜所有权返还纠纷案

［案例来源：福建省泉州市中级人民法院（2005）泉民终字第370号民事判决书，《中国审判案例要览（2006年民事审判案例卷）》，第73－78页］

原告万安公司和被告庄良胜双方签订拆迁补偿安置协议书两份，对被告被拆迁的两处旧宅（包含营业性住房），约定原告应补偿给被告501.15m^2安置房。同时为解决被告的营业性住房问题，约定原告按优惠价照顾被告购买经营性用房。原告按照协议为被告安置了相应房产，同时就营业性住房部分与被告另外签订了两份协议，约定被告可优先选购原告新建的117.06m^2的营业性店面，按商品房价给予相应的优惠购买，对于安置房的其他未尽事宜另行签订补充协议。被告优先选定原告新建的两处店面后未按照协议要求与原告签订购房协议，直接占用两间店面。原告诉请被告返还店面。

福建泉州中院①二审认为，拆迁补偿安置协议书并非商品房买卖合同，不具备商品房买卖合同的主要内容。双方间关于两处店面的买卖合同依法尚未成立。既然合同未成立，也就不存在合同履行的问题，因此双方之间的纠纷不属于商品房买卖合同纠纷。庄良胜在商品房买卖合同未成立的情况下，单方面强行占用诉争房屋，已侵犯万安公司的财产所有权。

2. 青海双玖房地产有限公司诉民和回族土族自治县房地产管理局房地产开发补偿纠纷案

［案例来源：青海省海东地区中级人民法院（2005）东经初字第3号民事判决书，《中国审判案例要览（2006年商事审判案例卷）》，第70－73页］

原告双玖公司与被告房管局签订合同书，约定双玖公司负责北大街拓建工程，房管局负责落实县政府民政〔1999〕113号文件给予北大街拓建工程的优惠政策，该优惠政策中包括免收房屋销售营业税、房产税、印花税等。房管局在合同中承诺

---

① 福建省泉州市中级人民法院的简称。本书关于各级人民法院一律按“行政区划名＋法院级别”进行简称，基层人民法院简称为“法院”，中级人民法院简称为“中院”，高级人民法院简称为“高院”。例如，北京市海淀区人民法院简称为“北京海淀法院”，北京市第一中级人民法院简称为“北京一中院”，北京市高级人民法院简称为“北京高院”。另外，省会城市、知名城市一般省去省级行政区划名。例如，江苏省南京市中级人民法院简称为“南京中院”，江苏省苏州市中级人民法院简称为“苏州中院”。

“保证文件所有条款及时、有效、全面地得到落实”，并承诺“如民政〔1999〕113 号文件不能全部落实，甲方（房管局）按文件条款补偿乙方（双玖公司）”。原告诉请被告补偿原告在开发工程期间缴纳的税款。被告在诉讼中以其在合同中的职责只是一句空话、无履行能力为由拒绝承担责任。

青海海东中院认为，虽然县政府无权作出免税的决定，但被告自愿承诺优惠政策若不能落实，由其进行补偿，其承诺并不违反法律规定，对双方具有约束力。根据合同法的诚实信用原则，房管局应当承担补偿责任。

二、合同的基本原则

实务指引

1999 年《合同法》第 3 条为平等原则，第 4 条为自愿原则，第 6 条为诚信原则。《民法典》在第 5 条、第 6 条、第 7 条对此类原则已经规定，故合同编不再保留该内容。司法实践中，判决书直接引用这些条文的案例非常少。

第五条　【自愿原则】民事主体从事民事活动，应当遵循自愿原则，按照自己的意思设立、变更、终止民事法律关系。

第六条　【公平原则】民事主体从事民事活动，应当遵循公平原则，合理确定各方的权利和义务。

典型案例

3. 中国水利水电第十一工程局诉新安县人民政府建设工程施工合同纠纷案

［案例来源：最高人民法院（2006）民一终字第 4 号民事判决书，《民事审判指导与参考》2007 年第 1 辑，第 215 - 224 页］

1995 年 10 月，原告工程局与被告县政府签订《施工合同》，明确约定：“以小浪底移民局批准下达的建安工程费总价承包。”但是，工程实际造价经鉴定为 5874 万余元，远高于国家批准的造价 3200 万元。工程局试图抛开约定的包干总价，请求以合同实际造价支付，诉请被告县政府支付工程款 2522 万余元。

最高人民法院二审指出，合同约定的是固定价格结算方式，固定价款在合同约定的风险范围内不可调整。工程局有权决定是否承建该工程，并清楚签订合同的法律后果。法院应当尊重当事人间的意思自治。但与此同时，最高人民法院又认为，鉴于本案合同履行过程中的具体情况，且工程已交付使用多年，根据公平原则，对于工程局在网上公布的欠款数额 1324 万元，应由县政府给予工程局一半的补偿。法院判决县政府给付工程局 662 万元补偿款。

本案相关规定:《最高人民法院关于审理建设工程施工合同纠纷案件适用法律问题的解释》(法释〔2004〕14 号)

第二十二条　当事人约定按照固定价结算工程价款,一方当事人请求对建设工程造价进行鉴定的,不予支持。

4. 长治市华茂副食果品有限公司诉长治市杰昌房地产开发有限公司合作开发房地产合同纠纷案

[案例来源:最高人民法院(2005)民一终字第 60 号民事判决书,《最高人民法院公报》2007 年卷,第 333 - 345 页]

2001 年 11 月,长治市计委批复同意原告华茂公司对华茂小区进行开发,项目总建筑面积为 43 787m^2。2002 年 4 月,被告杰昌公司注册成立。华茂公司与杰昌公司的法定代表人均为刘华川。2002 年 7 月,原告华茂公司与三案外人签订《房地产合作开发协议书》,约定:以杰昌公司作为对华茂商住步行街改造建设的项目公司;对杰昌公司的股东股权进行变更;华茂公司负责将原改造建设单位由华茂公司变更为杰昌公司改造建设经营;……华茂公司分得项目总建筑面积 11 070m^2 房产,其余的房产全部归三案外人所有。

2002 年 10 月 25 日,被告向长治市计委申请:杰昌公司对项目的规划设计进行了优化调整,项目总建筑面积为 74 464m^2。就新增加的 27 762.8m^2,原告认为,该增加的面积是在华茂公司所投资的 26.62 亩土地上增加和以该投资土地作为抵押向银行贷款形成的,无疑华茂公司的贡献是主要的。原告诉请杰昌公司按新增面积的 50% 的比例为其再增加分配房产面积 13 881.4m^2。

山西高院一审认为,鉴于在被告开发前,原告已经做了一些前期的开发工作;在该项目的开发过程中,原告作为合作一方又履行了合作开发协议规定的合作义务,根据公平和诚实信用原则,就被告开发中增加的面积可酌情对原告进行适当补偿。法院判决被告杰昌公司从增加的面积中补偿原告华茂公司 5552m^2。

最高人民法院二审认为,合作开发房地产合同,是当事人订立的以提供土地使用权、资金等作为共同出资,共享利润、共担风险合作开发房地产为基本内容的协议。新增加的面积是合作项目的产物,理应归合作各方共同所有。关于新增面积的分配,应当参照双方最初约定分配面积所占分配比例以及合同履行过程中分配面积所占比例的变化等合作项目实际履行情况,综合考虑。一审法院根据各方合作情况,对各方未作约定的新增面积,适用公平原则按照 20% 的比例确定给华茂公司,与参照双方最初约定分配面积所占分配比例以及合同履行过程中分配面积所占比例的变化等合作项目实际履行情况,综合考虑的结果大致相当,也符合本案实际,可予维持。法院判决维持原判。

第七条 【诚信原则】民事主体从事民事活动，应当遵循诚信原则，秉持诚实，恪守承诺。

实务指引

诚信原则被称为民法的“帝王条款”，现代国家在民法总则或者债法总则中，都会有诚信原则的规定。具体法律问题首先适用具体的法律规定，只有在找不到相应的法律规定的情况下，才可以引用诚信原则。

笔者认为，法律条文像渔网，常见的法律事务像大鱼，特殊的法律事务像小鱼，法律条文主要处理常见的合同法律事务，特殊的合同法律事务由于很少发生，故往往没有专门的法律规定。而法律条文往往不能面面俱到，只能由法院针对具体实际案例通过判决给予解释。法院在没有具体的法律条文规定的情况下，可适用诚信原则。合同的解释以及法院的典型案例的归纳整理就显得非常重要。

典型案例

5. 山东海汇生物工程股份有限公司诉谢宜豪股权转让合同纠纷案

[案例来源：山东省青岛市中级人民法院(2010)青民二商终字第562号民事判决书，《法律规则的提炼与运用：〈人民司法·案例〉重述(商事卷)》(2011－2015)，第151－162页]

2004年2月，原告山东海汇公司与被告谢宜豪签订《股权转让协议》，将其持有的青岛海汇生物化学制药有限公司(以下简称青岛海汇公司)17.4%股权以313万余元的价格转让给被告。其后，青岛海汇公司召开股东会修改了公司章程，明确被告以313万余元的出资额成为股东，持股比例为17.4%。被告在股东会形成的章程修正案上签名。本次股权变更的情况向工商机关进行了登记。

3月26日，被告与第三人青岛市农业高新技术风险投资中心签订股权转让协议，约定将其持有的全部青岛海汇公司的股份以313万余元的价格转让给第三人。其后，青岛海汇公司召开股东会修改了章程，确认了第三人的出资份额和股东地位，第三人在股东会形成的章程修正案上盖章确认。此后，第三人作为青岛海汇公司的股东多次在该公司的股东会决议、章程修正案、对外合作合同等重要文件上签章，行使股东权。

原告与被告、被告与第三人之间签订的股权转让协议均约定转让金的支付期限为协议生效后的30日内。原告诉称，上述股权转让以后，被告和第三人均未向原告支付转让金。原告诉请解除原、被告之间的《股权转让协议》，第三人将其持有的青岛海汇公司的17.4%股份返还给原告。被告辩称，原告时隔5年后行使解除权已经过除斥期间，关于要求保护其民事权利的请求已过诉讼时效，其提起诉讼有悖诚实信用原则。

青岛崂山法院一审认为，被告未能按照双方约定的期间履行付款义务，原告山东海汇公司本应享有解除合同的权利。但是在本案中，原告于 2004 年 3 月后即与第三人共同成为青岛海汇公司的股东，双方曾经多次共同召开股东会，商讨公司经营事宜，却从未与被告以及第三人交涉支付转让金事宜。时隔 5 年，令被告以及第三人产生了合理信赖，认为山东海汇股份公司已不行使该解除权。现原告起诉主张解除合同，返还股权，有违诚实信用原则。法院判决驳回原告山东海汇公司诉讼请求。青岛中院二审维持原判。

6. 上海凯聪电子科技有限公司诉林雄买卖合同纠纷案

［案例来源：广西壮族自治区贵港市中级人民法院（2012）贵民二终字第 120 号民事判决书，《中国审判案例要览（2013 年商事审判案例卷）》，第 44 – 51 页］

2012 年 3 月 1 日，被告林雄在淘宝网上分 7 次拍下了原告凯聪公司金额达 2201 万余元的产品，因被告未付款原告关闭了该 7 笔交易。同日，被告又在淘宝网上拍下了原告金额为 8200 元的产品并付款。3 月 4 日，原告通过物流公司发货给被告。3 月 5 日，被告以原告虚假发货为由申请全额退款。3 月 6 日，原告召回该笔货物并支付了该笔货物的往返运费 744 元。

3 月 2 日，被告在淘宝网上分 5 次拍下了原告金额达 1112.96 元的产品并付款。被告以货物存在质量问题为由要求原告退货退款，由于原告是“七天无理由退换货”服务的成员，所以同意了被告的请求，但原告收到该退货后发现被告用油漆笔在原告的产品上做记号。

3 月 20 日，被告在淘宝网上分 4 次拍下了原告金额达 33 397 元的产品并付款。3 月 21 日，原告分 8 件快递通过物流公司以快递形式发货给被告，但被告以原告没有开具货物的发票、货物中的硬盘录像机没有硬盘、收到的货物与原告的商品描述不一样为由，拒绝签收货物，并于 3 月 25 日在淘宝网上申请全额退款。原告支付了货物的往返运费 5552 元。

原告诉称，由于被告的多次违规交易行为，使原告在经济上和商业名誉上受到重大损失。原告诉请被告赔偿原告运费及物品损失费 6596 元；被告承担原告为诉讼支出的费用 1 万元。

广西桂平法院一审认为，原告与被告通过淘宝网订立的买卖合同合法有效，双方应依约履行各自的义务。原告根据被告在淘宝网上定制的情况向被告交付了相应的产品，已依约履行了义务；而被告无理由拒收原告货物的行为，属违约行为，应赔偿原告由此造成的损失。法院判决被告林雄支付运费 6296 元给原告凯聪公司，赔偿原告因为诉讼而实际支出的 6255 元。广西贵港中院二审认为，林雄的行为违背了诚实信用原则,构成了恶意侵权。林雄应对其恶意侵权行为造成凯聪公司的损失承担赔偿责任。法院判决维持原判。

三、合同的解释

第四百六十六条 【合同的解释】当事人对合同条款的理解有争议的,应当依据本法第一百四十二条第一款的规定,确定争议条款的含义。

合同文本采用两种以上文字订立并约定具有同等效力的,对各文本使用的词句推定具有相同含义。各文本使用的词句不一致的,应当根据合同的相关条款、性质、目的以及诚信原则等予以解释。

第一百四十二条 【意思表示的解释】有相对人的意思表示的解释,应当按照所使用的词句,结合相关条款、行为的性质和目的、习惯以及诚信原则,确定意思表示的含义。

无相对人的意思表示的解释,不能完全拘泥于所使用的词句,而应当结合相关条款、行为的性质和目的、习惯以及诚信原则,确定行为人的真实意思。

实务指引

1.“天价虾”事件。比如,你在某个著名景区餐馆用餐,价目表上虾的标价是50元,或者问了餐馆老板虾什么价格,老板说50元,你肯定以为虾是50元一盘。结果吃完饭结账时,老板告诉你虾是50元一只,一盘40多只,优惠价格是2000元。你肯定不同意支付,就会产生纠纷。

你可以向法院起诉主张权利吗?这就涉及合同编第466条关于合同解释的法律规定。比如,你是否可以说,50元既然没有标注是人民币,那也可以认为是日元,你给商家50日元,是否可以呢?这个问题,由于交易发生在中国,即便是不懂法律的人,实际上都知道应该解释为人民币。同样的道理,数量单位应该解释为一盘而非一只。如果合同经过解释后没有问题(50元一盘),那么就依法成立并生效。如果合同经过解释后一方当事人的意思表示对于解释后的合同内容(2000元一盘)存在受欺诈、重大误解或显失公平,则其可以行使相应的撤销权。这就是“解释先行于错误”。

2.《民法典》总则编第142条为意思表示的解释,第1款为客观解释,需要考虑到相对人,第2款为主观解释。对于无相对人的意思表示,解释时需要探求当事人之真意,比如遗嘱。涉及相对人的,解释时则更需要考虑到交易安全。

笔者认为,《民法典》第142条的两个条款的位置有讨论的空间,予以调换似乎更妥。第1款应该为主观解释,意思表示人之所以要对意思表示负责,是因为意思表示为其真实意思，最典型的是遗嘱，虽然主观解释的情况比较少，但是主观解释应为最先考虑的解释方式。在市场行为中，意思表示需要考虑到接受意思表示的相对人的理解，主要是为了保护交易安全，因此第2款应为客观解释，此时客观解释要优先于主观解释。《德国民法典》第133条是主观解释，位于意思表示部分，第157条是客观解释，位于契约部分。

延伸阅读

《德国民法典》[①]**第133条　【意思表示的解释】**意思表示的解释，应探求其真意，不得拘泥于辞句字面之文义。

第157条　【契约之解释】契约之解释，应斟酌交易习惯，依诚实信用原则为之。

典型案例

7. 吴阿毛、王元平诉南京东宝实业有限公司房屋买卖合同纠纷案

［案例来源：江苏省南京市中级人民法院(2001)宁民终字第898号民事判决书，《人民法院案例选》2002年第2辑，第139－149页］

原告吴阿毛和原告王元平为夫妻，吴阿毛与被告东宝公司签订房屋买卖协议，同时签订补充协议1份。补充协议约定：东宝公司承诺保证吴阿毛孩子入读力学小学分校，有关借读的一切费用由被告承担，另发生的一切费用均与被告无关，吴阿毛则不再以小孩上学为理由提出退房要求。协议生效后，吴阿毛夫妇为其子入读力学小学分校三年级，依校方借读生必须交纳每学期190元借读费和每学年2500元捐资助学款之要求，向校方交纳四学年的捐资助学款共1万元和第一学期借读费190元。后吴阿毛夫妇持收费收据要求东宝公司履行义务，东宝公司称捐资助学费非双方约定的费用，不同意承担该项费用。

南京鼓楼法院一审认为，如果仅交纳借读费，原告之子是不可能入读力学小学分校的，订立协议的目的也就无法实现。如果仅要求被告承担借读费，可以在协议中直接约定明确，不用以“有关借读的一切费用”约定。此条款明确了双方对于可能产生的与借读有关的费用均不明知的状态，应解释为包含捐资助学款。但法院同时又以交纳捐资助学款违反《义务教育学校收费管理暂行办法》为由认定补充协议无效并驳回原告起诉。

南京中院二审认为，双方的补充协议中的“有关借读的一切费用”，不是仅指借读费的一种，而是学校收取的所有与借读事宜挂钩的费用。东宝公司保证吴阿毛

---

① 台湾大学法律学院、台大法学基金会编译：《德国民法典》，北京大学出版社2017年版。本书未备注者，均同。

之子入读力学小学分校，如果不交纳捐资助学款，该保证不可能实现。对"有关借读的一切费用"，应该理解为是除吴阿毛夫妇自愿捐赠给学校的费用、吴阿毛夫妇与学校串通增加东宝公司负担的费用外的，与其子借读挂钩的所有费用。《义务教育学校收费管理暂行办法》对学校具有约束力，但不约束东宝公司，故东宝公司应该承担此1万元费用。

8. 南通绿色园艺有限公司诉吉宝（南通）船厂有限公司建设工程施工合同纠纷案

［案例来源：江苏省南通市中级人民法院（2008）通中民一终字第0009号民事判决书，《中国审判案例要览（2009年民事审判案例卷）》，第298－304页］

被告吉宝公司委托原告绿色园艺公司对原南通市渔轮厂厂区内树木及绿化进行重新设计。双方签订了1份绿化工程合同。合同第3条约定："乙方必须挖除及自行处理所有伐倒树木，做到人走树清。"合同第4条约定："绿化区域地面及地下附属物（仅限塑料、树木、垃圾）为原告所有。"合同附施工范围图1张，双方在图上约定：（1）红线外围水杉树保留；（2）红线图内外所有杂草、树木全部由原告公司清除、移植。合同成立后，原告即开始为被告进行绿化工程施工，被告亦按照双方约定支付工程款。在绿化过程中清理出来的不需要移植的树木被原告取走。目前厂区内现存树木的价值约为17万元。原告主张被告已允诺将厂区内的全部树木归其所有，诉请被告按现存树木的价值予以补偿。

江苏南通港闸法院认为，原、被告双方对合同条款的理解有争议，应当进行合同解释。首先，从文义上理解，合同第4条"绿化区域地面及地下附属物（仅限塑料、树木、垃圾）为原告所有"，可理解为由原告进行绿化区域内的树木全部归原告所有，但这里的树木被称为绿化区域地面附属物，且与塑料、垃圾并列，应理解为绿化过程中不再需要利用的树木更妥当。

其次，从体系解释看，本案是绿化工程，合同第3条工程内容是原告必须挖除及自行处理所有伐倒树木，做到人走树清。该条款意思明确，是绿化工程不需要用的树木由原告自行处理。

最后，合同解释应当符合当事人缔约的目的。本案被告与原告订立绿化工程合同的目的是对厂区内的树木及绿化重新进行设计调整，南通市规划管理局的批文也是对部分树木实施移植，绿化改造中应充分利用移植的树木，保证绿化率达到20%。因此，理解为绿化施工中尽可能保留、利用移植的树木，对绿化不需要的树木交由原告处理更符合合同目的和常理。而双方在合同所附的施工图中关于"红线图内外所有杂草、树木全部由原告清除、移植"的约定，也没有明确全部树木归原告所有，判决驳回原告起诉。

江苏南通中院二审认为，对于合同条款的理解问题，应该全面考虑合同的内容，不能拘泥于合同单一条款，还应结合缔约目的、交易习惯等情形，综合进行解释。一审法院在综合以上情形的基础上作出的解释符合本案的基础事实，符合合同解释的一般原理。

四、合同编的适用对象

第四百六十七条　【无名合同】本法或者其他法律没有明文规定的合同，适用本编通则的规定，并可以参照适用本编或者其他法律最相类似合同的规定。

在中华人民共和国境内履行的中外合资经营企业合同、中外合作经营企业合同、中外合作勘探开发自然资源合同，适用中华人民共和国法律。

第四百六十八条　【非合同之债】非因合同产生的债权债务关系，适用有关该债权债务关系的法律规定；没有规定的，适用本编通则的有关规定，但是根据其性质不能适用的除外。

第二章　合同的订立

一、合同的形式和内容

> **第四百六十九条　【合同的形式】当事人订立合同，可以采用书面形式、口头形式或者其他形式。**
>
> **书面形式是合同书、信件、电报、电传、传真等可以有形地表现所载内容的形式。**
>
> **以电子数据交换、电子邮件等方式能够有形地表现所载内容，并可以随时调取查用的数据电文，视为书面形式。**

第一百三十五条　【法律行为的形式】民事法律行为可以采用书面形式、口头形式或者其他形式；法律、行政法规规定或者当事人约定采用特定形式的，应当采用特定形式。

实务指引

“合同的成立”和“合同的订立”的区别：合同的订立是一个过程，涵盖从磋商到最终达成一致意见；合同的成立则是一个时间点。

很多人误解口头合同不是合同，只有签订书面的合同才叫合同。口头合同也是合同，但如果发生争议，如何证明口头合同的存在，是一个比较麻烦且复杂的问题，这涉及举证的问题，很多情况下无法证明合同成立而承担不利的后果。发生争议最多的就是借款纠纷。很多人对此不理解，“明明是别人欠我的钱，但法院就是不支持”。这就涉及专业的法律概念：“客观上的事实”和“法律上的事实”。“客观上的事实”是指真实发生的事实，无论有无证据，但是确实真实发生过。“法律上的事实”，是指从法律的角度有证据能够证明的事实。

最常见的例子：借款人（如你的同学或者老乡）临时需要钱，向你借了1万元，你基于信任借给借款人现金，并且未要求借款人写下借条（或者借条被你弄丢了）。结果借款人不还钱，你起诉到法院，但借款人不承认向你借过钱，或者干脆借款人不到法院应诉，法院极有可能判决驳回你的诉讼请求。另一个常见的纠纷是合伙合同产生的争议。双方出于信任未签订合同,盈利之后控制款项的一方不给另一方分成,则发生争议后另一方如果要维权而提起诉讼,则要证明两点:双方存在合伙合同;合伙存续期间有利润。由于没有合同等证据,起诉方的举证是比较困难的。

第四百七十条　【合同的内容】合同的内容由当事人约定,一般包括下列条款:

(一)当事人的姓名或者名称和住所;

(二)标的;

(三)数量;

(四)质量;

(五)价款或者报酬;

(六)履行期限、地点和方式;

(七)违约责任;

(八)解决争议的方法。

当事人可以参照各类合同的示范文本订立合同。

第四百七十一条　【合同的订立方式】当事人订立合同,可以采取要约、承诺方式或者其他方式。

实务指引

1. 合同编通则的内容为第 463 条至第 594 条,共有 132 条,仅仅关于"要约"和"承诺"的相关法律规定就有 18 条,为第 472 条至第 489 条,占据了较大的篇幅。第 490 条至第 493 条是"合同成立的时间、地点"的法律规定,共 4 个条文。

2. 要约和承诺应如何理解? 举一个例子:

卖方出售手机,标价 1000 元,卖方的行为叫"要约邀请";

你问卖方这个手机多少钱,卖方说 1000 元,这就是要约;

你说买了,这就是承诺,合同成立了。

所以,合同当事人达成了一致意见,合同就成立了,否则合同未成立。

你觉得贵了,问卖方 900 元是否可以。你这是发出了新要约,合同尚未成立。

卖方说可以 900 元,这就是承诺,合同成立了。

卖方如果说最少 950 元,这又是一个新要约,合同尚未成立。

你说可以 950 元,就是承诺,合同成立了。

你如果说可以 950 元,但要卖方送一个 30 元的手机壳,这是一个新要约,合同不成立。

卖方说同意,合同成立了。

如果卖方说考虑一下,第二天才向你表示同意。此时由于卖方承诺的时间太长(超出承诺期限),故此时卖方的承诺应该理解为新的要约,如果你马上说同意,你的回复就是承诺,合同成立了;你如果不回复,则合同未成立。

国外的合同法已经存在上千年。罗马法中就有合同法的基本精神和法律理念、原则。在英国经济发展的历史上,合同法也是非常重要的。

我国现代民法在1949年后全部废止,直到1978年改革开放后,才开始发展民法,1999年通过的《合同法》是和世界发达国家比较接轨的法律。《民法典》合同编有很多规定是借鉴国外的立法。

合同编对“要约”和“承诺”进行了详细的法律规定,主要是为了解决以下容易引起争议的问题:合同是否成立?何时成立?达成一致意见的合同条款是什么?

很久以前,没有汽车、电话、电子邮件、电报,更无法乘坐飞机面谈,主要是靠马车送信,在这种情况下,要约和承诺的规定就非常重要。在国外的审判实践中,形成了大量的案例。而在现代社会,就比较简单了,双方可以打电话或乘高铁、飞机面对面地沟通,有不同的意见可以马上沟通。

目前在我国的法律实践中,要约和承诺阶段的争议比较少,引用这些条文的情况自然也就不多。例如,合同编第475条要约的撤回、第485条承诺的撤回以及第486条、第487条迟到的承诺,这些条文都较少被法院判决书引用,但我们还是需要掌握这些法律规定。

典型案例

1. 北京家馨供热有限公司诉张红春供用热力合同纠纷案

[案例来源:北京市怀柔区人民法院(2010)怀民初字第00827号民事判决书,《中国审判案例要览(2011年商事审判案例卷)》,第69-72页]

案外人北京市首都规划设计工程咨询开发公司怀柔分公司(以下简称规划设计分公司)与被告张红春签订拆迁补偿安置协议,约定:被拆迁房屋面积内的供暖补贴,按行政单位职工住房供暖补贴标准由甲方规划设计分公司承担。如今后国家规定供暖费全部由个人承担时,甲方不再给予补贴。被告的安置房屋在原告家馨公司供暖服务范围内,供暖费每年由被告和规划设计分公司各向原告交纳一部分。直到2003年,规划设计分公司拒绝为被告交纳供暖费。原告诉请被告补足欠交的供暖费。法院认为,原告家馨公司与被告张红春之间并未签订书面供暖协议,但原告依据政府部门有关供暖文件规定,为被告张红春所有的房屋提供了供暖服务,被告张红春亦实际享受了原告提供的供暖服务,双方间已成立事实供热合同关系。张红春作为接受供暖服务的一方,理应交纳供暖费。

二、要约

第四百七十二条　【要约】要约是希望与他人订立合同的意思表示,该意思表示应当符合下列条件:

(一)内容具体确定;

(二)表明经受要约人承诺,要约人即受该意思表示约束。

典型案例

2. 孙震诉邢良坤悬赏广告合同纠纷案

[案例来源:河南省洛阳市中级人民法院(2008)洛民终字第198号民事判决书,《人民法院案例选》2010年第3辑,第63－69页]

被告邢良坤在中央电视台七套“乡约”节目的访谈中,对自己称为“世界之谜”的五层吊球陶器制作进行悬赏,并在节目中明确宣称:“我已经挑战十年了,直到现在还没有人琢磨出来……如果仿造出来,我这个楼三层2000平方米包括这里面的资产都给他,所以我敢狂,敢挑战……不用一样,差不多就可以了,我不为难他,他一层层地搁进去,能吊起来就行。那么一模一样的是为难人家,一模一样的东西世界上不存在的,就是你也能做五层,你也能吊在里面就可以了,你偏一点,斜一点,我都不计较。”原告孙震在看到被告的悬赏后,潜心研究,经过多次努力制作完成了五层吊球陶器。原告完成制作后即与被告联系,但被告以内层吊球转动不灵活,没有见到作品为由不予认可。之后,原告在先前的基础上继续研究,终于完成了一件自认为各方面均符合被告要求的陶器。原告诉请确认悬赏广告合同成立并生效。

洛阳涧西法院一审认可被告邢良坤在访谈中的表示为要约,原告孙震以行为作出了承诺。洛阳中院二审则认为,“乡约”节目不是广告节目,访谈行为也不是以营利为目的的广告行为,邢良坤的谈话内容只是在塑造一种“陶艺狂人”的形象,是一种“天下第一”的大话。他的真实意思表示是“我是天下第一”,“任何人都不能做出我所做出的东西”。从悬赏的角度看,他的意思表示是不真实的,或者说是一种单方虚构的意思,而不是“希望和他人订立合同的意思表示”,所以不能构成要约。

3. 黄岩第三罐头厂诉宁波工艺品公司买卖合同纠纷案

[案例来源:浙江省宁波市海曙区人民法院民事判决书,《人民法院案例选》2004年商事·知识产权专辑,第27－33页]

被告工艺品公司的业务员叶国斌发传真给原告罐头厂的法定代表人金大坚,内容如下:黄岩罐头三厂金厂长:枇杷罐头S级,一个柜,请尽快安排出运。另外,我司计划向贵司计购：枇杷罐头 S 级 5×20 FT（FT 指的是货柜），M 级 3×20 FT，L 级 1×20 FT。请按此计划安排生产，请注意质量！叶国斌。

原告称，为交付被告传真的订货任务，多方收购原料，精心安排生产，及时完成了 9 个不同等级货柜的枇杷罐头，并多次通知被告提取，并按约支付货款，但均遭被告拒绝，故诉请被告依约收购并支付仓储费及违约金。

该案中，虽然业务员叶国斌发传真时已离职，但被告工艺品公司未能及时通知原告，且传真号码与先前交易中的号码一致，故法院认定业务员的行为构成表见代理，由被告工艺品公司承担相应法律后果。关于传真内容是否构成要约，宁波海曙法院认为，该传真件系被告向原告这一特定人发出的，其表述出来的意思是表达了要约的意愿，包含了受要约拘束的意思，有希望与原告订立合同的意思表示，在具体条款中也标明有明确的标的物和数量。虽然传真没有约定价格条款和交货时间，但基于原被告之间的先前交易，故仍可根据“日后合理的方式、交易习惯或者法律规定的填空条款”加以确定，从而使合同的主要条款得以具备。法院认定该传真件系要约。

第四百七十三条 【要约邀请】要约邀请是希望他人向自己发出要约的表示。拍卖公告、招标公告、招股说明书、债券募集办法、基金招募说明书、商业广告和宣传、寄送的价目表等为要约邀请。

商业广告和宣传的内容符合要约条件的，构成要约。

典型案例

4. 北京天佑物业管理有限责任公司诉李国惠租赁合同纠纷案

［案例来源：北京市丰台区人民法院民事判决书，《人民法院案例选》2004 年商事·知识产权专辑，第 118－121 页］

原告天佑公司向社会发布《全面招商近期开业》广告，声称其开办的批发市场有部分摊位招租，第一次交纳 1 个季度租金，可经营 4 个月。被告李国惠与原告签订租赁合同，约定执行季度租金制，每 3 个月一期，每个摊位季度租金 1980 元。第 2 个季度租期开始，李国惠始终未交租金。原告诉请被告李国惠给付租赁费。李国惠反诉诉请天佑物业公司履行《全面招商近期开业》广告中“第一次交纳一个季度租金，可经营 4 个月”的承诺义务。

北京丰台法院认为，天佑公司发布的广告，仅表达了其愿意向社会出租市场摊位的意思，不具有具体的权利义务内容，因此不是要约，更不是合同，而应当认定为要约邀请。要约邀请对发布人和社会群体均不具有约束力。

5. 周兵诉南京翼超装饰设计工程有限公司装饰装修合同纠纷案

[案例来源:江苏省南京市中级人民法院(2012)宁民终字第437号民事判决书,《中国审判案例要览(2013年民事审判案例卷)》,第227-232页]

被告翼超装饰公司在报纸上刊登广告,在广告显著位置注明"130平方米精装3.98万元,翼超郑重承诺:预算=决算",同时,广告介绍的在建项目的造价均注明含水电改造。原告周兵与被告签订装饰装修合同,合同约定造价为30 996元。双方在施工过程中发生矛盾,被告多次向原告催要水电路的安装改造费用8000余元,原告认为该笔费用应包含在预算款30 996元内而拒绝另外支付。

南京中院二审认为,翼超装饰公司在广告中已明确"郑重承诺"预算等于决算,其广告介绍的在建项目造价也均注明含水电改造,因此,除非其与周兵明确约定水电改造费用不包含在合同约定造价中,否则,广告中的该承诺,构成双方之间的合同约定。法院确认双方合同约定的造价中已包含水电路改造工程,周兵无须另外支付。

6. 王志钢诉成都武侯房地产开发公司商品房买卖合同纠纷案

[案例来源:四川省成都市武侯区人民法院(2003)武侯民一初字第1839号民事判决书,《人民法院案例选》2005年第2辑,第107-113页]

原告王志钢与被告武侯房地产公司签订商品房买卖合同,合同中对房屋层高没有约定,但被告在签订合同的过程中向原告出示了建筑的设计施工图纸,其中标明层高为3.9米。

法院认为,加盖有被告印章的设计施工图纸上所标明的层高为3.9米的表述,应视为被告对层高所作的要约,对房屋买卖合同的订立和房屋的价格的确定有重大影响,其虽然未载入商品房买卖合同,但根据司法解释的规定,应视为合同内容。

本案相关规定:《最高人民法院关于审理商品房买卖合同纠纷案件适用法律若干问题的解释》(法释〔2003〕7号)

第三条 商品房的销售广告和宣传资料为要约邀请,但是出卖人就商品房开发规划范围内的房屋及相关设施所作的说明和允诺具体确定,并对商品房买卖合同的订立以及房屋价格的确定有重大影响的,应当视为要约。该说明和允诺即使未载入商品房买卖合同,亦应当视为合同内容,当事人违反的,应当承担违约责任。

第四百七十四条 【要约的生效】要约生效的时间适用本法第一百三十七条的规定。

第一百三十七条 【意思表示的生效】以对话方式作出的意思表示,相对人知道其内容时生效。

以非对话方式作出的意思表示，到达相对人时生效。以非对话方式作出的采用数据电文形式的意思表示，相对人指定特定系统接收数据电文的，该数据电文进入该特定系统时生效；未指定特定系统的，相对人知道或者应当知道该数据电文进入其系统时生效。当事人对采用数据电文形式的意思表示的生效时间另有约定的，按照其约定。

第四百七十五条　【要约的撤回】要约可以撤回。要约的撤回适用本法第一百四十一条的规定。

第一百四十一条　【意思表示的撤回】行为人可以撤回意思表示。撤回意思表示的通知应当在意思表示到达相对人前或者与意思表示同时到达相对人。

第四百七十六条　【要约的撤销】要约可以撤销，但是有下列情形之一的除外：

（一）要约人以确定承诺期限或者其他形式明示要约不可撤销；

（二）受要约人有理由认为要约是不可撤销的，并已经为履行合同做了合理准备工作。

第四百七十七条　【要约的撤销】撤销要约的意思表示以对话方式作出的，该意思表示的内容应当在受要约人作出承诺之前为受要约人所知道；撤销要约的意思表示以非对话方式作出的，应当在受要约人作出承诺之前到达受要约人。

实务指引

要约的撤回和要约的撤销之区别。

撤回是指要约尚未到达受要约人，或者撤回的通知和要约同时到达。撤销是指要约已经到达受要约人，受要约人尚未承诺。

撤回没有限制，撤销有一定的限制，但是仅限于第476条的两种情形。

典型案例

7. 杨乌葛诉厦门市杏林西港水产养殖场承包合同纠纷案

［案例来源：福建省厦门市中级人民法院民事判决书，《人民法院案例选》2002年第2辑，第207－214页］

原告杨乌葛承包了被告西港养殖场27.48亩虾池，承包期至2000年4月15

日。到期前，西港养殖场向杨乌葛发出一份通知。根据该通知，虾池新一轮的承包价格比原承包价格每亩增加 70 元，杨乌葛需在 2000 年 3 月 15 日前交纳承包金 31 327.2元，否则视为自动放弃承包。2000 年 3 月 2 日，西港养殖场通过公开招标的方式，将杨乌葛承包的 17 号虾池重新发包给邱可法。当天，杨乌葛在得知西港养殖场进行公开招标后，立即赶去交纳承包金。由于虾池已经被发包，西港养殖场不让杨乌葛交纳。杨乌葛诉请被告履行要约并赔偿损失。被告反诉诉请原告立即归还 17 号虾池。

厦门杏林法院一审认为，西港养殖场于 1999 年 12 月 3 日向杨乌葛发出的通知是一种要约行为，该通知明确了承包期限、承包金额、承诺期限。杨乌葛于 2000 年 3 月 2 日（承诺期限内）要求交纳承包金时，西港养殖场已将 17 号虾池发包他人。西港养殖场的上述行为侵犯了杨乌葛的合法权益，违反了合同法关于“要约人确定了承诺期限”的要约不得撤销的规定，西港养殖场的行为无效，杨乌葛有继续承包 17 号虾池的权利。

西港养殖场上诉，提出 2000 年 2 月 20 日其于现场会议规定承包户必须于 2000 年 2 月 29 日前交清所欠承包款且已向承包户宣布。厦门中院二审认为，西港养殖场提供的会议纪要这一证据的真实性无法核实，且属于西港养殖场内部的决定。西港养殖场作出的新要约没有送达或告知杨乌葛的任何证据。因此，西港养殖场擅自对要约进行修改，并在承诺期限前将虾池发包他人，对杨乌葛不生效。2000 年 3 月 2 日，杨乌葛赶到招标现场要求交纳承包金，其继续承包的意思表示明确，应视为杨乌葛对西港养殖场要约的承诺。

第四百七十八条　【要约的失效】有下列情形之一的，要约失效：

（一）要约被拒绝；

（二）要约被依法撤销；

（三）承诺期限届满，受要约人未作出承诺；

（四）受要约人对要约的内容作出实质性变更。

三、承诺

第四百七十九条　【承诺】承诺是受要约人同意要约的意思表示。

第四百八十条　【承诺的方式】承诺应当以通知的方式作出；但是，根据交易习惯或者要约表明可以通过行为作出承诺的除外。

第一百四十条 【意思表示的方式】行为人可以明示或者默示作出意思表示。

沉默只有在有法律规定、当事人约定或者符合当事人之间的交易习惯时，才可以视为意思表示。

实务指引

沉默本不是意思表示，但在总则编第140条中的特定条件下被视为一种意思表示。“沉默”的同时也没有任何其他的肢体上的表示，才属于本条所称的沉默。有其他的肢体上的表示，比如点头，则被直接认定为是一个意思表示，而非沉默。

典型案例

8. 薛叶明诉北京京东叁佰陆拾度电子商务有限公司买卖合同纠纷案

[案例来源：上海市浦东新区人民法院(2012)浦民一(民)初字第30521号民事判决书，《人民法院案例选》2016年第10辑，第92－101页]

被告京东公司系京东商城网站所有者。2012年6月30日，原告薛叶明在该网站上提交订单，购买系争金币1枚，商品价格48 500元。该金币面额为1万元，重1000克，材质为99.9%金，发行量为118枚。其后，原告完成了48 500元的网上支付，被告电脑系统确认“订单确认汇款成功”。原告的邮箱收到京东网上商城发送的确认收到订单款项的邮件。2012年7月18日，沈彦名下的中国农业银行卡账户因“退货”原因收到款项48 500元。2012年7月19日，涉案订单网页显示，该订单已于2012年7月17日17时33分29秒取消，取消类型为“客服取消订单”，取消原因为“客户误购协商取消”。此时被告网站上的系争金币商品网页信息显示市场价为129万元。

薛叶明诉请京东公司继续履行合同，京东公司以显失公平为由反诉诉请撤销涉案订单。

上海浦东新区法院认为，根据法律规定和一般交易观念，京东公司将系争金币的名称、外观、规格、型号、售价、库存状态等详细商品信息公布于其网站之上，内容明确具体，网站用户可根据上述商品信息自由选择购买，故京东公司在网站上公布系争金币商品信息的行为已符合要约的特性。网站用户在选择购买商品、填写送货、付款等订单信息、完成付款之后确认订单，应当视为进行了承诺。《京东商城网站用户注册协议》第6条第6.2款系京东公司反复使用、预先拟定、未与网站用户协商内容的格式条款。该条款关于合同成立要件的相关内容，与上述依法律规定和一般交易观念关于合同成立要件的理解有所不同。该条款实质上赋予了京东公司在网站用户已提交订单并完成付款义务后，仍有权单方决定是否发货并免除了京东公司不予发货的违约责任。故对这一减免京东公司法律责任、严重影响网站用户权益的格式条款，京东公司应尽到特别说明的义务。

关于该格式条款，京东公司仅在网站用户注册协议及在用户提交订单后向用户发出的订单确认邮件中加以提示。京东商城网站的用户注册协议条款众多、内容繁复，网站用户需通过连续下拉文本框滚动条的方式才能阅读注册协议的全部内容；对这一对网站用户权益将产生重大影响的合同成立要件内容，京东公司并未在网站显要位置充分提示用户加以注意。虽然京东公司在向薛叶明发送的确认邮件中，以"重要声明"方式重申了条款内容，但该邮件系在薛叶明成功提交订单并完成付款后发出，已无法起到提示消费者注意并判断决定是否订立合同的作用。由此，因京东公司未就合同成立要件的格式条款以合理的方式提请网站用户注意，尤其是没有在网站用户提交订单之前予以明确提示，故京东公司关于合同成立要件的相关格式条款不发生法律效力。

根据法律规定及一般交易观念，京东公司已在京东商城网站上发出销售系争金币的要约，薛叶明已通过在网站上付款、提交订单等方式完成对京东公司要约的承诺，京东公司与薛叶明之间就系争金币订立的买卖合同已经成立。虽然买卖合同已经成立并生效，但系争金币订单价 48 500 元远低于其成本及市场价，如仍要求京东公司按该价格履行合同义务、交付系争金币，则会出现京东公司与薛叶明之间的合同权利、义务明显不对等、合同利益严重不均衡等显失公平的法律后果。京东公司有权以显失公平为由撤销该买卖合同。

第四百八十一条　【承诺期限】承诺应当在要约确定的期限内到达要约人。

要约没有确定承诺期限的，承诺应当依照下列规定到达：

（一）要约以对话方式作出的，应当即时作出承诺；

（二）要约以非对话方式作出的，承诺应当在合理期限内到达。

第四百八十二条　【承诺期限的起算】要约以信件或者电报作出的，承诺期限自信件载明的日期或者电报交发之日开始计算。信件未载明日期的，自投寄该信件的邮戳日期开始计算。要约以电话、传真、电子邮件等快速通讯方式作出的，承诺期限自要约到达受要约人时开始计算。

第四百八十三条　【合同的成立】承诺生效时合同成立，但是法律另有规定或者当事人另有约定的除外。

第四百八十四条　【承诺的生效】以通知方式作出的承诺，生效的时间适用本法第一百三十七条的规定。

承诺不需要通知的，根据交易习惯或者要约的要求作出承诺的行为时生效。

第一百三十七条 【意思表示的生效】以对话方式作出的意思表示，相对人知道其内容时生效。

以非对话方式作出的意思表示，到达相对人时生效。以非对话方式作出的采用数据电文形式的意思表示，相对人指定特定系统接收数据电文的，该数据电文进入该特定系统时生效；未指定特定系统的，相对人知道或者应当知道该数据电文进入其系统时生效。当事人对采用数据电文形式的意思表示的生效时间另有约定的，按照其约定。

第四百八十五条 【承诺的撤回】承诺可以撤回。承诺的撤回适用本法第一百四十一条的规定。

第一百四十一条 【意思表示的撤回】行为人可以撤回意思表示。撤回意思表示的通知应当在意思表示到达相对人前或者与意思表示同时到达相对人。

第四百八十六条 【迟到的承诺】受要约人超过承诺期限发出承诺，或者在承诺期限内发出承诺，按照通常情形不能及时到达要约人的，为新要约；但是，要约人及时通知受要约人该承诺有效的除外。

第四百八十七条 【迟到的承诺】受要约人在承诺期限内发出承诺，按照通常情形能够及时到达要约人，但是因其他原因致使承诺到达要约人时超过承诺期限的，除要约人及时通知受要约人因承诺超过期限不接受该承诺外，该承诺有效。

第四百八十八条 【实质性变更】承诺的内容应当与要约的内容一致。受要约人对要约的内容作出实质性变更的，为新要约。有关合同标的、数量、质量、价款或者报酬、履行期限、履行地点和方式、违约责任和解决争议方法等的变更，是对要约内容的实质性变更。

第四百八十九条 【非实质性变更】承诺对要约的内容作出非实质性变更的，除要约人及时表示反对或者要约表明承诺不得对要约的内容作出任何变更外，该承诺有效，合同的内容以承诺的内容为准。

典型案例

9. 刘晟祥诉郑州市市政管理委员会悬赏广告纠纷案

［案例来源：河南省郑州市中级人民法院民事判决书，《人民法院案例选》2001

年第 4 辑,第 170 – 176 页]

被告委员会于报纸上刊登“关于征集紫荆山广场规划设计方案的启事”,向社会征集广场名称和详细规划设计方案。原告刘晟祥向委员会提交命名方案“紫荆广场或商都广场”,但未提交设计方案。该广场最终定名“紫荆广场”,原告于是诉请被告在广场简介牌上署上原告姓名并支付奖金。

河南郑州中院二审认为,被告发出的要约内容为向社会征集广场名称和修建性详细规划设计方案,二者不可分开。原告向被告提交方案的行为是一种承诺,但其仅提交命名方案,并未提交规划设计方案,应视为原告刘晟祥承诺的内容与被告要约的内容不一致,双方并未形成合同关系。

10. 黑龙江省恒事达彩钢板安装工程有限公司诉黑龙江省佳木斯晨星药业有限公司中标中断赔偿纠纷案

[案例来源:黑龙江省农垦中级法院(2004)垦商初字第 19 号民事判决书,《中国审判案例要览(2006 年民事审判案例卷)》,第 179 – 185 页]

原告恒事达公司在收到被告晨星公司发出的中标通知书并实际开工后,提出投标总价 220 万元中不包含土建梁等工程需增加的工程造价 14 万元,要求被告晨星公司将此笔费用另外核算或以实际发生量纳入工程总决算。双方对工程量是否增加和工程造价的增加额无法达成一致意见。经协商,原告同意拆除并撤离施工现场。被告于是给原告下达取消中标通知书,嗣后,恒事达公司拆除已施工的屋面工程。原告诉请被告赔偿中标后中断中标造成的经济损失。

黑龙江农垦中院认为,中标通知书自发出之时起即生效对招标人晨星公司和中标人恒事达公司具有签订施工合同的法律约束力。中标通知书表明双方对订立施工合同达成合意,虽然双方尚未签订施工合同,但中标通知书的内容实际已将施工合同的实质内容固定化。双方在签订施工合同前不能改变中标书的实质性内容或签订改变中标书内容的其他协议,反之,则表明新的要约和承诺提出,中标通知书因新的要约和承诺的出现而失去效力,招标人应重新启动招投标程序,否则违反《招标投标法》所确立的公开、公平、公正和诚实信用的基本原则,对其他的投标人造成不公正的待遇。晨星公司和恒事达公司应按中标通知书的约定全面履行各自的义务。恒事达公司以晨星公司增加工程量为由,要求增加工程中标价格没有事实依据。即使双方就中标通知书中标价格的变更达成一致意见,按照《招标投标法》的规定,亦应重新启动投标程序,原招、投标行为应归于无效。经过双方协商,恒事达公司同意拆除已施工的工程并撤离施工现场,该行为表明其放弃中标工程。恒事达公司与晨星公司签订施工合同的可能性已不存在,晨星公司取消其中标资格有事实和法律的依据。据此,恒事达公司因自身原因被取消中标资格,实际支出的原料运费损失应由其自行负担。

四、合同的成立

第四百九十条 【合同成立的时间】当事人采用合同书形式订立合同的，自当事人均签名、盖章或者按指印时合同成立。在签名、盖章或者按指印之前，当事人一方已经履行主要义务，对方接受时，该合同成立。

法律、行政法规规定或者当事人约定合同应当采用书面形式订立，当事人未采用书面形式但是一方已经履行主要义务，对方接受时，该合同成立。

第四百九十一条 【合同成立的时间】当事人采用信件、数据电文等形式订立合同要求签订确认书的，签订确认书时合同成立。

当事人一方通过互联网等信息网络发布的商品或者服务信息符合要约条件的，对方选择该商品或者服务并提交订单成功时合同成立，但是当事人另有约定的除外。

第四百九十二条 【合同成立的地点】承诺生效的地点为合同成立的地点。

采用数据电文形式订立合同的，收件人的主营业地为合同成立的地点；没有主营业地的，其住所地为合同成立的地点。当事人另有约定的，按照其约定。

第四百九十三条 【合同成立的地点】当事人采用合同书形式订立合同的，最后签名、盖章或者按指印的地点为合同成立的地点，但是当事人另有约定的除外。

第四百九十四条 【命令合同与强制缔约】国家根据抢险救灾、疫情防控或者其他需要下达国家订货任务、指令性任务的，有关民事主体之间应当依照有关法律、行政法规规定的权利和义务订立合同。

依照法律、行政法规的规定负有发出要约义务的当事人，应当及时发出合理的要约。

依照法律、行政法规的规定负有作出承诺义务的当事人，不得拒绝对方合理的订立合同要求。

第四百九十五条 【预约合同】当事人约定在将来一定期限内订立合同的认购书、订购书、预订书等，构成预约合同。

当事人一方不履行预约合同约定的订立合同义务的，对方可以请求其承担预约合同的违约责任。

典型案例

11. 仲崇清诉上海市金轩大邸房地产项目开发有限公司预约合同纠纷案

［案例来源：上海市第二中级人民法院(2007)沪二中民二(民)终字第1125号民事判决书，《最高人民法院公报》2008年卷，第486－491页］

2002年7月，原告仲崇清和被告金轩公司签订商铺认购意向书，约定原告向被告支付2000元意向金即可获得被告开发的商铺的优先认购权，被告负责在正式对外认购时通知原告。房屋的价格为7000/m^2，有可能浮动1500元左右。意向书对楼号、房型未作具体明确约定。原告向被告支付了2000元意向金。2002年11月至2003年6月，被告相继取得房屋拆迁许可证、建设工程规划许可证、预售许可证，但被告在销售涉案商铺时未通知原告前来认购。2006年年初，原告要求被告按意向书签订正式买卖合同。被告称商铺价格飞涨，对原约定价格不予认可，并称意向书涉及的商铺已全部销售一空，无法履行合同。原告诉请被告继续履行合同或赔偿经济损失100万元。

上海虹口法院一审认为，涉案意向书并非商品房预售合同，法律对商品房预售合同的强制性规定并不适用于预约合同。即使被告出于种种原因最终没有取得相关许可，也不因此导致对预约合同本身效力的否定，该意向书合法有效。被告商铺已经全部售出，涉案意向书已无法继续履行，应予解除，被告应承担违反预约合同的违约责任。法院判决被告返还原告2000元，同时根据预约合同的性质、原告履约的支出、信赖利益的损失等因素综合确定了1万元的赔偿额。

上海二中院二审认为，一审判决确定的1万元赔偿金额，难以补偿守约方的实际损失。在综合考虑上海市近年来房地产市场发展的趋势以及双方当事人实际情况的基础上，酌定金轩公司赔偿仲崇清15万元。仲崇清要求金轩公司按照商铺每平方米建筑面积按15 000元至20 500元的价格赔偿其经济损失，但其提交的证据不能完全证明涉案意向书所指商铺的确切情况，且金轩公司将有关商铺出售给案外人的多个预售合同中，商铺价格存在因时而异、因人而异的情形。另外，双方签订的预约合同毕竟同正式的买卖合同存在法律性质上的差异。故仲崇清主张的赔偿金额，不能完全得到支持。

12. 许丽玉诉厦门金城湾房地产开发有限公司等预约合同纠纷案

［案例来源：福建省厦门市中级人民法院(2015)海民终字第4031号民事判决书，《人民法院案例选》2016年第8辑，第146－154页］

原告许丽玉与被告金城湾公司签订《认购书》，约定许丽玉认购涉案房产。《认购书》对建筑面积、单价作了约定，合同总价为112万余元。房屋实际建筑面积以房地产产权登记机关实测为准。《认购书》签订后，许丽玉向金城湾公司支付了包括定金5万元在内的购房款共33万余元。其后,金城湾公司向许丽玉发出1份入伙通知书,载明许丽玉认购的房屋已经具备入住条件,特发入伙通知,请按照楼号对应的时间办理相关手续等内容。许丽玉诉请金城湾公司按照《认购书》约定,立即与许丽玉签订商品房买卖合同;诉请金城湾公司立即交房并支付延迟交房的违约金。

厦门海沧法院一审认为,认购书对于房屋的坐落位置,面积、价款支付、面积差异处理等进行了约定,但对房屋交付使用条件及日期、装饰、设备标准承诺、办理产权登记事宜、违约责任等重要条款均未明确约定,尚不具备商品房买卖合同的基本特征,且认购书还约定有关购房协议条款以双方签订的商品房买卖合同为准,《认购书》自双方签订《商品房买卖合同》后失效。金城湾公司收取许丽玉的部分购房款及发给许丽玉的《入伙通知书》等事实不足以证明双方形成商品房买卖合同关系。《认购书》的性质为预约合同。

预约合同双方应当依据《认购书》约定严格履行合同义务。但《认购书》内容不够具体、完善,对将来商品房买卖合同的主要条款没有明确约定。因此,依据《认购书》,双方仅负有就合同具体内容继续磋商,并在将来的一定期限内订立正式《商品房买卖合同》,将预约推进到本约的义务,并无必须缔约的义务。法院对《认购书》不能强制实际履行,法院判决驳回原告诉讼请求。厦门中院二审维持原判。

五、格式条款

第四百九十六条 【格式条款订入合同】格式条款是当事人为了重复使用而预先拟定,并在订立合同时未与对方协商的条款。

采用格式条款订立合同的,提供格式条款的一方应当遵循公平原则确定当事人之间的权利和义务,并采取合理的方式提示对方注意免除或者减轻其责任等与对方有重大利害关系的条款,按照对方的要求,对该条款予以说明。提供格式条款的一方未履行提示或者说明义务,致使对方没有注意或者理解与其有重大利害关系的条款的,对方可以主张该条款不成为合同的内容。

实务指引

1. 你去办理银行卡、健身卡,或者报名参加培训班、开户炒股、快递物品、向开发商购买房屋等,对方通常会让你在打印好的文件上签字,其实你签的就是一个合同。对方没有和你协商合同中的条款,通常你也改不了任何条款,这样的合同就叫格式合同。

大多数合同是双方协商一致后签订的,但格式合同显然不是这样。格式合同是经济大发展之后的必然产物。比如,银行可能有几十万个储户,银行如果和每个储户都协商确定合同内容,很显然是不现实的,因为这需要消耗大量的时间和金钱。故银行提前制定好合同,储户要么签订合同,要么不签,无其他选择。银行提前制定的合同条款,肯定会对银行有利,会有一些"霸王条款"限制储户的权利,减少银行的义务,故政府会对银行的合同进行审核,减少合同中的不公平条款。同时,立法机关通过制定合同法、消费者权益保护法等法律来规制如银行这样的格式合同的提供方。

格式合同一般都是合法有效的合同,只是如果有条款违背了合同法的规定,则相应的条款无效,但一般不会导致整个合同无效。很多人错误地以为合同中只要有"霸王条款"就导致整个合同都无效。

格式合同在大多数情况下和个人的生活密切相关,格式合同有的是个人和企业签订的,有的是大企业和小企业签订的。法院认定格式条款无效,一般仅限于个人和企业之间的合同,实务中较少出现认定小企业和大企业之间合同中的格式条款无效的案例。

2. 格式合同和个人关系最密切的是与银行签订的合同。例如,你被通知你的银行卡在外地消费了几千元或者几万元,但是你人在上海,银行卡也随身携带,肯定不是你自己消费的,你携带银行卡去银行交涉,银行一般会拿出你签字的合同,合同中一般都约定"使用密码交易,视为本人的交易",所以银行通常拒绝承担责任。但是如果你不嫌麻烦,起诉到法院,法院的判决一般分以下三种:

第一种是银行要承担全部责任。法院的理由很简单,取钱需要银行卡和密码,你的银行卡在身边,就算密码是你不小心泄露的,银行也有义务确保银行卡不被别人复制。所以卡内的钱被取走,是银行的责任,你没有责任。

第二种是你自己承担全部责任。法院的理由也很简单,你掌握密码,法院推定银行基本不可能泄露密码,因为银行掌握的储户密码是在银行的系统中,工作人员并不知道密码,只有你自己知道,所以,你需要证明是银行泄露了密码,你当然证明不了。

第三种是银行和你各承担一部分责任。银行卡在你身边,没有银行卡取不了钱,说明银行卡是被复制了,那么,银行有过错,因为银行要确保客户的银行卡不被别人复制。但是取钱需要密码,银行不可能泄露密码,推定你有过错,所以双方都有过错。银行一般承担20% ~80%的责任。

3. 还有一个经常出问题的是快递。价值几千元或者几万元的物品被快递公司弄丢了,快递公司可能只赔偿几百元,理由是你没有保价,所以按照收取运费的一定倍数给予你赔偿。法院审理类似案件,主要是审理快递公司是否提醒你关于保价的条款。如果已经充分提醒了，快递公司不用承担责任；如果快递公司没有充分提醒，则需要承担一定的责任。实务中，不同的法院针对以上类似的案件，可能会出现不同的判决。

快递丢失案件中有一个问题尚未被详细讨论，就是快递公司要求的保价比例。有的快递公司要求按照快递金额的1%来缴纳保价费用，有的是3‰，有的是1‰，不同快递公司间的差距很大。快递公司要求保价费用的金额比例是否合理，法院或许将来会以案例的形式予以指导。如果缴纳保价费用的比例太高，就不太合理，因为这在某种程度上就相当于引导消费者选择不进行保价，显失公平。

4. 本条中的“对方可以主张该条款不成为合同的内容”和《德国民法典》第305条之三第1款的表述类似。笔者认为，该表述值得商榷，条款已经在合同内容中，表述为“对方可以主张该条款无效”可能更妥当。

延伸阅读

《德国民法典》第305条之三第1款　【不寻常条款及多义条款】定型化契约按其情事，即如依契约外在之表现形态不寻常，提出者之相对人无须有所预期者，不构成契约之内容。

典型案例

13. 徐蕾诉北京中汇信元置地房地产经纪有限公司房屋租赁合同纠纷案

［案例来源：北京市第一中级人民法院民事判决书，《最高人民法院公报》2005年卷，第462－465页］

原告徐蕾承租被告中汇公司楼房一套并支付押金。嗣后，原告徐蕾向被告中汇房产公司申请退租。双方于是签订了终止协议一份，其中约定：自该协议签字之日起，双方再无任何房屋租赁关系及经济关系。双方之间的房屋租赁合同解除后，被告未按租赁合同约定在一个月内退还押金。原告诉请被告返还押金。

北京海淀法院一审认为，在终止协议上，双方已明确约定：自签字之日起，双方再无任何房屋租赁关系及经济关系。徐蕾在签署该协议后，不得再请求中汇房产公司退还其房屋押金。

北京一中院二审则认为，本案所涉的北京市房屋租赁承租合同和终止协议，都是中汇公司向徐蕾提供的格式合同。双方当事人对终止协议中“双方再无任何房屋租赁关系及经济关系”这一条款的理解存在歧义。中汇公司既然认为“双方再无任何房屋租赁关系及经济关系”这一格式条款中包含了不返还押金的意思，此时就有义务提醒徐蕾注意或在协议中注明。中汇公司并未履行这一义务。鉴于终止协议里对押金以及押金收据如何处理只字未提，从“双方再无任何房屋租赁关系及经济关系”这一格式条款的文字中,不能直接推导出徐蕾有自愿放弃押金权利的意思表示。

第四百九十七条　【格式条款的无效】有下列情形之一的,该格式条款无效:

(一)具有本法第一编第六章第三节和本法第五百零六条规定的无效情形;

(二)提供格式条款一方不合理地免除或者减轻其责任、加重对方责任、限制对方主要权利;

(三)提供格式条款一方排除对方主要权利。

第五百零六条　【免责条款的无效】合同中的下列免责条款无效:

(一)造成对方人身损害的;

(二)因故意或者重大过失造成对方财产损失的。

实务指引

合同编第 497 条和第 506 条为效力性强制性规定,合同中如果有条款以约定的方式排除本条款的适用,则约定的条款无效。此类条款在合同编中极少。

典型案例

14. 盛楠诉北京能者家教服务中心教育服务合同纠纷案

[案例来源:北京市海淀区人民法院(2005)海民初字第 23337 号民事判决书,《中国审判案例要览(2006 年民事审判案例卷)》,第 252 – 254 页]

原告盛楠与被告家教中心签订了委托课外辅导协议,约定由家教中心为盛楠进行课外辅导,并约定家教辅导的目标为:盛楠在 2005 年北京市高考中达到二类本科录取分数线以上。在协议到期时盛楠未能达到上述目标,则家教中心按照退款条件和退款方法的相关条款,退还盛楠金额的上限(100%)为 18 000 元。协议第 5 条约定,如协议到期时未能达到家教中心承诺的目标,该中心有权对盛楠进行测试,测试题目范围不超出该中心提供给盛楠的家庭作业、预习题目和课外测试。根据测试结果的分数高低退还盛楠不同比例的金额,分数越高退还越多,在 0 分到 80 分之间不退款。盛楠向家教中心交纳了辅导费 18 000 元。家教中心为盛楠提供了相应的家教辅导。高考成绩公布,盛楠的成绩没有达到二类本科录取分数线以上。后盛楠向家教中心提出退款,但家教中心未予办理,亦未安排盛楠进行退款测试。原告诉请被告家教中心退还学费 18 000 元。

法院认为,委托课外辅导协议中关于退款条件及退款方法条款,属于家教中心为重复使用而预先拟定,并在订立合同时未与对方协商的条款,故该条款应属于格式条款。根据该条款,盛楠在接受完该中心的辅导后,未取得合同中所约定的成绩的情况下,并不能直接要求该中心承担相应责任,而是要在参加完其组织的考试后,才能确定该中心是否应当承担责任以及承担责任的比例。该条款实际上是在合同的主要目的无法实现的情况下,增加了盛楠要求家教中心承担相应责任的难度,很大程度上排除了盛楠请求退赔的权利,而且在协议条款中家教中心既是辅导义务的履行者,又是退款测试的组织者和测试结果的评判者,这种做法亦有悖于民事活动所应遵守的公平原则。法院认定家教中心单方设定的测试及退款条款无效。盛楠的考试成绩没有达到家教中心承诺的结果,该中心应当承担违约责任,退还家教服务费。

第四百九十八条 【格式条款的解释】对格式条款的理解发生争议的,应当按照通常理解予以解释。对格式条款有两种以上解释的,应当作出不利于提供格式条款一方的解释。格式条款和非格式条款不一致的,应当采用非格式条款。

典型案例

15. 南通源缘广告有限公司诉罗莱家纺股份有限公司买卖合同纠纷案

[案例来源:江苏省南通市中级人民法院(2014)通中商终字第0180号民事判决书,《人民法院案例选》2015年第1辑,第168-173页]

原告源缘公司与被告罗莱公司双方每年度均签订一份采购合同,由源缘公司向罗莱公司供货。2012年度的合同中载明"数量/单位按订单,单价依据行情",并约定在同等产品质量的情况下,供方承诺对需方的供货价格为市场最低价。若供方给需方的价格高于同期市场最低价格,供方必须将差价部分返还需方,需方可直接从供方货款中扣除。合同签订后,原告按照被告发出的订单供货,订单中载明了该单货物的数量及单价。由于被告的员工违规操作,被告发出的订单中载明的货物单价高于其他供应商的价格,导致整个2012年度的货款与市场最低价之间的差价总额为10万余元。被告2012年度及之前的货款已结清。

2013年度的合同中载明"货物描述、数量/单位、单价均按订单",并注明采购项目均以订单信息为准,所有订单,供方需书面确认回传至罗莱公司。同时,亦约定了与2012年度合同相同的市场最低价条款。2013年度,被告尚欠原告货款14万余元未支付。原告诉请被告支付货款,被告主张从2013年度的货款中扣除2012年度的差价总额。

江苏南通中院二审认为,在罗莱公司与多个供应商的买卖合同关系中,在订单均由罗莱公司发出的情况下,市场最低价最直接的掌握人应当是罗莱公司。罗莱公司既知道市场最低价,又以高于其他供应商的价格向源缘公司发出订单,系以其自身的行为对合同最低价条款作出调整。市场最低价条款为罗莱公司提供的采购合同中的格式条款,罗莱公司发出订单,源缘公司在确认后方才进行交易,这个过程本身也源于采购合同框架下的要约与承诺。在履行过程中,罗莱公司发出的订单中的价格与市场最低价条款发生矛盾情况下,依法应作出不利于格式条款提供方的解释,即订单确定的价格即为市场最低价,况且源缘公司按照罗莱公司发出的订单供货并开具发票,罗莱公司也接收了源缘公司的货物,并将发票进行抵扣。罗莱公司应当全额支付所欠货款。

六、悬赏广告

第四百九十九条　【悬赏广告】悬赏人以公开方式声明对完成特定行为的人支付报酬的,完成该行为的人可以请求其支付。

第一百三十九条　【意思表示的生效】以公告方式作出的意思表示,公告发布时生效。

典型案例

16. 鲁瑞庚诉东港市公安局悬赏广告纠纷案

[案例来源:辽宁省高级人民法院民事判决书,《最高人民法院公报》2003 年卷,第 320 - 324 页]

1999 年 12 月,东港市某地发生了一起特大持枪杀人案。被告东港市公安局在被害人家属同意后,通过东港市电视台发布了悬赏通告,主要内容:(1)凡是提供线索直接破案的,被害人家属奖励人民币 50 万元;(2)凡是提供线索公安机关通过侦查破获此案的,公安机关给予重奖……同日,被害人家属将用于奖励线索举报人的 50 万元人民币交给了东港市公安局。

原告鲁瑞庚看到电视台播出的悬赏通告后,想到案发当晚两个人形迹十分可疑,可能就是杀人凶手。鲁瑞庚于是向在东港市公安局工作的亲属提供了这个线索,该亲属向东港市公安局局长作了汇报。之后,原告向公安局侦查人员提供了重要线索,并指认了公安机关要求其辨认的部分涉案人员照片。公安机关根据鲁瑞庚提供的线索,排查了大量的犯罪嫌疑人,认定该线索确与特大持枪杀人案有关,并决定按照悬赏通告的第 2 条奖励鲁瑞庚 10 万元人民币。此后,经过公安机关一系列的侦查工作,犯罪嫌疑人陆续被抓捕归案。原告诉请被告按照悬赏通告第1条给付奖金50万元。

辽宁丹东中院认为,悬赏通告中的第1条和第2条是区别破案线索的不同情况,对提供线索人给予不同数额报酬,两者不能兼得。原告鲁瑞庚确实向东港市公安局提供了该案的重要线索,公安机关根据其提供的线索,经过侦查破获了此案。鲁瑞庚所提供的线索,符合悬赏通告中第2条的情形,故鲁瑞庚应按悬赏通告的第2条取得悬赏报酬。公安机关实施抓捕行动前已经给付鲁瑞庚10万元作为奖励,已按悬赏通告履行了自己的义务。法院判决驳回原告的诉讼请求。

辽宁高院二审认为,东港市公安局通过东港市电视台发布通告中的部分内容,属于悬赏广告。通告虽然是以东港市公安局的名义发布的,但由于悬赏给付的报酬,是由被害人家属提供的,通告中的悬赏行为,实际上是受被害人家属委托的行为。被害人家属的本意是以50万元人民币直接奖励能够提供破案线索的举报人,希望能够有助于公安机关迅速破案。被害人家属并没有表示可以区别举报人提供线索的不同情形,给予举报人不同数额的奖励;也没有表示可以将该报酬用于办案或奖励办案人员。东港市公安局在悬赏通告中规定了其他悬赏情形,并没有得到被害人家属的授权或者委托。卢瑞庚按悬赏通告的要求,向东港市公安局提供了其知道的重要线索,使公安机关根据该线索及时破获案件,即完成了悬赏通告所指定的行为。据此,卢瑞庚就获得了取得被害人家属支付悬赏报酬的权利。东港市公安局应该按照被害人家属的委托和以其名义向社会发布的悬赏通告,及时履行义务,向卢瑞庚全额给付50万元。关于悬赏通告中第1条和第2条规定的奖励款能否同时兼得,法院认为,因悬赏广告是按照举报的具体效果,规定以不同的方式给予数额不同的奖励的,并未表示同一举报可以同时兼得其他奖励。因此,卢瑞庚只能获得第1条规定的奖励款。

七、缔约过失责任

第五百条 【缔约过失责任】当事人在订立合同过程中有下列情形之一,造成对方损失的,应当承担赔偿责任:

(一)假借订立合同,恶意进行磋商;

(二)故意隐瞒与订立合同有关的重要事实或者提供虚假情况;

(三)有其他违背诚信原则的行为。

实务指引

1. 缔约过失责任由德国法学家耶林首次提出,被称为填补了大陆法系民法典一个巨大的空白，后缔约过失责任流行于大陆法系国家。英美法系国家中则无缔约过失条文，相应的情况归入诚实信用原则之下。传统的缔约过失责任限定在合同未成立的阶段；现在一般认为，合同被确认无效或被撤销而导致合同自始无效的也可适用缔约过失责任。

2. 缔约过失责任来源于诚实信用原则，属于先合同义务。从传统的角度来探讨缔约过失责任，首先需要明确的是合同双方开始接洽并进行了商务沟通，其次是双方最终并未签订合同。

一般在合同未签订的情况下，双方均无义务需要履行，一方对另一方无法律上的权利和义务。但是，在洽谈的过程中，一方以为另一方有诚意签订合同并履行合同义务，故该方投入了较多的时间和精力，最后（由于另一方违背诚实信用）合同未签订，该方损失较大。基于诚信原则，另一方应该给予该方一定的赔偿（缔约过失责任仅仅是一种损害赔偿责任），因为另一方的行为让该方以为另一方要缔结合同，让该方产生了合理的信赖。

3. 缔约过失责任的案例比较少，因为在合同没有正式签订或履行前，即便对方违背诚实信用原则构成缔约过失，由于信任产生的损失一般都不大，如果维权但诉讼等各种成本不低，权衡利弊则选择放弃，同时，很多企业认为该损失也是合理的开支而不主张。缔约过失责任在司法实践中一直是一个比较有争议的法律问题。

典型案例

17. 重庆市城口县岚天乡种植养殖场诉中国农业银行城口县支行缔约过失责任赔偿纠纷案

［案例来源：重庆市高级人民法院（2007）渝高法民再字第20号民事判决书，《中国审判案例要览（2006年民事审判案例卷）》，第117－126页］

1999年12月7日，重庆市扶贫开发办公室、中国农业银行重庆市分行下发渝扶办发〔1999〕75号文件将原告种植养殖场的波尔羊良种繁殖项目列入扶贫项目。同日，城口县扶贫开发办公室发文通知原告获得扶贫专项贷款计划30万元，速到县农行衔接申办贷款手续。12月25日，原告与被告中国农业银行城口县支行（以下简称城口支行）签订借款合同，约定借款30万元、期限3年，原告用价值40万元的林木进行抵押。2000年1月，原告从外地引进皇竹草种节苗，并于同年2月、3月开始大范围地与他人签订承包经营协议并予以种植，同时对外签订了购销合同。

2001年10月21日，城口县扶贫开发办公室以城扶发〔2001〕67号文件将原告发展的波尔羊及皇竹草项目列为扶贫开发项目并安排决定专项贷款计划30万元，并通知原告速到被告处衔接申办贷款手续。11月6日，被告收到该文件后，安排修齐营业所对原告上次扶贫贷款项目的经营情况进行调查。10 日,修齐营业所调查后认为:如需再申请专项贷款,企业必须全额落实有效的担保抵押,同时结算原欠利息,在按原借款合同约定 2001 年年底前偿还原贷款 10 万元的前提下,银行可以受理借款申请。12 月 11 日,原告向被告递交了《项目发展和申请扶贫资金的紧急报告》。不久,原告与被告双方负责人为是否发放贷款事宜发生争吵,后原、被告方均同意如发放扶贫贷款不行,变通为按正常的商业贷款予以办理解决。12 月 20 日,原告向修齐营业所递交贷款申请书。同时,原告也与其他金融单位和私人联系借款事宜。

12 月 25 日,原告从朋友处借到部分款项,用于其皇竹草的越冬设施的修建。由于技术等原因,所修建的简易保暖大棚造成一部分皇竹草被烧死。2002 年 1 月 3 日,皇竹草已经全部死亡。1 月 8 日,修齐营业所的调查报告认为:该企业皇竹草需要得到政府协助、大力推广才能收到好的效果,需要做好外销合同签订。企业尚未归还到期贷款本息 10.51 万元,申请贷款还是用原抵押物做抵押,除此外企业无其他资产可设定抵押,银行信贷风险较大。1 月 9 日,修齐营业所赵福兴等人明确告诉原告不予发放贷款的决定。2002 年 2 月上旬,被告又专门开贷审会研究决定,对原告所申请的贷款不予发放。原告诉请被告承担缔约过失责任,赔偿财产损失 600 万余元。

重庆二中院一审判决驳回原告种植养殖场的诉讼请求。重庆高院二审认为,城口支行在接到种植养殖场的贷款申请时,其作为城口县扶贫开发领导小组成员和扶贫贷款发放的专业银行,对扶贫贷款的特殊性质和用途是了解的,在明知该项贷款使用的时间性非常紧迫的情形下,其应当按照《贷款通则》第 23 条“贷款人应当审议借款人的借款申请,并及时答复贷与不贷”的要求,基于诚实信用对种植养殖场的贷款申请负有及时审查、及时答复是否发放贷款的先合同义务。虽然城口支行作出答复的时间并未超过《贷款通则》第 23 条关于中期贷款的 6 个月答复期限,但是对该条不能作断章取义式的片面理解。该条所规定的答复时间是对借款人申请的最长答复时间,贷款人不仅应当遵守这一最长答复时间的要求,更应依照诚实信用原则,按照《贷款通则》同一条款的规定根据贷款的具体情况及时答复贷与不贷。种植养殖场依据扶贫贷款文件向被上诉人申请用于修建越冬温室大棚的贷款,城口支行在明知此次扶贫贷款的特定用途和特殊时间要求的情况下,对上诉人的贷款申请迟迟不予答复,直至 2002 年 1 月 8 日才作出调查报告,于 2002 年 2 月上旬才召开贷审会决定不予发放该笔贷款,显然没有尽到其应尽的基于诚实信用原则要求所产生的先合同义务。城口支行在缔约过程中忽视本案贷款申请的特殊性和紧迫性,不履行先合同义务,既违反了《贷款通则》的义务性规范义务,又违背了诚实信用原则,其违反诚信的不作为对于本案损失的发生存在一定的过失和因果关系,应当承担相应的民事责任。

最高人民法院指令重庆高院再审。就城口支行是否违反先合同义务,重庆高院再审认为,城口支行作为受要约人,如果在承诺期限届满未作出承诺,该要约失效,此种情况下应视为不承诺。受要约人就不承诺并无另行通知要约人的法定义务,因此,城口支行对种植养殖场的贷款申请不予批准并无给予专门答复的义务。即使根据《贷款通则》第23条,贷款人应当审议借款人的借款申请,并及时答复贷与不贷,城口支行作出答复的时间也并未超过《贷款通则》第23条关于中期贷款的6个月答复期限。种植养殖场曾与城口支行负责人为是否发放贷款事宜发生争吵,城口支行认为种植养殖场的贷款申请不符合条件不应当发放。扶贫贷款经双方同意变通为正常的商业贷款申请。因此,虽然城口支行未正式答复,但其负责人已口头明确告知,种植养殖场已清楚地知晓其不能获得此项扶贫贷款。因此,城口支行既尽到了《贷款通则》规定的行业责任,更没有违反合同法的相关规定,无其他违背以诚实信用原则为基础的先合同义务的行为。法院最终判决维持一审裁判,即驳回种植养殖场的诉讼请求。

18. 兴业全球基金管理有限公司诉江苏熔盛重工有限公司缔约过失责任纠纷案

[案例来源:江苏省高级人民法院(2013)苏商终字第0036号民事判决书,《中国审判案例要览(2014年商事审判案例卷)》,第1-6页]

2011年4月26日,被告熔盛重工与全椒县政府签订合同,拟受让安徽全柴集团有限公司(以下简称全柴集团)100%国有股权。

4月,安徽全柴动力股份有限公司(以下简称全柴动力)发布《要约收购报告书》公告:本次要约收购系因熔盛重工成为全柴集团控股股东,并通过全柴集团间接控制全柴动力44.39%的股权而触发。本要约收购报告书摘要的目的仅为向社会公众投资者提供本次要约收购的简要情况,本收购要约并未生效,具有相当的不确定性。本次要约收购的实施尚须经安徽省国有资产监督管理委员会核准、国资委核准及反垄断局审查的核准。只有在取得上述批准后,证监会方受理本次要约收购申请,本报告书需经证监会出具无异议函方得以正式公告发出。要约收购价格为16.62元/股。

6月,全柴动力公告称:熔盛重工收到证监会出具的《行政许可申请材料补正通知书》(以下简称《补正通知》),要求熔盛重工在30个工作日向证监会报送相关的批准文件。熔盛重工已向证监会申请延期上报有关补正材料,待取得相关批复文件后立即上报证监会。8月,有关熔盛重工收购全柴集团100%股权获反垄断局、国资委批准。

2011 年 10 月、12 月公告,2012 年 3 月的《2011 年年度报告》以及 2012 年 4 月的《2012 年第一季度报告》中,全柴动力分别称:本次交易触发的要约收购尚未获得中国证监会出具的无异议函。由于除上述批复文件之外其他补正相关问题的答复仍在准备当中,有关补正材料尚未上报中国证监会。

2012 年 7 月,全柴动力公告称:熔盛重工尚未向证监会上报相关补正材料。熔盛重工已注意到国资委批复的有效期限,该批复自印发之日起 12 个月内有效。本次交易能否成功尚存在重大不确定性。8 月 7 日、13 日,全柴动力分别公告称:熔盛重工、全椒县政府正积极磋商本次交易的有关事项,本次交易能否成功尚存在重大不确定性。8 月 18 日,全柴动力公告称:已向中国证监会申请撤回行政许可申请材料。8 月 22 日,全柴动力公告称:全柴动力要约收购计划不再实施。

2011 年 5 月至 6 月,兴业基金所管理的兴全趋势基金以 17 元/股左右买入全柴动力股票;2012 年 8 月,兴全趋势基金以 8.4349 元/股卖出 200 万股。原告兴业基金称,因熔盛重工原因而使兴业基金缔约期待落空,遭受损失。原告诉请被告赔偿损失。

江苏南通中院认为,当事人为缔结合同接触、磋商之际,已由一般普通关系进入特殊联系关系,产生先合同义务,过失方即应承担责任。《合同法》第 42 条并未要求缔约过失责任须以要约生效为前提,缔约过失产生在订立合同过程中。本案熔盛重工披露了拟要约收购全柴动力股份,兴业基金持有股份,双方通过证券交易平台表达了要约收购的意愿,已进入订立合同的准备过程中,此时,熔盛重工的先合同义务已经产生。熔盛重工主张由于《要约收购报告书》未经中国证监会出具无异议函后正式实施,收购要约尚未发出,即不存在缔约过失责任,无法律依据。

作为证券交易合同缔约的双方,要约收购的缔约过程有一定的特殊性,双方当事人并无直接的接触磋商,而是以上市公司信息披露的形式来传达缔约意向,反映订立合同的过程。由此,收购方应负的先合同义务主要是告知义务,履行要约收购告知义务的方式主要是信息披露。本案被告熔盛重工发布了要约收购的缔约意向,其相应承担的为缔约过程中的告知义务,以提请相对方注意。熔盛重工已披露了要约收购进展情况,尽了相应的告知义务,并不存在缔约过失。

熔盛重工未违反诚实信用,不存在缔约过失:(1)《要约收购报告书》在明显的位置作出了重要声明,表明其系熔盛重工向公众预先披露的内容摘要,是缔约意向的传递,非正式要约,并已提示风险。熔盛重工后撤回申请,自行取消要约收购计划,属缔约自由,其于次日进行了信息披露,已履行了及时告知义务,符合证券法的规定。(2)熔盛重工分别以公告或年报、季报的形式提示补正材料未上报,将补正材料进展情况告知相对方,履行了先合同的告知义务。(3)《上市公司收购管理办法》第30条规定应特别提示要约须经批准，而对相关批复的有效期是否应披露未有明确规定。《要约收购报告书》已明确披露须经国务院国资委等批准，批准文件的进展情况也已及时披露，符合上述规定。(4)《要约收购报告书》已经披露且提示了交易风险，之后全柴动力曾不断发布年报、季报、公告，披露补正材料未上报的情况。该补正材料进展情况系要约收购披露事项的延续，无相关规定强制要求其在此类延续性的信息披露时，必须持续不间断地提示风险。综上，熔盛重工在要约收购过程中真实、及时、完整地披露了要约收购的进展情况，已尽了相应的告知义务，并不存在缔约上的过失。

法院判决驳回原告诉讼请求，江苏高院二审维持原判。

19. 王宝珍等诉厦门公交集团开元公共交通有限公司客运合同纠纷案

[案例来源：福建省厦门市中级人民法院(2010)厦民终字第1344号民事判决书，《中国审判案例要览(2011年民事审判案例卷)》，第250－256页]

王黑定系原告王宝珍等四人的父亲。被告开元公司司机李贻彪驾驶被告所有的4路公交车行至大同路口公交车停靠站时，被告司机将车停稳后打开车门，候车的乘客依次上车，当排在最后的王黑定右手扶着车门正准备上车的过程中，突然仰面垂直倒地，后脑勺流血。被告司机李贻彪见状，与公交车上其他乘客交谈以证明车辆未碰到王黑定后，随即驾车离去。此后路人及时拨打120求助并报警。经确认，王黑定当场死亡。派出所经查明后，认定王黑定系意外死亡。王黑定死亡前患有较严重的肾病，已进行了长达1年多每周两次的血液透析。四原告诉请被告支付死亡赔偿金、丧葬费、精神损害抚慰共计18万余元。

厦门思明法院认为，王黑定在与被告之间基于信赖关系而作出准备缔结运输合同的过程中，按照诚实信用原则，双方均应当善尽必要的注意义务，相互促进，保护对方当事人的人身、财产权利在缔约过程中免受损害。

事发时，王黑定已年满77周岁，并患有较严重的肾病，已进行了长达1年多每周两次的血液透析，可见其身体虚弱，但其出行却没有亲友陪同，而是独自一人乘车，况且当其右手扶着车门正准备上车时，其所要乘坐的4路公交车已经停稳，导致其仰面垂直倒地系其自身原因所致、故王黑定对其自身的死亡应承担主要责任，即85%的责任。

被告司机在王黑定倒地后，负有法定的保护和救助义务，但其却怠于行使，选择驾车离开现场，使王黑定失去获救的可能性和最佳时机，其对王黑定在当时境况下持不作为的放任态度，违反了先合同义务，存在缔约过失，对王黑定的死亡存在一定的过错，应承担相应的民事责任，即15%的责任。被告司机李贻彪系履行职务中发生事故致人损害，其后果应由作为用人单位的被告承担。法院判决被告赔偿原告2万余元。

厦门中院二审认为,王黑定尚未上车购买车票或出示相应免费乘车的相关证件并为公交公司查验认可,因此,王黑定与开元公交公司之间的客运合同尚未成立。法院判决维持原判。

第五百零一条 【保密义务】当事人在订立合同过程中知悉的商业秘密或者其他应当保密的信息,无论合同是否成立,不得泄露或者不正当地使用;泄露、不正当地使用该商业秘密或者信息,造成对方损失的,应当承担赔偿责任。

第三章　合同的效力

1999 年《合同法》中合同效力的条文比较详细，2020 年《民法典》合同编中合同效力的条文不多，因为大部分内容已经规定在《民法典》第一编总则第六章民事法律行为章节中。

笔者将总则编第六章和合同编通则中关于合同效力的内容合并在一起，按照合同的生效、合同的无效、合同的可撤销、合同的效力待定、合同无效或被撤销的法律后果、合同效力的其他规定之顺序予以编排。

一、合同的生效

> **第五百零二条　【合同的生效】依法成立的合同，自成立时生效，但是法律另有规定或者当事人另有约定的除外。**
>
> **依照法律、行政法规的规定，合同应当办理批准等手续的，依照其规定。未办理批准等手续影响合同生效的，不影响合同中履行报批等义务条款以及相关条款的效力。应当办理申请批准等手续的当事人未履行义务的，对方可以请求其承担违反该义务的责任。**
>
> **依照法律、行政法规的规定，合同的变更、转让、解除等情形应当办理批准等手续的，适用前款规定。**

第一百三十六条　【法律行为的生效】民事法律行为自成立时生效，但是法律另有规定或者当事人另有约定的除外。

行为人非依法律规定或者未经对方同意，不得擅自变更或者解除民事法律行为。

实务指引

1. 合同的成立和合同的生效是两个完全不同的概念。绝大多数合同成立即生效。合同的成立是合同双方的事情，合同双方达成一致意见，合同就成立了，世界各地都差不多。比如，以 2 元买一瓶水，以几千元买一部手机，以几十万元买一部轿车。合同的生效是法律认可合同并对合同的履行、执行等情况予以保护。上述例子中的合同都是有效合同。对于比如购买10万元的毒品，或者购买1亿元的核弹，虽然合同成立甚至已经实际履行了，但是绝大多数国家的法律都不会认为这样的合同是有效的。

买水或者买手机，一般法院都会认可合同有效。而个人购买枪支在中国是违法的（按照《刑法》的规定是会被追究刑事责任的），法院会认定合同无效；美国法律规定公民在符合条件的情况下可以合法地持有枪支，因此购买枪支是有效的合同。所以，合同是否无效在不同的国家有不一样的规定。即便是同样一个国家，随着时间的推移，也可能会不断发生变化。

2. 需要注意的是，第502条只限定为法律和行政法规。全国人大及其常委会制定的为法律，国务院制定的为行政法规。国务院各部委、地方人大、地方政府等制定的规范性文件不能称为法律和行政法规。同时，还要看法律、行政法规的是管理性的还是效力性的强制性规定。如果是管理性的，没有办理批准、登记等手续，不影响合同的效力。

典型案例

1. 陈允斗诉宽甸满族自治县虎山镇老边墙村民委员会采矿权转让合同纠纷案

［案例来源：最高人民法院（2011）民提字第81号民事判决书，《民事审判指导与参考》2012年第1辑，第137－147页；《最高人民法院公报》2012年第3期，第18－23页］

2001年10月6日，原告陈允斗与被告老边墙村委会签订《老边墙金矿租赁协议书》，约定：村委会将老边墙金矿（分为第一金矿、第二金矿）租赁给陈允斗开采经营，开采经营期限5年（2001年10月至2006年10月）。金矿所有手续由承包者自行办理。如因有关手续办理不妥无法开采，租金不予返还，所造成的损失亦由陈允斗自负。2001年10月14日，村委会填报《采矿权出租申请登记表》，宽甸满族自治县地矿办公室及丹东市规划和国土资源局签署同意，但未经辽宁省国土资源厅审批。协议签订后，由于老边墙金矿原承包人程绍武未及时将其设备从第一金矿撤出，致使陈允斗不能依据协议约定正常经营该矿。同时，由于程绍武及其亲属的原因，致使辽宁省国土资源厅只颁发了第二金矿2002年和2005年的采矿许可证，第二金矿2001年、2003年和2004年的采矿许可证未予办理和颁发。陈允斗经营老边墙金矿期间，对矿山的井巷工程进行了增建。原告陈允斗诉请村委会履行合同约定的将第一金矿交给其经营的义务；如不能交付，由第二金矿代为履行；村委会顺延履行第二金矿的合同期限3年；村委会赔偿其经济损失160万元。

辽宁高院再审认为,对涉案金矿采矿权的出租,应符合国务院规定的条件,并按照条件和程序管理,由原发证机关审查批准。陈允斗与村委会于2001年填报的《采矿权出租申请登记表》,虽经宽甸满族自治县地矿办公室及丹东市规划和国土资源局同意,但其是作为下一级地矿主管部门的审查意见呈请审批的,是请批过程中需要履行的行政程序,不具有行政许可的效力。根据《矿产资源法》第11条第2款的规定,市级地矿部门没有审批权。在辽宁省国土资源厅作出行政许可前,应认定该项请批尚处于申请阶段,并未得到审批管理机关的批准。本案金矿租赁协议因违反法律的强制性规定而无效。

最高人民法院再审认为,涉案租赁协议已合法成立,但尚未生效,该协议条款对双方当事人没有约束力,也不产生违约责任。协议约定的办理金矿所有手续的义务人是陈允斗,手续办理不全的责任亦由陈允斗承担。签约当时,陈允斗明知村委会尚未从原承包人手中收回采矿许可证,租赁该金矿会冒巨大商业风险,却执意投标并签订上述协议,是一种甘冒风险的行为。协议签订后,村委会积极办理采矿权租赁审批手续,当地县、市政府有关主管部门已审核同意,只因程绍武拒不交出原采矿许可证并起诉村委会而未获辽宁省国土资源厅批准。村委会对此尽了协助义务,没有过错。据此,村委会对采矿权租赁手续不全并不构成违约。

第一百四十三条　【法律行为的一般有效要件】具备下列条件的民事法律行为有效:

(一)行为人具有相应的民事行为能力;

(二)意思表示真实;

(三)不违反法律、行政法规的强制性规定,不违背公序良俗。

实务指引

本条3个条件中,前2个要点是有效的积极要件(必要条件),第3个要点是消极要件。从“法无禁止即可为”的规则来看,笔者认为,本条有探讨的空间。

本条设置了民事法律行为有效的条件,很多法律行为不符合本条规定的要件也是有效的。比如,胁迫或欺诈可撤销的法律行为,肯定是违背行为人的真实意思表示,但是如果撤销权人不行使撤销权而导致法律行为无效,则法律行为将有效。

二、合同的无效

第一百四十四条　【无行为能力与法律行为效力】无民事行为能力人实施的民事法律行为无效。

典型案例

2. 宋双志诉吴慧怡房屋租赁合同纠纷案

[案例来源:北京市丰台区人民法院(2008)丰民初字第 2016 号民事判决书,《中国审判案例要览(2009 年民事审判案例卷)》,第 284 - 287 页]

位于北京市丰台区的涉案房屋原系由原告宋双志承租。2007 年 9 月 12 日,原告与被告吴慧怡约定原告将涉案房屋的承租权转让给被告。后原、被告在丰台区房屋经营中心东铁匠营分中心办理了涉案房屋承租权的变更手续。在办理承租权变更手续时,原告没有配偶,原告母亲赵明菊对承租权转让表示同意。原告诉请确认其与被告之间转让承租权的行为无效。

庭审过程中,原告申请对原告的行为能力进行鉴定。鉴定结论为:(1)原告的精神疾病诊断为精神分裂症,现处于不完全缓解期。(2)原告在本次诉讼中不具有诉讼能力。(3)现无法评价原告于 2007 年 9 月转让诉争房屋承租权时的民事行为能力。鉴定文书中另说明:精神分裂症病程可呈波动性,在疾病的缓解期或间歇期,患者对部分民事事务具有相应行为能力。

北京丰台法院认为,原告认为自己在与被告转让房屋承租权时,系无民事行为能力人,应当承担举证证明的责任。根据鉴定结论,原告目前系精神分裂症患者,但无法评价原告签订合同时的民事行为能力状况。原告并没有提供充分证据证明原告在进行房屋承租权转让时系无民事行为能力人。且原、被告办理诉争房屋承租权变更手续时,原告母亲赵明菊亦表示同意。原告将自己所有的诉争房屋承租权转让给被告,没有违反行为能力方面的禁止性规定的情形存在,应为有效的民事行为。

第一百四十六条　【通谋虚伪表示】行为人与相对人以虚假的意思表示实施的民事法律行为无效。

以虚假的意思表示隐藏的民事法律行为的效力,依照有关法律规定处理。

典型案例

3. 李小平、李彩玲诉张春翎、李天一房屋买卖合同纠纷案

[案例来源:北京市第三中级人民法院(2016)京 03 民终 7576 号民事判决书,《人民法院案例选》2017 年第 6 辑,第 89 - 99 页]

李宝柱与祁淑惠系夫妻,婚后生育有 2 子 1 女,分别为长子原告一李小平、次子李秋平、女儿原告二李彩玲。被告一张春翎系李秋平之妻,被告二李天一系李秋平与被告张春翎之子。李宝柱和祁淑惠共有一套位于北京市朝阳区 401 号的 2 居室房屋(以下简称 401 号房屋)。1998 年 11 月,李宝柱和祁淑惠分别订立公证遗嘱,将上述房产中属于各自的份额遗留给小儿子李秋平。2003 年 10 月,李宝柱去世。

2012年8月,祁淑惠作为出卖人,李秋平作为买受人,签订了《存量房屋买卖合同》,约定由祁淑惠将401号房屋出售给李秋平,成交价格为120余万元。双方同时签订了《存量房交易结算资金自行划转声明》,约定经双方协商决定自行划转交易结算资金,并办理了房屋所有权转移登记手续。合同签订后,李秋平未向祁淑惠支付购房款,被告一张春翎、被告二李天一称祁淑惠生前未向李秋平主张过购房款。2015年1月,401号房屋所有权人登记为被告张春翎。

2015年1月,祁淑惠去世。原告李小平、李彩玲以李宝柱、祁淑惠继承人的名义,要求李秋平支付购房款120余万元,李秋平称其与祁淑惠的合同名为买卖合同,实为赠与合同,当时以交易方式过户房屋是为了避税。2015年8月,李秋平去世。原告李小平、李彩玲诉请被告张春翎、李天一支付房屋价款120余万元。

北京三中院二审认为,祁淑惠与李秋平签订了《存量房屋买卖合同》,依照常理,双方之间当存有买卖房屋的意思表示及相应的履行行为。祁淑惠与李秋平之间一系列的外在行为与上述意思表示存在相悖之处。

其一,在2003年李宝柱去世后,依照其所立公证遗嘱的效力,李秋平成为涉诉房屋的共有权人之一。就另一共有权人祁淑惠而言,在本案所涉的《存量房屋买卖合同》签订之前,未有证据显示祁淑惠存在撤销遗嘱的表示、行为及祁淑慧与李秋平关系恶化的迹象,故可推定祁淑惠并不存在让李秋平以支付对价的方式获得房屋权属的意愿。

其二,从《存量房屋买卖合同》的内容分析,其中虽然约定了房屋的价格,但对于交付时间、违约责任、付款方式和期限等重要条款均未明确。且在合同签订直至祁淑惠去世期间,未有证据显示祁淑慧向李秋平主张过购房款。在未收到任何房款的前提下,祁淑惠就把房屋过户到李秋平名下,此举与房屋买卖的交易习惯不符。

其三,从处分权的角度分析,在签订《存量房屋买卖合同》之时,祁淑惠并非房屋的完全所有权人,依照上文所述,此时房屋的权属状态为共同共有,共有权人则包括李秋平和祁淑惠,在此前提下,李秋平无视己方的权属份额,再通过买卖以支付祁淑惠全部购房款的方式获得过户登记,违背常识。

其四,祁淑惠与李秋平为母子关系,2012年8月时,祁淑惠已近78岁高龄,且长期与李秋平生活在一起,李秋平亦承担了赡养母亲的义务。在此前提下,祁淑惠再将涉诉房屋卖与自己的儿子并拟从中获取房款的行为缺乏动机性意义。

故此,结合上述分析和祁淑惠的遗嘱及生前行为,应当认定祁淑惠和李秋平之间并不存在真正的房屋买卖行为,而是形成了赠与行为。具体而言,即两人的内心意思与外部的表示行为并不一致,双方合作完成了通谋虚伪行为,形成了真假两项意思表示。故本院认定祁淑惠与李秋平之间形成的是赠与合同法律关系。

关于通谋虚伪,法理上将其结构分为内外两层行为:外部的表面行为系双方当事人共同作出与真实意思不一的行为,亦称伪装行为;内部的隐藏行为,则是被掩盖于表面行为之下,代表当事人双方真意的行为,亦称非伪装行为。祁淑惠与李秋平并不希望发生真实的房屋买卖关系,而只是借此形式完成房屋权属变更的目的。双方之间的法律行为名为买卖实为赠与。私法自治乃民法之基本原则,其要义在于个人得依自主的意思,自我负责的形成私法上的权利义务,具体到本案中,既然祁淑惠与李秋平的真实自由之意愿在于赠与,法律当对此予以尊重。

隐藏行为虽不为外人所知,却是当事人真正的意思表示,对其效力的认定当遵循相关的法律规则,故在本案中,对祁淑惠与李秋平之间形成的法律行为效力的认定当遵循赠与合同的法律规范。赠与合同中涉及的关键要素有三:一是赠与人对于所赠财产具有处分权;二是赠与行为具有无偿性;三是受赠人具有接受的意思表示。本案中,祁淑惠是涉诉房屋的共有权人之一,将自己的房屋份额无偿赠与给另一共有权人李秋平,且李秋平已经办理完毕产权过户登记。双方上述行为并未违反法律法规的强制性规定,且为内心之真实意愿,故双方形成了合法有效的赠与合同关系。

第八条　【公序良俗原则】民事主体从事民事活动,不得违反法律,不得违背公序良俗。

第一百五十三条　【违反法律行政法规与公序良俗】违反法律、行政法规的强制性规定的民事法律行为无效。但是,该强制性规定不导致该民事法律行为无效的除外。

违背公序良俗的民事法律行为无效。

实务指引

1. 第153条共两款,第1款是违反法律和行政法规,第2款是违背公序良俗,两款性质完全不同,本条可以考虑分成两个条文。

2. 与《民法总则》相比,《民法典》第153条第1款只在标点符号上有所调整。但书部分被分离出来作为单独的一句:“但是,该强制性规定不导致该民事法律行为无效的除外。”这一但书的目的在于为强制性规定的限缩提供解释空间。考虑到但书作为解释规则、提供解释空间的规范目的,参酌《德国民法典》第134条,可以考虑将第153条第1款修改为:“违反法律、行政法规的强制性规定的民事法律行为无效。但是,该强制性规定的目的不在于使该民事法律行为无效的除外。”

相关规定:《最高人民法院关于当前形势下审理民商事合同纠纷案件若干问题的指导意见》(法发〔2009〕40号)

15. 正确理解、识别和适用合同法第五十二条第(五)项中的“违反法律、行政法规的强制性规定”,关系到民商事合同的效力维护以及市场交易的安全和稳定。人民法院应当注意根据《合同法解释(二)》第十四条之规定,注意区分效力性强制规定和管理性强制规定。违反效力性强制规定的,人民法院应当认定合同无效;违反管理性强制规定的,人民法院应当根据具体情形认定其效力。

16. 人民法院应当综合法律法规的意旨,权衡相互冲突的权益,诸如权益的种类、交易安全以及其所规制的对象等,综合认定强制性规定的类型。如果强制性规范规制的是合同行为本身即只要该合同行为发生即绝对地损害国家利益或者社会公共利益的,人民法院应当认定合同无效。如果强制性规定规制的是当事人的“市场准入”资格而非某种类型的合同行为,或者规制的是某种合同的履行行为而非某类合同行为,人民法院对于此类合同效力的认定,应当慎重把握,必要时应当征求相关立法部门的意见或者请示上级人民法院。

延伸阅读

《德国民法典》第 134 条　【法律禁止规定】违反法律禁止规定之法律行为,除法律另有规定外,无效。

第 138 条　【违反善良风俗之法律规定;暴力行为】

Ⅰ. 违反善良风俗之法律行为,无效。

Ⅱ. 法律行为系利用他人急迫情形,无经验,欠缺判断能力,或明显意志薄弱,使其对自己或第三人为财产利益给付之承诺或其给付显失公平者,该法律行为无效。

实务指引

强制性规定一般分为效力性强制性规定和管理性强制性规定,以下案例和规定主要按照效力性规定和管理性规定、违反公序良俗的顺序予以区分。

需要说明的是,该问题是合同法上的一个难点,争议较大,故笔者只能初步尝试着进行整理,有错误和不妥之处实属正常,相关问题有待笔者未来进一步细化。

典型案例

【效力性强制性规定】

4. 深圳市三九旅游酒店有限公司等诉中国人民解放军海军航空兵部海南办事处房屋租赁合同纠纷案

[案例来源:最高人民法院(2003)民一终字第 35 号民事调解书,《最高人民法院公报》2003 年卷,第 267 – 271 页]

1992 年 7 月、8 月,被告海航办事处向海口市城市规划局申报兴建海军航空兵部综合楼、商住楼项目。海口市城市规划局批复同意。但海航办事处未能提交关于兴建京航大厦项目的军队报批文件。1992 年 12 月,京航大厦开工。1994 年 1 月,原告一深圳市三九旅游酒店有限公司(以下简称深圳三九公司)与被告海航办事处签订《京航大厦租赁合同》约定:海航办事处将其独资兴建的京航大厦出租给深圳三九公司经营。为了履行合同,深圳三九公司出资,以京航大厦为住所地和经营场所,于1994年2月注册成立了原告二海南三九旅游服务有限公司(以下简称海南三九公司)。海南三九公司成立后,又与海航办事处签订1份《京航大厦租赁合同》,时间、内容与深圳三九公司和海航办事处签订的《京航大厦租赁合同》基本相同。1994年3月,海南三九公司付给海航办事处定金500万元。1994年7月,京航大厦竣工,外墙装饰工程与内墙4、5、6层装饰工程已完工,其余楼层及室外工程和水电部分未完工,亦未验收。1994年10月,海军航空兵后勤技术部曾批复同意京航大厦出租,但要求海航办事处办理房产经营许可证。1994年11月,经海航办事处同意,海南三九公司又注册成立了海南三九国际大酒店有限公司、海南三九国际大酒店。海南三九公司、海南三九国际大酒店有限公司与海航办事处签订了一些关于京航大厦租赁事务的附属合同。

海南三九公司于1997年5月付租金200万元,1997年6月支付5万元。合同约定的其余租金,深圳三九公司和海南三九公司未付。京航大厦的装饰工程亦因深圳三九公司、海南三九公司资金不足,未能按计划和标准完成。在此期间,海南三九公司就水、电、通信等问题曾多次向海航办事处提出要求未果。1996年6月至1998年5月,海航办事处曾多次致函深圳三九公司、海南三九公司、海南三九国际大酒店有限公司索要房租,否则终止《京航大厦租赁合同》及所有补充协议,按合同约定无条件收回京航大厦的使用权。1998年7月12日,海南三九公司与海航办事处签署了《会谈纪要》,双方同意从1998年7月13日起,海南三九公司将京航大厦交还海航办事处管理。同时,海南三九公司提出保留通过法律程序解决这一问题的权利。1998年10月,深圳三九公司诉请判决确认双方签订的所有合同无效,由被告承担全部责任,除返还其全部投入外,赔偿损失1340.2万元。1999年8月,海口市房产管理局向海航办事处核发了包括京航大厦建筑在内的《国有土地使用证》。

中国人民解放军军事法院一审判决驳回原告诉讼请求,最高人民法院二审裁定发回重审。

中国人民解放军军事法院重审(一审)认为,海航办事处投资兴建的京航大厦,违反了中央军委关于必须向总后勤部报批的规定,出租京航大厦亦没有报总后勤部审批和办理《中国人民解放军利用房地产开展经营活动许可证》,同时违反了《城市房地产管理法》,未在法律规定的期限内登记、办理《国有土地使用证》《房屋所有权证》,故海航办事处与深圳三九公司、海南三九公司所签订的《京航大厦租赁合同》及附属合同均无效。对此,原告与被告均有过错。海航办事处违反国家和军队的有关规定,建设、出租京航大厦,应承担相应的责任,深圳三九公司和海南三九公司明知海航办事处违反国家规定无权出租,而盲目签约,亦应承担相应的责任。最高人民法院重审(二审)调解结案。

本案相关规定:《军队房地产经营管理规定》(1991 年)

第七条 利用军队房地产开展经营活动,按以下程序办理手续:

(一)根据经营方式分别按本规定第八条、第十三条、第十七条的规定办理报批手续;

(二)按《军队利用房地产开展经营活动的规定》申领《中国人民解放军利用房地产开展经营活动许可证》(下称《许可证》);

(三)持《许可证》依据经营方式分别到地方有关部门申办合同的鉴证、产权变更、营业执照等手续;

(四)到军队房地产管理部门办理登记注册手续。

5. 郑礼助诉福建省德化县金红谷锰业有限公司等承包经营权纠纷案

[案例来源:福建省泉州市中级人民法院(2006)泉民终字第 2091 号民事判决书,《中国审判案例要览(2007 年商事审判案例卷)》,第 176 – 182 页]

1999 年 12 月 25 日,原告郑礼助与被告德化县龙门滩镇霞山村村民委员会(以下简称霞山村委会)签订《耕地承包合同》,被告霞山村委会将集体耕地 4 亩(其中包括位于牛角垅 1.4 亩水田地)发包给原告承包经营,期限 30 年。

2003 年,被告德化县龙门滩镇人民政府(以下简称龙门滩政府)、被告德化县龙门滩镇霞山村第十村民小组(以下简称霞山村十组)、被告霞山村村委会和被告福建省德化县金红谷锰业公司签订《租赁协议》,将 15 亩耕地租赁给被告金红谷锰业公司使用,期限为 2004 年至 2024 年。《租赁协议》所出租的耕地包含原告的 1.4 亩耕地。原告诉请被告金红谷锰业公司赔偿经济损失 6720 元,将耕地恢复原状;被告龙门滩政府、霞山村委会、霞山村十组承担连带责任。

福建泉州德化法院一审认为,被告金红谷锰业公司已取得合法经营手续,且该公司也已投入生产,原告郑礼助要求立即恢复其承包的 1.4 亩耕地,不符合现有的客观条件。法院判决被告金红谷锰业公司、龙门滩政府、霞山村委会、霞山十组给付原告郑礼助 2004 年至 2006 年租赁费 2800 元,驳回原告其他诉讼请求。

福建泉州中院二审认为,龙门滩镇政府、霞山村委会、霞山村十组未经有权职能部门批准及郑礼助同意,擅自与金红谷锰业公司签订《租赁协议》,把上诉人拥有合法土地承包经营权的土地租赁给被上诉人金红谷锰业公司使用,违反了《土地管理法》(2004 年)第 31 条第 1 款关于"国家保护耕地,严格控制耕地转为非耕地"及

第44条第1款关于"建设占用土地，涉及农用地转为建设用地的，应当办理农用地转用审批手续"的规定。《农村土地承包法》(2002年)第9条规定："国家保护集体土地所有权者的合法权益，保护承包方的土地承包经营权，任何组织和个人不得侵犯"，因此，该租赁协议依法应认定为无效，四被上诉人的行为构成共同侵权。郑礼助有权请求金红谷锰业公司、龙门滩镇政府、霞山村委会、霞山村十组恢复诉争地原状。法院改判支持郑礼助恢复诉争地原状的诉讼请求。

本案相关规定：《土地管理法》(2019年修正，主席令第32号)

第四十四条 建设占用土地，涉及农用地转为建设用地的，应当办理农用地转用审批手续。

永久基本农田转为建设用地的，由国务院批准。

在土地利用总体规划确定的城市和村庄、集镇建设用地规模范围内，为实施该规划而将永久基本农田以外的农用地转为建设用地的，按土地利用年度计划分批次按照国务院规定由原批准土地利用总体规划的机关或者其授权的机关批准。在已批准的农用地转用范围内，具体建设项目用地可以由市、县人民政府批准。

在土地利用总体规划确定的城市和村庄、集镇建设用地规模范围外，将永久基本农田以外的农用地转为建设用地的，由国务院或者国务院授权的省、自治区、直辖市人民政府批准。

6. 中国农业银行嵊州市支行诉绍兴中兴拍卖有限公司、邢志平拍卖合同纠纷案

[案例来源：浙江省嵊州市人民法院(2004)嵊民二初字第674号民事判决书，《中国审判案例要览(2005年商事审判案例卷)》，第61－66页]

原告农行嵊州支行根据嵊州市人民法院(2000)嵊经初字第603号、第537号民事调解书得嵊州市长乐供销社原太平生产商店、原剡溪茶厂房屋及土地使用权(尚需依法补办土地使用权审批、过户、缴费相关手续，否则不能转让)。2003年11月21日，原告为处置以上房地产与被告中兴拍卖公司签订《委托拍卖合同》，约定原告委托被告中兴拍卖公司拍卖上述房屋及土地使用权。11月23日，被告中兴拍卖公司进行公开拍卖，因报名参加竞拍的只有被告邢志平一人，被告中兴拍卖公司临时找来案外人俞蕊，在未办理任何参拍手续的情况下，让俞蕊作为竞拍人参加拍卖，并授意俞蕊不进行报价、竞价，致使被告邢志平以起拍价43万元买得拍卖标的。原告诉请确认拍卖无效，被告邢志平将房产返还原告。

浙江嵊州法院认为，原告将未依法登记领取权属证书的土地使用权和房屋所有权作为拍卖标的，与被告中兴拍卖公司签订《委托拍卖合同》，违反了法律、行政法规的强制性规定。被告拍卖公司未在拍卖日7日前发布拍卖公告，拍卖公告中的拍卖标的有误而未予以重新公告，违反竞标规则临时让一位无关人员作为竞买人假意参加拍卖活动,其拍卖程序违反了法律法规和竞标规则。被告中兴拍卖公司依据原告的委托与被告邢志平进行的拍卖行为因拍卖标的依法不得处分、拍卖程序违法而无效。法院判决确认拍卖行为无效,被告邢志平将依据拍卖成交确认书取得的房产返还原告农行嵊州支行。

本案相关规定:《城市房地产管理法》(2019 年修正,主席令第 32 号)

第三十八条 下列房地产,不得转让:

(一)以出让方式取得土地使用权的,不符合本法第三十九条规定的条件的;

(二)司法机关和行政机关依法裁定、决定查封或者以其他形式限制房地产权利的;

(三)依法收回土地使用权的;

(四)共有房地产,未经其他共有人书面同意的;

(五)权属有争议的;

(六)未依法登记领取权属证书的;

(七)法律、行政法规规定禁止转让的其他情形。

7. 梁兴海诉史天臣承包合同纠纷案

[案例来源:北京市第一中级人民法院(2008)一中民终字第 3736 号民事判决书,《中国审判案例要览(2009 年商事审判案例卷)》,第 178 – 182 页]

2006 年 1 月,被告史天臣与北京王家台石板矿签订《北京市王家台石板矿下石堡采区管理合同书》。该合同约定,史天臣在合同期和承包矿界内,可以转包给第三方。2007 年 4 月,原告梁兴海与被告史天臣签订《承包协议》,约定:史天臣将采区内一座山头承包给梁兴海开采经营,年承包费 15 万元。梁兴海支付了 10 万元承包费并开始经营矿区。2007 年 8 月,梁兴海承包的采矿区因安全隐患被勒令停产。原告诉请法院确认《承包协议》无效,被告返还承包费 10 万元,赔偿损失 5 万元。

北京房山法院一审驳回原告诉讼请求。北京一中院二审认为,我国对采矿权人的采矿资质和采矿权的转让实行严格的审批制度,非经法定程序获得采矿资质的单位和个人均不得从事矿产资源的开采、非经法定程序亦不得自行对采矿权进行转让。梁兴海与史天臣均不具备采矿资质,均不是合法的采矿权人。史天臣因其本身不具有采矿权人的相应资质,将从北京王家台石板矿承包的采矿权发包给亦不具备采矿权人资质的梁兴海,违反了《矿产资源法》及其实施细则的相关规定,因此《承包协议》因违反了法律、行政法规的强制性规定而应认定无效。

对于《承包协议》被认定无效,双方均具有明显过错,虽然梁兴海向史天臣支付了承包费 10 万元,但因梁兴海违法行为的严重性,由此导致的损失应由其自行承担。对于史天臣获取的 10 万元非法所得,法院将向有关部门发出司法建议,建议相关部门对其违法所得予以收缴、对其违法行为予以惩处。法院改判确认《承包协议》无效,驳回梁兴海其他诉讼请求。

本案相关规定:《矿产资源法》(2009 年修正,主席令第 18 号)

第六条 除按下列规定可以转让外,探矿权、采矿权不得转让:

(一)探矿权人有权在划定的勘查作业区内进行规定的勘查作业,有权优先取得勘查作业区内矿产资源的采矿权。探矿权人在完成规定的最低勘查投入后,经依法批准,可以将探矿权转让他人。

(二)已取得采矿权的矿山企业,因企业合并、分立,与他人合资、合作经营,或者因企业资产出售以及有其他变更企业资产产权的情形而需要变更采矿权主体的,经依法批准可以将采矿权转让他人采矿。

前款规定的具体办法和实施步骤由国务院规定。

禁止将探矿权、采矿权倒卖牟利。

8. 韩亚定诉任忠辉诉讼代理合同纠纷案

[案例来源:浙江省宁波市鄞州区人民法院(2012)甬鄞望民初字第 251 号民事判决书,《人民法院案例选》2013 年第 1 辑,第 9 - 15 页]

原告韩亚定在龙杰公司工作时被龙杰公司驾驶员徐文军倒车撞伤,经认定,由徐文军负交通事故全责。原告与被告任忠辉签订《委托代理合同》,约定:原告委托被告代理其交通事故与工伤事故赔偿;被告必须按时参加各个法定程序,代为办理诉讼前和诉讼事务;代理费按实际赔偿金额的 10% 支付。合同签订后,经被告代理交通事故纠纷,原告取得赔偿款 10 万余元,并支付被告代理费 11 000 元。此后,被告未代理原告申请工伤认定。因超过法定期限,原告未能申请工伤认定。原告诉称《委托代理合同》系无效合同,诉请被告返还代理费并赔偿工伤事故导致的各项损失 8 万余元。

浙江宁波鄞州法院认为,诉讼代理业务系为特许经营业务,未取得执业资格之公民,不得从事收取报酬的诉讼代理业务。被告未取得诉讼代理之执业资格,代理他人进行诉讼并约定收取诉讼代理报酬,其行为扰乱社会秩序,损害社会公共利益,《委托代理合同》应认定无效。双方合同中明确说明被告身份为"自由职业",据此可知原告对被告并无诉讼代理执业资格亦属明知,故本案合同所致无效,原告亦有过错。双方所订合同无效,则被告根据合同收取的代理费 11 000 元,依法应予返还。

对原告主张的赔偿请求,法院认为:就本案原告受伤之情形,人身损害赔偿与工伤保险赔偿的责任主体均为龙杰公司,赔偿责任主体发生竞合时,原告应当择一索赔,原告主张可获双重赔偿,并无法律依据;原告已经就交通事故责任获得赔偿,并无证据证明交通事故可获赔偿的金额低于工伤保险可获赔偿的金额,故原告主张因被告之代理行为致其产生损失，并无事实依据。法院判决被告返还代理费11 000元，驳回原告其他诉讼请求。

本案相关规定：《律师法》（2017年修正，主席令第76号）

第十三条 没有取得律师执业证书的人员，不得以律师名义从事法律服务业务；除法律另有规定外，不得从事诉讼代理或者辩护业务。

9. 湖北省红高粱文化体育传播有限公司诉钮栓、陈书华、刘书房委托合同纠纷案

［案例来源：河南省漯河市中级人民法院民事判决书，《人民法院案例选》2004年商事·知识产权专辑，第211－217页］

2000年6月7日，原告红高粱公司的法定代表人李新生和被告钮栓、被告陈书华、被告刘书房签订《委托演出合同》，由三被告委托李新生在漯河市体育场组织一场名为"国宴酒之夜"的大型文艺演出。三被告承担各项费用，办理与演出有关的手续，并付给原告演出费48万元。被告刘书房在活动举行前退出。合同签订后，李新生分别和北京星工场音乐娱乐有限公司和武警部队政治部文工团签订了演出合同。但由于漯河市区连续降雨，演出没有如期举行。推迟5天后，演出才举行。原告诉请三被告支付演出迟延费用。

河南漯河源汇法院一审认为，由于降雨而导致演出延期，原告增加的演出费用应以原告与演出单位补充协议的49 300元加补助费来确定。由于自然条件的原因，为保证演出效果，在被告授权下推迟演出时间而增加费用支出也是合理的，虽然没有就此明确约定，但是根据《合同法》第62条第6款的规定，应由履行义务一方即本案被告负担。被告刘书房在合同履行前已经退出，不承担责任。法院判决被告钮栓和被告陈书华支付原告演出迟延费用55 300元。

河南漯河中院二审认为，双方当事人均不是营业性文艺表演团体，不符合演出合同主体，其签订的《委托演出合同》的性质不是演出合同而是委托合同。红高粱传播公司并非演出经纪机构，陈书华、钮栓等也没有举办营业性组台演出的资格，并且双方均未持有《营业性演出许可证》，该台演出活动也未经有关行政执法部门审批。红高粱传播公司在不具备承办营业性组台演出的资格情况下，接受陈书华、钮栓等委托，并且与星工场音乐娱乐公司、武警文工团签订演出合同及补充协议，违反了国务院发布的《营业性演出管理条例》强制性规定，以上演出合同和补充协议应为无效。

《委托演出合同》虽为委托合同，但作为委托人的陈书华、钮栓等始终并未介入红高粱传播公司与演出单位签订的演出合同和补充协议，受托人红高粱公司应对演出方承担合同义务，享有合同权利。陈书华、钮栓已按照委托合同的约定完全履行了合同，并且以上演出合同及补充协议中根本没有涉及委托人的有关事项，因此，以上演出合同和补充协议对陈书华、钮栓等不具有约束力。法院改判驳回原告诉讼请求。

本案相关规定：《营业性演出管理条例》（2016 年修订，国务院令第 666 号）

第六条 文艺表演团体申请从事营业性演出活动，应当有与其业务相适应的专职演员和器材设备，并向县级人民政府文化主管部门提出申请；演出经纪机构申请从事营业性演出经营活动，应当有 3 名以上专职演出经纪人员和与其业务相适应的资金，并向省、自治区、直辖市人民政府文化主管部门提出申请。文化主管部门应当自受理申请之日起 20 日内作出决定。批准的，颁发营业性演出许可证；不批准的，应当书面通知申请人并说明理由。

10. 张梅诉北京泰和至尚贵金属有限公司合同纠纷案

［案例来源：北京市第二中级人民法院（2012）二中民终字第 19258 号民事判决书，《中国审判案例要览（2013 年商事审判案例卷）》，第 271 – 278 页］

2011 年 12 月 12 日，原告张梅在被告泰和至尚公司处填写 rcm 公司开户申请书（英汉双语）。同日，张梅作为投资人，泰和至尚公司作为担保人，共同签署担保书：泰和至尚公司愿作为英国 rcm 平台的担保人，并保证英国 rcm 平台能做到凡投资人张梅通过泰和至尚公司业务介绍所汇入 rcm 平台的资金可以安全地返回境内，被担保 rcm 平台若有违反上述约定的行为，泰和至尚公司愿意承担一切经济损失。12 月 13 日，张梅电汇至泰和至尚公司银行账户 64 000 元。两小时后，张梅在其登录 rcm 公司网址下载的交易平台上看到自己账户内资金显示为 10 101 美元，可以进行交易。后张梅及其委托代理人齐东明使用自己掌握的密码，在平台上进行了贵金属和外汇按金交易。12 月 14 日，账内余额显示为 81.5 美元。此后该账户停止交易。张梅诉称，泰和至尚公司根本不可能为张梅申购美元，也没有把张梅汇给的人民币换成美元，提供的服务是虚假的，网络交易也是虚拟的，诉请泰和至尚公司退还人民币 64 000 元。

北京朝阳法院认为，凡未经中国证券监督管理委员会（以下简称证监会）和国家外汇管理局批准，且未在国家工商行政管理局登记注册的金融机构、期货经纪公司及其他机构擅自开展外汇期货和外汇按金交易，属于违法行为。从事证券、期货投资咨询业务，必须依照《证券、期货投资咨询管理暂行办法》的规定，取得中国证监会的业务许可。泰和至尚公司无从事证券、期货投资咨询业务的资质，其向张梅推介 rcm 公司交易平台、帮助张梅申请开户、收取人民币账户资金并称予以转付、签署担保书，属未经许可从事证券、期货投资咨询服务的行为，双方因此形成的合同关系应属无效。因无效合同取得的财产应当予以返还。法院判决泰和至尚公司返还张梅人民币 64 000 元。北京二中院二审维持原判。

本案相关规定:《证券、期货投资咨询管理暂行办法》(证委发〔1997〕96号)

第三条 从事证券、期货投资咨询业务,必须依照本办法的规定,取得中国证监会的业务许可。未经中国证监会许可,任何机构和个人均不得从事本办法第二条所列各种形式证券、期货投资咨询业务。

证券经营机构、期货经纪机构及其工作人员从事超出本机构范围的证券、期货投资咨询业务,应当遵守本办法的规定。

11. 孙小港诉韩辉居间合同纠纷案

[案例来源:山东省滨州市滨城区人民法院(2007)滨民二初字第333号民事判决书,《中国审判案例要览(2009年商事审判案例卷)》,第130-132页]

被告韩辉以青岛市出国人员服务公司滨州办事处工作人员的名义与原告孙小港口头协商并书面承诺能为原告办理赴莫斯科干建筑劳务,月工资4000元左右,包食宿,工作5年。原告向被告支付出国费用38 000元。后原告持被告为其办理的手续赴莫斯科打工,不久即回国,花费车费3992元。并以被告非青岛市出国人员服务公司工作人员,所承诺与现实不符等,要求被告返还出国费用。被告返还原告5000元,余款33 000元。原告催要未果,诉请被告退还费用33 000元,赔偿各项损失8000元。

山东滨州滨城法院认为,被告为原告出具的承诺书、收款凭证上均未加盖青岛市出国人员服务公司的公章,其行为事后也未得到该公司的追认,被告与原告的行为,属个人行为,其行为后果,应由其自行承担。《境外就业中介管理规定》第3条规定,境外就业中介实行行政许可制度。未经批准及登记注册,任何单位和个人不得从事境外就业中介活动。被告作为自然人,没有为他人办理境外就业的行政许可证,其与原告之间发生的民事行为,属无效民事行为。被告收取原告的出国费用,应当予以返还。其给原告造成的损失3992元,应当承担赔偿责任。法院判决被告返还原告出国费用33 000元,赔偿损失3992元。

本案相关规定:《境外就业中介管理规定》(2002年,劳动和社会保障部、公安部、工商行政管理总局令第15号)

第三条 境外就业中介实行行政许可制度。未经批准及登记注册,任何单位和个人不得从事境外就业中介活动。

【管理性强制性规定】

12. 招商银行股份有限公司大连东港支行诉大连振邦氟涂料股份有限公司、大连振邦集团有限公司借款合同纠纷案

[案例来源:最高人民法院(2012)民提字第156号民事判决书,《最高人民法院公报》2015年第2期,第30-38页]

2006年4月30日,原告招行东港支行与被告振邦集团公司签订借款合同,借款金额为1496.5万元人民币。同日,招行东港支行与被告振邦股份公司分别签订了2份《抵押合同》,以振邦股份公司所有的两处房产为上述贷款作抵押,并办理了抵押登记。6月8日,被告振邦股份公司出具《不可撤销担保书》,承诺对上述贷款承担连带保证责任。同日,招行东港支行将1496.5万元贷款如数转入振邦集团公司账户内。贷款到期后,振邦集团公司未能偿还借款本息。振邦股份公司也没有履行担保义务。

振邦股份公司的股东共有8个,分别为振邦集团公司、天津环渤海创业投资管理有限公司、中绿实业有限公司、辽宁科技创业投资有限责任公司、泰山绿色产业有限公司、大连科技风险投资基金有限公司、王志刚、张国忠。振邦股份公司作为担保人给招行东港支行提供的《股东会担保决议》的决议事项并未经过振邦股份公司股东会的同意,振邦股份公司也未就此事召开过股东大会。

2008年6月,招行东港支行诉请振邦集团公司偿还贷款本金及利息,振邦股份公司承担连带责任。

大连中院一审认为,因振邦集团公司系振邦股份公司的股东,依照《公司法》第16条第2款的规定,振邦股份公司为其股东振邦集团公司提供担保,必须要经振邦股份公司的股东会决议通过。《股东会担保决议》系无效决议,振邦股份公司法定代表人周建良无权订立涉案《抵押合同》及《不可撤销担保书》。涉案《抵押合同》及《不可撤销担保书》应认定为无效。

由于振邦股份公司提供的《股东会担保决议》上盖的"天津环渤海创业投资管理有限公司""中绿实业有限公司""辽宁科技创业投资责任公司""大连科技风险投资有限公司"的印章均系虚假印章,其对《抵押合同》及《不可撤销担保书》的无效显然存在过错。招行东港支行作为债权人由于未尽到相应的审查义务也存在过错。根据《担保法解释》第7条"主合同有效而担保合同无效……债权人、担保人有过错的,担保人承担民事责任的部分,不应超过债务人不能清偿部分的二分之一"的规定,振邦股份公司应当对振邦集团公司不能清偿部分的债务承担1/2的赔偿责任。法院判决振邦集团公司偿还招行东港支行借款本金及利息;振邦集团公司不能清偿时,由振邦股份公司对不能清偿部分的1/2承担赔偿责任;驳回招行东港支行的其他诉讼请求。辽宁高院二审维持原判。

最高人民法院再审认为,案涉《抵押合同》及《不可撤销担保书》系担保人振邦股份公司为其股东振邦集团公司之负债向债权人招行东港支行作出的担保行为。作为公司组织及公司行为当受《公司法》调整,同时其以合同形式对外担保行为亦受合同法及担保法的制约。案涉公司担保合同效力的认定,因其并未超出平等商事主体之间的合同行为的范畴,故应首先从合同法相关规定出发展开评判。《最高人民法院关于适用〈中华人民共和国合同法〉若干问题的解释(二)》第14条作出如下解释规定:“合同法第五十二条第(五)项规定的‘强制性规定’,是指效力性强制性规定。”

公司作为不同于自然人的法人主体,其合同行为在接受合同法规制的同时,当受作为公司特别规范的公司法的制约。《公司法》第1条开宗明义规定“为了规范公司的组织和行为,保护公司、股东和债权人的合法权益,维护社会经济秩序,促进社会主义市场经济的发展,制定本法”。第16条第2款规定:“公司为公司股东或者实际控制人提供担保的,必须经股东会或者股东大会决议。”上述公司法规定已然明确了其立法本意在于限制公司主体行为,防止公司的实际控制人或者高级管理人员损害公司、小股东或其他债权人的利益,故其实质是内部控制程序,不能以此约束交易相对人。故此上述规定宜理解为管理性强制性规范。对违反该规范的,原则上不宜认定合同无效。另外,如作为效力性规范认定将会降低交易效率和损害交易安全。譬如股东会何时召开,以什么样的形式召开,何人能够代表股东表达真实的意志,均超出交易相对人的判断和控制能力范围,如以违反股东决议程序而判令合同无效,必将降低交易效率,同时也给公司动辄以违反股东决议主张合同无效的不诚信行为留下了制度缺口,最终危害交易安全,不仅有违商事行为的诚信规则,更有违公平正义。

振邦股份公司法定代表人周建良超越权限订立抵押合同及不可撤销担保书,是否构成表见代表,招行东港支行是否善意,亦是本案担保主体责任认定的关键。振邦股份公司向招行东港支行提供担保时使用的公司印章真实,亦有其法人代表真实签名。且案涉抵押担保在经过行政机关审查后也已办理了登记。招行东港支行有理由相信作为法定代表人的周建良本人代表行为的真实性。《股东会担保决议》中存在的相关瑕疵必须经过鉴定机关的鉴定方能识别,必须经过查询公司工商登记才能知晓、必须谙熟公司法相关规范才能避免因担保公司内部管理不善导致的风险,如若将此全部归属于担保债权人的审查义务范围,未免过于严苛,亦有违合同法、担保法等保护交易安全的立法初衷。担保债权人基于对担保人法定代表人身份、公司法人印章真实性的信赖,基于担保人提供的股东会担保决议盖有担保人公司真实印章的事实,完全有理由相信《股东会担保决议》的真实性,无须也不可能进一步鉴别担保人提供的《股东会担保决议》的真伪。招行东港支行在接受作为非上市公司的振邦股份公司为其股东提供担保过程中,已尽到合理的审查义务,主观上构成善意。周建良的行为构成表见代表,振邦股份公司对案涉保证合同应承担担保责任。法院改判振邦股份公司对振邦集团公司债务承担连带担保责任,维持一审其余判决。

本案相关规定:《公司法》(2018 年修正,主席令第 15 号)

第十六条 公司向其他企业投资或者为他人提供担保,依照公司章程的规定,由董事会或者股东会、股东大会决议;公司章程对投资或者担保的总额及单项投资或者担保的数额有限额规定的,不得超过规定的限额。

公司为公司股东或者实际控制人提供担保的,必须经股东会或者股东大会决议。

前款规定的股东或者受前款规定的实际控制人支配的股东,不得参加前款规定事项的表决。该项表决由出席会议的其他股东所持表决权的过半数通过。

13. 某银行张掖市分行诉祁某房地产转让合同纠纷案

[案例来源:最高人民法院(2008)民申字第 721 号民事判决书,《民事审判指导与参考》2009 年第 4 辑,第 133 – 153 页]

涉案回凤楼房地产原系案外人张掖市供销综合公司(以下简称供销公司)财产,土地使用权性质为划拨。张掖市新墩供销社(以下简称新墩供销社)兼并了供销公司,并以回凤楼房地产作抵押在某银行张掖市西区支行(以下简称西区支行)贷款 120 万元,到期未能归还。2001 年 3 月,西区支行和新墩供销社签订《以资抵债协议》,约定新墩供销社以回凤楼房地产抵顶西区支行贷款本息 128.9 万元,在协议生效后 10 日内将上述财产和土地使用权移交西区支行。协议签订后,新墩供销社将该房产交付西区支行,但未办理产权和土地使用权转移登记手续。回凤楼房地产仍一直登记在原供销公司名下。

2003 年 9 月,经公开拍卖,原告某银行张掖市分行(以下简称张掖分行)与被告祁某签订《抵债资产处置合同》,约定原告对其拥有的抵债资产回凤楼土地资产处置转让给被告,价款总计 82 万元整。由祁某办理房产、土地使用权过户手续,张掖分行提供原供销公司房产证、土地使用权证和新墩供销社的《以资抵债协议》等。合同签订后,被告即向原告交付合同价款 82 万元。同年 12 月 17 日,甘州区房地产权交易管理所给被告办理了房屋产权手续,但土地使用权手续一直没有办理。2006 年 3 月,张掖市国土资源局向原告发出行政处罚告知书,以其违反《土地管理法》和《城市房地产管理法》相关规定为由,拟对原告作出没收非法所得 82 万元和罚款 40 万元的行政处罚。原告诉请确认《抵债资产处置合同》无效,判令被告返还抵债资产回凤楼。

甘肃张掖中院一审认为,张掖分行虽以以资抵债的方式取得回凤楼房产,但未办理相关转移登记手续。从法律意义上讲,张掖分行无权处分该财产,张掖分行未取得不动产所有权且出售该不动产,违背法律禁止性规定,故双方所签《抵债资产处置合同》无效。甘肃高院二审认为,本案土地属划拨土地使用权,张掖分行将涉案房地产转让给祁某未报有批准权的人民政府审批，故双方签订的《抵债资产处置合同》违反法律的强制性规定，一审认定合同无效并无不当。二审判决生效后，因金张掖国际大酒店项目建设，回凤楼已经被强制拆除。

最高人民法院再审认为，《担保法》第 53 条规定："债务履行期届满抵押权人未受清偿的，可以与抵押人协议以抵押物折价或者以拍卖、变卖该抵押物所得的价款受偿。"西区支行通过以资抵债方式取得回凤楼是合法的。西区支行的上级行张掖分行有权处分回凤楼。《抵债资产处置合同》涉及张掖分行与祁某之间买卖回凤楼的债权关系，以及将回凤楼的房产证和土地使用权证过户到祁某名下的物权关系。张掖分行与祁某之间买卖回凤楼形成的债权关系，系当事人之间的真实意思表示，没有证据证明这种行为损害国家利益和社会公共利益，故应当认定该债权关系合法有效。关于物权关系，本案事实表明，祁某向张掖分行交付 82 万元购房款后实际占有了回凤楼，且已将回凤楼的房屋产权过户到自己名下，但张掖市房产管理局后于 2006 年 3 月专门发文注销了祁某对回凤楼的《房屋所有权证》；至于回凤楼的划拨土地使用权则自始没有发生变更。因此，本案回凤楼的房产权和土地使用权即物权关系事实上已经不能发生变动。上述债权关系和物权关系是两个不同的法律关系，不能以物权关系变动不能进而否定债权关系的合法效力。《抵债资产处置合同》合法有效。

本案相关规定：《城市房地产管理法》（2019 年修正，主席令第 32 号）

第四十条　以划拨方式取得土地使用权的，转让房地产时，应当按照国务院规定，报有批准权的人民政府审批。有批准权的人民政府准予转让的，应当由受让方办理土地使用权出让手续，并依照国家有关规定缴纳土地使用权出让金。

以划拨方式取得土地使用权的，转让房地产报批时，有批准权的人民政府按照国务院规定决定可以不办理土地使用权出让手续的，转让方应当按照国务院规定将转让房地产所获收益中的土地收益上缴国家或者作其他处理。

14. 河南鑫苑置业有限公司诉河南花园置业有限公司土地使用权转让合同纠纷案

［案例来源：最高人民法院（2006）民一终字第 26 号民事判决书，《民事审判指导与参考》2006 年第 4 辑，第 155－169 页］

2004 年 9 月，原告鑫苑公司与被告花园公司签订协议，约定花园公司向鑫苑公司转让土地使用权以及该土地上的在建项目（家乐福超市）。花园公司保证按照约定完成土地使用权转让审批、登记手续，土地上建筑物、附属物拆迁，市场清理以及在建项目转让手续并将土地使用权移交鑫苑公司。鑫苑公司依约向花园公司支付 6652 万元，同时支付在建工程款 575 余万元。但花园公司未按协议书的约定履行义务，而是提出解除协议，重新签订协议，减少转让土地面积。原告诉请花园公司向鑫苑公司履行转让土地的义务，赔偿损失。

1994年《城市房地产管理法》第37条规定："下列房地产，不得转让：（一）以出让方式取得土地使用权的，不符合本法第三十八条规定的条件的；……（六）未依法登记领取权属证书的；……"第38条第1款规定："以出让方式取得土地使用权的，转让房地产时，应当符合下列条件：（一）按照出让合同约定已经支付全部土地使用权出让金，并取得土地使用权证书；……"

关于协议是否因违反上述规定而无效，河南高院一审认为，《城市房地产管理法》第37条和第38条的规定是行政管理部门对不符合规定条件的土地在办理土地使用权权属变更登记问题上所作出的行政管理性质的规定，而非针对转让合同效力的强制性规定。至于转让是否取得土地使用权证书、转让的标的物是否达到《城市房地产管理法》第38条规定的条件，能否完成土地使用权转让的事实行为，属于协议书能否完全履行的问题，并不直接影响协议书的效力。最高人民法院二审同样认为，《城市房地产管理法》第37条、第38条的规定是行政管理部门对不符合规定条件的土地在办理土地使用权权属变更登记问题上所作出的行政管理性质的规定，而非针对转让合同效力的强制性规定。依据协议约定，在本案讼争国有土地使用权从花园公司变更登记到鑫苑公司之前，花园公司负有交纳土地出让金、解除土地他项权利抵押的合同义务，但花园公司均没有履行。花园公司在收取占有鑫苑公司部分土地转让费后，自己不履行合同约定义务，违背诚实信用原则，反而主张合同无效，法院对此不予支持。

本案相关规定：《城市房地产管理法》（2019年修正，主席令第32号）

第三十八条 下列房地产，不得转让：

（一）以出让方式取得土地使用权的，不符合本法第三十九条规定的条件的；

（二）司法机关和行政机关依法裁定、决定查封或者以其他形式限制房地产权利的；

（三）依法收回土地使用权的；

（四）共有房地产，未经其他共有人书面同意的；

（五）权属有争议的；

（六）未依法登记领取权属证书的；

（七）法律、行政法规规定禁止转让的其他情形。

第三十九条 以出让方式取得土地使用权的，转让房地产时，应当符合下列条件：

（一）按照出让合同约定已经支付全部土地使用权出让金，并取得土地使用权证书；

（二）按照出让合同约定进行投资开发，属于房屋建设工程的，完成开发投资总额的百分之二十五以上，属于成片开发土地的，形成工业用地或者其他建设用地条件。

转让房地产时房屋已经建成的，还应当持有房屋所有权证书。

15. 梅州市梅江区农村信用合作联社江南信用社诉罗苑玲储蓄存款合同纠纷案

［案例来源：广东省梅州市中级人民法院（2009）梅中法民二终字第75号民事判决书，《最高人民法院公报》2011年卷，第468－473页］

2000年7月，被告罗苑玲到原告江南信用社处存入77 000元，原告为其开具了8年期存单1份。2008年10月，被告到原告处办理存单支取手续，原告按8年期储蓄存款利率17.1%将上述存款本金77 000元及利息10万余元（税后为86 173.72元）支付给罗苑玲。原告诉称，该社在业务复核过程中，发现因工作人员的疏忽大意，在办理该笔存款存取业务时按早已取消的8年期存单及17.1%的利率出单并付息，按《储蓄管理条例》的规定该利率应认定无效。原告诉请被告返还多收的利息7万余元。

《储蓄管理条例》第22条规定："储蓄存款利率由中国人民银行拟订，经国务院批准后公布，或者由国务院授权中国人民银行制定、公布。"第23条规定："储蓄机构必须挂牌公告储蓄存款利率，不得擅自变动。"中国人民银行广东省分行在1996年5月《转发人民银行总行关于降低金融机构存、贷款利率的通知》第6条规定："取消8年期存款利率种类，约定存期和实际存期都在5年以上的存款，按5年期的存款计息。即在5年存期内按5年期定期存款利率计息，超过5年的按活期存款计息。"广东梅州梅江法院一审据此认为，本案8年期存单及17.1%的利率，违反了上述规定，应认定为无效。造成上述存单无效，双方均有责任，原告对多付的利息应承担主要责任，罗苑玲应承担次要责任。法院判决被告罗苑玲返还28 000元（7万元×40%）。

广东梅州中院二审认为，《储蓄管理条例》第22条和第23条是对金融机构关于储蓄存款利率拟订、公布、变动等的管理性强制性规定，不是对储蓄机构对外签订、履行储蓄存款合同的效力性强制性规定。在没有法律法规明确规定本案所涉8年期储蓄存款合同及利率为无效合同或无效条款的情况下，不能仅根据《储蓄管理条例》以上规定确认本案合同无效。罗苑玲与江南信用社订立的储蓄存款合同为有效合同。法院改判驳回原告诉讼请求。

本案相关规定：《储蓄管理条例》（2011年修订，国务院令第588号）

第二十二条　储蓄存款利率由中国人民银行拟订，经国务院批准后公布，或者由国务院授权中国人民银行制定、公布。

第二十三条 储蓄机构必须挂牌公告储蓄存款利率,不得擅自变动。

【违反公序良俗】

16. 郑西通、郭建辉诉张玉凤房屋租赁合同纠纷案

[案例来源:福建省厦门市中级人民法院(2012)厦民终字第1387号民事判决书,《中国审判案例要览(2013年民事审判案例选)》,第220-226页]

2006年7月1日,案外人张碧忠(甲方)与被告张玉凤(乙方)签订《租赁合同》,约定:乙方向甲方承租厦门市湖里区××单元用于举办经营“厦门市湖里区玉龙旅馆”;租期15年,每月租金15 866元,在租赁期间租赁房产如遇变卖或拆迁等情况,本合同仍继续有效。2009年7月,两原告郑西通、郭建辉经拍卖取得诉争的租赁房产。2011年11月19日,案外人陈文煌在涉案玉龙宾馆203室嫖宿卖淫女徐晓娇,被民警当场抓获。11月20日,厦门市公安局湖里分局对陈文煌、徐晓娇作出行政处罚决定书。调查期间,陈文煌、徐晓娇陈述道:玉龙宾馆的客房内有按摩的广告牌,通过广告牌上的电话(徐晓娇的老板)可以联系到按摩女郎。玉龙宾馆的主管柯碧芬陈述道:(按摩)广告牌是老板同意才放的,放了大约半年。两原告诉请终止与被告间的房屋租赁关系。

福建厦门湖里法院一审认为,两原告据以要求提前终止、解除《租赁合同》的理由是被告在诉争的租赁场所即厦门市湖里区玉龙宾馆内从事非法活动。虽然公安部门只对案外人卖淫嫖娼活动作出治安处罚,并未对被告经营的玉龙宾馆作出违法认定,但是,在玉龙宾馆中放置有提供按摩的广告牌,案外人根据广告牌上的电话联系按摩女进行色情交易。被告作为经营者,在经营管理玉龙宾馆时放任不道德行为的发生,违背社会公德。《租赁合同》合法有效,被告未合理妥当地使用租赁场所,违反社会公序良俗,违背社会道德风尚,原告有权依照合同约定主张提前终止租赁合同。福建厦门中院二审查明,张碧忠(甲方)与张玉凤(乙方)签订的《租赁合同》中第7条约定:“乙方不得利用该房屋之便进行非法活动,如有发现,甲方有权终止合同……”据此,法院认为,郑西通、郭建辉有权依该约定终止合同。

17. 武海霞诉洪竹青给付精神损失费纠纷案

[案例来源:北京市朝阳区人民法院(2005)朝民初字第2238号民事判决书,《中国审判案例要览(2006年民事审判案例卷)》,第103-107页]

2003年9月,原告武海霞(已婚)与被告洪竹青建立恋爱关系,并开始以夫妻名义同居生活。2004年1月,武海霞在洪竹青的陪同下做了人工流产。2004年5月,武海霞与其配偶离婚。2004年7月,武海霞发现洪竹青与另一女子同居。2004年11月11日,双方在结束同居生活时,洪竹青向武海霞出具欠条一张,承诺给付武海霞精神损失费6万元,此后两人分手。武海霞现正怀有身孕。武海霞诉请洪竹青依欠条所写内容支付其精神损失费6万元。

北京朝阳法院认为,武海霞与其配偶离婚后,其与洪竹青的同居行为并不违反法律。本案所诉争的精神损失费是双方在结束同居生活时,对财产的自由处分,该行为的性质是被告认同原告精神受到创伤,自愿表示给予原告经济补偿以弥补其精神伤害的承诺,该行为本身并无违反法律之处,亦因该补偿仅涉及原、被告自身利益,并无损害公共利益之处。基于此,洪竹青出具欠条、承诺给付精神损失费的民事行为应认定为合法有效。

第一百五十四条 【恶意串通】行为人与相对人恶意串通,损害他人合法权益的民事法律行为无效。

典型案例

18. 喻世勇诉李浩、郑先平房屋买卖合同纠纷案

[案例来源:广东省深圳市南山区人民法院(2007)深南法民三初字第997号民事判决书,《中国审判案例要览(2010年民事审判案例卷)》,第5-13页]

被告一李浩、被告二郑先平系夫妻关系。前海花园某套房屋(即涉案房屋)原系二被告购买的全成本微利价安居房,二被告各占50%的产权。2004年4月,原告喻世勇向被告二郑先平支付购房订金1000元。5月,原告(买方)与被告一李浩(卖方)签订《房地产买卖协议》,约定将涉案房屋转让给原告,合同总金额339 360元;自签约之日起10日内买方首付239 360元给卖方,但在房产未办理过户手续前,买方以其中未支付的2万元作为押金,在过户手续办理之后10日内付清此款给卖方,剩余款项向建设银行办理抵押贷款手续并由买方按规定的期限付款。2004年5月、6月,原告及其妻子林清梅向被告郑先平汇款三次共计219 360元(首付款中有2万元作为押金,余款于办理过户后10日内再支付)。2004年5月,二被告向原告交付了涉案房屋。原告对涉案房屋进行了装修并于2004年10月入住至今。2004年11月至2007年6月,原告按合同约定代二被告每月偿还房屋按揭款共计11万余元。

2007年8月8日,深圳市人民政府住房制度改革办公室批复同意二被告取得住房全部产权。8月29日,涉案房屋性质从安居房变更为市场商品房,房地产证号为×××号。8月31日,二被告与有独立请求权的第三人田阳签订《深圳市二手房买卖合同》,将涉案房屋以198 343.79元的价格转让给田阳并于2007年9月办理了产权过户登记,第三人在二被告家里以现金方式向被告郑先平交付全部房款,二被告出具收条4张。涉案房屋在2007年8月31日的评估市值为975 660元。原告诉请确认二被告与第三人签订的《深圳市二手房买卖合同》无效。被告李浩、郑先平反诉诉请其与原告签署的《房地产买卖协议》无效,原告两个月内搬出涉案房屋。第三人诉请原告搬出涉案房屋,并向其交还房屋。

深圳南山法院审理认为,虽然涉案房屋在签订协议时未取得商品房房产证,该合同转让产权的目的只有在办理商品房房产证这一条件成就后方能实现,但条件是否实际成就并不影响合同本身的效力。且在2007年8月涉案房屋的性质已变更为市场商品房,具备产权过户条件。二被告认为涉案房屋系二被告夫妻共同财产,房地产买卖合同只是被告李浩签订的,签订合同时被告李浩没有与被告郑先平商量、取得其同意,合同应为无效。但是,原告支付订金及首付款均是向被告郑先平支付的,足以表明被告郑先平对此是知情且同意的。《房地产买卖协议》合法有效。

在二被告与第三人的交易过程中,存在诸多不合理之处。首先,二被告与第三人以198 343.79元的价格转让涉案房屋,而涉案房屋在2007年8月31日的评估市值为975 660元,二被告与第三人的交易价格明显不合理地低于市场价。其次,购买房屋对于一般人而言是一个较为重大的决定,而第三人在签订买卖合同前仅到涉案房屋外看过一次,甚至没有进入房屋内部进行实地考察或详细了解,这种未探究房屋真实情况而作出决定的行为,显然不符合一般人购买房屋的常情常理。最后,二被告与第三人之间近20万元的资金往来,全部为现金支付,第三人筹集款项、其丈夫筹集款项、二被告收到款项后的资金流向,仅有当事人陈述而没有其他证据与之印证,诸多款项往来均没有相应银行交易记录,在日常经济生活中实属罕见,二被告及第三人的解释亦较为牵强。综上,上述现象和证据已形成证据链,可以达到证明第三人不是善意第三人的高度盖然性标准。经综合分析当事人提交的证据、庭审查明的事实,以及运用日常生活经验法则,法院认定二被告与第三人之间的房屋交易行为属于恶意串通,损害了原告的合法权益,确认二被告与第三人签订的《深圳市二手房买卖合同》无效。

19. 中国工商银行开封分行金地支行诉开封大宋汴绣有限公司、河南省开封市人民政府信托投资公司清算组确认合同无效纠纷案

[案例来源:河南省开封市中级人民法院(2005)汴民终字第154号民事判决书,《中国审判案例要览(2006年民事审判案例卷)》,第134-138页]

1998年10月23日,原告工行金地支行与被告一大宋汴绣签订借款合同,约定大宋汴绣从工行金地支行处借款70万元,开封市信托投资公司对此笔借款承担保证责任。1999年7月,借款到期后,大宋汴绣仅偿还借款本金3.5万元,尚余本金66.5万元未偿还。2004年7月、8月,被告二信托清算组与被告一大宋汴绣分别签订2份协议书,约定大宋汴绣将其自有资产全部作价抵偿拖欠信托清算组的债务。原告工行金地支行诉请确认二被告签订的2份协议书无效。

河南开封龙亭法院一审认为，工行金地支行与信托清算组作为大宋汴绣的债权人，其享有的权利应是等同的。大宋汴绣与信托清算组签订的2份协议虽是双方真实意思表示，但大宋汴绣在明知其存在多个债权人的情况下，将其全部资产均抵偿给信托清算组，从而丧失了履行其他债务的能力，其行为已明显损害了工行金地支行的合法利益，该2份协议书应确认为无效合同。

河南开封中院二审认为，信托清算组作为大宋汴绣的上级主管部门，同时又是大宋汴绣与工行金地支行建立债权债务关系的担保人，那么，信托清算组对大宋汴绣拖欠工行金地支行债务的情况显然是知情的。在其明知大宋汴绣将其财产抵偿给自己之后将有害于其他债权人的利益时，而仍然接受，即构成恶意。作为大宋汴绣，在明知其财产不足以清偿全部债务而坚持将全部财产抵偿给其中之一的债权人时，也构成一种恶意。双方均具有恶意，就构成恶意串通。信托清算组与大宋汴绣签订的2份协议因恶意串通损害第三人利益而无效。

三、合同的可撤销

第一百四十七条　【重大误解】基于重大误解实施的民事法律行为，行为人有权请求人民法院或者仲裁机构予以撤销。

实务指引

1.《合同法》将撤销和变更视为同等的处理方式，《民法典》合同编将变更予以删除。这是有道理的，因为实际案例中，大多数都是撤销合同，很少见到变更的案例。笔者在整理本书案例的过程中发现，适用变更的案例极少。这可能是因为撤销的结果是相对确定的合同无效，而变更的结果则由于当事人难以达成一致而容易发生争议，如何变更会是一个非常复杂、有争议的问题。

2. 可撤销的合同在《民法典》中共有四种情况：重大误解、显失公平、欺诈、胁迫。这四种情况可以分为两大类：第一类来源于公平原则，即重大误解和显失公平；第二类是违反了表意人真实意思表示，即欺诈和胁迫。

3. 目前的司法实践将错误归为重大误解，但笔者认为两者还是有区别的。重大误解是行为人自身主观上误以为，比如一个电脑，实际的价格是8000元，但是卖方误以为是3000元，是主观上的误解。错误则不同，比如，一个电脑实际价格是8000元，但是在网站上被卖方标注为1000元，结果消费者购买了，属于笔误（错误的一种），而非主观上的误解。再如，销售10台电脑，以一个总价格出售，结果清点错误，给了消费者15台电脑，也应该为错误。

典型案例

20. 路鲜芳诉胡德敏买卖合同纠纷案

[案例来源:江苏省南京市白下区人民法院(2011)白民初字第2694号民事判决书,《人民法院案例选》2013年第4辑,第124-128页]

原告路鲜芳与被告胡德敏2010年10月经朋友薛平介绍相识,后原告通过网络将西方三圣铜佛像的图片发给被告观看。2011年1月,被告与薛平一同至原告家中验看实物并洽谈交易事宜,被告另看上原告家中的碧玉千手观音佛像。双方最终商定,碧玉千手观音佛像交易价为70万元,西方三圣铜佛像交易价为60万元。被告当即付款10万元,余款120万元由被告向原告出具欠条。后被告将四尊佛像运回南京,但未按约定给付余款。在交易过程中,薛平曾向被告介绍三尊铜佛像是明代的物件,碧玉千手观音佛像材质是碧玉且是唐代的物件。在薛平向被告作介绍时原告并不在场,且原告从未向被告介绍或承诺四尊佛像的年代。诉讼中,原告自认千手观音佛像是碧玉材质。经鉴定,西方三圣铜佛像质地均为黄铜,碧玉千手观音佛像质地为大理石,上述四尊佛像结论均为现代。原告(反诉被告)路鲜芳诉请被告胡德敏给付货款120万元。被告(反诉原告)胡德敏诉请撤销双方达成的买卖合同,相互返还佛像和货款。

南京白下法院审理认为,关于西方三圣铜佛像的交易,即便买受人确实对商品质量存在误判,也不构成法律上所认可的重大误解。因双方系实物交易,原告没有对佛像的制作年代作出介绍及承诺,被告对其所买佛像的品质应有清楚的认知,故相应的交易风险应由被告自行承担,因而被告反诉主张其在订立合同时对西方三圣铜佛像制作年代产生了重大误解的诉请不成立。

关于碧玉千手观音佛像的交易,原告虽未对制作年代作出过介绍及承诺,但双方在交易之初,对千手观音佛像的称呼为碧玉千手观音佛像,欠条中千手观音佛像的名称也明确表述为碧玉千手观音一尊,且原告在回答法庭提问中也明确表示佛像是碧玉的,可见在交易时原告已明确碧玉千手观音佛像是碧玉的,该表述应是指佛像的材质是碧玉。经鉴定,千手观音佛像材质的主要成分是大理石,且佛像有现代做旧痕迹,为现代仿品。在交易中,被告虽验看了实物,但原告的明确说明足以影响被告的选择。不论原告是否故意欺诈,客观上大理石与碧玉无论是在品质或价格上均有巨大差异,直接关系当事人订约目的及重大利益,故应当认定被告在订立合同时对碧玉千手观音佛像的材质的误解属于重大误解。

第一百四十八条 【欺诈】一方以欺诈手段,使对方在违背真实意思的情况下实施的民事法律行为,受欺诈方有权请求人民法院或者仲裁机构予以撤销。

第一百四十九条　【第三人欺诈】第三人实施欺诈行为，使一方在违背真实意思的情况下实施的民事法律行为，对方知道或者应当知道该欺诈行为的，受欺诈方有权请求人民法院或者仲裁机构予以撤销。

实务指引

1. 每个完全民事行为能力人要对自己的行为负责，但这有一个前提条件，就是自己的行为确实是自己的意思。欺诈、胁迫都是在特殊情况下，行为人作出的行为违反自己的意思，故法院给予意思表示不自由一方以撤销权。

2. 因欺诈而撤销合同的案件特别多，但是特殊行业会严格把握。例如，在古董市场中，以重大误解、显失公平、欺诈等主张撤销合同的，考虑到古董市场的特殊情况，获得法院支持的难度会比较大，因为需要重点考虑"买者慎重"原则。但如果出售古董的一方故意误导，则购买方可以以欺诈为由请求撤销合同。

典型案例

21. 钱兵珍诉呼和浩特经济技术开发区蒙牛酒业有限公司销售代理合同纠纷案

[案例来源：北京市海淀区人民法院(2005)海民初字第10353号民事判决书，《人民法院案例选》2006年第1辑，第197－211页；《中国审判案例要览(2006年商事审判案例卷)》，第108－113页]

2004年6月5日，原告钱兵珍和被告蒙牛酒业有限公司北京分公司签订协议书，约定北京分公司同意原告在协议有效期内向北京分公司订购昂格利玛银奶酒，并取得在北京分公司海淀区4号的产品经销权；双方确认原告本年度总任务销售量为120万元，首批提货额为5万元；原告应向北京分公司预交市场秩序保证金为1万元，协议期后北京分公司全数退还原告。后原告从被告处提取5万元酒并交纳1万元保证金。被告蒙牛酒业有限公司于2004年6月4日已经注销北京分公司。原告诉请撤销双方所签经销协议书。

北京海淀法院一审认为，所谓欺诈，是指一方当事人故意告知对方虚假情况，或者故意隐瞒真实情况，诱使对方当事人作出错误意思表示。缔约过程中，蒙牛酒业公司及北京分公司明知北京分公司即将注销的事实，但是并没有向钱兵珍进行说明，因此，其有明显的恶意和欺瞒。而双方争论的焦点实质集中在上述行为是否造成了钱兵珍错误的意思表示。蒙牛酒业公司辩称，北京分公司作为蒙牛酒业公司的分支机构，并不具有独立的法人资格，因此北京分公司订立合同实质就是蒙牛酒业公司作为合同的一方当事人，分公司是否注销对合同没有影响，不会影响钱兵珍订立合同的意思表示。但法院认为，未将北京分公司即将注销的事实告知钱兵珍，对钱兵珍的意思表示是有实质影响的。

首先,分公司“民事责任由公司承担”不表明在合同主体上公司与分公司是不分离的:(1)公司设立分公司应当具有一个共同的基本目的,就是扩大或者方便于市场交易。因此,分公司价值就是为了方便和扩大交易,因此分公司在取得了相应的授权和合法手续后,应当成为相对独立的市场交易主体,其对外签订合同具有法律上的效力。(2)北京分公司已经领取了营业执照,并且在注销登记的材料中明确表明其为独立核算的分支机构。工商行政管理部门对其颁发营业执照的行为表明了北京分公司系在法人授权范围内可以从事市场交易行为的市场主体,北京分公司可以在该授权范围内独立地对外进行交易。(3)所谓的民事责任由公司承担的规定,是由于分公司没有注册资本,其与公司的财产并不完全分离,因此为了保证市场交易的安全,应当以公司的全部财产对分公司的债务承担责任。这种制度仅仅表明公司在财产上对分公司债务承担全部责任,不应当以此就认为分公司承担的合同责任和公司所要承担的民事责任是相同的。因此,领取了营业执照的分公司虽然在财产上并不独立,但是其在公司的授权范围内具有相对独立于公司的市场交易主体资格,换言之,本案合同的主体应当为钱兵珍与北京分公司,在北京分公司注销后,钱兵珍也明确表示不愿意继续履行合同时,合同主体并不当然就变更为蒙牛公司。从北京分公司与钱兵珍签订的合同来看,钱兵珍汇款的账号系北京分公司的账号,合同约定提供合同标的、履行促销等合同义务的也是北京分公司,因此,北京分公司的经营状态对于钱兵珍订立合同的意思表示是具有相当影响的。

其次,与钱兵珍订立合同的相对人是北京分公司,专门负责蒙牛酒业公司在北京的销售业务,且在同一时期,蒙牛酒业公司无其他机构在北京从事相同的业务。因此,完全有理由相信钱兵珍与北京分公司订立合同时需要对区域性、履行成本和履行便捷性进行考虑。由于北京分公司与钱兵珍订立的合同并非属于即时清结的合同,因此北京分公司的注销行为,很可能对于钱兵珍的经营成本、经营方式甚至是否进行经营造成影响,而经营成本当然属于当事人在订立合同时考虑的范围。故北京分公司是否将正常存在,对合同当事人订立合同时作出意思表示有相当的影响。

最后,蒙牛酒业公司辩称,蒙牛酒业公司比北京分公司具有更高的履行能力,因此不会对合同履行造成影响,不会侵害钱兵珍的权利。但法院认为,所谓欺诈属于意思表示瑕疵制度,是针对当事人订立合同时的意思表示而言的,虽然欺诈的内容需要与合同内容相关,但是是否构成欺诈与合同是否能够得到履行并无当然的联系,不能因合同能够履行就作出不构成欺诈的判断。

综上,北京分公司未将其即将注销的事实告知钱兵珍,其行为已经构成欺诈,其与北京分公司订立的合同应予撤销。

第一百五十条 【胁迫】一方或者第三人以胁迫手段,使对方在违背真实意思的情况下实施的民事法律行为，受胁迫方有权请求人民法院或者仲裁机构予以撤销。

实务指引

欺诈和胁迫是由于第三人引起的，则撤销权人的权利会有一定的区别。

对于第三人欺诈，只有在合同相对人知情（恶意，或者非善意）的情况下，被欺诈人才可以请求撤销合同。如果合同相对人是善意的，受欺诈一方无权撤销合同，以维护合同的安定性。

对于第三人胁迫，无论合同相对人是否知情（即便是善意），被胁迫人均可以撤销合同，立法者认为胁迫比欺诈的危害性更大。

实务中，以胁迫为依据撤销合同的案例非常少，一个原因是法律制度不断健全，如果受胁迫人受到人身胁迫，可以马上报警请警察处理。另一个原因是即便胁迫实际发生，但是被胁迫人在诉讼中需要举证证明当时存在胁迫事实，而被胁迫人一般都无法举证，由于无法举证，即便法官在审判过程中依据自由心证和生活经验认为确实存在胁迫的事实，但是作出的判决在大多数情况下还是驳回被胁迫人撤销合同的诉讼请求。

延伸阅读

《瑞士债务法》①第 29 条　【胁迫的构成】行为人的行为，足以使他人在特定情形下认为其本人或其密切关系人的身体、生命、荣誉或财产受到急迫和重大之危险者，构成胁迫。

因行使权利而使他人陷于恐惧者，不构成胁迫，但乘人之危难而行使权利，意图使他人同意给予不合理之利益者，不在此限。

典型案例

22. 周世祥诉林琛和解协议纠纷案

［案例来源：贵州省贵阳市中级人民法院（2008）筑法民再终字第 3 号民事判决书，《中国审判案例要览（2009 年民事审判案例卷）》，第 304－310 页］

2005 年 6 月 27 日，被告林琛与原告周世祥相约在绿林山庄结算工程款，林琛与周世祥、张×芬、张×利三人发生纠纷，林琛叫预先喊来的十几个人打伤三人，后林琛驾车将三人带离绿林山庄，途中要挟三人写下字据，之后将三人放回。贵阳市公安局乌当分局新天派出所经受理初查，拟对林琛作出行政处罚。同日，在派出所工作人员主持下，双方达成如下协议：林琛一次性支付给周世祥医疗费、营养费、误工费 1 万元；林琛向周世祥当面赔礼道歉；双方经派出所调解后不得再以任何理由

---

① 《瑞士债务法》，戴永胜译，中国政法大学出版社 2016 年版，下同。

找对方闹事，一旦查出将重处。

2005 年 7 月 6 日，原告周世祥与被告林琛在贵阳市某某派出所经协调人孙某某、王某某出面调解，达成以下协议：中天花园人工挖孔桩的工程款由林琛收取，广安工地的工程款由周世祥收取，谁收取的工程款谁得；林琛在得到中天花园的工程款后，一次性支付周世祥 12 万元。当事人签名为林琛、周世祥，调解人签名为王某某，证明人签名为孙某某。原告周世祥诉请被告林琛支付工程款 12 万元。被告林琛称其是在胁迫之下与周世祥签订的协议书，反诉诉请撤销双方于 2005 年 7 月 6 日签订的协议书。

贵州贵阳中院再审认为，周世祥与林琛因工程款结算纠纷引发治安案件，公安机关对治安案件进行处理时，双方当事人就人身损害赔偿达成协议并及时清结。同时双方当事人又在调解人王某某和证明人孙某某的调解下，就双方之间的工程款结算纠纷和解达成协议。该协议是双方当事人在平等、自愿的基础上签订的，是双方当事人的真实意思表示，是具有法律约束力的民事法律行为，应受法律保护。根据公安机关提供的材料证明，公安机关并未参与当事双方之间的工程款结算纠纷，而是在调解人王某某和证明人孙某某做双方工作的基础上，才促成双方和解达成协议。故林琛所称该协议不是真实意思表示，是受周世祥胁迫之下签订的辩解理由，不能成立。

第一百五十一条　【显失公平】一方利用对方处于危困状态、缺乏判断能力等情形，致使民事法律行为成立时显失公平的，受损害方有权请求人民法院或者仲裁机构予以撤销。

典型案例

23. 盖世金诉霍文红房屋买卖合同纠纷案

［案例来源：北京市第二中级人民法院（2012）二中民终字第 4783 号民事判决书，《法律规则的提炼与运用：〈人民司法 · 案例〉重述（民事卷）》（2011 – 2015），第 104 – 116 页］

原告盖世金是美国公民，长期生活在美国，被告霍文红是中国公民。2004 年 10 月，盖世金与案外人签订商品房买卖合同，购买位于北京市朝阳区的涉案房屋一套，总金额 1 556 580 元。后盖世金委托霍文红代为出租该房屋并代办产权证。2010 年 9 月，盖世金取得房屋所有权证。

2009 年 9 月，盖世金致函霍文红："我正在考虑，另一种可能是卖掉它。"霍文红回复："当前的租赁市场并不乐观……租金在不断减少，很多高级公寓都是闲置的，都在招租。如果你确实急需用钱，卖掉公寓是一个选择。你想卖多少价钱呢？"盖世金回复："我想卖掉公寓。卖价要保证我自己得到大约 20 万美元或更高……你认为我们能达成这样的价格吗？我不能理解价格为什么会下降。我觉得中国的经济发展很好。"霍文红回复称："关于租金，从奥运会开始价格就低了，因为政府严格控制，许多没有正当理由待在北京的外国人都被迫返国，而这些人通常都是温莎这类公寓的潜在租户，加上越来越多新的高级公寓建成，就成了买方市场。今年是中华人民共和国成立 60 周年，北京的控制比以往更加严格……然而，要卖公寓的话……如果你认为 20 万美元合适的话，我会向你买下公寓的。"盖世金回复："如果你觉得可以的话，那我没问题。"

2009 年 10 月，霍文红就购买涉案房屋向盖世金支付 4 万美元定金。12 月，盖世金为案外人范国荣出具授权委托书，委托范国荣代其办理房屋买卖事宜。2010 年 10 月 13 日，盖世金致函霍文红："这是我在北京的一个朋友……她很生气，告诉我公寓卖得太便宜了……你是我所知的最诚实的人之一，卖公寓的点子是我想的，不是你出的，并且价格很公道，至少相当于我当时买房时付的价格。但是她说如果售价低于市价很多，那么价格就不公道……她联系了一些经纪人，并告诉我市价在 350 万元至 400 万元人民币。"

2010 年 10 月 15 日，范国荣与霍文红签订了存量房屋买卖合同，约定盖世金将涉案房屋出售给霍文红，成交价格为人民币 132 万元，定金人民币 26 万元。同日，范国荣与霍文红办理了涉案房屋过户手续，该房屋现登记于霍文红名下。10 月 17 日，盖世金致函霍文红："我也了解到公寓的市值在去年高涨，可能涨了 60%，到了 400 万元或更多。"10 月 24 日，盖世金致函霍文红："很失望没有收到你的信……如果得不到你的回信，我就会做我必须做的，确保我能获得公寓的价值。"后霍文红回复盖世金称："我原本以为所有美国人都遵守诺言，交易就是交易，另外，如果你保留了我们所有的电子邮件通信，你就会发现我几次告诉你房产现在已经涨了 1 倍或 2 倍。"11 月，盖世金以霍文红恶意利用其长期生活在国外，对北京房地产市场行情的无知，乘人之危，故意隐瞒房屋价格上涨的事实，造成涉案合同显失公平为由，诉请撤销其与霍文红于 2010 年 10 月 15 日签订的存量房屋买卖合同。

北京朝阳法院一审认为，盖世金出售给霍文红的房屋价格为 132 万元，而该房屋在 2010 年 10 月 15 日市场价值经评估为 403 万余元，之间相差 271 万余元，价格远远低于正常的市场价值。仅从价格上看，该合同明显违反了等价有偿的原则。因此，该合同是否构成显失公平，主要应考察在合同签订过程中盖世金对于合同售价明显低于市场价值的情况是否知晓，是否存在一方当事人利用优势以及对方缺乏经验的情形。盖世金系美国公民，长期在美国生活，其对于涉案房屋的出租管理系委托霍文红进行，其对于涉案房屋的相关信息也主要来自霍文红的陈述。霍文红利用了双方在信息掌握上的不对称，属于利用盖世金对北京房地产市场缺乏了解以及其信息掌握主要来源于霍文红介绍的劣势地位,明显违背了合同交易过程中的诚实信用原则,故涉案合同构成显失公平。涉案合同应予撤销。北京二中院二审维持原判。

第一百五十二条 【撤销权的消灭】有下列情形之一的,撤销权消灭:

(一)当事人自知道或者应当知道撤销事由之日起一年内、重大误解的当事人自知道或者应当知道撤销事由之日起九十日内没有行使撤销权;

(二)当事人受胁迫,自胁迫行为终止之日起一年内没有行使撤销权;

(三)当事人知道撤销事由后明确表示或者以自己的行为表明放弃撤销权。

当事人自民事法律行为发生之日起五年内没有行使撤销权的,撤销权消灭。

实务指引

1. 很多人错误地认为,只要签订了合同,就具有严格的法律约束力,因此放弃主张权利,并忍受一个不公平的结果。其实,在很多情况下可以向法院请求撤销合同。所以,遇到了问题,应该多咨询专业人士,或者多看一些法律书籍,充分运用法律手段维护自己的合法权益。

2. 撤销合同是撤销权人的权利,法律虽然赋予了撤销权人权利,但是司法机构不会主动进行干涉,需要撤销权人主动行使该项权利。如果撤销权人长时间不行使该权利,则双方的法律关系就长期处于不确定的状态。为了使双方的权利义务关系尽快确定下来,需要规定一个期限,超过该期限则撤销权消灭。

3. 重大误解的撤销权行使期限只有90日。《合同法》第55条对于重大误解的撤销权行使期限是1年,2017年通过的《民法总则》改成了90天。这是因为,重大误解是撤销权人(表意人)自己主观上发生了误解,与合同相对人无关。法律赋予表意人弥补的机会,但也要考虑合同相对人的利益保护,所以确定了一个较短的期限。实务中可能很多人并不知道只有90天的限制而导致权利丧失。

4. 按照本条的文字解释,符合两款中的任何一款,则撤销权消灭,该消灭为除斥期间,不适用中止、中断、延长。受胁迫的撤销权人应当在胁迫行为终止之日起1年内行使撤销权,如果自发生之日起超过5年依然处于受胁迫之中,按照文字解释,受胁迫的撤销权人的撤销权依然消灭。但是要求受胁迫的撤销权人在受胁迫期间行使撤销权,很显然不符合立法目的。笔者认为,此时应该按照立法的目的解释,即受胁迫的撤销权人在胁迫终止之日起1年内可以行使撤销,即便胁迫行为发生之日起超过了5年。

典型案例

24. 上海十三冶金建设有限公司诉上海礼才国际集装箱储运有限公司建设工程施工承包合同纠纷案

［案例来源：上海市高级人民法院民事判决书，《人民法院案例选》2002年第2辑，第214－226页］

1997年11月23日，原告冶金公司和被告礼才公司签订1份《储运仓库工程施工承包合同》，约定原告为被告承建位于上海市宝山区杨行镇杨北村的储运仓库工程，合同预算造价为3236万元。1999年，工程竣工验收。1999年7月26日、27日，被告礼才公司工作人员高丽娟及本案工程监理周振威分别在发文单上签字，表示收到冶金公司的《礼才工程结算书》1份。12月30日，被告礼才公司在《决算说明》和《付款协议》上签字盖章。《决算说明》确认涉案工程的最后决算造价为3940万余元。对于其中的146万元款项是本案工程款还是案外的厂外道路工程款，双方有不同意见。2001年3月，原告诉请被告支付欠款及利息。被告答辩称其签字盖章是受胁迫所为，其对决算内容未经计算，有重大误解，应重新确定工程款。

上海高院二审认为，礼才公司于1999年7月收到《礼才工程结算书》，至同年12月30日在《决算说明》上签字盖章，其间，有5个月的时间可对结算事项进行审查、复核。其在《决算说明》上签字盖章的行为表明其已认可《决算说明》所载明的工程最后决算价格。同日，礼才公司又签署了《付款协议》，认可其对决算余额的支付义务和支付时间等。礼才公司未提供证据证明其自《决算说明》《付款协议》于2001年1月4日生效后至2001年3月冶金公司提起诉讼时止的期间内，曾就决算造价提出异议。礼才公司现提出异议，已超过法律规定的因重大误解而可请求变更、撤销的期间。

25. 王勇强、王炜诉金华华丰拍卖有限公司、陈叶梅拍卖合同纠纷案

［案例来源：浙江省金华市婺城区人民法院（2004）婺民二初字第2557号民事判决书，《中国审判案例要览（2005年民事审判案例卷）》，第104－107页］

2003年11月3日，被告陈叶梅与被告华丰公司签订了一份委托拍卖合同，委托华丰公司拍卖其所有的桑塔纳2000型轿车一辆。11月11日，被告华丰公司在《义乌日报》发布拍卖公告，但未对车辆性质进行说明。11月19日，原告王勇强、王炜向华丰公司竞买了该轿车。2004年1月12日，原告在嘉兴车管所办理上牌手续，将该车过户至原告名下。在办理过户手续过程中，原告明确知道其竞买的车辆原系营运车。同时，嘉兴车管所机动车详细信息显示：该车为营运车转为非营运车，至2005年12月报废。1月20日，原告向被告华丰公司支付拍卖佣金2000元。原告诉请撤销原告和被告华丰公司之间的拍卖行为。

原告认为其买受的车辆系“运转非”车辆，“运转非”属拍卖标的的瑕疵，拍卖人未向竞买人说明该瑕疵，使原告误以为拍卖标的为非营运车予以买受，属重大误解。就此，浙江金华婺城法院认为，本案的焦点问题在于“运转非”是否属于机动车作为拍卖标的时的标的瑕疵。机动车辆从是否营运的角度可分自备车和营运车两类，不同性质的车辆其使用年限各不相同。两原告作为机动车的竞买人对此类常识性问题应当了解，应当在竞买前查验车辆及其相关资料，从而作出理性的决定。机动车原系营运车既非权利瑕疵，也非品质瑕疵，拍卖人没有必须事先说明的义务。故原告要求撤销拍卖行为的理由缺乏基础条件。退一步说，假设拍卖标的原系营运车属拍卖标的的瑕疵，拍卖人未说明而使原告作出错误的判断，重大误解成立，原告在明知车辆系“运转非”车辆后，又向被告华丰公司交纳拍卖佣金，系继续自动履行拍卖合同的行为，应视为原告知道撤销事由后以自己的行为放弃撤销权的具体表现，原告的撤销权至此消灭。

四、合同的效力待定

第一百四十五条　【限制行为能力与法律行为效力】限制民事行为能力人实施的纯获利益的民事法律行为或者与其年龄、智力、精神健康状况相适应的民事法律行为有效；实施的其他民事法律行为经法定代理人同意或者追认后有效。

相对人可以催告法定代理人自收到通知之日起三十日内予以追认。法定代理人未作表示的，视为拒绝追认。民事法律行为被追认前，善意相对人有撤销的权利。撤销应当以通知的方式作出。

> **第五百零三条　【被代理人追认】无权代理人以被代理人的名义订立合同，被代理人已经开始履行合同义务或者接受相对人履行的，视为对合同的追认。**

第一百七十一条　【无权代理】行为人没有代理权、超越代理权或者代理权终止后，仍然实施代理行为，未经被代理人追认的，对被代理人不发生效力。

相对人可以催告被代理人自收到通知之日起三十日内予以追认。被代理人未作表示的，视为拒绝追认。行为人实施的行为被追认前，善意相对人有撤销的权利。撤销应当以通知的方式作出。

行为人实施的行为未被追认的，善意相对人有权请求行为人履行债务或者就其受到的损害请求行为人赔偿。但是，赔偿的范围不得超过被代理人追认时相对人所能获得的利益。

相对人知道或者应当知道行为人无权代理的，相对人和行为人按照各自的过错承担责任。

实务指引

代理人一般分为三种：委托代理人、法定代理人、指定代理人。

被代理人一般又称本人。如果是委托代理，则被代理人（本人）又可以称为委托人。代理人和被代理人一般是委托和授权的法律关系。

被代理人通过代理权授予这一单方法律行为向代理人授权。在代理权授予之外，代理人和被代理人双方之间通常还有一层委托合同关系。需要注意区分二者：委托合同并非取得代理权所必备。

第一百七十二条　【表见代理】行为人没有代理权、超越代理权或者代理权终止后，仍然实施代理行为，相对人有理由相信行为人有代理权的，代理行为有效。

实务指引

表见代理和个人关系比较多的往往是银行理财产品的销售。例如，银行管理人员（或普通工作人员）告诉储户有理财产品可以购买，但是需要500万元或更多，或者说是内部人员才能够认购，于是要求储户将钱款转入指定的个人账户。管理人员收到储户的钱款后，利用职务上的便利加盖了银行相关的印章，储户以为是银行收取了钱，其实是银行的管理人员私自收钱，这样在管理人员无法向储户偿还款项时，管理人员往往涉嫌刑事犯罪而会被刑事处罚。储户如果向管理人员主张权利，可能无法收到钱款，于是就将银行作为被告主张权利。法院审理该类案件时，一般会认定管理人员构成表见代理，判决银行承担责任。但是，如果理财产品的回报率特别高，远高于银行存款利息，则法院往往会认为储户作为一个普通人，应该意识到高回报的不合理性，并认定储户具有过错，此时银行可能不承担责任或承担部分责任。

表见代理在企业之间发生的非常多，尤其是小企业之间，主要原因是小企业对应收账款的管理往往不规范。例如，某企业的某销售人员一直代表企业与客户进行业务往来，后该销售离职，客户不知道，某企业也未通知客户，销售还到客户那里以某企业的名义收款，用于个人消费。客户没有收到货物，可以起诉销售，但是销售没有钱赔偿，于是客户就起诉某企业。在这种情况下，法院一般会认定某企业要承担合同项下的赔偿责任，因为该销售一直代表某企业，客户有理由相信该销售一直是代表某企业在收款。法律上称该销售的行为为“表见代理”。

中小企业可以考虑如下防范方式：(1)让客户将钱支付到企业账户上，尽量不要让客户将钱直接给销售。(2)销售离职时,企业要及时通知客户,并另行安排工作人员和客户办理交接手续。(3)及时和客户对各项账目进行核对,如果出现了问题可以及时发现,及时处理。

当然,表见代理涉及的问题比较复杂,产生的争议也比较多,每个案件都需要全面考虑案件的实际情况,案情相似并不代表就会有相同的判决结果,需要慎重对待。

典型案例

26. 上海望旺实业有限公司诉江苏华宝建设工程有限公司买卖合同纠纷案

[案例来源:上海市第一中级人民法院(2014)沪一中民四(商)再终字第7号民事判决书,《审判监督指导》2014年第3辑,第140-148页]

2009年7月,被告华宝公司与陈华签订承包协议书,约定华宝公司授权成立无锡分公司,由陈华担任分公司负责人。8月,华宝公司无锡分公司成立,工商部门颁发营业执照,经营范围为在总公司经营范围内经总公司授权从事经营活动,负责人为陈华。2012年2月,原告望旺公司与陈华签订《钢材供销合同》,约定需方因"宜兴市氿北花园三期"工程需要向望旺公司购买钢材,合同期限自2012年3月至12月,合同指定杨其生为收货人,合同落款处由陈华签字并加盖"江苏华宝建设工程有限公司无锡分公司"印章。

2012年2月至3月,望旺公司在签约后分别向"宜兴工地"工程、"无锡工地"工程、未注明名称的某处工程交付钢材数批次,有时由杨其生签收,有时由案外人陈众签收,有时由案外人陈众、石兴荣签收。2012年5月14日,望旺公司制作明细确认单一份,由陈华签字并加盖"江苏华宝建设工程有限公司无锡分公司"印章,陈华确认"江苏宜兴"钢材货款为230万余元。5月21日,陈华向望旺公司出具两份欠条,再次确认了尚欠货款,并分别加盖"江苏华宝建设工程有限公司无锡分公司"印章。

2012年11月14日,无锡分公司的负责人变更为王达林。2012年9月1日,滨海县公安局认为华宝公司报案的陈华涉嫌伪造公司、企业印章一案符合立案条件,决定立案。同年12月20日,滨海县公安局出具的物证鉴定书确认送检的《钢材供销合同》上"江苏华宝建设工程有限公司无锡分公司"印章与企业分公司、其他经营单位年检报告书上的"江苏华宝建设工程有限公司无锡分公司"印章不是同一枚印章所盖。2013年1月10日,无锡市公安局滨湖分局认为华宝公司报案的陈华涉嫌伪造印章案,符合刑事立案条件,决定立案。原告诉请被告支付货款200万元及违约金20万元。

上海松江法院一审认为,望旺公司没有证据表明陈华有权代表华宝公司及其无锡分公司就讼争合同项下的工程采购钢材。望旺公司明知无锡分公司没有独立法人资格,签订合同时有责任对讼争合同项下的工程是否为华宝公司及无锡分公司施工建设、陈华是否有权代表华宝公司进行必要的审查,其没有尽到必要的审慎义务,且在实际履行过程中将钢材送往其他工地,存在重大过失,不属于可以适用表见代理的情形。

上海一中院二审认为,望旺公司作为合同一方当事人,合同实际履行过程中的送货地点、用途与合同约定不符。对此,望旺公司未举证证明华宝公司及其无锡分公司参与了讼争合同项下工程项目的施工建设,无证据证实华宝公司及其无锡分公司参与了合同的实际履行,也无证据表明陈华有权代表华宝公司及其无锡分公司就讼争合同项下的工程采购钢材,故对望旺公司主张陈华与其订立合同的行为系职务行为、为有权代理,难以采信。

上海一中院再审查明,无锡分公司曾向望旺公司开具金额为20万元的中国工商银行转账支票,其上注明用途为钢材款。随后,浙江泰隆商业银行上海松江支行因无锡分公司账户余额不足,拒绝兑付该转账支票。望旺公司认为该付款行为系对陈华行为的追认。华宝公司确认,陈华犯伪造公司印章罪,但此刑事案件涉及的是华宝公司的印章。关于钢材供销合同上加盖的"江苏华宝建设工程有限公司无锡分公司"印章,华宝公司并未以陈华涉嫌伪造公司印章报案。

法院认为,经华宝公司确认,在涉案合同签订及陈华出具有关欠条期间,陈华系无锡分公司负责人,有权代表无锡分公司行使职权、履行职务。涉案合同由陈华签订,并仅加盖"江苏华宝建设工程有限公司无锡分公司"印章,陈华虽因伪造华宝公司印章被判有期徒刑,但钢材供销合同上加盖的是"江苏华宝建设工程有限公司无锡分公司"印章,华宝公司并未以陈华涉嫌伪造该印章向公安机关报过案。因此,望旺公司在签订合同时有理由相信陈华是代表无锡分公司作出意思表示,是在履行职务。在合同签订后,无锡分公司试图通过银行转账的方式支付货款。可见,无锡分公司曾对钢材销售合同进行了实际的履行,是合同的相对方,其民事责任由华宝公司承担,华宝公司应当履行合同约定的付款义务。

27. 大庆市福铭达运输服务有限公司诉山西华瑞煤业有限公司施工合同纠纷案

[案例来源:最高人民法院第二巡回法庭(2015)民提字第160号民事判决书,《人民法院案例选》2016年第10辑,第47-48页]

2012年3月,原告华瑞公司与福建省高华建设工程有限公司(以下简称高华公司)签订建设工程施工合同,约定:高华公司承包华瑞公司位于山西省交口县1号煤矿的灭火、排水、开挖、爆破、铲装、运输、施工等工程,承包期限为1年。高华公司承包的施工区域对外标注为"华瑞公司第八工区"。2012年12月,陈齐钦以山西华瑞煤业有限公司八工区高华建设工程公司项目部(以下简称八工项目部)的名义与原告福铭达公司签订煤矿施工合同(本案诉争合同),约定:八工项目部使用原告的车辆进行运输施工,按月代扣或垫付运输费支付给原告,确保原告向银行按月偿还购车贷款。合同履行后,福铭达公司只收到了一个月的款项。2013 年 1 月,华瑞公司与高华公司签订建设工程施工承包合同,约定华瑞公司将山西省交口县 1 号煤矿八工区的土石方工程项目发包给高华公司,高华公司指派陈齐辉担任项目经理,陈齐钦担任生产部长。

福铭达公司诉请被告华瑞公司支付运输费及利息。华瑞公司辩称,因其已将案涉煤矿承包给高华公司,其不是本案诉争合同的合同主体,诉争合同上的印章“山西华瑞煤业有限公司八工区高华建设工程公司项目部”亦表明福铭达公司是与高华公司签订诉争合同。

最高人民法院第二巡回法庭再审过程中,合议庭前往位于福建省福清市的高华公司进行调查,查明:高华公司对本案诉讼根本不知情,亦未出具过任何承诺声明,是陈齐辉伪造了高华公司的印章、介绍信,以高华公司的名义与华瑞公司签订建设工程施工承包合同,并担任八工区项目部总负责人。据此,法院综合考察诉争合同签订的背景、诉争合同约定的权利义务内容,以及福铭达公司对相对人权利外观的认知等情况,认定华瑞公司是诉争合同主体,应当对福铭达公司承担违约责任。

五、合同无效或被撤销的法律后果

第一百五十五条　【自始无效】无效的或者被撤销的民事法律行为自始没有法律约束力。

第一百五十六条　【部分无效】民事法律行为部分无效,不影响其他部分效力的,其他部分仍然有效。

第一百五十七条　【无效、被撤销、不生效的法律后果】民事法律行为无效、被撤销或者确定不发生效力后,行为人因该行为取得的财产,应当予以返还;不能返还或者没有必要返还的,应当折价补偿。有过错的一方应当赔偿对方由此所受到的损失;各方都有过错的,应当各自承担相应的责任。法律另有规定的,依照其规定。

典型案例

28. 傅钦其诉仙游县社硎乡人民政府采矿权纠纷案

[案例来源:福建省高级人民法院(2015)闽民终字第 1535 号民事判决书,《人民法院案例选》2016 年第 8 辑,第 64 - 65 页]

2003 年 1 月,被告社硎乡政府与原告傅钦其签订《开发社硎乡塔林顶伊利石矿山承包合同书》(以下简称《承包合同》),约定由傅钦其开发涉案石矿山。合同签订后,原告依约投资道路等设施并实施探矿行为。2005 年 1 月,仙游县政府批准挂牌出让案涉矿山采矿权。2007 年,仙游县政府将案涉矿山列入禁采范围。原告未能依法取得案涉矿山的采矿许可证,遂诉请被告赔偿损失。

福建莆田法院一审认为,傅钦其与仙游县社硎乡人民政府签订的《承包合同》的性质属于矿产资源出让合同。根据相关法律规定,被告仙游县社硎乡人民政府作为乡一级人民政府,依法无权出让其辖区内的矿产资源,原、被告签订的上述合同违反了国家法律法规强制性规定,属无效合同。由于该合同被确认为无效,原告依约投资 153 万余元已成为被告的增值部分,被告应对原告部分投资予以返还。原、被告双方均明知矿产资源属国家所有,故双方对造成合同无效均有过错,且过错相当。根据本案实际,结合原告在履行协议中的投资项目和被告受益情况及过错责任,确定被告应返还原告傅钦其投资款的 50% 即 76 万余元。对原告为履行合同添置的固定资产人民币 30 170 元,不属于被告受益范围,不予返还。

福建高院二审认为,双方当事人均明知矿产资源属于国家所有,开采矿产资源必须经县级以上地方人民政府办理审批登记,故双方对造成讼争合同无效均存在过错。社硎乡政府明知其无权出让辖区内的矿产资源,亦未依法及时办理相关报批手续,与傅钦其签订的涉案合同违反了法律法规的强制性规定,对导致本案讼争合同无效应承担主要过错责任。而傅钦其是社硎乡政府通过招商引资方式引进开发讼争矿山,社硎乡政府有理由使傅钦其产生一定程度的合理信赖,其对导致讼争合同无效应承担较小的过错责任。仙游县社硎乡人民政府对造成讼争合同无效的过错责任明显大于傅钦其个人应承担的过错责任,一审法院认定双方的过错责任承担比例为五五分成,有失公允。法院改判仙游县社硎乡人民政府应当返还给傅钦其投资款人民币 136 万余元。

29. 毛兰芳诉杨杰浩委托理财合同纠纷案

[案例来源:上海市第二中级人民法院(2011)沪二中民四(商)终字第 241 号民事判决书,《中国审判案例要览(2012 年商事审判案例卷)》,第 39 - 43 页]

2009 年 7 月,原告毛兰芳在一境外公司设立账户,用于外汇保证金交易,并向该账户汇入共计 15 万美元。8 月,毛兰芳委托被告杨杰浩进行交易操作。9 月,双方签订《代理外汇交易投资协议》,约定杨杰浩负责账户开仓、平仓等一切交易,毛兰芳投资本金 15 万美元。嗣后继续由杨杰浩进行操作交易。至 2009 年 12 月,毛兰芳账户上的余额为 4652.61 美元。原告毛兰芳诉请杨杰浩赔偿毛兰芳损失 14 万余美元。另外,杨杰浩曾于上海文广 IPTV 理财频道工作,曾任该频道节目主持人,2010 年 1 月起兼任该频道评论员,2010 年 8 月离开该公司。

上海杨浦法院认为,中国人民银行颁布的《个人外汇管理办法》第30条规定,境内个人从事外汇买卖等交易,应当通过依法取得相应业务资格的境内金融机构办理。原告作为我国公民,其委托被告通过境外机构买卖外汇的行为违反了我国现行外汇管理制度。因原告委托被告进行外汇买卖的交易行为严重扰乱了我国市场经济管理秩序,损害了国家利益,应认定无效。

原、被告双方违反我国外汇管理制度签订并履行协议,双方对该协议无效所产生的法律后果均负有一定的过错责任。至于过错责任的大小,法院认为,被告作为外汇市场评论员,具备一定的外汇知识,对我国外汇管理制度应当明知,其仍接受原告委托进行外汇交易,并在外汇交易中给原告造成了损失,故被告对该损失应承担主要过错责任,原告则承担次要过错责任。法院就原告主张的14万余美元的损失合理认定为由原告承担20%,被告承担80%。上海二中院二审维持原判。

六、合同效力的其他规定

第五百零四条　【越权代表】法人的法定代表人或者非法人组织的负责人超越权限订立的合同,除相对人知道或者应当知道其超越权限外,该代表行为有效,订立的合同对法人或者非法人组织发生效力。

第六十一条　【法定代表人】依照法律或者法人章程的规定,代表法人从事民事活动的负责人,为法人的法定代表人。

法定代表人以法人名义从事的民事活动,其法律后果由法人承受。

法人章程或者法人权力机构对法定代表人代表权的限制,不得对抗善意相对人。

实务指引

本条在《合同法》第50条的基础上变化而来。《合同法》第50条的内容是"法人或者其他组织的法定代表人、负责人",本条的内容是"法人的法定代表人或者非法人组织的负责人"。

典型案例

30. 广州市花都珠江商贸发展公司诉花都振达织染实业公司买卖合同纠纷案

[案例来源:广东省广州市中级人民法院(2004)穗中法民二终字第00030号民事判决书,《中国审判案例要览(2005年商事审判案例卷)》,第53-60页]

2000年1月至2月,原告珠江公司向被告振达公司供应硫化碱等织染化工产品总值近40万元。3月,原、被告签订《商品成交合同》对双方的交易以书面形式予以确定。8月,被告振达公司的股东陈艺钊与原告珠江公司的股东徐惠娟以传真件形式签订一份协议，内容为“因原告提供的KNB黑染料日晒度不合格而造成被告生产的针织布军绿色日晒不合格一事，经被告与成衣客户商讨协议，成衣客户收回所有存在问题的成衣，并向被告索赔人民币48万余元的赔偿；现经双方协商，赔偿款48万余元，被告负责16万余元，原告负责32万余元，原告赔偿款在被告所欠2000年1月、2月货款中扣除；以上协议双方签章做实”。该协议只有徐惠娟、陈艺钊的签名未加盖原、被告公章。2003年8月11日，原告诉请被告支付货款32万余元及利息。

广州花都法院一审认为，2000年8月的协议中约定“以上协议双方签章做实”，即徐惠娟、陈艺钊约定该协议生效是附条件的，即协议生效条件是要经原、被告盖章确认。该协议并没有经原、被告盖章确认，即该协议的生效条件并没有成就，因此，上述协议并未发生法律效力，对原、被告不具有约束力。

广州中院二审认为，对于2000年8月协议的效力问题，因徐惠娟是珠江公司两股东之一，占有50%的股份，参与珠江公司的日常经营，是执业股东，徐惠娟又与珠江公司的另一股东即珠江公司的法定代表人骆振程是夫妻关系，故徐惠娟是珠江公司负责人之一，其对外代表珠江公司作出的行为，除非相对人知晓其超越了权限，均应由珠江公司承担相应的法律后果，是否加盖公章进行确认，并不影响该负责人的行为效力。本案中，由于徐惠娟的上述特殊身份，还是与振达公司签约的代表，所以振达公司相信她可以代表珠江公司作出相关的重大决策，完全有理由认为其有权签订2000年8月的协议。并且，该协议所约定的事由，是2000年3月双方签订的《商品成交合同》项下的KNB黑色染料不合格而造成的损失赔偿问题，而该合同珠江公司已签章，确认了徐惠娟的代表人身份，徐惠娟在2000年8月协议中所处理的是履行该合同所产生的后继问题，徐惠娟签订该协议时仍处在珠江公司原授权范围之下，所以从这一方面讲，徐惠娟的行为也是代理珠江公司的行为。振达公司与珠江公司在协议中约定的“以上协议双方签章做实”，只是在协议生效之后的形式重复，并非该协议生效的必要条件。原审法院认定“签章”是协议生效所附条件，不符合事实情况。另外，由于陈艺钊是振达公司的负责人之一，且振达公司对陈艺钊的行为已予以追认，故该协议也是振达公司的真实意思表示，对双方均具有约束力。振达公司依据其与珠江公司达成的赔偿协议，在应付给珠江公司的货款中依约扣减珠江公司须支付的赔偿金32万余元，符合协议及法律规定。

第五百零五条　【超越经营范围订立合同】当事人超越经营范围订立的合同的效力，应当依照本法第一编第六章第三节和本编的有关规定确定，不得仅以超越经营范围确认合同无效。

典型案例

31. 仰恩大学诉广东佛山市高明区源丰化工有限公司买卖合同纠纷案

[案例来源:福建省泉州市洛江区人民法院(2005)洛民初字第165号民事判决书,《中国审判案例要览(2006年民事审判案例卷)》,第142-147页]

原告仰恩大学向被告源丰化工公司购买一套“NaClO加药系统”饮用水水质处理设备,由被告将该套水质处理设备负责安装在原告校园内。原告依约将设备款支付给被告。但被告一直未能提供该套设备的产品合格证书及符合国家卫生标准和卫生规范的证明。被告的经营范围为生产销售次氯酸钠、氯化石蜡和二氧化氯、工业盐酸,其生产销售涉及饮用水卫生安全的水质处理设备未向卫生行政部门申请办理产品卫生许可批准文件。被告也未提供关于其具有设计安装供水设施相关资质的证明。原告诉请确认买卖合同无效,被告向原告返还设备款。

福建泉州洛江法院认为,被告生产及销售、安装水质处理设备供原告在大学内使用,该设备属涉及饮用水卫生安全的设备,在生产、销售前应按《生活饮用水卫生监督管理办法》第12条的规定向卫生行政部门申请办理产品卫生许可批准文件。设计、安装供水附属设施根据《城市供水条例》第16条也应具备相应的资质。被告销售给原告的水质处理设备处理的水将有不特定多数人饮用,对人身安全、健康有较大影响,涉及公共利益。因此,生产销售此类产品应严格执行该规定,且产品质量应有检验合格证明和符合国家标准和卫生规范的证明。被告未能提供相关证明,违反了《传染病防治法》第29条关于“涉及饮用水卫生安全的产品,应当符合国家卫生标准和卫生规范”的规定和《产品质量法》第13条关于“可能危及人体健康和人身、财产安全的工业产品,必须符合保障人体健康和人身、财产安全的国家标准、行业标准……禁止生产、销售不符合保障人体健康和人身、财产安全的标准和要求的工业产品”的规定以及该法第27条第1款第1项关于“产品或者其包装上的标识必须真实”,并“有产品质量检验合格证明”的规定。被告生产、销售、设计、安装水质处理设备的行为不属于一般的超越经营范围的行为,违反了法律、行政法规的强制性规定,且有损公共利益。双方之间买卖合同,应依法确认为无效合同。

第五百零六条 【免责条款的无效】合同中的下列免责条款无效:

(一)造成对方人身损害的;

(二)因故意或者重大过失造成对方财产损失的。

典型案例

32. 燕嘉食品有限公司福州市鼓楼区分店诉盛辉物流集团有限公司公路货物运输合同纠纷案

[案例来源:福建省福州市中级人民法院(2011)榕民终字第3102号民事判决书,《中国审判案例要览(2012年商事审判案例卷)》,第12-17页]

原告燕嘉公司鼓楼分店委托被告盛辉公司将一批酒品从福州运至上海。在运输途中,被告将其中一件茅台酒遗失。该件遗失茅台酒为12瓶装,每瓶单价为1160元,共计13 920元。原告诉请被告赔偿因托运物遗失所造成的经济损失13 920元。被告辩称,根据《货物托运、承运验收单》(以下简称托运单)的约定,无保价托运每件最高赔付300元,被告愿意按托运单约定赔偿原告300元。

燕嘉公司鼓楼分店认为,讼争保价条款属于《合同法》第53条规定的"因故意或者重大过失造成对方财产损失"却不承担责任的无效免责条款。对此,福建福州中院二审认为,运输公司基于运费与货物实际价值之间的显著差距,而以是否保价为承担预期责任大小的参考,系商业主体对于商业风险的正常评估;而且,在本案中,虽然盛辉公司因管理不当遗失了部分货物,构成违约,但却无证据表明其明知为贵重物而放任其失去控制,不应认定为重大过失。因此,保价条款不属于无效的免责条款,符合限额赔偿责任的行业惯例,亦与我国现行法律、法规及部门规章对其他货物运输方式规定限制赔偿责任的法律精神一致。

第五百零七条　【争议解决条款的独立性】合同不生效、无效、被撤销或者终止的,不影响合同中有关解决争议方法的条款的效力。

第五百零八条　【总则编的适用】本编对合同的效力没有规定的,适用本法第一编第六章的有关规定。

第四章　合同的履行

一、合同履行的原则

第五百零九条　【合同履行的原则】当事人应当按照约定全面履行自己的义务。

当事人应当遵循诚信原则,根据合同的性质、目的和交易习惯履行通知、协助、保密等义务。

当事人在履行合同过程中,应当避免浪费资源、污染环境和破坏生态。

实务指引

1. 本条前两款延续《合同法》第60条的内容。

2. 本条第2款的规定称为附随义务,条文列举了通知、协助、保密3个,司法实践中最常见的是服务型企业对消费者的安全保障义务。

例如,一个人到饭店吃饭,在饭店门口或者包厢内摔倒骨折,花了2万元医药费,饭店往往会推卸责任;再如,住店顾客价值10万元的轿车停在酒店的停车场被小偷盗窃走,酒店往往也会推卸责任。法院如果支持消费者的诉请,一般都会引用该款作为法律依据,要求商家承担。简言之,就是商家要在实际控制范围内给予消费者一个安全的环境。

关于附随义务,有一个非常贴切的"香蕉皮理论"。例如,顾客在商场内踩到香蕉皮后摔倒导致骨折,产生了医疗费用,商场是否应该承担责任,就需要看香蕉皮的颜色。如果是新鲜的,则说明香蕉皮是刚扔下的,虽然商场有义务保持商场内的卫生,但是很难要求商场随时对地面立刻打扫卫生,商场就没有责任或承担很轻微的责任;如果不是新鲜的,比如香蕉皮发黑了,则说明商场没有及时打扫卫生,没有维护一个良好的购物环境,商场就应该承担一定的责任。

3. 附随义务中安全保障义务往往涉及第三人对消费者的侵权,消费者可以选择以侵权为理由起诉第三人,如果第三人无法确定或者无偿付能力,则消费者可以选择以商家违反合同法的安全保障义务起诉商家。但是消费者只能选择一种起诉,不能同时进行两个诉讼。

典型案例

1. 杨昌成等诉上海瑞缘婚姻介绍所婚介服务合同纠纷案

[案例来源:上海市卢湾区人民法院(2003)卢民一(民)初字第73号民事判决书,《上海法院案例精选》2004年,第108-113页]

原告杨昌成、原告兰平英之女杨军在被告瑞缘婚姻介绍所登记征婚,填写了求婚交友登记表,并成为被告的金卡会员。其后,杨军经被告介绍认识了以假身份证及假学历证明进行征婚登记、化名为“王浩”的罪犯朱勇。罪犯朱勇化名王浩持假身份证及假学历证明至被告处登记征婚时,被告未要求朱勇留下证件复印件。两人认识后的某日下午,杨军被朱勇及其同伙杀害,并被劫走移动电话、金项链等物品。原告诉请被告赔偿死亡赔偿金、丧葬费、差旅费、精神损失费。

上海卢湾法院认为,被告作为特殊行业在从事婚姻介绍服务活动时,其服务规范应遵守有关的行业规定。根据相关行政管理规定,征婚当事人到婚姻介绍机构登记征婚时,应当提供本人身份、职业、学历证明并留下证件复印件。被告在接受朱勇征婚登记时,未要求其留下有关证件复印件,违反了行政管理规定的义务。被告在履行与杨军的婚介服务合同时,存在瑕疵,应承担相应的违约责任,返还相应服务费。

杨军死亡的直接原因是犯罪人的犯罪行为,被告的违约行为与杨军的死亡无因果关系,且被告对杨军死亡事件的发生亦无过错,被告无须赔偿因杨军死亡而发生的死亡赔偿金、丧葬费、交通费、行李托运费。根据违约赔偿的原则,被告无须赔偿精神损失费。

2. 王利毅等诉上海银河宾馆住宿服务合同纠纷案

[案例来源:上海市第一中级人民法院民事判决书,《人民法院案例选》2002年第2辑,第154-171页]

原告之子王翰入住被告上海银河宾馆某客房。当日下午4时左右,王翰被罪犯仝瑞宝杀害于客房内,仝瑞宝还抢劫走王翰财物若干。仝瑞宝于当日下午2时左右进入银河宾馆,4时52分离开。在此期间,仝瑞宝在上海银河宾馆内电梯7次上下,宾馆未对仝瑞宝进行访客登记,亦未注意其行迹。王翰所住的房间门上配有“窥视孔”、安全链及自动闭门器,门后张贴有安全告示,内有诸如“看清门外访客再开门”等内容。上海银河宾馆系涉外星级宾馆,有规范的管理制度和安全监控设施。在上海银河宾馆自行制定的《银河宾馆质量承诺细则》中,有“24小时的保安巡视,确保您的人身安全”;“若有不符合上述承诺内容,我们将立即改进并向您赔礼道歉,或奉送水果、费用打折、部分免费直至赔偿”等内容。原告王利毅、张丽霞诉请被告赔偿经济损失79万余元,精神损失50万元,向其承认错误、赔礼道歉。

上海长宁法院一审认为,王翰之死与财物被劫是罪犯仝瑞宝所为,被告在管理工作中的过失与王翰之死及财物被劫没有法律上的因果关系,并非共同加害行为人。故原告要求被告承担侵权责任没有法律依据。王翰和被告构成了合同关系,应该由合同法来调整。被告未兑现其关于服务质量的承诺,应承担违约责任。违约赔偿数额按照本案的实际情况斟酌为 8 万元。

上海一中院认为,王翰与上海银河宾馆之间系住宿服务合同关系。宾馆应采取切实的安全防范措施,以使住客在宾馆内免遭非法侵害,否则即为违反合同义务,应因此向住客承担违约责任。仝瑞宝之举动显属异常,上海银河宾馆疏于注意,致其监控、保安等用于履行安全保障义务的设置形同虚设,使住客王翰惨遭歹徒杀害。据此可以认定上海银河宾馆未能履行其对王翰的安全保护义务,其行为已构成违约。由于王翰未能充分利用宾馆提供的安全设施,对事件的发生亦具有轻度之过失,因此,上海银河宾馆对本案的违约赔偿数额应酌情降低。上海银河宾馆与仝瑞宝既无主观上的共同故意,又无客观上的行为牵连,两者不构成共同侵权行为,上海银河宾馆不应当承担侵权责任。法院对一审判决予以维持。

二、合同的补充

第五百一十条 【合同的补充】合同生效后,当事人就质量、价款或者报酬、履行地点等内容没有约定或者约定不明确的,可以协议补充;不能达成补充协议的,按照合同相关条款或者交易习惯确定。

典型案例

3. 穆瑞生诉北京业达房地产开发有限公司房屋拆迁安置补偿合同纠纷案

[案例来源:北京市第二中级人民法院(2013)二中民终字第 00109 号民事判决书,《中国审判案例概览(2014 年民事审判案例卷)》,第 287 - 292 页]

原告穆瑞生与被告业达公司签订“拆迁安置协议书(回迁)”,约定被告安置原告楼房一套。该协议书上用手写补充约定:“给本楼车库一个。”现原告已回迁,但车库给付一事未协商一致。被告业达公司认为:其他拆迁户签订的协议书均约定:“预定购买车库一个”,回迁之后按照 8000 元/m^2 的价格购买。原告因为自行车棚被拆才补充约定“给本楼车库一个”。故可以参照其他拆迁户的待遇,按照公平的原则,在没有约定车库的位置与面积的情况下,给原告一个 11.37m^2 的车库。对此,原告表示不予领受。原告诉请被告给付车库一个,若不能给付,折合为 20 万元退款。

北京密云法院认为,所谓“给本楼车库一个”,按照诚实信用原则,应是在原告回迁时，被告补偿原告位于本楼的车库，而无须支付任何对价。车库系能够存放汽车的车库，而非能够停放自行车的储藏室，穆瑞生有权要求业达公司交付本楼汽车车库一个。因回迁协议中未对车库的位置、面积进行约定，车库位置或补偿价款数额由法院根据实际情况酌情确定。法院判决被告给付原告一个不小于 20m^2 的车库一个，如不能交付，补偿原告 20 万元。北京二中院二审认为，依据交易习惯及诚实信用原则，对“车库”通常理解为用于放置汽车，而非用于放置自行车和其他物品。双方均认可 11.37m^2 的车库无法放置汽车，20m^2 的车库可以放置汽车。一审判决合情合理。

4. 郎艳诉宗宏记、宗琨彩票订购纠纷案

［案例来源：江苏省淮安市中级人民法院（2007）淮民一终字第 0562 号民事判决书，《中国审判案例要览（2008 年民事审判案例卷）》，第 174 – 180 页］

原告郎艳经常到被告彩票经销商宗宏记经营的彩票销售点购买彩票，有时原告也通过电话向该彩票销售点购票，一期或数期结一次账，双方已成习惯。这种彩民与彩票销售点之间的交易方式现实中也司空见惯。2007 年 5 月 4 日 19 时许，原告打电话给被告宗宏记购买彩票，但因故并未当即取票。这种现象在双方之间也并非一次。

当晚 10 时左右，原告从电视上看到公布的当期中奖号码，发现自己中了体育彩票“5d27267（4 倍）”【共 400 000 元，分别打 2 张票，每张 2 倍】，“3d272（6 倍）”【每组奖金为 1000 元，6 倍即 6000 元，分别打 3 张票，每张 2 倍】。原告打电话到被告家去取中奖彩票，被告宗宏记将原告定的体育彩票“5d27267（2 倍）”和“3d272（6 倍）”以及其他未中奖彩票共 11 张彩票交给原告。原告发觉与其所定彩票有误，提出异议，但并未发生冲突。原告与被告宗宏记当晚结算并交付了票款 294 元。次日，原告发现被告宗宏记彩票点另出现一组体育彩票“5d27267（2 倍）”的中奖号，认为是被告扣留了其订购的中奖彩票。原告找被告宗宏记交涉未果，被告宗宏记也未表明该票是其购买。

5 月 8 日，原告去江苏省体彩中心领奖时，遇被告宗宏记带其子被告宗琨也在领奖，双方发生争执。被告宗宏记以其子被告宗琨名义领取彩票“5d27267（2 倍）”中奖奖金，税后取得 160 000 元。原告诉请被告宗宏记、宗琨返还应为原告所有的彩票中奖款 160 000 元。

江苏淮安盱眙法院一审认为，原告与被告宗宏记之间在电话买卖彩票后不定期结算票款已成交易习惯，被告宗宏记按照原告的电话报号，彩票一经打出，该彩票即归原告所有。虽然没有直接证据证明原告对被告兑奖的彩票享有所有权，但双方之间的交易习惯、彩票的购买时间、彩票打印方式、原被告对彩票号码及倍数的熟悉程度、被告此前很少购买彩票等间接证据能够形成严密的证据链,可以证明产生异议的彩票应归原告所有,只是在付款前暂由被告宗宏记保存。故原告才是享有被告所持彩票兑取奖金的权利人,被告的占有行为是对原告财产权利的侵犯。

江苏淮安中院二审认为,作为彩票经销商,不排除宗宏记与郎艳选择同样的号码进行购买的可能性,但即便如此,因其事实上已经认可了郎艳电话订购行为的有效性,其购买行为即应在郎艳的订购过程完成之后单独实施,其所称在郎艳报号的同时也为自己选购了同样的号码,实系以自己的内心意思对业已形成的彩票任意取舍并自行确定其归属,以此为依据主张彩票权利,显然不具有充分的证明力与说服力。根据本案的具体情况来综合判断,应当推定一个具有高度盖然性的事实,即讼争的兑奖彩票系郎艳所订购。

第五百一十一条 【合同的补充】当事人就有关合同内容约定不明确,依据前条规定仍不能确定的,适用下列规定:

(一)质量要求不明确的,按照强制性国家标准履行;没有强制性国家标准的,按照推荐性国家标准履行;没有推荐性国家标准的,按照行业标准履行;没有国家标准、行业标准的,按照通常标准或者符合合同目的的特定标准履行。

(二)价款或者报酬不明确的,按照订立合同时履行地的市场价格履行;依法应当执行政府定价或者政府指导价的,依照规定履行。

(三)履行地点不明确,给付货币的,在接受货币一方所在地履行;交付不动产的,在不动产所在地履行;其他标的,在履行义务一方所在地履行。

(四)履行期限不明确的,债务人可以随时履行,债权人也可以随时请求履行,但是应当给对方必要的准备时间。

(五)履行方式不明确的,按照有利于实现合同目的的方式履行。

(六)履行费用的负担不明确的,由履行义务一方负担;因债权人原因增加的履行费用,由债权人负担。

典型案例

5. 北京市正皓律师事务所诉中原对外工程有限公司诉讼代理合同纠纷案

[案例来源:北京市第一中级人民法院(2013)一中民终字第11297号民事判决书,《人民法院案例选》2014年第4辑,第163-166页]

2011年7月,被告中原公司与原告正皓律所签订《法律顾问合同》,约定中原公司专案代理事务需与正皓律所另行签订民事委托代理合同,正皓律所应优惠收费。2011 年 11 月,中原公司被诉。中原公司应诉后,委托正皓律所祁平律师参加诉讼。2012 年 10 月,正皓律所祁平律师向中原公司审计监察部经理朱书学就代理合同的签订、代理费的数额及支付方式展开邮件磋商,但未达成一致意见。中原公司被诉偿还欠款 5914 万余元,法院最终判决中原公司偿还 3614 万余元。正皓律所诉请中原公司支付律师代理费 356 万元及利息。

北京海淀法院一审根据正皓律所完成的案件具体代理工作量,参照《北京市律师诉讼代理服务收费政府指导价标准(试行)》(以下简称《律师收费标准》)中的“按标的额比例收费标准”上限,酌定代理费数额为 141 万元。北京二中院二审认为,依据《法律顾问合同》,正皓律所为中原公司从事的诉讼代理事务有权向中原公司单独收取代理费用,但应当优惠收费。同时,《律师收费标准》关于“按标的额比例收费标准”是民事诉讼案件律师收费的上限,但下浮不限。在双方当事人对支付代理费未形成合意,且存在较大争议的情况下,一审法院按照收费标准上限酌定代理费不当。法院最终按照《律师收费标准》相关规定和《法律顾问合同》关于优惠收费的约定,按照 70% 的标准,酌定中原公司给付正皓律所代理费 98.7 万元。

6. 北京君直房地产经纪有限公司诉华岳原林投资(北京)有限公司委托合同纠纷案

[案例来源:北京市高级人民法院(2008)高民终字第 55 号民事判决书,《中国审判案例要览(2009 年商事审判案例卷)》,第 143 – 149 页]

2005 年 6 月,被告华岳原林公司(甲方)与原告君直公司(乙方)签订《独家销售委托合同》,约定被告将其所有的住宅小区项目委托原告独家代理出售。关于销售分成款,合同约定:若销售平均价格超出人民币 7001 ~ 7200 元/m^2 以上部分,甲乙双方按七三比例分成;若销售平均价格超出人民币 7201 ~ 7500 元/m^2 以上部分,甲乙双方按六四比例分成;若销售平均价格超出人民币 7501 元/m^2 以上部分,甲乙双方按五五比例分成。至 2006 年 10 月,销售总房款为 566 418 211 元。华岳原林公司已向君直公司支付委托服务费 542 万余元,尚欠 2006 年 9 月、10 月的委托服务费约 20 万元及全部销售分成款未付。原告诉请华岳原林公司支付销售分成款及委托服务费。

北京高院二审认为,合同关于销售分成的约定中,“7001 ~ 7200 元/m^2”等约定和“以上部分”之间在表述上存在矛盾;且“以上部分”又涵盖于下款“7201 ~ 7500 元/m^2”等范围内,所以不能确定销售分成的价格区间,故应认定当事人之间对销售分成范围的约定不明确。法院不能根据合同有关条款对销售分成条款作出明确判断，双方当事人又没有达成协议补充；同时，在法院辖区内关于房地产中介服务的收费标准，现阶段亦没有在长期实践基础上自发形成的、为这一行业当事人所公认并遵守的规则，即“交易习惯”，故本案应适用《合同法》第62条第2项的规定。北京市物价局、北京市房屋土地管理局《关于房地产中介服务收费的通知》第4条规定，“实行独家代理的最高收费标准不得超过成交价格总额的2.8%”，在本案双方当事人对报酬约定不明确的情况下，应当依此确定报酬标准。本案涉及的委托服务费（佣金）和销售分成都应包括在上述独家代理最高收费标准的范围内，应以项目销售总房款的2.8%计算君直公司应收取的委托服务费和销售分成总额。

虽然双方当事人在合同中约定了委托服务费的结算方式，但在实际履行中，双方当事人采取了更为具体、科学的结算方式，即君直公司向华岳原林公司提交结算期间的代理费结算明细、华岳原林公司审核、君直公司开出发票、华岳原林公司付款。在君直公司提交结算明细的情况下，华岳原林公司均按上述流程结算了委托服务费，君直公司从未提出异议，应认为双方当事人通过自己的行为确认了上述实际结算方式。故在君直公司没有提交2006年9月、10月结算明细的情况下，华岳原林公司没有支付相应的委托服务费，并不构成违约。

第五百一十二条　【电子合同的履行】通过互联网等信息网络订立的电子合同的标的为交付商品并采用快递物流方式交付的，收货人的签收时间为交付时间。电子合同的标的为提供服务的，生成的电子凭证或者实物凭证中载明的时间为提供服务时间；前述凭证没有载明时间或者载明时间与实际提供服务时间不一致的，以实际提供服务的时间为准。

电子合同的标的物为采用在线传输方式交付的，合同标的物进入对方当事人指定的特定系统且能够检索识别的时间为交付时间。

电子合同当事人对交付商品或者提供服务的方式、时间另有约定的，按照其约定。

第五百一十三条　【价格惩罚】执行政府定价或者政府指导价的，在合同约定的交付期限内政府价格调整时，按照交付时的价格计价。逾期交付标的物的，遇价格上涨时，按照原价格执行；价格下降时，按照新价格执行。逾期提取标的物或者逾期付款的，遇价格上涨时，按照新价格执行；价格下降时，按照原价格执行。

第五百一十四条 【货币形式】以支付金钱为内容的债，除法律另有规定或者当事人另有约定外，债权人可以请求债务人以实际履行地的法定货币履行。

三、选择之债

第五百一十五条 【选择之债】标的有多项而债务人只需履行其中一项的，债务人享有选择权；但是，法律另有规定、当事人另有约定或者另有交易习惯的除外。

享有选择权的当事人在约定期限内或者履行期限届满未作选择，经催告后在合理期限内仍未选择的，选择权转移至对方。

第五百一十六条 【选择权的行使】当事人行使选择权应当及时通知对方，通知到达对方时，标的确定。标的确定后不得变更，但是经对方同意的除外。

可选择的标的发生不能履行情形的，享有选择权的当事人不得选择不能履行的标的，但是该不能履行的情形是由对方造成的除外。

典型案例

7. 范稼丰诉上海惠泰汽车经销有限公司买卖合同纠纷案

［案例来源：上海市第二中级人民法院（2003）沪二中民一（民）终字第2285号民事判决书，《上海法院案例精选》2004年，第89－94页］

原告范稼丰欲向被告惠泰公司购车一辆，在被告处看过实样并查阅了有关某旅行车的宣传资料后，得知该车型额定载客人数为8人等数据和规格，即选中该车型。双方签订合同，约定原告购买万丰旅行车一辆，车辆主要配备为出厂标准配备，由被告为原告办理上牌手续，过户至原告本人名下。其后，原告收到被告代办的车辆行驶证等单证，发现行驶证上核定载客为7人，认为该核定载客人数与双方约定不符，便找被告交涉。被告答复称，该车型原定为8座，后被车管所定为7座，其必须服从，希望原告谅解。原告要求退车，被告以“是厂方修改了产品目录造成的”为由拒绝。原告遂起诉至法院，称由于车辆少了一个座位，按一人乘出租车市内出行一周2次、每次来回车费50元计，外地旅游一月1次、每次来回车费至少500元计，则一个座位5年两项合计要多支付费用5.4万元。原告诉请被告赔偿原告因少1个座位导致的各种损失共计1.3万元。

上海虹口法院认为,从车辆实样、宣传资料、用户手册等来看,应确认双方约定购买的车辆是“8 座车”。被告因故不能办出“8 座车”的行驶证,以致该车实际限载 7 人,因此不能免除其交付标的规格与约定不符的违约责任。虽然原告对被告依法享有违约救济请求权,但其请求的救济方式应符合法律规定、标的性质、交易惯例及违约类型。具体而言,应视实际可行与否情况选择更换、退还差价、退货等进行补救。原告坚持选择要求赔偿按少乘 1 人增加支出的出行费用计算其因被告违约造成的损失的方式,追究被告的违约责任,缺乏法律依据且不具合理性。法院判决对原告的诉讼请求不予支持。上海二中院二审维持原判。

四、多数人之债

第五百一十七条　【按份之债】债权人为二人以上,标的可分,按照份额各自享有债权的,为按份债权;债务人为二人以上,标的可分,按照份额各自负担债务的,为按份债务。

按份债权人或者按份债务人的份额难以确定的,视为份额相同。

第五百一十八条　【连带之债】债权人为二人以上,部分或者全部债权人均可以请求债务人履行债务的,为连带债权;债务人为二人以上,债权人可以请求部分或者全部债务人履行全部债务的,为连带债务。

连带债权或者连带债务,由法律规定或者当事人约定。

典型案例

8. 郑善成诉陈善军、菲夫(大连保税区)工贸有限公司服务合同纠纷案

[案例来源:辽宁省大连市经济技术开发区人民法院民事判决书,《人民法院案例选》2000 年第 2 辑,第 82 - 89 页]

原告郑善成将其轿车送到某汽车保养厂修理,被告陈善军为该厂个体业主,陈善军检修后认为应该更换配件。原告到被告菲夫公司处购买油泵体等汽车配件,价款共 8000 元,供陈善军修理。对配件情况,被告菲夫公司未作说明。陈善军收到配件后,未经检查即安装于原告车上。陈善军安装好配件后未经检查即让原告提车。在这之后,大连市交通局才向陈善军核发了经营许可证,经营范围为二类机动车保养。半个月后,因故障,原告又将车送到陈善军处修理。经本案当事人三方分解、检查,初步认定因油泵阀体中的泵轮装反,导致车损。原告诉请二被告赔偿经济损失 3 万元。

经鉴定,菲夫公司出售的产品泵轮反向装配,致变速器油压不正常,造成摩擦片、制动带烧损。陈善军承修原告汽车属变速器大修,陈善军无资格。大连经济技术开发区法院认为，在有关管理部门核发经营许可证之前，被告陈善军擅自经营汽车修理业务，承修原告汽车无相应的资质，故该修理汽车的民事行为无效，被告陈善军对此应承担过错责任，其因此收取的修理费2000元系非法所得，应予收缴。被告菲夫公司销售油泵阀体总成中泵轮装反造成车损，且销售时菲夫公司未能说明该总成的情况，系其未尽妥善说明的义务。被告陈善军未对该总成进行检查即予装配，安装后又未经调试合格即准许车辆出厂使用，系其未尽妥善维修的义务。被告菲夫公司或被告陈善军，如善尽上述义务，即能避免发生本案车损的结果，上述二被告的过错行为，造成了原告车辆损坏的后果，已侵害了原告的财产，应依法共同承担民事责任。上述二被告就基于不同发生原因而产生的同一内容的给付，应各负全部履行的义务，二被告之间成立不真正连带债务，原告要求上列二被告赔偿经济损失的请求合理有据。

9. 北京金石永顺建材商贸中心、胡昌、刘敬祥诉北京中海腾达贸易有限公司、郭小强买卖合同纠纷案

［案例来源：北京市门头沟区人民法院（2006）门民初字第180号民事判决书，《中国审判案例要览（2008年商事审判案例卷）》，第17－20页］

2005年3月11日，被告中海公司与原告商贸中心、原告胡昌、原告刘敬祥签订《协议书》，约定双方共同完成由中海公司与案外人北京首钢建设集团有限公司（以下简称京首建公司）所签供货合同的供应工作，由被告中海公司保证货物供应，由三原告于第一个月垫资50万元。中海公司法定代表人郭小强在《协议书》上签字并加盖了中海公司印章。其后，郭小强收取原告方投资款31.5万元并以个人名义出具收条，但其只将其中的23万元转交中海公司。

京首建公司表示：京首建公司与中海公司不存在任何经济往来关系，砂石料款项全部结算给北京创森商贸有限公司（以下简称创森公司）。创森公司法定代表人万德文称：创森公司与京首建公司没有合同关系，我与郭小强有协议，我以创森公司的名义为郭小强的中海公司从京首建公司结算货款，创森公司提供票据结过30多万元，全部交给郭小强。原告诉请解除合作经营《协议书》；返还投资款本金32万元及支付违约金10万元，二被告负连带责任。

北京门头沟法院认为，原告方虽已出资31.5万元，但未能完全履行“第一个月垫资50万元”的主要义务，属履行义务不符合约定；中海公司未能履行定期结算货款的主要义务，属完全没有履行义务。由于中海公司收取了原告方的投资款，现今却又下落不明，不但协议无法继续履行，而且使原告方投入资金后无法主张合作期间的收益，所签订合同目的无法实现，原告方有权请求解除合同、返还投资款本金。

合作双方及郭小强实际履行了向京首建公司供货的义务，依照约定中海公司享有收取相应货款的权利，该项权利为合作双方共同收益。由于中海公司与京首建公司并不存在合同关系，使《协议书》履行过程中，中海公司的行为与股东郭小强的行为无法区分，表现在：第一，郭小强作为中海公司法定代表人兼股东，虚构中海公司与京首建公司供货合同关系，与原告方签订协议并实际履行，使中海公司经营行为与股东经营行为构成混同；第二，郭小强收取原告方投资款31.5万元并以个人名义出具收条，但其只将其中的23万元转交中海公司，使股东财产与公司财产构成混同；第三，郭小强已通过创森公司向京首建公司结算了"中海公司"货款却予以否认，现没有证据证明郭小强将已结算货款转给中海公司，使中海公司资产与股东资产亦构成混同。

郭小强的上述行为使中海公司独立地位完全丧失，使公司经营与股东经营、公司财产与股东财产无法区分；郭小强利用其特定身份通过对中海公司的实际控制获取利益，又以中海公司的独立法人地位规避债务，其行为已构成对中海公司独立人格和股东有限责任的滥用，严重损害了原告方的合法利益。郭小强应当对中海公司在本案中的民事责任承担连带责任。

第五百一十九条　【连带债务的份额】连带债务人之间的份额难以确定的，视为份额相同。

实际承担债务超过自己份额的连带债务人，有权就超出部分在其他连带债务人未履行的份额范围内向其追偿，并相应地享有债权人的权利，但是不得损害债权人的利益。其他连带债务人对债权人的抗辩，可以向该债务人主张。

被追偿的连带债务人不能履行其应分担份额的，其他连带债务人应当在相应范围内按比例分担。

第五百二十条　【连带债务的履行】部分连带债务人履行、抵销债务或者提存标的物的，其他债务人对债权人的债务在相应范围内消灭；该债务人可以依据前条规定向其他债务人追偿。

部分连带债务人的债务被债权人免除的，在该连带债务人应当承担的份额范围内，其他债务人对债权人的债务消灭。

部分连带债务人的债务与债权人的债权同归于一人的，在扣除该债务人应当承担的份额后，债权人对其他债务人的债权继续存在。

债权人对部分连带债务人的给付受领迟延的，对其他连带债务人发生效力。

典型案例

10. 程新伟诉巫庚翔、蒋霞借款合同纠纷案

[案例来源:江苏省无锡市中级人民法院(2007)锡民再终字第17号民事裁定书,《中国审判案例要览(2008年民事审判案例卷)》,第485－492页]

原告程新伟利用任锡山市侨联科技实验厂(以下简称实验厂)厂长职务之便与被告巫庚翔合谋,先后将实验厂公款44万余元借给巫庚翔。程新伟与巫庚翔的合谋行为涉嫌构成挪用资金罪,被刑事拘留。案发后,巫庚翔退出赃款约8万元,程新伟为争取从宽处理为巫庚翔退出赃款36万余元。原锡山市人民检察院决定对程新伟、巫庚翔免予起诉。程新伟诉称巫庚翔释放后,表示待经济情况好转后会尽快归还其垫付的资金,但至今未能归还。程新伟诉请巫庚翔和其妻子蒋霞共同归还欠款36万余元。

江苏无锡中院二审认为,程新伟与巫庚翔构成挪用资金罪之共犯,故二人均负有退赃义务,程新伟及巫庚翔的退出金额虽不同,但均属于退赃行为,并不因为退赃数额存在差异,而在双方之间形成民事权利义务关系,故本案依法不属于民事诉讼受理的范围。

江苏省人民检察院审查认为,程新伟、巫庚翔合谋挪用实验厂资金44万余元的行为,同时违反了我国刑事法律和民事法律的规定,依法应分别承担相应的刑事责任和民事责任。二人的行为触犯了我国刑事法律的规定,构成了挪用资金罪,其刑事责任已由检察机关依法进行了追究。同时,二人的行为侵犯了实验厂使用其财产的民事权利,且属共同侵权,依法应对实验厂承担连带赔偿责任。程新伟、巫庚翔在原刑事诉讼程序中退出赃款,且该款已被及时发还给实验厂。就民事侵权法律关系而言,该刑事诉讼中的退赃行为,同时亦为程、巫二人基于共同民事侵权而对实验厂承担了连带清偿责任。至此,二人与实验厂之间的民事侵权法律关系归于消灭,但连带责任人内部的责任分担及由此产生的民事权利义务关系并不因此而消灭。程新伟作为连带责任人之一,在对外承担连带责任后,向同为连带责任人的巫庚翔行使追偿权,要求其分担责任份额,双方显然存在民事权利义务争议,应属人民法院受理民事诉讼的范围。

江苏无锡中院再审认为,检察机关根据法律规定责令程新伟与巫庚翔退赔,二人均负有共同退赃的义务。因此,程新伟与巫庚翔均系根据法律规定和检察机关的要求退出赃款的。对于检察机关追回赃款后,法律并未赋予共同犯罪中退赃多的人可向退赃少的人追偿的权利,也未规定因退赃数额存在差异而在共同犯罪人之间形成民事权利义务关系。至于连带责任清偿后的追偿,必须是依照法律的规定或者当事人的约定,负有连带义务的债务人履行了义务后,才有权要求其他负有连带义务的人偿付他应当承担的份额。就本案而言,双方当事人的关系系在为减

轻罪责而共同退赃基础上形成的,不是平等民事主体之间的民事法律关系,本案不属于民事诉讼受理的范围。

> **第五百二十一条 【连带债权】**连带债权人之间的份额难以确定的,视为份额相同。
>
> 实际受领债权的连带债权人,应当按比例向其他连带债权人返还。
>
> 连带债权参照适用本章连带债务的有关规定。

五、涉他合同

> **第五百二十二条 【向第三人履行的合同】**当事人约定由债务人向第三人履行债务,债务人未向第三人履行债务或者履行债务不符合约定的,应当向债权人承担违约责任。
>
> 法律规定或者当事人约定第三人可以直接请求债务人向其履行债务,第三人未在合理期限内明确拒绝,债务人未向第三人履行债务或者履行债务不符合约定的,第三人可以请求债务人承担违约责任;债务人对债权人的抗辩,可以向第三人主张。

实务指引

债务人按照债权人的口头通知向第三人履行合同义务后,如果发生争议,债务人需要举证已经履行,实务案例中往往是比较困难的。因此,非常容易引发争议。

典型案例

11. 俄罗斯国际贸易服务有限公司诉沈阳贝特贸易有限公司买卖合同纠纷案

[案例来源:辽宁省沈阳市中级人民法院(2009)沈中民四初字第98号民事判决书,《中国审判案例要览(2010年商事审判案例卷)》,第27-32页]

2008年1月2日,原告俄罗斯国际贸易公司的中国地区总经理耶夫盖尼作为原告代表与被告贝特公司签订00号合同,约定原告购买被告50万吨水泥,交货条件为CIF俄罗斯圣彼得堡港,交货时间2008年1~2月。合同签订后3个工作日内原告支付全部货款,被告自付款之日起30日内发货。

合同签订后,原告未按约定在3日内付款,而是于1月29日、2月26日先后两次汇给被告140万美元。被告为履行该合同与案外人签订水泥买卖合同,双方约定于4月下旬发货。3月25日,原告提出因被告未能及时从中国向俄罗斯发运水泥,要求停止发运这批货物，按照重新签订的供货明细表，改发其他货物。3月26日，原告将发货清单给付被告。3月30日，原告指令被告发运300吨聚氯乙烯，并告知收货人为：伊姆帕克斯有限公司、特拉斯特谢尔维斯有限公司。4月1日，原告提供正式函件，载明：将3月26日所订货物及设备按照被告与下列企业签订的合同发运：伊姆帕克斯有限公司、特拉斯特谢尔维斯有限公司。函件上加盖有原告公司的公章。

2008年4月，被告根据耶夫盖尼的指示和提供的买卖合同样本，与伊姆帕克斯有限公司、特拉斯特谢尔维斯有限公司分别签订2份买卖合同，即01、02号买卖合同。合同中所交付的标的物与3月26日原告提供给被告的货物清单基本相符。其后，被告将货物发运给伊姆帕克斯有限公司、特拉斯特谢尔维斯有限公司，并将发票、装箱单等相关单据交付给耶夫盖尼。

原、被告双方自合同签订后，被告始终与原告的签约代表耶夫盖尼进行业务往来，原告未通过其他方式或其他人员与被告有过接触。原告诉请解除双方的买卖合同，被告返还货款并赔付利息。

辽宁沈阳中院认为，被告一直在积极主动地履行合同的给付义务，在原告变更标的物及履约方式后又先后按原告的要求将全部货物发运给原告指定的收货人，同时将相关单据提供给耶夫盖尼。以上足以看出被告已全面适当地履行了合同约定的义务，对于原告提出的被告未交付货物的主张，法院不予支持。被告根据耶夫盖尼的要求与伊姆帕克斯有限公司、特拉斯特谢尔维斯有限公司签订的01、02号买卖合同的性质是向第三人的履行行为，而非合同的转让；被告与第三人之间并没有真正地建立买卖合同关系，而仅仅是通过合同的形式变更了原、被告之间00号合同中的收货人。

第五百二十三条　【由第三人履行的合同】当事人约定由第三人向债权人履行债务，第三人不履行债务或者履行债务不符合约定的，债务人应当向债权人承担违约责任。

典型案例

12. 江苏省溧阳市建筑安装工程总公司诉西安南风日化公司有限责任公司建筑工程施工合同纠纷案

［案例来源：陕西省西安市中级人民法院(2005)西民四终字第286号民事判决书，《人民法院案例选》2006年第4辑，第283－299页］

1999年5月至9月，原告溧阳建安公司下属西安分公司(乙方)和被告南风日化公司分别签订三份建设工程施工合同，约定南风日化公司作为建设单位将三处施工发包给原告下属西安分公司。1999年年底,施工完毕。2000年1月,南风日化公司与他人共同出资成立了西安南风油脂公司开发有限责任公司(以下简称南风油脂公司),溧阳建安公司施工建设的工程和安装的设备交由南风油脂公司使用,其中部分设备还作为股东出资。随后,溧阳建安公司施工建设的工程和安装的设备由南风日化公司交付南风油脂公司使用。

溧阳建安公司与南风日化公司签订施工合同时,南风油脂公司尚未依法成立,南风日化公司称由于南风油脂公司没有成立,故应溧阳建安公司的要求,其代南风油脂公司在合同上加盖了公章,该合同的建设方实为南风油脂公司,合同义务应当由南风油脂公司承担;对此溧阳建安公司则认为,该合同是垫资工程,溧阳建安公司与南风日化公司签订合同时,正是由于南风油脂公司没有成立,没有缔约主体资格,溧阳建安公司也无法判别其经营状况及偿还能力,故坚持要求以南风日化公司作为建设方签订施工合同。南风日化公司作为合同的一方当事人应当承担合同义务,而南风油脂公司并不是合同当事人,目前也处于停业状态。原告诉请被告南风日化公司支付工程款、利息及违约金。

西安雁塔法院认为,合同转让是指当事人一方经对方同意,可以将自己在合同中的权利义务一并转让给第三人。根据该规定,合同转让应以全面取得对方当事人的同意为前提条件,而这里的"同意",应当是一种法律行为,即一方提出合同转让的要约,对方予以承诺时,才构成"同意",同时承诺应当是以明示的方式作出。而第三人代替履行是指当事人约定由第三人向债权人履行债务的,第三人不履行债务或履行债务不符合合同约定,债务人应当向债权人承担违约责任。前者中第三人取代债务人的合同地位而成为合同当事人,替代原当事人享受合同权利、承担合同义务;而后者中第三人只是履行主体而不是合同的当事人,原当事人并没有退出合同关系。南风油脂公司成立后,向溧阳建安公司支付了工程款、实际使用了溧阳建安公司建设的工程和安装的设备并且对溧阳建安公司提交的决算参与了工程决算审计,但南风油脂公司的上述行为只能表明其作为南风日化公司履行合同的辅助人,参与了合同的实际履行,并不能以此就认定为出现了合同转让的情形,所以本案施工合同在实际的履行过程中并没有发生合同转让。南风日化公司应承担合同义务。西安中院二审基本维持原判。

13. 中国民族国际信托投资公司诉海南瑞南实业发展总公司、中国电子租赁有限公司债务承担纠纷案

[案例来源:北京市第一中级人民法院(2005)一中民初字第569号民事判决书,《中国审判案例要览(2006年民事审判案例卷)》,第150-156页]

原告中民信公司与被告中电租公司、被告瑞南公司签订三方协议。协议约定,中电租公司尚欠中民信公司拆借款折合人民币2183万元；中电租公司以其全资子公司瑞南公司的一处房产抵偿所欠债务，由瑞南公司办理过户手续，将房产过户到中民信公司名下。其后，中民信公司向瑞光民公司支付人民币60万元作为约定的过户费用。原告诉请被告瑞南公司将涉案房产过户给原告，被告中电租公司对上述给付义务承担连带清偿责任。

被告瑞南公司辩称其是第三人代为履行债务，而不是债务承担。在其不履行约定义务时，中民信公司应向原债务人中电租公司主张权利。北京一中院就此认为，在协议书中，瑞南公司作为一方当事人参加到中民信公司与中电租公司的债权债务关系中，明确为自己设定了以自己拥有的资产抵偿上述债务的义务，同时约定不履行该义务应承担的违约责任。瑞南公司的上述意思表示不符合法律所规定的第三人代为履行的法律特征，不应适用法律关于第三人代为履行的处理原则，瑞南公司应当严格按照协议书中的约定履行相应义务。法院判决瑞南公司就涉案房产为原告办理过户手续。

第五百二十四条　【第三人代为履行】债务人不履行债务，第三人对履行该债务具有合法利益的，第三人有权向债权人代为履行；但是，根据债务性质、按照当事人约定或者依照法律规定只能由债务人履行的除外。

债权人接受第三人履行后，其对债务人的债权转让给第三人，但是债务人和第三人另有约定的除外。

典型案例

14. 胡春延诉胡学军、杨烨追偿权纠纷案

［案例来源：江苏省大丰市人民法院（2009）大民二初字第0041号民事判决书，《人民法院案例选》2012年第4辑，第108－114页］

被告胡学军获准承建安置房工程，施工期间向王道祥借得人民币13万元，约定借期二个月，月息1.5%，原告胡春延提供了担保。借款到期胡学军未偿还，胡春延也找不到胡学军。因胡学军系被告杨烨的姐夫，该工程当时由杨烨实际组织施工，杨烨对原告承诺该债务由其偿还。杨烨向原告出具了一份证明，载明："关于胡学军今年七月份借王道祥现金壹拾叁万元，用于安置房工程一事，我予以确认。待工程款全部到我本人账户后，结算时考虑该本息由本人一起偿还。注：在施工期间发生争吵，此证明就作废"。其后原告代胡学军向王道祥偿还了借款本息。原告要求杨烨清偿该债务时，杨烨予以否认，形成纠纷。

江苏大丰法院认为，原告胡春延代胡学军向王道祥偿还了借款本息，已经承担了保证责任，有权向债务人胡学军进行追偿。本案的争论焦点是，被告杨烨出具的承诺，在原告与两被告间产生何种法律关系，是债务转移，还是第三人代为履行？根据被告杨烨出具的承诺，并未明确被告胡学军退出债务关系，原告也无同意该债务转移的明确表示。根据债的发生原因分析杨烨的承诺行为，结合当时被告杨烨知晓该借款用于该工程，而该工程又实际由杨烨继续在建的情形，应当认为被告杨烨的"待工程款全部到我本人账户后，结算时考虑该本息由本人一起偿还"承诺行为，属于单方允诺，自愿加入债的关系中成为承担债务的并存债务人。并存的债务承担，是指债务人并不脱离合同关系，而由第三人加入合同关系当中，与债务人连带承担合同义务的债务承担方式，引起的后果是与原债务人共同担责。被告胡学军与被告杨烨双方对该债务应承担连带偿还责任。

六、三种抗辩权

第五百二十五条　【同时履行抗辩权】当事人互负债务，没有先后履行顺序的，应当同时履行。一方在对方履行之前有权拒绝其履行请求。一方在对方履行债务不符合约定时，有权拒绝其相应的履行请求。

实务指引

可以考虑增加如下内容作为第2款："对方已经部分履行的，拒绝其履行请求违反诚实信用原则的，即如尚未履行的比例不高时，当事人仍不得拒绝相应的履行请求。"

《民法典》对《合同法》的同时履行抗辩权未作任何改动，笔者建议增加的内容来源于《德国民法典》第320条关于契约不履行之抗辩第2款的有关规定。因为合同一方履行了合同的部分义务，此时相对方如果拒绝对待给付有违诚实信用原则，则仍需对待给付。笔者建议，最高人民法院的司法解释可以考虑对同时履行抗辩权作进一步的完善。

延伸阅读

《德国民法典》第320条第2款　已为一部分给付者，拒绝对待给付按其情形违反诚实及信用，即如不为给付之比例不高时，仍不得拒绝。

典型案例

15. 江西日景置业发展有限公司诉玉山县人民政府等土地使用权出让合同纠纷案

［案例来源：江西省高级人民法院（2011）赣民一终字第77号民事判决书，《人民法院案例选》2013年第4辑，第129－134页］

2003年8月，被告玉山县国土资源局挂牌出让涉案国有土地，提出挂牌出让方案："土地挂牌成交后，国土局应在120日内将挂牌土地交给日景公司。日景公司在7日内交清全部地价款的50%，余款120日内交清。地块内由竞得者自行整平。"此后原告日景公司分多次交清挂牌出让方案及公告约定的土地出让金余款。日景公司摘牌后，由于土地全部未征用，土地上的厂房、民房未征收拆迁，故国土局未在挂牌出让方案约定的时间内交付土地。后县政府、国土局要求日景公司自行协调处理征用、拆迁工作，日景公司于2009年8月征用拆迁完毕。2009年4月，国土局就涉案地块违约金的计算提出意见并提交县政府常务会审议，即(1)日景公司违约保证金1500万元；(2)政府违约金2394.72万元；(3)两者违约金额折抵后计894.72万元。日景公司对于县政府、国土局提出的要求其承担违约金1500万元，诉请法院确认其有权行使同时履行抗辩权。县政府、国土局提出，其未向日景公司主张该1500万元违约金，也未扣划该1500万元，日景公司的该项损失尚未发生。

江西上饶中院一审判决确认日景公司行使同时履行抗辩权成立，依法不承担违约责任1500万元。江西高院二审认为，国土局与日景公司均享有同时履行抗辩权，即日景公司未支付50%余款前，国土局有权拒绝交付土地；国土局交付土地前，日景公司也有权拒绝支付50%余款。但是，日景公司在国土局未交付土地的情况下，陆续支付了50%余款。日景公司的付款行为，一方面，意味着其已履行了合同约定的付款义务，无须承担未按期交付土地款的违约责任；另一方面，意味着日景公司实际放弃了同时履行抗辩权的行使，国土局、日景公司享有的同时履行抗辩权随着日景公司50%余款的付清而消灭；从法理上讲，抗辩权是与请求权相对应而专门对抗请求权的权利，没有请求就不存在抗辩。由于县政府、国土局尚未向日景公司请求支付1500万元违约金，日景公司亦无须抗辩。即使县政府、国土局向其主张过1500万元违约金，日景公司也可以通过抗辩来对抗县政府、国土局的请求。日景公司提起本案确认之诉，既无事实依据，也无法律依据，应予驳回。

第五百二十六条　【先履行抗辩权】当事人互负债务，有先后履行顺序，应当先履行债务一方未履行的，后履行一方有权拒绝其履行请求。先履行一方履行债务不符合约定的，后履行一方有权拒绝其相应的履行请求。

实务指引

1. 例如，房屋买卖合同约定，买家以50万元购买某商品房，卖家应当在收到30万元后将房屋过户给买家，买家过户后再支付尾款20万元。如果买家只支付20万元就要求卖家办理房屋过户，卖家就可以行使"先履行抗辩权"不同意过户。

2. 笔者认为,先履行一方不履行债务或履行债务不符合约定,就构成了违约,已经违反合同的义务,守约方可以直接适用违约的法律规定,不需要适用该先履行抗辩权。发生本条出现的争议,则属于合同的解释问题,需要根据具体的案件情况予以判断。

张谷教授在论文中认为《合同法》之先履行抗辩权有混淆债权与债权请求权之嫌,直接与民法的基本概念、基本原理相对立,在形式上虽很有中国特色,但在理论上和实践上却是弊大于利,这样的内容不应再进入《民法典》合同编。[参见张谷:《多余的话:科学立法与民法典分编之编纂——谈“人格权编(草案)”“合同编(草案)”(室内稿)》,载《中德私法研究》第17卷,第209页。]

典型案例

16. 大连通泰物业管理有限公司诉大连宏发投资发展有限公司建设项目转让合同纠纷案

[案例来源:最高人民法院民事判决书,《民事审判指导与参考》2007年第1辑,第238-248页]

2005年2月,原告通泰公司将涉案建设项目及其对应的土地使用权转让给被告宏发公司,双方签订了《建设项目转让合同》,约定“通泰公司应当于2005年3月21日前将清场后和没有任何法律纠纷的本项目交付给宏发公司”,宏发公司所欠余款应当在通泰公司按约定向宏发公司交付建设项目全部工地手续完结之日支付。

2005年2月2日,宏发公司办理了涉案土地使用权的《国有土地使用证》。后,宏发公司与通泰公司因合同义务的履行产生纠纷。通泰公司的股东因不服大连开发区规划土地建设局的国有土地使用权变更决定,申请行政复议。开发区管委会作出行政复议决定书,维持开发区土地局作出的国有土地使用权变更决定。

2005年4月,通泰公司诉请解除双方签订的《建设项目转让合同》,宏发公司支付违约金、损失费等。宏发公司反诉诉请双方继续履行合同、通泰公司交付项目工地及全部工地手续。

最高人民法院二审认为,根据合同约定,通泰公司应当将清场后和没有任何法律纠纷的本项目交付给宏发公司,宏发公司所欠余款应当在通泰公司按约定向宏发公司交付建设项目全部工地手续完结之日支付。通泰公司的交付义务与宏发公司的付款的义务存在履行上的先后顺序,即通泰公司交付清场后和没有任何法律纠纷的项目是宏发公司支付余款的前提。

双方履行合同过程中,发生了直接以本项目为对象的行政复议,这一事实表明,通泰公司未能履行“确保没有以本项目工地为标的和对象的任何法律纠纷存在”的义务。在这种情况下,宏发公司行使先履行抗辩权,推迟项目交接和支付余款，符合法律的规定，不构成违约，故通泰公司解除合同的条件并未成就。因通泰公司未能履行“确保没有以本项目工地为标的和对象的任何法律纠纷存在”的义务，致使项目未能依约交付，通泰公司应当承担违约责任。

17. 上海谷都文化演出有限公司诉上海友情文化传播有限公司演出合同纠纷案

［案例来源：上海市闸北区人民法院（2012）闸民二（商）初字第144号民事判决书，《中国审判案例要览（2013年商事审判案例卷）》，第13－16页］

2011年4月，原告谷都公司与被告友情公司签订委托协议书一份。双方约定：被告委托原告完成指定剧目的创作、排练和该剧目的至少4场公演；被告需支付原告100 000元制作费，剧目正式演出时，演出费另计。违约方除赔偿对方损失外，还应支付委托费用的10%的违约金。7月，原告、被告又签订委托协议书一份，约定：被告委托原告完成该剧目至少9场演出；被告须支付演出费用为每场4000元、首场演出为6000元，总计42 000元；若原告未能完成演出，则扣除单场演出全部费用，并应向被告支付总金额30%的违约金。之后，原告进行7场社区演出。其间，被告支付制作费70 000元及首场演出的演出费6000元和4场社区演出的演出费16 000元。2012年8月，演出前，原告与被告由于费用支付问题发生纠纷，原告拒绝演出且未交出演出服和道具。原告诉请解除合同，被告支付原告制作费和违约金。被告反诉诉请原告支付违约金。

上海闸北法院认为，原告以被告未履行在先的付款义务为由行使抗辩权，虽然符合“由同一双务合同互负债务”“双方互负的债务有先后顺序”“先履行一方未履行或履行不适当”三个构成要件，但违背诚实信用原则，损害了广大观看演出的观众的利益，导致合同的目的无法实现。原告在此行使抗辩权，并不妥当，故对于原告提出的被告未履行在先付款义务其有权拒绝履行在后演出义务的抗辩理由不予采纳。

违约金的调整应以违约造成的损失为基准，综合考量合同履行程度、违约方的过错程度等因素。鉴于被告已经支付大部分费用，法院以30 000元为基数按双方约定的比例（10%）予以确定。鉴于原告违约主观过错较小，未造成严重后果，法院以未履行的2场社区演出的演出费8000元为基数，按双方约定的比例（30%）予以确认。法院判决被告友情公司支付原告谷都公司演出款项30 000元及违约金3000元；原告（反诉被告）谷都公司支付被告（反诉原告）友情公司违约金2400元。

第五百二十七条　【不安抗辩权】应当先履行债务的当事人，有确切证据证明对方有下列情形之一的，可以中止履行：

（一）经营状况严重恶化；

(二)转移财产、抽逃资金,以逃避债务;

(三)丧失商业信誉;

(四)有丧失或者可能丧失履行债务能力的其他情形。

当事人没有确切证据中止履行的,应当承担违约责任。

第五百二十八条 【不安抗辩权的行使】当事人依据前条规定中止履行的,应当及时通知对方。对方提供适当担保的,应当恢复履行。中止履行后,对方在合理期限内未恢复履行能力且未提供适当担保的,视为以自己的行为表明不履行主要债务,中止履行的一方可以解除合同并可以请求对方承担违约责任。

实务指引

不安抗辩权是一个很特殊的规定。因为合同签订后就应该按照约定履行合同义务,约定先履行合同义务的一方应该按照约定先履行。但是,一方之所以愿意先履行合同义务,是基于对方在后履行合同时具有履行能力。如果对方在未来很明显无履行能力,则先履行一方如果在履行义务后,对方不履行义务构成违约,就会造成先履行一方的损害,故此时应给予先履行义务一方不安抗辩权,暂时中止履行。

典型案例

18. 华能亭趾热电厂诉泰友煤业有限公司买卖合同纠纷案

[案例来源:浙江省宁波市镇海区人民法院民事判决书,《人民法院案例选》2002 年第 1 辑,第 206 – 211 页]

2000 年 3 月 29 日,原告华能热电厂和被告泰友公司签订煤炭购销合同,约定:由被告于 4 月、5 月、6 月每月分两次向原告提供大同优混煤 35 000 吨,靠港价 237 元每吨,付款方式为现汇结算方式或部分承兑汇票(期限一个月)。4 月 8 日,被告从天津港发煤 17 268 吨。4 月 10 日,运煤船抵达镇海锚地。4 月 11 日,被告书面函告原告,怀疑原告所需煤炭不完全自用,可能将此煤零售,加大汇款风险,要求原告采用即时结清办法准备好全部货款,或提供相应的抵押担保,否则无法继续履行合同。

原告向法院提出财产保全,并起诉称被告滥用不安抗辩权,明确表示拒绝履行合同,要求判令被告履行已经诉前保全的价值 195 万元的 8200 吨煤炭供货义务。被告答辩称双方签订合同后,发现原告资产严重恶化,涉及多起诉讼,且均败诉,又拒不履行生效判决。同时原告无煤炭经销资格,所购量远远超过其生产用煤。原告隐瞒真实情况欺骗被告与之签订合同,被告发现后依据不安抗辩权停止供货,是自救行为。经查明,原告在余杭市法院有执行案件 5 件,执行标的 537.7 万元,原告厂内全部发电机组，在市供电局的电费结算账户，已经被余杭市法院查封和冻结，主厂房已抵偿给余杭市亭趾信用社。1999 年度，原告在正常情况下年用煤量为 5800 吨左右。

浙江宁波镇海法院认为，被告在合同履行过程中，因发现原告隐瞒其负债经营的实际情况，如继续履行合同将有造成不能对待给付的危险，于是中止履行合同。被告在函告原告要求准备好全部货款，或者提供相应担保才能继续履行合同后，在原告至庭审日未能恢复履行能力且未提供适当担保的情形下，方中止履行交货义务。且本案确有证据证明原告经营状况严重恶化，尚有 500 余万元债务在法院强制执行程序中，完全有丧失或可能丧失履行合同的能力。据此，被告不安抗辩的理由成立，原告要求被告继续履行合同供给价值 195 万元的 8200 吨煤炭之诉请，依法不予支持。

19. 沈辉诉徐健健房屋买卖合同纠纷案

［案例来源：江苏省南通市中级人民法院（2012）通中民终字第 1032 号民事判决书，《中国审判案例要览（2013 年民事审判案例卷）》，第 171 – 176 页］

2008 年 8 月 28 日，原告沈辉与案外人陆美英签订一份名为“房产使用、变更协议书”的附期限的房屋买卖合同。协议签订后，沈辉将涉案房屋的钥匙交给了陆美英，陆美英即开始使用该房。2009 年 1 月，原告沈辉与被告徐健健订立房屋买卖合同，约定原告将涉案房屋出售给徐健健。合同签订后，被告支付了定金 2 万元。事后，被告发现诉争房屋内居住有他人，即拒绝向沈辉支付其余房款，并向原告收回了定金 2 万元。

2009 年 4 月，因陆美英未依约付款，原告书面通知陆美英腾房。7 月，原告与陆美英另行签订了两份合同，对支付购房款与办理过户手续等进行了约定。8 月，原告与陆美英双方办理完房屋过户登记手续，陆美英取得了涉案房屋的房屋所有权证。原告沈辉诉请被告支付违约金。反诉原告徐健健诉请反诉被告向其支付违约金。

江苏启东法院一审认为，原告的行为构成了“一房二卖”。该两份合同均合法有效，对当事人有约束力。被告与原告签订房屋买卖合同后，发现诉争房屋内居住有他人，且原告与该人已签订“房产使用、变更协议书”的情况下，被告拒付房屋余款并向原告索要已付的定金，系行使不安抗辩权，原告无权要求被告承担违约责任。

被告发现原告与他人签订房屋买卖合同，且他人已入住诉争房屋后，其未按合同继续履行，并已收回了定金，其行为表明其行使了合同解除权，解除了双方间的房屋买卖合同。在被告行使合同解除权前，诉争房屋的所有权仍登记在原告名下，如被告坚持要求原告履行合同，原告仍有履行的条件与可能，故其反诉请求原告支付违约金，法院也不予支持。江苏南通中院二审维持原判。

七、履行的其他抗辩

第五百二十九条　【中止履行】债权人分立、合并或者变更住所没有通知债务人，致使履行债务发生困难的，债务人可以中止履行或者将标的物提存。

第五百三十条　【提前履行】债权人可以拒绝债务人提前履行债务，但是提前履行不损害债权人利益的除外。

债务人提前履行债务给债权人增加的费用，由债务人负担。

第五百三十一条　【部分履行】债权人可以拒绝债务人部分履行债务，但是部分履行不损害债权人利益的除外。

债务人部分履行债务给债权人增加的费用，由债务人负担。

第五百三十二条　【合同恒定】合同生效后，当事人不得因姓名、名称的变更或者法定代表人、负责人、承办人的变动而不履行合同义务。

实务指引

1. 合同生效后，当事人自然应当履行合同义务，法条所述的姓名等因素的变更并不会产生民事主体的变动，实务中也不会因法条所述因素的变动而影响民事主体的特定性。本条强调了一个理所当然的问题，主要考虑到我国幅员辽阔，尤其考虑到经济欠发达地区的法律认知水平。

2. 企业变更了法定代表人或者变更了股东，企业原本拖欠的债务还是应该由企业承担，股东的变更不影响企业对外承担债务。很多企业的新股东在向公司注资后发现公司被债权人主张债权，于是要求债权人找原股东，这其实是逃避责任。对于新股东而言，应该在购买股权时和原股东约定好对外债务的承担问题。

第六十七条　【法人合并与分立】法人合并的，其权利和义务由合并后的法人享有和承担。

法人分立的，其权利和义务由分立后的法人享有连带债权，承担连带债务，但是债权人和债务人另有约定的除外。

典型案例

20. 郭忠连诉青岛市卫生局、青岛市东部医院借款合同纠纷案

［案例来源：山东省青岛市中级人民法院民事判决书，《最高人民法院公报》2003 年卷，第 359 – 364 页］

1993 年 9 月，核疗养院的下属单位核工业青岛疗养院劳动服务公司（以下简称核劳服）与美籍华人谢华东签订合同，拟双方共同出资设立青岛美园大酒店有限公司（以下简称美园酒店）。1994 年 1 月，美园酒店登记成立，属中外合作经营企业。核劳服未按约定把第三疗养区大楼、餐厅作为出资投入美园酒店。

1996 年 8 月，美园酒店向原告郭忠连借款 160 万元，该款至今未还。

1999 年 4 月，因逾期出资，青岛市工商行政管理局决定吊销美园酒店的营业执照。

1998 年 12 月，青岛市政府向中国核工业集团公司发出《关于同意接收核疗养院的函》，称："关于核疗养院下放我市管理一事，我市同意接收。该院整建制下放我市管理后，其全部土地使用权及全部财产权划归我市，全部人员由我市接收安置，债权债务亦由我市承担。"1999 年 8 月，市政府将划归后的核疗养院整建制交由被告市卫生局管理，并在此基础上组建东部医院。组建后的被告东部医院仍占用原核疗养院地址，使用的土地和房屋仍是原核疗养院的土地和房屋，东部医院的负责人也仍由原核疗养院的负责人担任。原告诉请被告市卫生局、被告东部医院偿还本金 160 万元及利息。

青岛市市北区法院一审认为，核疗养院以及核劳服未按约定将第三疗养区大楼和餐厅等房产作为出资投入美园酒店，应当承担投资不到位的清算责任。被告市卫生局不是一个独立法人，没有参与投资、经营和获利等民事活动的能力，无法受领原核疗养院的财产。市卫生局作为市政府的下属机构，接收、管理核疗养院并以此为基础组建被告东部医院，是其履行政府职能部门职责的行政行为。原告不能请求市卫生局履行还款的民事责任。市政府接收核疗养院的财产，全部用于组建东部医院。这部分财产，已是东部医院能成为一个新法人的经济基础。市政府关于承担核疗养院债权债务的许诺，理所应当由东部医院来兑现。东部医院应当偿还核疗养院的债务。法院判决东部医院偿还郭忠连的借款本息。

青岛中院二审认为，核疗养院作为美园酒店真正的中方股东，投资不到位，在美园酒店被吊销营业执照后，又未及时对该酒店的债权债务进行清算，其行为损害了美园酒店合法债权人的利益，理应承担民事责任。现核疗养院已不存在，上诉人东部医院是在原核疗养院基础上设立的。原核疗养院的所有资产（包括应当作为美园酒店投资的房地产）以及在编人员，均已由东部医院接收。因此，东部医院对原核疗养院的债务应当承担偿还责任。

第五百三十三条　【情势变更】合同成立后，合同的基础条件发生了当事人在订立合同时无法预见的、不属于商业风险的重大变化，继续履行合同

对于当事人一方明显不公平的，受不利影响的当事人可以与对方重新协商；在合理期限内协商不成的，当事人可以请求人民法院或者仲裁机构变更或者解除合同。

人民法院或者仲裁机构应当结合案件的实际情况，根据公平原则变更或者解除合同。

实务指引

情势变更，德国教科书又称为“交易基础理论”。例如，承租人租赁了房屋开饭店，签订了5年租期合同，承租人缴纳了1年的房租50万元，装修花费了50万元，结果饭店开了1个月，承租人因车祸去世了，承租人家属决定不再继续开饭店，继而要求出租人返还租赁费及装修费。法院通常会判决出租方返还未到期的已经支付的租赁费和部分装修费用，因为签订这个租赁合同的一个前提条件是承租人一直活着并能够经营饭店，这个前提条件不会出现在租赁合同中，也没有人会在租房合同中写上“如果承租人意外死亡，则本合同自动解除”，但是承租人一直活着是这个租赁合同存在的前提条件。这就是最简单的情势变更的例子。

本条规定了情势变更的相关内容，可参考《德国民法典》的规定，《德国民法典》在第313条规定了情势变更制度，紧接着第314条规定了当事人可因重大事由终止继续性合同。第314条规定作为情势变更制度的补充与扩充，使合同双方可以更灵活地处理合同，更有利于维护当事人的权利。笔者建议，最高人民法院的司法解释可以考虑对《民法典》第533条作进一步的完善。

延伸阅读

《德国民法典》第314条　【因重大事由而为继续性债之关系终止】继续性债之关系之任何一方当事人，无待终止期限之遵守，得基于重大事由终止之。在斟酌个案所有具体情事，且衡量双方之利益后，维持该契约关系到约定之消灭期限或终止期限届满，对终止之一方无期待可能性者，有重大事由之存在。

重大事由为违反契约义务者，仅于补正期限经过而无效果，或催告而无效果时，始得为终止之。第三百二十三条第二款规定，准用之。就毋庸定补正期限及无须催告，第三百二十三条第二款第一项及第二项规定准用之。补正期限及催告期限，于发生特殊情事经衡量双方利益后，得认立即终止为正当者，毋庸定之。

终止权人仅得于知悉终止事由相当时期内终止。

终止不排除请求损害赔偿之权利。

典型案例

21. 张励诉徐州市同力创展房地产有限公司商品房预售合同纠纷案

［案例来源：江苏省徐州市泉山区人民法院民事判决书，《最高人民法院公报》2012 年第 11 期，第 31－36 页；《民事审判指导与参考》2016 年第 4 辑，第 155－183 页］

2003 年 10 月，徐州市某地旧村改造工程二期启动，被告同力创展公司开始参与该工程，并将该工程定名为橙黄时代小区。建设的房屋部分用于安置拆迁居民，其他部分作为商品房对外出售。2004 年 2 月，被告与原告张励签订《橙黄时代小区彩园组团商品房预订单》（以下简称《预订单》）1 份，约定：原告预订被告开发的商品房，房屋建筑面积预计为 123 平方米；原告向被告预缴购房款 5 万元，合同签订时再缴付剩余房款。同日，原告向被告交纳房款 5 万元。其后，因拆迁受阻，该工程进度拖延，被告同力创展公司未通知原告张励签订商品房买卖合同。因国务院及徐州市政府相继出台的有关行政法规，被告此后建设的商品房套型面积发生了变化。拆迁安置过程中，被告同力创展公司将其与原告张励签订的预订单中约定的 102 室（89 平方米）安置给拆迁户徐西成。2010 年 1 月，被告同力创展公司取得商品房预售许可证。原告张励诉请被告按《预订单》价格赔偿不低于 90 平方米的房屋 1 套及其他损失 10 万元。

江苏徐州泉山法院认为，双方签订的《预订单》是预约合同，原告张励要求被告以该商品房预订单为依据履行商品房交付义务的主张不能成立。国务院及徐州市政府相继出台的有关行政法规对于新建商品房的建筑面积、施工工艺及材料进行了强制性规定，加上新的拆迁安置情况出现，致使商品房建设规划变更、面积变化及建筑成本增加，应属于不可预料的情形，不应视为被告同力创展公司故意违反预约合同。但被告在未取得商品房预售许可时即对尚未开工建设的商品房进行出售违反了有关法律法规，其行为具有违法性；同时在与原告张励签订商品房认购单时对于上述情况估计不足，其后又将认购书中列明的房号安置给他人，致使双方失去了进一步协商并签订本约合同的可能性，对此结果被告应承担相应责任。法院判决同力创展公司退还张励预交的房款 5 万元并赔偿损失 15 万元。

22. 从化市吕田镇安山村东门经济合作社诉夏东垣、夏春林承包合同纠纷案

［案例来源：广东省广州市中级人民法院（2008）穗中法民二终字第 241 号民事判决书，《人民法院案例选》2010 年第 1 辑，第 174－178 页］

2001 年 4 月 7 日，原告东门经济合作社与被告夏东垣、夏春林（以下简称两夏）签订了《承包山林种植合同》，将集体所有的 4300 亩荒山承包给两夏经营树木种植。合同约定：承包期限至 2021 年 12 月 31 日止；承包租金为每年 5000 元，于每年 12 月底交纳；如因国家、林业部门有规划和补贴，一律属两夏所有。两夏在承包山

林后，雇用村民于山林间的通道两旁种植杉树。2003 年，上述山林被划为生态公益林。两夏领取 2004 年度及 2005 年度生态公益林补偿金共计 11 万元。原告东门合作社认为两夏利用原经济社干部缺乏经验及法律常识，在没有经过村民大会或村民代表大会 2/3 同意的情况下，违法签订了《承包山林种植合同》，诉请终止合同履行。

广东从化法院认为，东门合作社通过召开经济社内家长会议讨论的形式，同意将集体的荒山承包给两夏，并与两夏签订了承包合同；因召开家长会，由每户派代表参加会议作出表决是农村普遍采用的议事形式，故通过该会议多数代表签名表示同意的对经济社内事务处理的事项，应视为经济社集体的意思表示，符合法律关于农村土地承包的条件，承包合同成立生效。

合同签订后，两夏按约定向东门合作社交纳了承包款，雇用村民在所承包的山地上种植杉树，并对林木进行管理与保养，故其已履行了合同约定的主要义务。两夏所承包的山地被划为生态公益林，不能对林木进行砍伐，但仍可对该山地进行管理和保养林木，并领取相应的补偿金。两夏在合同的有效期限内，按合同的约定领取生态公益林补偿款，是其基于合同及有关规定而取得的利益。法院判决驳回原告的诉讼请求。

广州中院二审认为，涉讼《承包山林种植合同》签订时间是 2001 年 4 月 7 日，而《土地承包法》自 2003 年 3 月 1 日起实施，故不适用该法规定的必须经村民大会或村民代表大会 2/3 同意的限制，东门合作社认为《承包山林种植合同》未经法定 2/3 以上村民同意而无效的理由不能成立。

第五百三十四条 【合同监管】对当事人利用合同实施危害国家利益、社会公共利益行为的，市场监督管理和其他有关行政主管部门依照法律、行政法规的规定负责监督处理。

第五章　合同的保全

一、债权人代位权

第五百三十五条　【代位权】因债务人怠于行使其债权或者与该债权有关的从权利，影响债权人的到期债权实现的，债权人可以向人民法院请求以自己的名义代位行使债务人对相对人的权利，但是该权利专属于债务人自身的除外。

代位权的行使范围以债权人的到期债权为限。债权人行使代位权的必要费用，由债务人负担。

相对人对债务人的抗辩，可以向债权人主张。

实务指引

1. 代位权和撤销权是合同编中的特殊规定，属于债的担保范围。代位权和撤销权突破了合同的相对性原则，给予债权人特殊的保护。

2. 代位权中，债务人是消极地不主张自己的权利而导致债权人利益受损。撤销权中，债务人是积极地和第三方签订低价合同或无偿转移财产给第三方，直接侵害了债权人的权益，债务人有一个积极主动的行为，带有侵害债权的性质。主观上，撤销权中债务人具有的恶意更严重。简单地说，代位权中债务人只是消极的不作为导致债权人利益受到损害，撤销权中债务人是积极的行动导致债权人利益受到损害。

3. 实务中，代位权和撤销权的案例比较少。债权人很难知道债务人怠于主张债权，故代位权比较难主张。债务人为了躲避债务才恶意地低价出售资产，债权人往往非常难以发现，故撤销权的案件的诉讼非常艰难。

典型案例

1. 华夏银行苏州支行诉上海沪湘工贸有限公司等债权人代位权纠纷案

［案例来源：上海市第二中级人民法院（2002）沪二中民三（商）终字第430号民事判决书，《人民法院案例选》2005年第4辑，第313－323页］

第三人江苏省供销社（集团）苏州经贸有限公司（以下简称经贸公司）对被告沪

湘公司享有合同债权,该合同债权上设立了两套房产的抵押担保和一辆宝马车的质押担保。华夏银行对经贸公司享有合同债权,经贸公司函告原告称其无力偿还。华夏银行诉请代位行使第三人经贸公司的担保物权。

关于担保物权能否成为代位权客体,上海二中院指出,我国《合同法》及其司法解释对此均未作禁止性规定。设定担保物权的目的在于担保债权的实现,即在债务人届期不履行或不完全履行债务时,担保权人有权通过处分担保物,以获得的价款优先受偿其债权。担保权人对担保物权的实现方式主要是担保物的价值变现,而非取得担保物权的所有权,其本质在于保障债权的实现。因此,在本案中,担保物权作为债权的附属权利,可以成为代位权的客体。

2. 辉南县汇丰煤炭生产有限公司诉抚顺市热能燃料有限责任公司等债权人代位权纠纷案

[案例来源:最高人民法院(2015)民提字第186号民事裁定书,《人民法院案例选》2016年第10辑,第33-34页]

经生效判决书确认,被告热能公司应给付原告汇丰公司欠款本息近600万元。抚顺长顺热电有限公司(以下简称热电公司)、抚顺长顺能源有限公司(以下简称能源公司)、抚顺长顺电力有限公司(以下简称电力公司)组成的合营公司,通过被告热能公司转付给原告汇丰公司200余万元。判决书所确定的给付义务未得到完全履行。热能公司购买汇丰公司的煤炭给合营公司使用,合营公司尚拖欠热能公司煤炭款三四千万元。原告诉请代位行使被告热能公司对合营公司就煤炭款所享有的债权。

抚顺市中级人民法院一审、辽宁省高级人民法院二审均认为,汇丰公司提供的证据,尚不能证明债务人热能公司对热电公司、能源公司、电力公司享有的债权是否到期,不符合《最高人民法院关于适用〈中华人民共和国合同法〉若干问题的解释(一)》第11条规定提起的代位权诉讼立案受理条件。两审法院均裁定对汇丰公司的起诉不予受理。

最高人民法院再审则指出,第11条一方面阐释了提起代位权诉讼的条件,另一方面作为审理此类案件中判断债权人代位权主张能否成立的实体标准。在理解该条文时,应适度区分审查立案及实体判断的不同尺度,避免以审代立或者以立代审。汇丰公司作为起诉人,属于与本案有直接利害关系的法人,有明确的被告,有具体的诉讼请求和事实、理由,其请求解决的事项属于人民法院民事案件受理范围和受诉人民法院管辖,符合《民事诉讼法》规定的起诉条件。同时,结合第11条的规定,汇丰公司亦提供了初步证据用以证明其符合提起债权人代位权诉讼的主体条件、债权到期条件等,对此,受诉人民法院应予立案受理。至于汇丰公司提出的债权人代位权主张最终能否客观成立，属于债权人代位权之诉的实体审理认定事项，应当在立案以后，根据债权人、债务人、次债务人的诉辩主张，结合举证质证以及庭审情况综合判定。因此，抚顺中院、辽宁高院在对该案未予立案，未予开展诉辩交锋以及审理的情况下，即判定汇丰公司主张债权到期缺乏证据证明，并据此不予立案，系对第 11 条规定的理解过于严格，不利于依法保护当事人的诉讼权利。

本案相关规定：《最高人民法院关于适用〈中华人民共和国合同法〉若干问题的解释（一）》（法释〔1999〕19 号）

第十一条　债权人依照合同法第七十三条的规定提起代位权诉讼，应当符合下列条件：

（一）债权人对债务人的债权合法；

（二）债务人怠于行使其到期债权，对债权人造成损害；

（三）债务人的债权已到期；

（四）债务人的债权不是专属于债务人自身的债权。

第五百三十六条　【期前行使代位权】债权人的债权到期前，债务人的债权或者与该债权有关的从权利存在诉讼时效期间即将届满或者未及时申报破产债权等情形，影响债权人的债权实现的，债权人可以代位向债务人的相对人请求其向债务人履行、向破产管理人申报或者作出其他必要的行为。

实务指引

1999 年《合同法》中，代位权诉讼的要求是债权人对债务人的债权已经到期，否则债权人不具备行使代位权的基本条件。《民法典》规定在符合本条的特殊情况下，赋予债权人主张代位权，有利于债权人的债权获得实现，具有一定的积极意义。

第五百三十七条　【代位权的法律效果】人民法院认定代位权成立的，由债务人的相对人向债权人履行义务，债权人接受履行后，债权人与债务人、债务人与相对人之间相应的权利义务终止。债务人对相对人的债权或者与该债权有关的从权利被采取保全、执行措施，或者债务人破产的，依照相关法律的规定处理。

二、撤销权

> **第五百三十八条 【撤销权】债务人以放弃其债权、放弃债权担保、无偿转让财产等方式无偿处分财产权益,或者恶意延长其到期债权的履行期限,影响债权人的债权实现的,债权人可以请求人民法院撤销债务人的行为。**

典型案例

3. 毛云建诉于金海、卢秀珍债权人撤销权纠纷案

[案例来源:江苏省宝应县人民法院(2004)宝民二初字第281号民事判决书,《中国审判案例要览(2005年民事审判案例卷)》,第186－190页]

被告于金海拖欠原告毛云建货款4万余元。其后,被告于金海与其妻被告卢秀珍在法院调解离婚,将两人的共同财产,包括房屋和家具等物品全部赠送给儿子第三人于雪兵,约定所有债务由被告于金海承担。经原告多次催要货款,被告于金海出具欠据给原告。原告诉至法院,法院判决于金海向毛云建支付欠款。于金海在归还了原告7400元后无财产可供执行,剩余货款约4万元尚未偿付。原告诉请撤销被告于金海、卢秀珍离婚时将共同财产赠与第三人于雪兵的赠与行为。

江苏宝应法院认为,原告与被告于金海的债权债务发生在被告于金海、卢秀珍离婚之前,两被告在有债务的情况下,离婚时将全部共同财产在调解协议中无偿赠与自己的儿子于雪兵的行为,使自己丧失了清偿债务能力,危及债权人债权的实现,两被告的行为有害债权人的债权。法院判决撤销被告于金海、卢秀珍赠与第三人于雪兵的夫妻共同财产中价值约4万元的行为。

> **第五百三十九条 【撤销权】债务人以明显不合理的低价转让财产、以明显不合理的高价受让他人财产或者为他人的债务提供担保,影响债权人的债权实现,债务人的相对人知道或者应当知道该情形的,债权人可以请求人民法院撤销债务人的行为。**

典型案例

4. 王剑平诉乐雯敏债权人撤销权纠纷案

[案例来源:浙江省宁波市中级人民法院(2009)浙甬商终字第1103号民事判决书,《人民法院案例选》2010年第4辑,第155－165页]

2006年8月,被告乐雯敏向原告王剑平借款人民币15万元,借期两年。2007

年11月,被告乐雯敏与其姐姐第三人乐洁雯签订房屋买卖合同,约定乐雯敏将其所有的一套房屋卖给乐洁雯,价格为人民币62万元。2008年9月,经生效判决书确认,被告乐雯敏应归还原告王剑平借款本息共计17万余元。后经法院确认,被执行人乐雯敏暂无财产可供执行。原告诉请撤销被告乐雯敏与第三人乐洁雯之间的房屋买卖合同。

宁波市中级人民法院指出,涉案房屋出卖时的市场价格经评估为113.6万元,乐洁雯与乐雯敏在买卖合同中约定的交易价格为62万元,两者之间价格差异明显,乐洁雯作为房屋买卖合同的一方,在实施买卖行为时不可能不了解房屋的市场价格;同时乐洁雯与乐雯敏系姐妹关系,也不可能不知道双方之间的买卖是非正常情况下的买卖。因此,可以认定乐洁雯知道乐雯敏以明显不合理的低价转让房屋,会对债权人造成损害。法院判决撤销涉案房屋买卖合同。

本案相关规定:《最高人民法院关于适用〈中华人民共和国合同法〉若干问题的解释(二)》(法释〔2009〕5号)

第十九条　对于合同法第七十四条规定的"明显不合理的低价",人民法院应当以交易当地一般经营者的判断,并参考交易当时交易地的物价部门指导价或者市场交易价,结合其他相关因素综合考虑予以确认。

转让价格达不到交易时交易地的指导价或者市场交易价百分之七十的,一般可以视为明显不合理的低价;对转让价格高于当地指导价或者市场交易价百分之三十的,一般可以视为明显不合理的高价。

债务人以明显不合理的高价收购他人财产,人民法院可以根据债权人的申请,参照合同法第七十四条的规定予以撤销。

第五百四十条　【撤销权的行使】撤销权的行使范围以债权人的债权为限。债权人行使撤销权的必要费用,由债务人负担。

第五百四十一条　【撤销权的消灭】撤销权自债权人知道或者应当知道撤销事由之日起一年内行使。自债务人的行为发生之日起五年内没有行使撤销权的,该撤销权消灭。

实务指引

债权人撤销权不同于可撤销合同的撤销权:债权人撤销权是撤销债务人和第三人的合同,属于债的担保;可撤销合同的撤销权是撤销自己和别人的合同。

典型案例

5. 湖北省工业建筑总承包集团第三工程公司宜昌经理部诉宜昌市光明物业有限责任公司、汪家林债权人撤销权纠纷案

［案例来源：湖北省宜昌市中级人民法院（2004）宜民终字第494号民事判决书，《人民法院案例选》2005年第3辑，第365－376页］

被告宜昌光明公司欠原告宜昌经理部15.8万元。2000年4月，被告宜昌光明公司将建筑面积为80平方米的房屋出卖给被告汪家林。2002年7月，原告另案向法院诉请被告支付15.8万元并撤销两被告的房屋买卖协议，在审理过程中，原告撤回要求撤销两被告协议的诉请，法院判决被告宜昌光明公司支付原告15.8万元。2002年12月，原告诉请确认两被告房屋买卖协议无效，即本案。2003年5月，原告就支付15.8万元申请强制执行。2003年9月，本案发回重审后，原告变更诉讼请求，诉请撤销两被告的房屋买卖协议。

原告变更诉讼请求后，湖北宜昌伍家岗法院重审（一审）认为，原告应该在撤销事由之日起1年内行使。原告于2002年7月起诉要求撤销该协议，说明原告已经知道撤销事由；2002年12月原告起诉未主张撤销，而是要求确认合同无效，在发回重审后才变更诉讼请求要求行使撤销权。撤销权的行使期间为除斥期间，不适用中断、中止及延长的规定。原告没有在法定的1年内行使撤销权，撤销权即为消灭。

湖北宜昌中院重审（二审）认为，《合同法》第55条规定，具有撤销权的当事人知道或者应当知道撤销事由后明确表示或者以自己的行为放弃撤销权的，撤销权消灭。宜昌经理部明确知道撤销事由而向法院起诉后又以书面形式撤回该项诉讼请求，这是典型的“具有撤销权的当事人知道或者应当知道撤销时候后明确表示或者以自己的行为放弃撤销权”之情形，其撤销权归于消灭。

第五百四十二条 【撤销权的法律效果】债务人影响债权人的债权实现的行为被撤销的，自始没有法律约束力。

第六章　合同的变更和转让

一、合同的变更

第五百四十三条　【合同的变更】当事人协商一致，可以变更合同。

第五百四十四条　【合同的变更】当事人对合同变更的内容约定不明确的，推定为未变更。

典型案例

1. 四川英格尔生物工程股份有限公司诉上海医用分析仪器厂买卖合同纠纷案

［案例来源：上海市虹口区人民法院（2002）虹民二（商）初字第 407 号民事判决书，《上海法院案例精选》2004 年，第 160 – 165 页］

1996 年 7 月，原告英格尔公司与被告仪器厂签订"产品订货合同"，约定由被告向原告提供冷冻干燥机 1 台，价值 136 万元，交货期为同年 12 月。同年 7 月 2 日、10 月 24 日，原告按约向被告先后汇出货款 40 万元、30 万元。

1996 年 11 月，双方对原合同条款作了变更，将原"三菱"机组改为美国 Copland 单机双级机组，价格上涨 6 万元，交货期延迟到 1997 年 1 月。

1997 年 2 月，双方再次对合同部分条款作了变更，货物价格下降为 136 万元。除原告已付 70 万元，余款在变更合同时付 40 万元，3 月付 10 万元，等设备安装调试完毕一次付清余款 10 万元。由原告通知发货，发货时间大约在 1997 年 8 月。嗣后，原告按约在 2 月、3 月分别汇款 40 万元和 10 万元。加上同年 1 月原告已付 6 万元，原告累计向被告付款 126 万元。

原告因故未能在 1997 年 8 月要货，并要求被告暂缓发运。直至 1998 年 10 月下旬，原告通知被告发货。为此，被告称因原告延期要货已造成其一定经济损失，要求将货物余款 10 万元付清后予以发货，对其他损失不予追究。同年 11 月，原告回复不同意提前支付余款，继续遵循原合同约定，要求被告发货。被告发函要求修改原合同，由原告至被告处验货并付清余款 10 万元，并于同年 12 月底履行。原告回复被告称被告要求变更合同约定没有理由，仍应按原合同规定履行，定于 1999 年 1

月到被告处试机验收。之后因被告拒绝,原告未能提货。

2000 年 11 月,为尽早履行合同交货,原告再次发函给被告称于 11 月底派专人带上设备调试款 10 万元来被告处调试并提货,请被告做好调试的准备工作。被告收函后要求原告付清仓储费、设备保养费共计 46 万余元方可继续履行合同。原告复函拒绝。2001 年 12 月,被告将上述货物销售给案外人,价值 94 万元。2002 年 4 月,原告再次通知决定派人到被告处提货,并一次性支付余款 10 万元。被告收函后要求原告在付清 66.3 万元保管费后通知原告验收取货。原告诉请解除合同,返还预付货款 126 万元。

上海虹口法院认为,本案合同经过两次变更,三份合同中双方在关于货物交付一节上存在三个较为明显的协商期限。第一阶段中,原告首次以书面形式要求被告发货,时间距离合同约定的通知发货时间约 1 年 2 个月。对于原告延期要求发货,已与被告协商并得到认可。原告的行为并非故意,也不表示要毁约。其间,虽可能增加了被告额外费用支出,但本身不构成对被告交付货物的妨碍。合同中约定的 10 万元余款是货到安装调试完毕后才予给付。因此发货在前,付清余款在后十分明确。被告要求发货与付款同时进行,实为行使同时履行抗辩权不当。

第二阶段中,原告为了尽快取得货物,同意付清余款提货。但此时被告增加了仓储、保养费 46 万余元的要求。但这些费用本身不是被告拒绝履行合同的理由,同时究其这些费用扩大原因,乃是被告在第一阶段拒绝发货造成。当事人一方违约后,对方应当采取适当措施防止损失的扩大,没有采取适当措施致使损失扩大的,不得就扩大的损失要求赔偿。

第三阶段中,原告再次要求提货,被告在货物已转售案外人的情况下仍坚持上述理由,并称在满足要求下予以发货,有违诚实信用。被告此时用自己的行为表明不再履行合同义务。

综上所述,由于被告在第一阶段不恰当行使同时履行抗辩权,在第二阶段未采取措施尽快履行交付义务,使损失进一步扩大,第三阶段擅自转售货物单方面解除合同,上述行为都已构成违约,对此被告主观上负有过错。本案系争货物已被转售,合同的根本目的已不能实现,继续履行合同已无可能。原告要求解除合同,返还货款的诉请符合法律规定。

二审过程中,双方当事人达成调解:终止产品订货合同,仪器厂返还英格尔公司 95 万元。

2. 卢水平诉中国联通有限公司龙岩分公司电信合同纠纷案

[案例来源:福建省龙岩市新罗区人民法院(2004)龙新民初字第 628 号民事判决书,《人民法院案例选》2006 年第 1 辑,第 189 - 196 页]

原告卢水平购买被告联通分公司的联通卡 1 张。被告发送短信给原告称其将给原告提供短信息超值服务，如果不使用可通过手机直接电话联系办理注销手续，如果不及时办理注销则视为默认接受此服务项目，则按照每月 3 元收取业务使用费。之后，原告发现被告从 2003 年 12 月起每月多收了 3 元费用，经交涉发现是被告扣除的天气预报短信息服务，后原告打电话投诉，被告于 2004 年 4 月停止该服务。原告诉请被告返还多收取的 15 元费用并赔偿损失 300 元。

法院认为，原被告之间的电信服务合同成立于原告取得联通卡并存入话费之时。被告发送的信息应该视为被告推广电信业务的广告，是要约邀请，即是被告向包括原告在内的联通用户发出的希望用户向其发出要约的意思表示。同时，原告收到此要约邀请后，若需要此服务可与被告达成新的协议，即对原合同内容进行变更。合同双方当事人对合同内容变更应遵循平等协商、公平合理的原则，当事人对合同变更的内容约定不明确的，推定为未变更。在没有获得原告的要约情况下，被告无权对合同内容进行变更。

二、债权转让

第五百四十五条　【债权转让】债权人可以将债权的全部或者部分转让给第三人，但是有下列情形之一的除外：

（一）根据债权性质不得转让；

（二）按照当事人约定不得转让；

（三）依照法律规定不得转让。

当事人约定非金钱债权不得转让的，不得对抗善意第三人。当事人约定金钱债权不得转让的，不得对抗第三人。

实务指引

本条第 2 款中的“善意”应该理解为不知情。

当事人约定非金钱债权不得转让的，不得对抗善意第三人。当事人约定金钱债权不得转让的，不得对抗第三人，两句区别很大。金钱债权和非金钱债权为何有不同的规定？理由是什么？均需最高人民法院在司法解释中予以明确。

典型案例

3. 佛山市顺德区太保投资管理有限公司诉广东中鼎集团有限公司债权转让合同纠纷案

［案例来源：最高人民法院（2004）民二终字第 212 号民事判决书，《最高人民法院公报》2005 年卷，第 353－363 页］

2002 年 11 月 25 日，被告中鼎公司与案外人东方公司广州办事处签订《债权转让协议》(以下简称《协议一》),约定东方公司广州办事处向被告中鼎公司转让包括本案债权在内的44亿多元债权。

2003年1月29日,被告中鼎公司与原告太保公司签订《债权转让协议》(以下简称《协议二》),约定中鼎公司将对桂洲公司的前述贷款本息的债权转让给太保公司,债权转让总价款为人民币7500万元。太保公司已支付1500万元定金及3750万元转让款。

2004年2月,中鼎公司通知太保公司:基于太保公司未支付第四期款项,已构成违约,现通知解除《协议二》,没收已支付的1500万元定金,对已支付的3750万元转让款,不予退回。

2004年3月,原告太保公司诉请确认《协议二》是无效合同;中鼎公司返还已付转让款3750万元,双倍返还定金共3000万元,赔偿太保公司可得利益损失、利息损失。

广东高院一审认为:

(1)虽然《协议一》约定东方公司广州办事处对该债权的再转让有优先购买权,但是,中鼎公司在向太保公司转让债权之前已向东方公司广州办事处发出优先购买通知,东方公司广州办事处未行使该权利,应视为其放弃了优先购买权。因此,中鼎公司转让债权的阻碍条件已经消除,中鼎公司对其享有的债权可以依法再行转让。

(2)债权人未通知债务人的,则该转让对债务人不发生效力,并非影响该债权转让的效力。《最高人民法院关于审理涉及金融资产管理公司收购、管理、处置国有银行不良贷款形成的资产的案件适用法律若干问题的规定》(法释〔2001〕12号)第6条第2款规定:"在案件审理中,债务人以原债权银行转让债权未履行通知义务为由进行抗辩的,人民法院可以将原债权银行传唤到庭调查债权转让事实,并责令原债权银行告之债务债权转让的事实。"可见,债权转让通知义务在案件审理中仍可履行,债权转让通知义务未及时履行只是使债务人享有对抗受让人的抗辩权,它并不影响债权转让人与受让人之间债权转让协议的效力。因此,向债务人发出债权转让通知并非债权转让协议的生效要件,东方公司广州办事处没有及时向债务人和担保人发出债权转让通知并不影响《协议一》的效力,也不能因此认为中鼎公司未取得本案债权。

(3)《协议一》约定,中鼎公司将受让后的债权质押给东方公司广州办事处作为还清转让价款的担保。但东方公司广州办事处在2004年4月的函中确认,其"在上述债权转让时即解除该等债权的质押担保,对该等债权不再享有质押权"。因此,东方公司广州办事处已追认其在中鼎公司向太保公司转让本案债权时放弃了质押权,其对中鼎公司转让本案的债权不享有质押的权利。即使在中鼎公司与太保公司签订《协议二》之时,东方公司广州办事处对该转让债权的质押权仍然存在,中鼎公司仍可转让该债权。因为《担保法》并没有禁止出质人转让质物的规定,即便是对股票等质权人对质物不加以占有的标的,该法规定经出质人和质权人协商同意的,也可以转让。《协议一》既约定了债权质押,也约定了债权再行转让的条款,因此双方实际上同意对该质押的债权可以再行转让。

法院判决驳回太保公司的诉讼请求。最高人民法院二审维持原判。

4. 李磊诉姚俊旻、浙江淘宝网络有限公司网店转让合同纠纷案

[案例来源:上海市第一中级人民法院(2015)沪一中民一(民)终字第4045号民事判决书,《人民法院案例选》2017年第2辑,第129-137页]

2011年12月29日,原告李磊(乙方)与被告姚俊旻(甲方)签订《淘宝网店转让合同》,约定被告将其所有的淘宝店铺连同淘宝会员账号、支付宝账号一并转让给原告,转让总费用为4万余元。被告在店铺转让后,不得以任何方式向店铺所在网络平台找回或者修改会员账号及密码,也不得有转移账号内资金的行为,并保证任何第三方不会查封店铺。李磊向姚俊旻支付了转让款,并通过姚俊旻获取店铺登录账号及密码,接手经营诉争淘宝店铺至今。该淘宝账号经实名认证,姓名为姚俊旻。

2012年2月,姚俊旻入职案外人支付宝(中国)网络技术有限公司上海分公司工作。2012年5月发布的《淘宝规则》载明:有下列情形之一的,视同为不正当谋利行为:卖家为淘宝工作人员的,每次扣48分。2014年1月修订版的《淘宝服务协议》载明:您的登录名、淘宝昵称和密码不得以任何方式买卖、转让、赠与或继承,除非有法律明确规定或司法裁定,并经淘宝同意,且需提供淘宝要求的合格的文件材料并根据淘宝制定的操作流程办理。2015年2月,被告浙江淘宝网络有限公司(以下简称淘宝公司)根据《淘宝规则》,以姚俊旻系淘宝工作人员为由,查封诉争淘宝店铺账户。原告诉至法院。

上海闵行法院认为,李磊与姚俊旻明知淘宝网络店铺无法实现后台实名认证的更名,故在转让合同中明确约定姚俊旻不得有找回或修改会员账户及密码,以及不得有转移账户内资金的行为,以保证李磊取得系争店铺之经营权。淘宝公司所制定的《淘宝服务协议》,旨在有效维护虚拟市场中的交易秩序及安全,并通过信用等级的设定作为买卖双方对交易风险的判断,若未有效限制和管理网店的转让,信用等级的设定亦失去原始意义,交易风险显著增加,既不利于买卖双方的交易,亦不利于淘宝网络平台的经营。

李磊与姚俊旻线下转让店铺,有违《淘宝服务协议》,且李磊基于支付转让款取得4钻的店铺信用亦有悖于李磊作为新卖家本无交易信用之事实。李磊亦承担着巨大的潜在交易风险,网店转让方可通过网络平台重新取得系争店铺的经营权及占有账户内的现有资金,李磊与姚俊旻线下转让店铺之行为值得商榷。但作为个案而言,本次店铺转让行为又具有一定的特殊性。李磊与姚俊旻线下转让店铺之行为并未违背淘宝公司制定《淘宝服务协议》之目的,不存在双方恶意串通以损害淘宝公司利益之情况,亦无悖于相关法律规定。法院判决确定李磊与姚俊旻签订的《淘宝网店转让合同》合法有效;浙江淘宝公司解除对涉案淘宝店铺的查封;淘宝公司、姚俊旻协助李磊变更上述淘宝店铺之后台实名认证信息。

上海一中院二审认为,经营多年后,姚俊旻通过签署《淘宝网店转让合同》,将系争淘宝店铺转让给李磊,尽管双方之间的转让合同还涉及库存货、客户资料等其他内容,但实际上系姚俊旻将其与淘宝公司间合同关系项下的权利义务一并转让给李磊。当事人一方将自己在合同中的权利和义务一并转让给第三方的,须经对方当事人的同意。现姚俊旻与李磊未征得淘宝公司同意,私自转让系争淘宝店铺,该转让行为不发生法律效力。

淘宝公司作为网络平台经营方查封系争淘宝店铺,系根据《淘宝规则》之规定,针对内部工作人员作出的正常管理行为,并无不当。李磊要求淘宝公司解封系争淘宝店铺之主张,亦缺乏依据。

淘宝店铺均存在一定程度之信用等级,该信用等级与店主的经营能力及信誉息息相关,是消费者网络购物时的重要参考因素。在缺乏必要、有效公示手段的情形下,店主私自转让淘宝店铺,确会导致经营能力及信誉与信用等级不匹配之状况,对网络交易安全带来不可知、不可控的影响,故淘宝公司之服务协议规定限制淘宝店铺的私自转让,有其合理性。法院改判驳回李磊的全部诉讼请求。

第五百四十六条　【债权转让通知】债权人转让债权,未通知债务人的,该转让对债务人不发生效力。

债权转让的通知不得撤销,但是经受让人同意的除外。

典型案例

5. 青龙满族自治县抚龙煤矿诉白保纯、王刚义合作合同纠纷案

[案例来源:河北省秦皇岛市中级人民法院(2004)秦民终字第994号民事判决书,《中国审判案例要览(2005年民事审判案例卷)》,第81-86页]

2002年11月,原告抚龙煤矿和被告白保纯签订协议,约定双方合作投资成立公司,在被告投资后,原告改制为股份公司。后被告白保纯注资10万美元,并派人管理。2003 年 5 月,双方签订补充协议,约定原告应该在 1 个月内办理改制。2003 年 12 月,被告白保纯称原告法定代表人王有印对其避而不见且账目不清,以王有印假借成立股份公司骗取其美元 10 万元,人民币 100 万元向公安局报案。2004 年,被告向原告发函,载明"我将转让股权,请见信后与我联系,否则逾期视为你放弃优先受让的权利",原告没有同被告联系。2004 年 3 月,被告和第三人王刚义签订协议,将股权转让给第三人。原告诉请确认被告和第三人的协议无效,解除原被告间的合同,由被告赔偿损失。

河北秦皇岛中院二审认为,虽然双方约定以设立公司为目的而签订协议,但投资后改变资金用途,没有投入注册资本,没有对煤矿资产进行评估,没有订立公司章程,不符合公司及设立中公司的法律特征,双方又不具备联营的主体资格,因此双方订立的协议实为合作投资采矿合同。

合同签订后,白保纯按约定足额投资。在抚龙煤矿先行违约的前提下,白保纯书面通知抚龙煤矿法定代表人王有印,双方进行清算,转让股份并告知其行使优先购买权,履行了《合同法》第 80 条规定的通知义务。白保纯在抚龙煤矿于合理期限内未作答复后将股份转让给第三人王刚义,从程序到实体上均符合法律规定,故该转让协议有效。

6. 马巷镇五星社区居民委员会第九居民小组诉陈清贤借款合同纠纷案

[案例来源:福建省厦门市中级人民法院(2005)厦民终字第 1272 号民事判决书,《人民法院案例选》2006 年第 1 辑,第 111 - 118 页]

1996 年 2 月,被告陈清贤之兄陈清根欠五星村委会的经济组织"五星村农村合作基金会"借款本金 15 万元未还。1999 年,政府统一清理"合作基金会"时,"五星村农村合作基金会"撤销,债权债务归五星村委会。2003 年 9 月,五星村委会与被告陈清贤商谈,形成记录:陈清贤希望把原欠村 15 万元整的钱移交给村小组,也就是说,换成陈清贤欠原告五星社区居民委员会第九居民小组(以下简称五星九组)15 万元。被告陈清贤在该谈话记录上签字,五星村委会也表示同意陈清贤代陈清根偿还债务,五星村委会的债权归五星九组享有。

(2004)翔民初字第 500 号、第 501 号民事判决书的事实认定部分载明:"五星村九组、五星村委会以陈清贤同意代陈清根偿还尚欠村财 15 万元未还为由,直接扣发陈清贤四人应分得的分配款,缺乏依据。"原告以上述两份生效法律文书主张债权转让已告知被告陈清贤。原告五星九组诉请被告陈清贤偿还款项 15 万元。

厦门翔安法院一审认为,被告陈清贤与原告商谈清理债务,其内容不违反法律规定,且记录经被告陈清贤的签名确认,可视为债务转移,是有效的,应认定陈清根的债务 15 万元转由被告陈清贤承担,五星村委会的债权转由五星九组享有,故原告有权要求被告陈清贤偿还其转承的债务15万元。

厦门中院二审认为,(2004)翔民初字第500号、501号民事判决书,系陈清贤、陈清根主张土地收益款时,五星九组及其债权人五星村委会均辩称村委会决定扣发分配款偿还所欠款项。上述行为不属于行使通知债务人陈清根债权转让的行为,该两份法律文书不能证明债权人已尽通知义务,应当认定五星村委会转让债权未通知债务人陈清根,债权转让对债务人陈清根不发生效力。

陈清根是讼争15万元的债务人,五星九组没有证据证明陈清根与陈清贤存在债务转移的事实。至于陈清贤在"针对旧的借款的问题的解决"所形成记录上的签字,应认定系陈清贤作为第三人表示愿由其代债务人陈清根清偿债务,但陈清贤并未取代陈清根债务人的地位。虽然陈清贤至今仍未代为清偿,但由于陈清根与陈清贤之间不存在债务转移的事实,所以五星九组不得直接向第三人陈清贤请求履行债务。

7. 王三君诉宜兴市邦德酒业有限公司买卖合同纠纷案

[案例来源:江苏省宜兴市人民法院(2013)宜商初字第1084号民事判决书,《人民法院案例选》2014年第3辑,第136-141页]

原告王三君与被告邦德公司之间长期进行酒的买卖。双方的交易习惯为,由原告先预付一部分款项,再由原告提货进行扣减余额。2012年4月,原告向被告预付"东锦消费卡"50万元,账面余额增加为98万余元。2013年6月,该金额被扣减部分,账面余额为90万余元。如此扣减数回后,经双方结算,被告尚欠44万余元账面余额未支付。原告共计交付消费卡18张,其中1张至尊卡已经开卡使用。邦德公司辩称其接受该消费卡后,该消费卡无法使用,不能作为预付货款使用。原告诉请被告返还欠款448 000元。

江苏宜兴法院认为,案涉东锦大酒店消费卡,是一种内有储值金额,能在东锦大酒店作为货币进行消费的预付储值卡。因此,这类消费卡是具有价值、能够在特定场所作为货币消费的支付手段。故该类消费卡的发行、流通、使用应属有效,其当然能够作为一定的支付对价予以确认。预付式消费卡具有代币券和现金的一些表象特征,但与货币也有着本质的区别,通常情况下不能作支付的手段流通。但如一方同意接收消费卡作支付方式,性质上属于原持有消费卡的一方将对商家享有的债权转让给了接收消费卡的一方,该行为合法有效。支付消费卡的一方仅对该债权的有效存在负有担保责任,但对债务人的清偿能力不负担保义务。据此,邦德公司尚需支付王三君44万余元。

第五百四十七条　【从权利一并转让】债权人转让债权的，受让人取得与债权有关的从权利，但是该从权利专属于债权人自身的除外。

受让人取得从权利不因该从权利未办理转移登记手续或者未转移占有而受到影响。

第五百四十八条　【债务人的抗辩】债务人接到债权转让通知后，债务人对让与人的抗辩，可以向受让人主张。

第五百四十九条　【债务抵销】有下列情形之一的，债务人可以向受让人主张抵销：

（一）债务人接到债权转让通知时，债务人对让与人享有债权，且债务人的债权先于转让的债权到期或者同时到期；

（二）债务人的债权与转让的债权是基于同一合同产生。

典型案例

8. 王桂珍诉天津金鼎管道有限公司买卖合同纠纷案

［案例来源：天津市大港区人民法院民事判决书，《人民法院案例选》2002 年第 1 辑，第 115 – 118 页］

1996 年 6 月，被告金鼎公司在原告王桂珍和其丈夫案外人王昌华经营的金燕经销处购买钢材，欠款约 6 万元。2000 年 1 月，原告王桂珍和其丈夫王昌华调解离婚，调解书规定，王昌华的债权约 6 万元归王桂珍所有。后原告告知了被告金鼎公司该笔债权的分割情况。2 月，王昌华以金燕经销处的名义从被告处购买价值 2 万余元的钢材未付款，仅出具欠条 1 张。原告诉请被告给付欠款及利息，被告金鼎公司主张以金燕经销处 2000 年 2 月购买钢材未付款项抵销该欠款 2 万余元部分。

天津大港法院认为，债权人转让债权的，应当通知债务人。未经通知，该转让对债务人不发生效力。被告拖欠金燕经销处的债务，系原告与王昌华夫妻的共同债权，原告离婚时已经获得该笔债权，且原告向被告告知了该笔债权已分割给原告，那么，该债权转让对被告而言已经发生法律效力，故原告有权向被告索要。现被告拒绝偿还债务，应当承担逾期付款的赔偿责任。另外，被告明知该笔债权已分割给原告，其与王昌华再次发生的购销关系与本案无关。

第五百五十条　【履行成本分配】因债权转让增加的履行费用，由让与人负担。

三、债务承担

第五百五十一条　【债务承担】债务人将债务的全部或者部分转移给第三人的，应当经债权人同意。

债务人或者第三人可以催告债权人在合理期限内予以同意，债权人未作表示的，视为不同意。

典型案例

9. 上海远策置业发展有限公司诉上海华纪实业发展有限公司、赵国明开发合同纠纷案

[案例来源：上海市第一中级人民法院(2010)沪一中民二(民)终字第416号民事判决书，《人民法院案例选》2011年第3辑，第155－162页]

被告赵国明与宁波市北仑华信置业有限公司(以下简称华信公司)、宁波长江置业有限公司(以下简称长江公司)均系原告远策公司的出资人，赵国明又是被告华纪公司的股东。2003年12月，远策公司与华纪公司进行合作，约定华纪公司出面购买土地，远策公司进行投资。后远策公司依据华纪公司、赵国明的要求支付华纪公司投资款350万元，但华纪公司未能购买土地。

2007年8月，赵国明与华信公司、长江公司签订协议书，约定由赵国明负责追回远策公司投给华纪公司的350万元，同时赵国明同意在其股权收益分配中先行扣除150万元，其余200万元由赵国明出具欠条1份。当日，赵国明向远策公司出具了欠条，载明"今欠远策公司人民币200万元(原华纪公司所欠的远策公司投资款)，本人承诺自签字之日起半年内归还"。原告诉请被告返还投资欠款200万元。

上海金山法院一审认为，被告赵国明向原告远策公司出具的欠条上未写如果被告华纪公司不付款则由被告赵国明承担(保证责任)或该款项由被告华纪公司与其一起归还之类的承诺(债务加入)。按原告远策公司所言其一直是向被告赵国明催讨投资款。依据2007年8月的协议、被告赵国明出具的欠条及原告远策公司和被告华纪公司依据该协议及欠条所为之行为，两被告间已发生了债务的转移，且该债务的转移已经作为债权人的原告远策公司所确认。而作为债务转移，被告华纪公司自然就不再承担返还涉案投资款的义务。

上海市一中院二审则认为，债务人将合同的义务全部或者部分转移给第三人的应当经债权人同意。在本案中，没有证据证明远策公司同意华纪公司将债务转移给赵国明，而赵国明承诺向远策公司履行债务的行为并不产生债务转移的法律效力，华纪公司仍应承担履行返还投资款的义务。

10. 慈溪市新亚管件有限公司诉宁波东沅管业有限公司买卖合同纠纷案

[案例来源:浙江省慈溪市人民法院民事判决书,《人民法院案例选》2004 年商事·知识产权专辑,第 44－51 页]

2001 年 9 月,原告新亚公司与沈阳宏元集团有限公司(以下简称沈阳公司)签订《收购合同》,约定双方在合同签订之日起 7 日内共同完成盘存和合价,沈阳公司向原告支付合价后的总价款。其后,双方按合同约定进行了资产盘存。10 月,由沈阳公司、周焕亮、戚毅等人出资的被告东沅公司被核准成立。2002 年 3 月,被告在沈阳公司已盘存的基础上与原告又进行了盘点合价。次日,被告向原告出具说明:"贵公司与沈阳公司签订的收购合同中的库存,在 2001 年 9 月由沈阳公司代表与贵公司代表盘点核实,现已由我公司接收,今在 2002 年 3 月经双方代表合价,确认总价款为人民币 398 万余元,以上价款由我公司负责支付。"现该库存物资大部分由被告提供给法院财产保全,部分已由沈阳公司取走使用。原告诉请被告支付上述库存物资价款。

浙江慈溪法院认为,被告于 2002 年 3 月向原告作出的说明,可视为被告与债权人原告之间订立了债务承担的协议。关于受让人与债权人间直接订立债务承担协议而无债务人之同意表示,该债务转让是否合法有效,现行法没有明确规定。从法理上而言,受让人即承担人与债权人之间订立债务承担协议,为不要式行为,不以订立书据为必要,只要双方当事人达到意思一致,协议即为成立。一般认为,此时并无须征得债务人同意,也不必通知债务人。但如果原债务人表示反对,该债务承担协议是否有效,在学理有肯定说与否定说两种,而以肯定说为通说,即第三人的清偿经债权人同意亦可发生清偿效力。在第三人与债权人订立协议,表示由其承担债务时,即证明债权人同意由第三人履行债务,此时债务承担协议即可生效。而且原债务人可因此免除债务,对其并无不利。

从《收购合同》的文义上来看,该合同的主要目的是沈阳公司向原告企业一次性整体收购资产并重新注册企业。因此,即使原合同义务人沈阳公司买受原告企业资产后也并非为其自己所用,也是将这些资产交付给新注册的企业使用。且就经营所在地而言,本案原、被告之间履行债务较原告同沈阳公司间履行更为便利。因此,作为沈阳公司出资 80% 的被告公司接收上述库存物资并为沈阳公司履行支付相应货款的债务义务并不损害沈阳公司的利益反之对其有益。

第五百五十二条 【债务加入】第三人与债务人约定加入债务并通知债权人,或者第三人向债权人表示愿意加入债务,债权人未在合理期限内明确拒绝的,债权人可以请求第三人在其愿意承担的债务范围内和债务人承担连带债务。

实务指引

1. 本条为第三人加入债务、成为债务人(同一个合同),不同于第三人为债务人提供担保或保证(另外的担保合同或保证合同)。第三人愿意承担债务,对于债权人是最有利的。但是是否需要债务人同意,如果债务人不同意该如何处理?第三人承担债务后,第三人是否可以以债权人名义向债务人主张原债权人的权利,还是理解为一种自愿无偿的行为?需要最高人民法院的司法解释或法院案例予以说明。

2. 债务承担,一般是指债务人的债务由第三人向债权人承担,债务人不再承担债务。

第三人代为履行,一般是指债务人的债务由第三人向债权人承担,但是第三人只是代债务人履行义务,第三人如果未向债权人履行义务,则债权人只能找债务人主张权利,而不能直接找第三人主张权利。

债务加入,一般是指第三人主动地表示愿意承担责任,同时原债务人也依然有责任承担债务。

3. 债务承担、第三人代为履行、债务加入,这三个概念容易混淆。从保护债权人的角度考虑,债务加入对债权人最有利(在原来已有一个债务人基础上,增加一个债务人偿债)。

债务承担对债务人最有利,但是可能会对债权人不利。新债务人的履行能力不确定,也许新债务人无偿付能力,而原债务人有偿付能力,但是债务人故意诱导或债权人错误地以为新债务人更有偿付能力,故债务承担应该得到债权人明确的同意。如果债权人对债务承担存在疑问,则应该视为不是债务承担,而是债务加入或第三人代为履行。

典型案例

11. 海口民间旅行社有限公司诉丹阳中国旅行社、谢力伟欠款纠纷案

[案例来源:江苏省丹阳市人民法院(2003)丹民初字第3037号民事判决书,《人民法院案例选》2005年第3辑,第220-224页]

原告海口旅行社和被告丹阳旅行社存在业务关系,被告欠原告11 000元。被告丹阳旅行社向原告出具欠条1份。被告谢力伟(丹阳旅行社的经理)在欠条中注明,如丹阳旅行社换人(谢力伟从丹阳旅行社处离职),则由谢力伟承担付款义务。后被告仅付2000元,余款未付,原告诉请二被告偿还余款。

江苏丹阳法院认为,谢力伟在欠条中所注明的内容,应视为原被告三方就谢力伟自愿偿债行为达成了一个新的合意,即原告有权在条件成就后依据欠条要求谢力伟履行偿债义务。丹阳旅行社主张其已将债务转移给谢力伟,此项债务与其无

关,但此种转移应当依法征求原告的同意,而两被告均无证据证明原告已经同意免除了丹阳中国旅行社的债务履行责任。因此,谢力伟个人自愿承担丹阳中国旅行社所欠原告的债务的行为,不构成免责的债务承担,应视为并存的债务承担。原告有权向两被告主张权利。

12. 应志伟诉杨定炳、王崇兴买卖合同纠纷案

[案例来源:浙江省宁波市中级人民法院(2011)浙甬商终字第569号民事判决书,《人民法院案例选》2006年第3辑,第226-234页]

被告杨定炳向原告应志伟出具欠条1份:“今欠应志伟人民币建材款12万元整。”王崇兴在欠条中“欠款人杨定炳”后面签名。原告诉请二被告共同归还欠款人民币12万元。被告王崇兴辩称:自己应付给原告的建材款都是及时结清。“欠条”中有被告王崇兴的签名,这是由于原告为被告杨定炳供应建材的业务,是由被告王崇兴介绍的。原告对被告杨定炳的情况不是很熟悉,所以让被告王崇兴在被告杨定炳出具的“欠条”中签字做个证明。

浙江宁波镇海法院认为,被告王崇兴提供的证据只能证明原告与被告王崇兴另行发生过业务或该些业务按照双方交易惯例均已结清,而不能证明被告王崇兴与涉案业务无关。即使涉案业务为原告与被告杨定炳两者之间所发生,被告王崇兴只是当时业务介绍人,亦不能免除其还款责任。如果该笔涉案欠款为被告杨定炳个人应负债务,原告仅凭被告杨定炳个人出具的欠条即可向其行使债权,而无须被告王崇兴作为证明人签名,被告王崇兴关于该问题的解释过于牵强。按照日常情理,如果被告王崇兴为证明人或保证人身份,应在欠条中写明或在别处签名,而其在欠款人处与被告杨定炳同时签名,只能视为被告王崇兴承认该笔欠款并自愿与被告杨定炳共同承担还款责任。

浙江宁波中院二审认为,在对王崇兴的签名没有作特别约定的情况下,按照一般的理解应是王崇兴同意以欠款人的身份,加入杨定炳与应志伟的债务关系中,与债务人杨定炳共同承担债务。王崇兴认为其在欠条上签字只是作为见证人或证明人,以便应志伟找不到杨定炳时,让其做中间人证明一下。根据日常生活经验法则,这一解释不符合生活常理,且无相应证据印证,难以采纳。

第五百五十三条 【债务人的抗辩】债务人转移债务的,新债务人可以主张原债务人对债权人的抗辩;原债务人对债权人享有债权的,新债务人不得向债权人主张抵销。

第五百五十四条 【从债务一并承担】债务人转移债务的,新债务人应当承担与主债务有关的从债务,但是该从债务专属于原债务人自身的除外。

四、债权债务的概括移转

第五百五十五条 【债权债务的概括移转】当事人一方经对方同意,可以将自己在合同中的权利和义务一并转让给第三人。

第五百五十六条 【债权债务的概括移转】合同的权利和义务一并转让的,适用债权转让、债务转移的有关规定。

典型案例

13. 吴秀丽诉杭钢(厦门)酒店有限公司服务合同纠纷案

[案例来源:福建省厦门市中级人民法院(2011)厦民终字第2665号民事判决书,《中国审判案例要览(2012年商事审判案例卷)》,第22-28页]

原告吴秀丽向被告杭钢公司经营的俱乐部申请成为健身会员。申请表"客户签字"栏左下方有打印的申请者声明内容,包括"……我(们)将在使用康乐俱乐部设施的同时遵守所有条款的规定……"等内容。

被告自制的关于1年个人健身会员的基本条款第2条写明:"本会员资格可转让,每人每次转让收取转让费人民币500元。"被告制定的会员条款中写明:"会员资格(除夫妻卡和家庭卡会员)可在任何时候进行转让,会员负责提交将要接受转让的人员名单;会员资格转让需提供转让证明,由俱乐部进行审查,俱乐部保留拒绝任何一个会员资格转让申请的权利。"

原告现仍为被告经营的时式水疗康体中心的健身会员。原告欲将其会员资格转让给Anthony Law,遭到被告的拒绝。Anthony Law曾破坏过被告的健身器械。原告诉请被告配合原告将其健身会员资格转让给Anthony Law。

厦门湖里法院认为,债权债务的概括移转须经合同另一方的同意。根据被告的会员条款,被告对原告转让会员资格的行为也有进行审查的权利。被告在其宣传单中虽然写明会员"可以"转让会员资格,但是并没有明确声明放弃法律赋予其的选择合同相对方的权利。现被告明确表示不同意接受Anthony Law为合同相对方,并主张Anthony Law在会员期间存在不道德的行为。被告有理由对Anthony Law全面履行服务合同的能力产生怀疑,从而拒绝原告的转让请求。法院判决驳回原告要求被告配合转让会员资格的诉讼请求,厦门中院二审维持原判。

第七章　合同的权利义务终止

一、债权债务终止

第五百五十七条　【债权债务终止】有下列情形之一的，债权债务终止：

（一）债务已经履行；

（二）债务相互抵销；

（三）债务人依法将标的物提存；

（四）债权人免除债务；

（五）债权债务同归于一人；

（六）法律规定或者当事人约定终止的其他情形。

合同解除的，该合同的权利义务关系终止。

典型案例

1. 黄惠芬、葛岚、何阿多诉杭州北山旅游服务有限公司承包经营合同纠纷案

［案例来源：浙江省杭州市中级人民法院(2012)浙杭商终字第1592号民事判决书，《中国审判案例要览(2014年商事审判案例卷)》，第83－91页］

2004年9月，案外人葛毅与被告北山公司签订《出租汽车承包经营合同》，约定葛毅对涉案出租汽车承包经营期限自2004年9月至2016年5月。2011年3月，葛毅在《出租汽车更新申报表》上签名，申请人与公司特别约定：申请人承认《营运管理规定》是承包合同的组成部分，保证本人及其聘用的副班驾驶员服从公司按《营运管理规定》行使管理职能。《营运管理规定》第2条"申请出租车驾驶员的基本条件和所持有效证件"：有效身份证，年龄18周岁以上、50周岁以下，身体健康，驾驶年龄在3年(含)以上，市区C型(含)及以上机动车驾驶证，具有满12个月以上的出租汽车服务资格证及出租车治安责任状副本。

2011年11月，葛毅在营运过程中因故死亡。原告黄惠芬(葛毅的妻子)将相关证件交回北山公司，事故车辆由北山公司变卖后将款项6500元交给了黄惠芬。2012年7月，杭州市客运出租汽车管理处证明：在杭州市范围内从事客运出租汽车经营的，必须持有合法有效的道路运输经营许可证。原告黄惠芬、葛岚、何阿多三位继承人诉请继承葛毅剩余承包年限。

杭州西湖法院一审认为，《出租汽车承包经营合同》虽未到期，但因葛毅死亡而依法终止。根据《继承法》的相关规定，个人承包，依照法律允许由继承人继续承包的，按照承包经营合同办理。承包经营合同未对葛毅死亡时其继承人有权继续承包作出约定。《营运管理规定》对车主（承包人）资格作出了特别要求。三原告在未有法律明确规定其有权继续承包的情况下，要求继承葛毅的出租车承包经营权、继续履行承包经营合同，无合同依据和法律依据。本案出租车的承包经营权不属葛毅遗产范围，葛毅死亡时尚未取得的承包收益，可根据相关投入、剩余期限等因素由发包单位合理折价、补偿。

杭州中院二审认为，黄惠芬等继承人诉求继承的出租车承包经营权不符合《继承法》规定的"依照法律允许由继承人继续承包的"个人承包类型。即便北山公司出于人性关怀，考虑照顾黄惠芬等葛毅的继承人生活困难问题，可由黄惠芬等葛毅的近亲属承接出租车经营权，因出租车营运关乎公共大众安全，出租车承运人理应取得法定驾驶资格、具备发包方招募出租车驾驶员所需的必要驾驶能力以及履行合同的能力。黄惠芬等葛毅继承人尚不能证明目前已经拥有必要的营运资格和能力，其要求继承出租车经营权，必然无法与发包人达成意思一致的合法协议。况且，取得出租车经营权和获取财产收益之间并非必然。因此，出租车承包经营权不属法律规定的可继承的个人遗产范围。

2. 叶海燕诉上海爱情故事婚姻介绍服务中心服务合同纠纷案

［案例来源：上海市第二中级人民法院（2011）沪二中民一（民）终字第 1341 号民事判决书，《中国审判案例要览（2012 年民事审判案例卷）》，第 228 - 233 页］

原告叶海燕与被告爱情故事婚介中心签订《婚姻介绍服务合同》：合同期限为 1 年（2009 年 7 月至 2010 年 7 月）；被告提供个别约见服务，1 年不少于 6 次；原告向被告缴纳服务费 8000 元；合同期内，原告如因自身因素要求终止婚姻介绍服务，被告不予退款；被告不按本协议进行服务，原告有权向被告提出合理退款；若第 1 年不成功，被告免费服务至成功为止（指领证）。

自 2009 年 8 月起，被告为原告介绍了三位男性会员。之后被告电话与原告联系为原告介绍对象，但是原告以各种理由推托。9 月 30 日后，被告未再介绍。10 月，原告向被告提出解除合同。12 月，原告与案外人阙凡超（非被告会员）登记结婚。2010 年 2 月，原告与阙凡超登记离婚。原告诉请解除《婚姻介绍服务合同》，要求被告退还服务费 8000 元。

上海闸北法院一审认为，原告在合同履行期间，与被告介绍以外的人登记结婚，使合同自然终止，合同终止的原因在于原告已婚，现原告再要求解除合同，不予支持。被告在履行合同过程中，并未违约，也无过错。且原告在登记结婚后，未履行及时告知义务，自身存在过错。法院判决对于原告叶海燕的诉讼请求不予支持。上海二中院二审维持原判。

第五百五十八条 【后合同义务】债权债务终止后，当事人应当遵循诚信等原则，根据交易习惯履行通知、协助、保密、旧物回收等义务。

实务指引

《民法典》增加"旧物回收"义务，但实际操作困难，有时反而可能会滋生不必要的交易纠纷。

典型案例

3. 张晓先诉江苏南通宏丰发展有限责任公司房屋买卖合同纠纷案

[案例来源：江苏省南通市中级人民法院(2005)通中民一终字第0760号民事判决书，《中国审判案例要览(2006年民事审判案例卷)》，第126－134页]

2001年3月，原告张晓先向被告宏丰公司购买涉案202室房屋。4月，南通市公安局消防支队出具《建筑工程消防验收意见书》，其中规定，"应将201室与202室店面房出租或出售给一家使用"。7月，原告将202室房屋出租给案外人林梅。此后林梅对承租的房屋进行了装修并取名"林家铺子茶餐厅"。

2002年5月，201室的房屋使用人将防火门堵塞。8月，崇川公安分局消防科认为"林家铺子茶餐厅"属营业场所，安全出口被堵塞，已构成火灾隐患，责令整改完毕。此后林梅就此与原告进行交涉，原告先后与201室使用人及其他有关方面协商未能就恢复"林家铺子茶餐厅"的安全通道或另辟安全通道达成一致，茶餐厅因此于2003年1月实际停业。林梅为此房屋租赁纠纷诉至法院，法院判决解除张晓先与林梅订立的房屋租赁合同、由张晓先补偿林梅房屋装潢费用11万余元并由原告承担诉讼费5884元。

原告张晓先诉请被告宏丰公司立即为原告提供202室房屋的消防通道，赔偿原告已向他人赔付的损失12万余元及租金损失。

江苏南通崇川法院一审认为，被告作为售房者，应全面履行双方房屋买卖合同的主义务以及后合同义务，其在房屋出售时、出售后应始终保证该房屋消防安全门与公共消防通道的相通，以确保购房者对其所购买房屋的正常使用。由于被告未能遵循《建筑工程消防验收意见书》中"应将201室与202室店面房出租或出售给一家使用"的规定，将上述两间店面房分别出售给了原告及案外人，导致该房屋作为经营场所必需的消防通道被堵塞,消防验收不能通过,茶餐厅无法继续经营,原告对其所有的房屋不能继续出租并取得收益。被告对此存在违约行为,由此而造成的原告已经赔付给林梅的房屋装潢费用损失以及房屋租金的损失,被告应承担违约赔偿责任。

法院判决被告宏丰公司为原告张晓先恢复或另行提供202室的消防通道,被告支付原告张晓先向林梅赔付的12万余元,支付原告张晓先租金损失22万余元。江苏南通中院二审维持原判。

第五百五十九条 【从权利的消灭】债权债务终止时,债权的从权利同时消灭,但是法律另有规定或者当事人另有约定的除外。

二、清偿的抵充

第五百六十条 【清偿的抵充顺序】债务人对同一债权人负担的数项债务种类相同,债务人的给付不足以清偿全部债务的,除当事人另有约定外,由债务人在清偿时指定其履行的债务。

债务人未作指定的,应当优先履行已经到期的债务;数项债务均到期的,优先履行对债权人缺乏担保或者担保最少的债务;均无担保或者担保相等的,优先履行债务人负担较重的债务;负担相同的,按照债务到期的先后顺序履行;到期时间相同的,按照债务比例履行。

第五百六十一条 【清偿的抵充顺序】债务人在履行主债务外还应当支付利息和实现债权的有关费用,其给付不足以清偿全部债务的,除当事人另有约定外,应当按照下列顺序履行:

(一)实现债权的有关费用;

(二)利息;

(三)主债务。

典型案例

4.蔡锡满诉蔡淡辉借款合同纠纷案

[案例来源:广东省高级人民法院(2011)粤高法民二提字第13号民事判决书,《人民法院案例选》2011年第4辑,第129-134页]

2000年12月,被告蔡淡辉与案外人许晓林共向原告蔡锡满借款2万元,每人1万元。2人立下借条交给蔡锡满执存,该借条载明:“兹有蔡淡辉、许晓林两人向蔡锡满借款人民币2万元,利息以1%计算”。后来,许晓林还清了借款。蔡淡辉经蔡锡满催讨,还款8000元。原告称被告付还的8000元是利息,诉请被告归还借款1万元本金。

广东揭阳揭东法院一审认为,因借条没有明确利息的计付方式,双方约定不明确,蔡锡满和蔡淡辉之间的借款应视为不支付利息。法院判决被告蔡淡辉偿还原告蔡锡满借款2000元。

广东揭阳中院二审认为,双方对“利息以1%计算”有不同的理解,蔡锡满主张1%是月利率,蔡淡辉主张利息约定不明确,应视为不支付利息。蔡锡满将资金借给蔡淡辉做生意,不是向生活有需要的亲朋好友提供无偿帮助,其目的应是通过提供借款来获取利益;蔡淡辉自己书写借条承诺利息以1%计算,说明该借款是要支付利息的,而不是无息借款,现以自己书写的内容不明确为由主张借款应视为不支付利息,有违诚信原则;民间借贷基于计算方便等方面的考虑,对利率进行约定时通常是约定月利率而不是约定年利率。综上,“利息以1%计算”应当理解为月利率1%较符合民间交易习惯。

蔡淡辉主张其已偿还的8000元依双方《还款协议》是付还本金。蔡锡满对蔡淡辉提交的协议予以否认,主张协议内容是蔡淡辉利用还款记录上面的空白自己写的。虽然蔡锡满没有提供充分证据证明《还款协议》是蔡淡辉单方添造的,但该协议没有蔡锡满的签名:协议内容与还款记录不是紧密结合不可分割的整体,蔡锡满以收款人身份签名,所确认的是还款的金额,难以肯定其签名是对协议内容的认可。双方当事人所持证据都不能充分证明自己主张的事实,蔡淡辉对待证事实负有举证责任,依法应承担不利后果,双方未达成《还款协议》,不能采信。双方当事人对支付利息的期限没有约定,依照《合同法》第205条的规定,本案利息应该在每届满一年时支付,蔡淡辉各次付还款项均不足以清偿还款时应支付的利息,故其已付还共8000元应认定是付还利息而不是付还本金。法院判改判蔡淡辉偿还蔡锡满借款人民币1万元。

广东高院再审进一步指出,另一借款人许晓林在二审期间出具书面证言证实上述借条约定的利率为月利率1%。蔡淡辉不能否认该证言的真实性,参照许晓林陈述的事实,双方约定的利息计算标准应为月利率1%。

5. 华澳国际信托有限公司诉赤峰鹿源工贸有限责任公司、中企联合融资担保有限公司借款合同纠纷案

[案例来源:上海市浦东新区人民法院(2015)浦民六(商)初字第9294号民事判决书,《人民法院案例选》2017年第6辑,第121-130页]

2014年10月,原告华澳公司与被告赤峰公司签订《信托贷款合同》,约定:被告向原告申请总计不超过2500万元的信托贷款,其中第一笔信托贷款不低于1500万元,后续贷款不低于1000万元,贷款年利率为14%,期限均为12个月。被告中企公司为原告债权提供了担保。

合同签订后，原告依约向被告赤峰公司发放信托贷款共计2500万元。被告赤峰公司未按照《信托贷款合同》之约定按时、足额履行相应的还款及支付利息的义务。原告诉请被告赤峰公司偿还借款本金2500万元，并按照合同约定支付利息及罚息；被告中企担保公司承担连带责任。

上海浦东新区法院认为，原告已履行向被告赤峰公司发放贷款的义务，赤峰公司未按约履行还本付息义务，原告由此宣布《信托贷款合同》提前到期，并要求被告赤峰公司偿还借款本金、支付利息，于法有据。

关于逾期利息，《信托贷款合同》约定：逾期贷款或贷款人宣布立即到期的贷款，从逾期或宣布到期之日起在合同约定的利率基础上加收100%向借款人计收罚息，直到清偿本息为止，即以贷款本金为基数，从逾期之日起在年利率14%的基础上加100%即年利率28%计收罚息，原告亦主张按年利率28%计算，被告认为过高，对此，本院酌情调整按年利率24%计算。

原告认可赤峰公司已支付40万元。《信托贷款合同》虽约定，贷款人有权选择按应付费用、损失赔偿金、罚息、利息、本金的顺序进行划付，但应付费用、损失赔偿金指向的具体项目和内容并未予明确。庭审中，原告亦称该40万元在罚息中做了扣除，对此，法院予以认可。自2015年7月起计算之逾期违约金为被告赤峰公司应承担之全部逾期违约金，故该40万元应在此罚金中扣除，又因40万元尚不能涵盖全部罚金部分，故无须继续抵充利息、本金。法院判决被告赤峰公司支付原告借款本金2500万元、借款本金相应的利息及以借款本金为基数的逾期利息；被告中企公司对于赤峰公司付款义务承担连带清偿责任。

三、合同的解除

> **第五百六十二条 【约定解除】当事人协商一致，可以解除合同。**
>
> **当事人可以约定一方解除合同的事由。解除合同的事由发生时，解除权人可以解除合同。**

典型案例

6. 河南广发实业有限公司诉河南大鹏汇东石业有限公司土地使用权转让合同纠纷案

［案例来源：最高人民法院(2005)民一终字第120号民事判决书，《民事审判指导与参考》2009年第2辑，第272－282页］

2004年2月，被告大鹏公司与原告广发公司签订合同书，约定：被告提供拥有使用权的位于某地的103亩土地与原告合作，用于开发商住小区，并将该宗土地使用权一次性过户给原告；被告分得受益款总额7572万元，由原告分期支付。若原告未按约定于2004年3月20日前支付被告700万元，或因其资金迟延支付等导致被告在本合同签订日起30日内不能办理该土地过户，或未按时支付滞纳金或支付余款时间逾期60天，则被告有权选择解除合同，原告已支付的所有款项不再返还。合同签订后，原告在3月26日前支付了首笔700万元。

2004年5月，郑州市国土资源局同意被告出让工业用地转让给原告，用途为住宅，补缴出让金差价按795.25万元计收。6月，原告未履行代被告向银行偿还贷款500万元的合同义务，未履行向被告支付1500万元的义务。7月，被告向国土资源局申请撤回转移登记的卷宗，并于7月6日撤回卷宗。

7月12日，原告向被告出具《承诺书》：应于6月1日归还银行的贷款500万元、6月25日支付给被告的1500万元改在7月25日和8月10日支付，并表示到期不支付承担滞纳金等其他费用。对此《承诺书》被告没有向原告提出异议。

被告与原告对开发土地已经办理了移交手续，现土地由原告占有管理。原告已经开始了争议项目的前期投资开发活动。2004年8月，被告向原告发出《解除合同通知书》。原告诉请确认被告《解除合同通知书》无效，判令被告立即恢复单方终止的土地转移变更手续。

河南高院一审认为，合同约定了被告大鹏公司有权选择解除合同的三种情形。第一种情形为原告未于2004年3月前支付大鹏公司700万元。该700万元中的300万元虽然迟延了6天，但是已经足额给付，其后双方共同申请办理土地过户。此行为表明被告已放弃在该情形下行使合同解除权，转而选择继续履行合同。第二种情形为因原告原因导致被告在合同签订日起30日内不能办理该土地过户。除700万元外，原告对被告暂无合同付款义务，其也未接到交纳土地出让金等的通知。土地未能过户，不应认定为系原告原因。第三种情形为原告未按时支付滞纳金或支付余款时间逾期60天。此约定系被告为原告延期付款设置的宽限期，在此宽限期内，被告单方撤回土地使用权变更登记申请，显属不当。再者，被告出示原告出具的《承诺书》，表明被告对原告延期付款的要求是知悉的。《承诺书》对2004年6月1日和6月25日的两笔付款时间变更为7月25日和8月10日，在上述日期的宽限期到来前，被告单方发出的解除合同通知，并不能对双方产生法律拘束力。

被告应当在2004年5月中旬前完成土地转移登记程序，将土地使用权证书出示给原告。但是被告没有在约定时间内完成转移登记，也构成违约。原告有权行使抗辩权拒绝付款。被告不经催告和协商，径直通知解除合同的行为不符合双方合同的具体约定,不应得到法律的确认。原告已经在土地上开展了前期开发活动。且为了给争议项目开辟出路,双方均向郑州市人民政府申请,扩大规划面积,郑州市城市规划局给原告增加规划面积65亩左右。原告为此与该65亩土地的所有权人进行了土地拆迁补偿的协商,并支付了相当部分拆迁补偿费用,在争议土地以及扩大规划的范围内也有相当投资,解除合同将不利于该项目的规划建设活动。同时原告并没有表示不履行本合同,其在本案审理过程中向一审法院提交了具体的付款计划。合同继续履行较有利于双方合同目的的实现。

法院判决被告大鹏公司的《解除合同通知书》不发生法律效力。被告大鹏公司与原告广发公司共同恢复办理争议土地使用权的转移变更手续。

最高人民法院二审认为,广发公司的《承诺书》应视为广发公司对合同付款时间进行变更的要约。大鹏公司对此要约没有作出承诺的意思表示,广发公司亦未提供根据双方交易习惯可以通过默认的方式表示承诺的证据。在大鹏公司否认对广发公司的要约作出承诺的情况下,应认定双方未就合同约定的付款时间达成变更协议,广发公司的付款义务仍应按合同约定的时间履行。广发公司未按合同的约定于2004年6月1日前支付500万元,在合同约定的付款宽限期内也未支付上述款项及相应的滞纳金,并且在广发公司《承诺书》中承诺的时间内也未履行付款义务。因此,应该认定大鹏公司行使合同解除权的条件已经成就。法院改判驳回广发公司的诉讼请求。

7. 平潭县闽剧团诉平潭县第五建筑工程公司建设工程施工合同纠纷案

[案例来源:福建省福州市平潭县人民法院(2006)岚法民初字第631号民事裁定书,《中国审判案例要览(2007年商事审判案例卷)》,第82-86页]

2004年,经过政府招投标,原告闽剧团和被告第五公司签订《建设工程施工合同》,约定被告承建原告综合楼工程,总造价为68万多元。该建设工程的工程款均由平潭县人民政府拨付。2005年2月,原告支付5万元工程款,被告开始施工,后由于县政府未能及时拨付欠款,导致原告无法按约定支付工程款,被告停工。2006年4月,经协商,双方又签订了《恢复施工协议书》。该协议签订后,被告未恢复施工,而是向原告发出解除合同通知书,解除双方的合同。

原告诉请解除《建设工程施工合同》《恢复施工协议书》,被告返还工程款10万元,并支付自2005年12月17日起银行同期贷款利息;被告赔偿因违约给原告造成的经济损失2.5万元。被告(反诉原告)反诉诉请原告(反诉被告)偿还拖欠的工程款和经济损失合计人民币7万余元。

福建福州平潭法院认为,原被告的合同是经过政府招投标后签订的,属于政府依法采购的工程项目。《政府采购法》第50条规定,“政府采购合同的双方当事人不得擅自变更、中止或者终止合同。政府采购合同继续履行将损害国家利益和社会公共利益的，双方当事人应当变更、中止或者终止合同。有过错的一方应当承担赔偿责任，双方都有过错的，各自承担相应的责任”。原被告双方对政府采购的该合同不得擅自解除，解除需要取得政府有权机关的认可。原被告都不具有提出解除合同的诉讼主体资格。法院裁定驳回原告平潭县闽剧团的起诉；驳回被告（反诉原告）平潭县第五建筑工程公司的反诉。

第五百六十三条 【法定解除】有下列情形之一的，当事人可以解除合同：

（一）因不可抗力致使不能实现合同目的；

（二）在履行期限届满前，当事人一方明确表示或者以自己的行为表明不履行主要债务；

（三）当事人一方迟延履行主要债务，经催告后在合理期限内仍未履行；

（四）当事人一方迟延履行债务或者有其他违约行为致使不能实现合同目的；

（五）法律规定的其他情形。

以持续履行的债务为内容的不定期合同，当事人可以随时解除合同，但是应当在合理期限之前通知对方。

实务指引

适用“当事人一方迟延履行主要债务，经催告后在合理期限内仍未履行”条款，主张解除合同时，首先要履行催告义务并给予对方合理期限完成履行；如果不先行催告，则无法直接发生解除合同的法律效果。

典型案例

8. 北京科技职业学院诉北京昌平区精神卫生保健院联营合同纠纷案

［案例来源：北京市昌平区人民法院（2006）昌民初字第 2316 号民事判决书，《中国审判案例要览（2007 年商事审判案例卷）》，第 187－193 页］

2001 年 8 月，原告北科学院向被告精神卫生院签订《联合办学协议》，约定：原告向被告租赁符合办学所需的场地和建筑，每年交纳 45 万元，租赁 15 年。协议签订后，原告新建教室、增容电力后开办学校。2003 年 5 月，北京市昌平区政府征用被告房屋作为治疗“非典”的专门医院，原被告都搬离该房屋。原被告签订《补充协议》，约定：由于房屋被征用，故终止联合办学，原告用于房屋和场地的改造、扩建等共投入260万元,原告尚欠被告50万余元,房屋被征用期间的租赁时间相应延长。2005年5月,政府归还被告房屋。

原告诉请解除合同,由被告补偿原告180万元,即原告全部投入260万元的70%。被告(反诉原告)反诉称,《补充协议》约定租赁期间相应延长,目前医院已撤走,被告一直保持房屋和场地处于适用状态,故反诉诉请原告(反诉被告)继续履行合同。

北京昌平法院认为,2003年由于"非典"而导致被告房屋被征用,原被告都为政府作出了牺牲。原告进行教学具有对场地要求的特殊性和教学的连贯性,由于"非典"和政府征用的不可预知性,原告另行租赁其他场地进行教学符合情理和法律规定。"非典"及当地政府征用联合办学场地属于双方不可预见、不可避免的不可抗力的情形,原告有权要求解除合同。原告投入房屋的建设成果由被告享有为宜,被告向原告补偿50%为宜。

法院判决解除《联合办学协议》及其《补充协议》。北科学院在联合办学期间投入的建设成果均由精神卫生院所享有;精神卫生院补偿北科学院经济损失130万元。北科学院给付精神卫生院欠款50万余元。

9. 济南润华投资置业有限公司诉济南市公共交通总公司土地使用权转让合同纠纷案

[案例来源:最高人民法院(2008)民一终字第3号民事判决书,《民事审判指导与参考》2008年第3辑,第243-255页]

2006年4月,原告润华公司作为转让方、被告公交公司作为受让方签订《转让协议》,约定:原告将其拥有的某地土地使用权转让给被告;转让过程中产生的所有费用均由原告或新惠德公司承担;税费由原告或新惠德公司承担。

协议签订后,原告将土地办理到了被告名下,并支付了土地转让契税78万余元。原告一直未收到该土地转让价款。2007年3月,原告向被告发出催款函,要求被告支付土地转让款或者返还土地。8月,原告向被告发出《解除协议通知书》,告知被告解除《转让协议》,并要求被告返还土地。原告诉请解除《转让协议》,由被告返还已过户的土地使用权,赔偿原告经济损失。

山东高院一审认为,《转让协议》的付款义务人是被告公交公司。被告所称该协议中"所有费用"包含了土地转让费用的主张不合逻辑与常理,如果该主张成立,则原告润华公司既是土地使用权转让人,又是土地转让价款的支付人,即原告是无偿将土地使用权转让给被告,这显然不符合原告的利益,不是原告的真实意思表示。虽然协议没有约定被告付款时间,但原告已多次催告被告支付土地转让价款,被告一直未在合理的时间内予以回复,也没有支付该价款,被告已经以其行为表明不履行付款义务，该行为构成根本违约，并导致原告转让土地使用权获得相应价款的合同目的不能实现。原告有权依法解除《转让协议》，要求被告返还土地使用权并赔偿损失。原告只能证明其缴纳了土地使用权转让契税78万余元，对该部分请求予以支持；对原告不能证明的其他损失，不予支持。法院判决解除《转让协议》；被告公交公司将土地使用权返还给原告润华公司，赔偿原告经济损失78万余元。

最高人民法院二审认为，转让价款由转让方自己承担不合逻辑，公交公司作为土地使用权的受让方，是当然的付款义务人，应当承担支付转让价款的主合同义务。润华公司在公交公司以其行为表明不履行付款义务，导致润华公司转让土地使用权获得相应价款的合同目的不能实现的情况下，有权依法解除该协议，并要求公交公司返还土地使用权及赔偿损失。法院判决维持原判。

10. 林燕诉钱正租赁合同纠纷案

［案例来源：上海市闵行区人民法院(2007)闵民三(民)初字第470号民事判决书，《中国审判案例要览(2008年民事审判案例卷)》，第301－305页］

2006年12月，原告林燕与被告钱正签订《房屋租赁合同》：约定原告将涉案房屋出租给被告作为办公、住宅使用，2006年12月17日起至2007年12月16日止，月租金1300元。被告钱正入住后，在承租房屋内养猫20余只，引来周围居民的强烈不满，纷纷要求被告钱正在承租房屋内停止养猫或搬离承租房屋，遭被告钱正拒绝。原告诉请解除《房屋租赁合同》，被告返还房屋、支付租金。

上海闵行法院认为，承租人应当按照约定的方法或者租赁物的性质合理使用租赁物。租赁标的物的性质为居住公寓房，然被告在该居民住宅房内养猫多达20余只。该行为非一般的宠物饲养，属改变了涉讼居住公寓房单纯作为居住使用的租赁用途，使租赁房屋处于不合理的使用状态，影响了周围居民的正常生活，引起了周围居民的强烈不满，有悖公序良俗。

在出租人及小区物业公司管理人员的多次劝阻下，被告仍我行我素，不加改正，严重损害了出租人作为房屋产权人及管理人应享有的合法权利。因此，原告在无法劝阻被告钱正予以改正的情况下，要求与被告解除租赁合同，理由正当。合同被依法解除后，被告应及时搬离、返还房屋并向原告支付租金。鉴于造成合同提前解除的责任在被告钱正，且双方对被告承租期间的装修残值如何处理未作出约定，同时考虑到被告装修的价值较低等因素，被告所投入的装修损失应由其自行负担。法院判决解除《房屋租赁合同》，被告钱正搬离房屋，支付租金。

第五百六十四条 【解除权行使期限】法律规定或者当事人约定解除权行使期限，期限届满当事人不行使的，该权利消灭。

法律没有规定或者当事人没有约定解除权行使期限，自解除权人知道或者应当知道解除事由之日起一年内不行使，或者经对方催告后在合理期限内不行使的，该权利消灭。

典型案例

11. 金昊诉张福民、朱建英房屋买卖合同纠纷案

［案例来源：江苏省苏州市平江区人民法院（2005）平民一初字第 388 号民事判决书，《中国审判案例要览（2006 年民事审判案例卷）》，第 78－81 页］

1995 年 11 月，原告金昊与被告张福民订立《房屋买卖合同》，约定：原告向被告购买 304 室房屋一套，房价 12 万余元。协议签订后，被告将房屋交付原告，原告搬入居住使用。原告支付了部分房款共 6 万元，余 6.5 万元未付。2001 年 5 月，被告张福民取得房屋使用证。2004 年 8 月，张福民发出《解除合同通知书》：由于金昊未按约支付房款故决定解除合同。

2004 年 8 月，张福民提起诉讼，要求解除《房屋买卖合同》。张福民后自行撤诉。2005 年 4 月，原告金昊诉请二被告张富民、朱建英交付过户资料并协助办理房屋的过户手续。二被告（反诉原告）张富民、朱建英反诉诉请原告（反诉被告）金昊未支付房款构成违约，要求解除《房屋买卖合同》。

苏州平江法院认为，当事人一方迟延履行主要债务，经催告后在合理期限内仍未履行的，另一方可以解除合同。原告金昊未约支付余款，构成迟延履行主要债务，被告在经催告无效后可行使合同解除权，但被告并未举证证明其履行了催告义务，故被告无权据此行使解除权。

当事人一方迟延履行债务致使不能实现合同目的，另一方可以解除合同。二被告张福民、朱建英主张原告迟延履行支付余款的行为已经致使被告不能实现合同目的，构成根本违约。法院认为，在买卖合同中，出卖方的合同目的是通过出卖标的物获得价款，如买受方在迟延履行后仍愿支付价款，则该买受方的部分迟延履行并不导致出卖方合同目的不能实现，故二被告无权据此行使解除权。

合同解除权是一种形成权，依法定或约定享有合同解除权的当事人经其单方意思表示即可使合同效力归于消灭，从而对当事人的权利义务产生重大的影响，如解除权人长期握有合同解除权，但既不行使也不放弃，则合同随时有被解除的可能，将使合同各方当事人的关系长期处于不稳定的状态。因此，合同解除权应当与其他形成权一样，受到除斥期间的限制，如经过合理的期限而不行使，则解除权归

于消灭。我国《合同法》第95条规定了法定解除权或约定解除权的行使期限,还规定了经对方催告后解除权人在合理期限内不行使的,解除权消灭。《合同法》遗漏了无法律规定和当事人约定行使期限,对方又未催告的情形,但是如在此情形下解除权不受行使期限的限制则显然有悖法理。

《最高人民法院关于审理商品房买卖合同纠纷案件适用法律若干问题的解释》(法释〔2003〕7号)第15条第2款后段规定:“对方当事人没有催告的,解除权应当在解除权发生之日起一年内行使;逾期不行使的,解除权消灭。”这一规定虽然仅适用于商品房买卖合同纠纷,但根据其立法趣旨,一般房屋买卖合同纠纷案件中当可参照适用。本案被告享有解除权,但其长达8年之久始终未行使,已经远远超过了行使解除权的合理期限,应视为已丧失解除权,其在本案诉讼中提出解除合同的反诉请求,显然是出于近年来市场房价飙升而欲反悔交易,违背诚实信用原则,法院碍难支持。

原、被告之间的买卖合同中,转移标的物所有权是出卖方的合同义务,支付价款是买受方的义务,合同未约定先后履行顺序,故任何一方均得以对方未履行合同义务而行使同时履行抗辩权,拒绝履行己方义务。原告方未付清6.5万元房款,被告方可以行使同时履行抗辩权,拒绝在原告付清剩余房款前履行己方转移所有权的义务。被告方的答辩实际上隐含了行使同时履行抗辩权的意思表示。原告在付清购房款后,可另行向被告主张。法院判决驳回原告金昊以及反诉原告张福民、朱建英的诉讼请求。

12. 国泰世华商业银行股份有限公司诉盈达电子商务软件系统(上海)有限公司买卖合同纠纷案

[案例来源:上海市第一中级人民法院(2010)沪一中民四(商)终字第1509号民事判决书,《人民法院案例选》2011年第4辑,第154-159页]

2004年4月,原告国泰银行与被告盈达公司签订《银行软件合同》,约定:由被告向原告提供TAIBS银行综合应用系统,并向原告员工提供指导和培训及相关服务;如原告于合同签订1年后仍未能拿到中国合法执照,则原告有权终止合同。合同签订后,被告为原告安装了TAIBS系统。

2005年5月后,原告未能取得开设分行的营业执照。但2005年5月至2006年2月,原告仍要求被告履行合同约定义务,被告也按照原告要求履行了合同项下义务。原告诉请解除《银行软件合同》,被告返还原告货款。

上海浦东法院一审认为,原告在解除合同的条件成就后,仍然要求被告继续履行合同,被告也按照原告的要求履行了合同义务,表明其已放弃了合同约定的解除权。被告虽然未催告原告行使解除权,但原告在合同约定的1年后仍未拿到合法执照，知道解除权已经产生，其应当在合理期限内权衡利弊，决定解除合同与否。原告已丧失合同约定的解除权。法院判决驳回原告国泰银行诉讼请求。

上海一中院二审同样认为，在合同约定的解除条件成就后，解除权人可以向对方发出解除合同的通知，也可以要求对方继续履行合同，但是解除权人只能择其一而行之，否则将使双方当事人的合同法律关系处于一种不稳定状态。如果在合同解除权条件成就后，解除权人仍然要求对方继续履行合同，则意味着其用默示的方式放弃解除权。国泰银行已经丧失合同解除权。

第五百六十五条　【解除的通知】当事人一方依法主张解除合同的，应当通知对方。合同自通知到达对方时解除；通知载明债务人在一定期限内不履行债务则合同自动解除，债务人在该期限内未履行债务的，合同自通知载明的期限届满时解除。对方对解除合同有异议的，任何一方当事人均可以请求人民法院或者仲裁机构确认解除行为的效力。

当事人一方未通知对方，直接以提起诉讼或者申请仲裁的方式依法主张解除合同，人民法院或者仲裁机构确认该主张的，合同自起诉状副本或者仲裁申请书副本送达对方时解除。

实务指引

合同的解除、无效、撤销三者有一定的区别。

合同无效或撤销，需要当事人向法院起诉，法院审查后会确认合同无效或可撤销。合同解除只需要解除权人通知对方即可，法律上叫形成权。合同的解除并不强制解除权人向法院起诉。几年前，笔者代理了一起合同案件，由于已经提前发了律师函给对方通知解除合同，故诉讼请求写为“请求法院确认合同于某年某月解除”，立案庭说只能请求法院解除，不能要求法院确认合同解除，于是笔者在立案庭进行了修改。到了审判庭，和法官沟通后，诉讼请求又改成“请求确认解除合同”。因为确认解除开始，对方即有义务返还款项并支付逾期付款利息损失。

对于发出解除通知后的合同是否已经被解除，如何救济，是否需要法院予以确认合同解除的效力，司法实践中存在很多有争议的情况。

典型案例

13. 深圳富山宝实业有限公司诉深圳市福星股份合作公司等合作开发房地产合同纠纷案

[案例来源:最高人民法院(2010)民一终字第45号民事判决书,《最高人民法院公报》2011年卷,第338-363页;《民事审判指导与参考》2011年第4辑,第190-211页]

1992年12月,被告福星公司与原告富山宝公司签订《合作投资兴建"三星花园"合同书》(以下简称《三星花园合同》),约定:福星公司提供土地,富山宝公司提供资金;利润25%归福星公司,75%归富山宝公司。固定资产经营或承包、转让等分成则按福星公司占35%,富山宝公司占65%。

1993年7月,福星公司、富山宝公司与被告深圳市宝安区福永物业发展总公司(以下简称福永公司)签订《合作开发"三星别墅"合同书》(以下简称《三星别墅合同》),以福永公司的名义共同开发涉案项目,项目称为"三星别墅"。

合同签订后,被告福星公司完成了《三星花园合同》约定的其应履行的主要义务(提供土地)。原告富山宝公司未能提供资金1000万元给被告福星公司作开发费用,也未能在合同约定的3年内(至1995年年底)完成合同约定的涉案项目建设。2004年4月,被告福星公司委托律师向原告发出《律师函》,通知原告解除双方签订的《三星花园合同》。12月,原告负责人许礼庚签收该《律师函》。原告诉请确认《三星花园合同》合法有效,判令双方继续履行合同;诉请解除《三星别墅合同》。

广东高院一审认为,原告富山宝公司未能履行合同约定的主要出资义务及开发建设义务,已构成根本违约。被告福星公司委托律师发出的《律师函》虽无福星公司的签章,但函头已明确该函是受福星公司的委托所拟,且福星公司对该委托代理行为予以认可。原告在诉讼前也从未提出异议。该《律师函》应视为福星公司发出,并在被告福星公司与原告之间产生应有的法律后果。

由于原告迟延履行《三星花园合同》约定的主要出资义务及开发建设义务,致使双方合同目的不能实现,被告福星公司有权向原告发函通知解除双方合同。被告福星公司解除合同的通知已于2004年12月到达原告,应依法确认《三星花园合同》已经在该通知到达原告时解除。原告无权诉请继续履行《三星花园合同》。

原告诉请解除《三星别墅合同》,由于被告福星公司、被告福永公司均同意原告该诉请,法院对此依法予以支持。法院判决解除《三星别墅合同》,驳回原告富山宝公司其他诉讼请求。最高人民法院二审维持原判。

14. 中国石油集团测井有限公司诉西安挚信房地产开发有限责任公司项目联建合同纠纷案

[案例来源:最高人民法院(2010)民一终字第108号民事判决书,《法律规则的提炼与运用:〈人民司法·案例〉重述(民事卷)》(2011-2015),第138-149页]

2007年2月,原告测井公司与被告挚信公司签订了《樱花园住宅项目联建合同》(以下简称《联建合同》),约定:被告对樱花园住宅项目进行开发建设;房屋建成后,由原告全部买断,住宅产权归原告所有。如果原告未能按合同约定期限、方式支付工程进度款,被告有权解除合同。

2008年7月24日,被告向原告发出律师函,以原告未按合同约定支付二期主体结构封顶的联建工程款,导致其无法按施工合同向施工单位按期付款,造成停工等为由,通知解除《联建合同》。2009年5月,原告诉请确认被告解除《联建合同》的行为无效,继续履行合同。

陕西高院一审认为,主体结构封顶后,原告工程进度款一直未付,违反了合同约定,已构成违约。被告挚信公司于2008年7月24日向原告发出律师函,明确表示解除《联建合同》。原告于7月25日收到律师函,该合同于当日解除。退一步讲,原告2008年7月收到解除合同通知,直至2009年5月才起诉提出异议,已超过3个月的期限。依据《最高人民法院关于适用〈中华人民共和国合同法〉若干问题的解释(二)》[法释〔2009〕5号,以下简称《合同法解释(二)》]第24条之规定,对原告的诉请不予支持。法院判决驳回原告测井公司的诉讼请求。

最高人民法院二审查明,测井公司已经先后支付联建款4995万余元,而根据合同约定,主体结构封顶后测井公司应支付联建款总额7581万余元的70%,即5307万余元。法院认为,测井公司尚欠311万余元工程款未付,已经构成违约。但测井公司仅欠付小部分工程款,且欠付原因是双方对如何分配已付的3300万元产生争议所致,并非测井公司故意拖延付款。如果支持解除合同,对于测井公司显然不公平。

本合同名为联建,实为商品房买卖,实际属于测井公司集资建房,对房屋质量和户型面积均有专门要求,相当于专门定做。结合该具体情况,不应轻易支持挚信公司解除合同的行为。从价值考量来说,挚信公司在最初取得项目开发建设上某种程度而言已有价值优势,其之所以要求解除合同,主要是工程款涨价要求被拒绝;如若其解除合同的行为获得法律支持,利益衡平上明显不利于测井公司。

《合同法解释(二)》第24条涉及当事人的实体权利。在该解释出台之前,合同法第96条未对异议的期间作出规定。在没有规定的情况,可以适用普通诉讼时效的规定。《合同法解释(二)》将异议期规定为3个月,实际上相对限制了当事人的实体权利。根据法不溯及既往原则,一般应当适用行为发生时的法律规定,而不能用此后生效的法律来约束、限制当事人此前发生的行为。挚信公司关于合同解除、测井公司关于不同意解除等行为均发生在该解释生效之前，故本案应当适用当时的法律，而当时对异议的期限并无具体要求。对此，测井公司3个月的异议期间应从《合同法解释（二）》施行之日（2009年5月13日）起顺延3个月。测井公司于2009年5月19日起诉到法院，符合该条规定的精神。因此，合同解除的条件未成就。法院改判挚信公司解除《联建合同》的行为无效，合同继续履行。

本案相关规定：《最高人民法院关于适用〈中华人民共和国合同法〉若干问题的解释（二）》（法释〔2009〕5号）

第二十四条　当事人对合同法第九十六条、第九十九条规定的合同解除或者债务抵销虽有异议，但在约定的异议期限届满后才提出异议并向人民法院起诉的，人民法院不予支持；当事人没有约定异议期间，在解除合同或者债务抵销通知到达之日起三个月以后才向人民法院起诉的，人民法院不予支持。

第五百六十六条　【解除的法律效果】合同解除后，尚未履行的，终止履行；已经履行的，根据履行情况和合同性质，当事人可以请求恢复原状或者采取其他补救措施，并有权请求赔偿损失。

合同因违约解除的，解除权人可以请求违约方承担违约责任，但是当事人另有约定的除外。

主合同解除后，担保人对债务人应当承担的民事责任仍应当承担担保责任，但是担保合同另有约定的除外。

第五百六十七条　【清算条款的效力】合同的权利义务关系终止，不影响合同中结算和清理条款的效力。

实务指引

1. 合同因违约解除的，违约方需要赔偿对方的损失没有争议。但是违约方在合同约定了违约金的情况下，是否应该承担违约责任，即违约金条款是否有效，此前存在争议。有观点主张合同解除后违约方不需要承担违约责任，因为合同解除后，合同的实体权利和义务均归于结束。这一观点混淆了合同解除和合同无效的区别。《民法典》明确合同因违约解除的，解除权人可以请求违约方承担违约责任。

2. 合同解除后，“不影响合同中结算和清理条款的效力”，这里的“条款”，之前很多法律专业人士认为是指管辖等条款，而不是指约定违约金的条款。故合同解除后，守约方可以主张赔偿损失，但是不能依据约定违约金条款主张违约金。该观点之前被很多实务界人士认可。

该观点同样混淆了合同无效和合同解除的不同后果。合同无效确实会导致违约金条款失效,因为法律对合同持不保护的否定态度。而且合同无效后,自始就没有履行的问题,也就谈不上会发生违约。而合同解除很多是一方违约导致的,合同法无法对恶意的违约方进行惩罚,因为合同法的赔偿损失一般只是填补损失。但是,如果有约定违约金的条款,由于违约金条款具有一定的惩罚性,此时应该适用约定违约金的条款,给予恶意违约方一定的惩罚以维护经济秩序和诚信原则,故在合同解除的情况下,不能认为约定违约金的条款失效。

此外,关于管辖等条款,在合同无效情形下使用的表述是"解决争议方法的条款"(第507条)。如果合同解除时仍然只有管辖等条款的效力不受影响,那么法条应该继续使用"解决争议方法的条款"的表述,以保持法律规定的一致性和体系性。因此,本条所使用的"结算和清理条款"这一表述不仅包括"解决争议方法的条款",还包括违约金等条款。

典型案例

15. 江阴同极科技贸易有限公司诉北京无量藏泉商贸有限公司销售代理合同纠纷案

[案例来源:江苏省江阴市人民法院(2009)澄民二初字第2035号民事判决书,《中国审判案例要览(2011年商事审判案例卷)》,第157-162页]

2008年10月,原告同极公司与被告商贸公司签订《无量藏泉水省级独家代理协议书》(以下简称《代理协议》),约定:原告接受被告授权并成为江苏省内被告的无量藏泉产品唯一指定经销商,原告在江苏省内完成年销售10万箱;任何一方违反协议条款,并在另一方要求其纠正之日起15日内未采取任何方法予以纠正,另一方有权书面通知对方终止本协议并立即生效。协议签订后,原告支付预付款71万余元。被告收款后向原告发运矿泉水5500箱,其中500箱赠送,5000箱需给付货款。

2009年4月,因被告提供的无量藏泉水有质量问题,双方就《代理协议》签订《补充协议》。协议签订后,被告交付原告无量藏泉水500箱,其余未交付。5月,原告向被告发出催货通知,催促被告于2009年6月前将能确保质量的5000箱无量藏泉水发货。被告向原告复函,希望原告等待一段时间。

6月,原告向被告发函,表示:如被告不能如期交货,原告有权依据《代理协议》约定终止与被告之间的合同,并要求被告赔偿经济损失。被告收函后未有回复意见也未向原告发货。原告诉请解除《代理协议》,要求被告返还货款71万余元,并按市场价赔偿5000箱无量藏泉水的可得利益损失264万余元。

江苏江阴法院认为,《代理协议》约定了一方解除合同的条件(享有合同解除权的条件),即另一方违反协议的条款及条件,并在对方要求其纠正之日起15日内未采取任何方法予以纠正。《补充协议》虽未约定无量藏泉水 5000 箱何时交付，但《合同法》明确规定，当事人就债务履行未约定期限的，债务人可以随时履行，债权人也可以随时要求履行，但应当给对方必要的准备时间。而被告在原告催要后在合理期限内仍未及时全面履行，构成违约且未予以截止，原告依合同约定享有合同约定解除权。原告还因被告违约而享有法定解除权。

原告就合同解除在诉讼前虽未向被告发送合同解除通知，但双方签订的合同中就解除权的行使期限未有约定。原告可以通过诉讼方式履行通知及要求法院确认解除的效力。原告有权要求解除《代理协议》。

被告在《补充协议》签订后，只交付了 500 箱矿泉水，尚有 4500 箱未履行交付义务，而原告给付了 5500 箱矿泉水的货款。故应认定被告尚有 5000 箱矿泉水的交付义务未履行。现合同已解除，被告依法应返还原告 5000 箱矿泉水的货款计 64 万余元。

合同解除后的损害赔偿包括：债权人订立合同所支出的必要费用、债权人因相信合同能履行而准备所支出的必要费用、债权人已经履行合同义务时债务人因拒不履行返还给付物时因返还该物所支出的必要费用，但不包括可得利益损失。因合同解除的效力是使合同恢复到订立时的状态，而可得利益只有在合同完全履行时才能产生。现原告选择了解除合同的权利，就说明其不愿继续履行合同，故而不应得到在合同完全履行情况下所应得的利益。原告无权要求赔偿可得利益损失。法院判决解除《代理协议》，被告返还原告货款 64 万余元。

16. 广西桂冠电力股份有限公司诉广西泳臣房地产开发有限公司房屋买卖合同纠纷案

[案例来源：最高人民法院(2009)民一终字第 23 号民事判决书，《最高人民法院公报》2010 年卷，第 355－362 页]

2003 年 3 月，原告桂冠公司与被告泳臣公司签订《定向开发协议》，委托被告为其建设办公楼和商品住宅小区。协议对楼层、占地面积、建筑面积、开发建设费造价等进行了约定。协议签订后，原告向被告共支付 2590 万元。被告未能依约交付房屋。

2005 年 3 月，原告与被告签订《补充协议》，仅对办公楼工程建设进行了约定。《补充协议》还约定了违约金条款：被告不能按本补充协议工作周期规定的时间完成有关工作的，视为违约，对每一笔付款逾期的违约，被告每天应向原告支付已收价款万分之二的违约金。

《补充协议》签订后，原告向被告支付 8460 万元。至此，原告向被告共支付 11 050万元用于办公楼建设。被告在建设办公楼过程中，整个工程被主管部门认定为存在安全和质量问题，属重大工程质量事故。2006 年 12 月，该工程全面停工。

原告诉请解除《定向开发协议》以及《补充协议》;被告返还原告已付投资款 11 050 万元及利息,返还原告定金 100 万元,支付违约金,赔偿损失。

广西高院一审认为,被告虽履行了《定向开发协议》项下部分合同义务,但未能在约定的时间交付房屋,对原告构成违约。在此情况下,原告没有按该合同的约定主张解除合同或要求被告承担违约责任,继而于 2005 年 3 月又与被告签订《补充协议》,对合同条款进行了重新约定,并实际履行了部分《补充协议》的义务。原告与被告以自己的行为表明,双方对《定向开发协议》进行了实质性的合同变更,并履行变更后的《补充协议》,不再履行《定向开发协议》。因此,原告无权要求被告承担《定向开发协议》中的违约责任。

《补充协议》签订后,原告依约向被告累计支付购房款;被告在建设过程中每期工期均有迟延,至合同约定交付之日已根本无法实际交付,且该工程至今因质量事故仍未能复工,致使原告购买办公综合楼的合同目的不能实现。被告构成履行合同中的根本违约,达到法定解除合同的条件。

合同解除后的法律后果不表现为违约责任,而是主要表现为包括不当得利返还和损害赔偿的民事责任。合同解除后,应由被告返还原告购房款 11 050 万元及赔偿原告重置办公楼的损失 13 123 万元。法院判决解除《定向开发协议》及《补充协议》,被告返还购房款 11 050 万元,赔偿损失 13 123 万元。

最高人民法院二审认为,合同解除的法律效果是使合同关系归于消灭,违约方的责任承担方式不表现为支付违约金,原告无权要求支付违约金。鉴于合同解除后原告另行购买办公楼等需要支付费用,而被告专门按照原告的要求定向建设的住宅楼和商品住宅小区,合同不履行后也会给被告造成一定损失,法院酌定被告赔偿原告损失 1000 万元。法院改判泳臣公司返还桂冠公司 11 050 万元及利息,赔偿桂冠公司损失 1000 万元。

四、抵销

第五百六十八条 【法定抵销】当事人互负债务,该债务的标的物种类、品质相同的,任何一方可以将自己的债务与对方的到期债务抵销;但是,根据债务性质、按照当事人约定或者依照法律规定不得抵销的除外。

当事人主张抵销的,应当通知对方。通知自到达对方时生效。抵销不得附条件或者附期限。

第五百六十九条 【约定抵销】当事人互负债务,标的物种类、品质不相同的,经协商一致,也可以抵销。

典型案例

17. 零安邦诉北京高格依麦影像文化有限公司委托创作合同纠纷案

[案例来源:北京市第一中级人民法院(2005)一中民初字第2093号民事判决书,《中国审判案例要览(2006年商事审判案例卷)》,第103－107页]

2004年7月,被告高格依麦公司与原告零安邦签订了《委托创作合同书》,约定:被告委托原告创作20集电视剧《亲爱的,看招》文学剧本;……2004年8月5日前,原告须向被告提供20集全部完整剧本,经被告对剧本认可后,被告再向原告支付剩余稿酬10万元。

原告于7月9日交付了前10集剧本,至9月3日陆续交付了后10集剧本。原告诉称,其如约交付了全部文学剧本,被告收到全部剧本后依剧本拍摄完成电视剧,但仍未支付剩余稿酬。原告诉请被告支付所欠稿酬10万元。

被告(反诉原告)反诉称,原告(反诉被告)迟延交付剧本导致公司与演职人员签订的聘用合同延期,造成多支付演职人员的工资达25.5万元。同时,拍摄期限的延长,也导致设备、灯光器材费用增加达12 480元。被告(反诉原告)反诉诉请原告(反诉被告)赔偿经济损失。

北京一中院认为,原告作为受托方完成并交付了该合同约定的20集剧本后,被告作为委托方应当向原告支付全部报酬20万元。被告仅仅支付了10万元,尚欠10万元。在被告接受了原告交付的20集剧本并拍摄完成电视剧后,被告再以原告延期交付剧本而拒绝支付报酬的抗辩不能成立。

原告未按照合同约定的日期提交剧本,延误了电视剧的拍摄计划,导致演职人员报酬以及租用器材设备费用的增加。由于受托方的违约行为给委托人造成了损失,在委托方提出请求时,受托方应当予以赔偿,故原告应当赔偿被告的损失。

自原告逾期交付剧本开始,被告的损害赔偿请求权产生并一直存在,即被告对原告享有了债权,被告虽然同时负有应当支付原告剩余酬金10万元的债务,但由于两者同属性质相同的金钱债权债务,故被告可以在其对原告享有的债权的范围内主张抵销其债务。抵销权作为一种单方法律行为,一旦具备法律构成要件即发生法律效力,抵销的行使,不仅能够使所负债务归于消灭,而且,能够排除自己不履行合同义务的违法性。

法院判决被告高格依麦公司支付原告零安邦报酬10万元;原告(反诉被告)零安邦赔偿被告(反诉原告)高格依麦公司29万余元;上述两项折抵,零安邦支付高格依麦公司19万余元。

五、提存

第五百七十条 【提存的条件】有下列情形之一，难以履行债务的，债务人可以将标的物提存：

（一）债权人无正当理由拒绝受领；

（二）债权人下落不明；

（三）债权人死亡未确定继承人、遗产管理人，或者丧失民事行为能力未确定监护人；

（四）法律规定的其他情形。

标的物不适于提存或者提存费用过高的，债务人依法可以拍卖或者变卖标的物，提存所得的价款。

第五百七十一条 【提存的成立】债务人将标的物或者将标的物依法拍卖、变卖所得价款交付提存部门时，提存成立。

提存成立的，视为债务人在其提存范围内已经交付标的物。

实务指引

拍卖应该是首选，虽然有额外的开支，但是由第三方的拍卖机构去销售，成交价一般会被认定为是合理的市场价格。自行变卖就存在很多风险，需要证明价格的合理性，容易产生争议。所以，笔者建议最好采用委托拍卖的方式。

第五百七十二条 【提存的通知】标的物提存后，债务人应当及时通知债权人或者债权人的继承人、遗产管理人、监护人、财产代管人。

实务指引

本条规定了债务人的通知义务，没有规定其不履行义务的后果。如果债务人无过错的情况下无法通知，比如债权人失联，则无法苛求债务人通知。最高人民法院的司法解释可以考虑对本条作进一步的完善，如增加以下内容："债务人怠于通知造成损害的，应负赔偿义务。债务人因客观因素无法通知的，不需要通知。"

延伸阅读

《德国民法典》第374条第2款 【提存地；通知义务】债务人应即向债权人为提存之通知；怠于通知者，负赔偿义务。不能通知者，毋庸通知。

第五百七十三条　【提存的风险负担】标的物提存后，毁损、灭失的风险由债权人承担。提存期间，标的物的孳息归债权人所有。提存费用由债权人负担。

第五百七十四条　【提存物的领取】债权人可以随时领取提存物。但是，债权人对债务人负有到期债务的，在债权人未履行债务或者提供担保之前，提存部门根据债务人的要求应当拒绝其领取提存物。

债权人领取提存物的权利，自提存之日起五年内不行使而消灭，提存物扣除提存费用后归国家所有。但是，债权人未履行对债务人的到期债务，或者债权人向提存部门书面表示放弃领取提存物权利的，债务人负担提存费用后有权取回提存物。

实务指引

本条规定的提存机关保管时间为5年，笔者认为有讨论的空间，可以是15年或20年，以充分保护当事人的权益。

延伸阅读

《德国民法典》第382条　【债权人权利之消灭】债权人未事先向提存所申报者，其提存金额请求权自收到提存通知时起经过三十年而消灭；债务人纵抛弃其取回权者，仍有取回权。

六、免除和混同

第五百七十五条　【债务免除】债权人免除债务人部分或者全部债务的，债权债务部分或者全部终止，但是债务人在合理期限内拒绝的除外。

第五百七十六条　【债权债务混同】债权和债务同归于一人的，债权债务终止，但是损害第三人利益的除外。

第八章　违约责任

一、履行请求权

第五百七十七条　【违约责任】当事人一方不履行合同义务或者履行合同义务不符合约定的，应当承担继续履行、采取补救措施或者赔偿损失等违约责任。

第一百八十六条　【责任竞合】因当事人一方的违约行为，损害对方人身权益、财产权益的，受损害方有权选择请求其承担违约责任或者侵权责任。

实务指引

1. 违约责任和侵权责任的责任竞合是一种比较特殊的情况。例如，侵权人由于过错导致驾驶的车辆与承运人驾驶的车辆发生碰撞而使旅客受伤，此时旅客具有诉讼选择权，既可以侵权为由起诉侵权人，也可以向承运人主张违约责任，但是只能选择一个起诉。本条在该类交通事故中最常被适用。

2. 侵权之诉和违约之诉的区别比较大，对于委托人和律师来说也是一个不小的考验，如果律师没有很好地和委托人交流，容易引发矛盾。

如果侵权诉讼成立，那么，被侵权人会比违约诉讼多获得精神损失和律师费开支的赔偿。但是侵权诉讼需要证明侵权人具有过错，起诉方要承担较大的举证责任，而违约诉讼则不需要举证证明违约方存在过错，故如果证据存在争议，则侵权诉讼可能会被全部驳回而不得再提起诉讼。

因此，如果提起违约之诉，虽然获得了赔偿，但是如果委托人发现同样的案件以侵权诉讼可以获得更多的赔偿，委托人可能会不满意，则委托人可能会要求律师补偿因违约诉讼而少获得的利益。

提起侵权之诉，如果能够获得赔偿当然是好的，但是如果无法获得赔偿，则委托人会更不满意。

典型案例

1. 赵姝婧诉南通文峰旅游公司等客运合同纠纷案

[案例来源:江苏省南通市中级人民法院(2007)通中民一终字第0447号民事判决书,《中国审判案例要览(2008年民事审判案例卷)》,第270-278页]

原告赵姝婧持被告文峰公司出售的车票从南通乘坐被告指定的客车到上海。该客车系被告上海巴士长运高速客运有限公司(以下简称巴士公司)的运营车辆,车身上有“上海巴士”醒目的标识。当客车行驶至被告南通市通常汽渡公司(以下简称汽渡公司)所属过江渡口时,原告按照渡口和客车司机的要求下车待渡。因客车的车门口地上留有西瓜皮,原告下车时踩上瓜皮跌倒受伤。原告诉请被告赔偿医疗费、误工费等损失4万余元。

江苏南通经济技术开发区法院认为,原告并不能从车票上获得巴士公司与其存有法律关系的信息。客运合同自承运人向旅客交付客票时成立,原告持有的客票系被告南通文峰公司签出,亦按其指示的时间、地点上车,故运输合同关系存在于原告与被告南通文峰公司之间。原告按照渡口和客车司机的要求下车待渡,踩上瓜皮跌倒受伤,其无法预见地面有西瓜皮,无法作出相应的防范措施,故被告作为承运人应当对原告的损害承担赔偿责任。但原告陈述,在下车时也存在踏空的情况,没有尽到充分注意的义务,从公平原则出发,原告也应承担部分责任。法院判决被告文峰公司赔偿2万余元,其余损失由原告自负。

江苏南通中院二审认为,运输车辆虽系巴士公司所有,但巴士公司并非客运合同当事人。巴士公司的车辆在通常汽渡待渡区已购摆渡费,而摆渡费是根据车型一次收取,故汽渡公司与巴士公司之间形成客车摆渡运输关系,与旅客个人不构成客运合同关系。与赵姝婧存在旅客运输关系的仅为南通文峰公司。

赵姝婧选择的是合同之诉,故其损失的赔偿主体应为南通文峰公司。赵姝婧按照渡口和客车司机的要求下车待渡时,客车虽已停稳,然车身较高,赵姝婧应意识到有一定的危险,但其未小心提防,不慎踏空摔倒,此系赵姝婧未尽谨慎注意义务所致,应认定其具有重大过失,可以减轻承运人文峰公司的赔偿责任。法院判决维持原判。

第五百七十八条 【预期违约】当事人一方明确表示或者以自己的行为表明不履行合同义务的,对方可以在履行期限届满前请求其承担违约责任。

典型案例

2. 傅震鸣诉辛少鹏、李秀勉租赁合同纠纷案

［案例来源：福建省厦门市中级人民法院（2004）厦民终字第972号民事判决书，《人民法院案例选》2005年第3辑，第242－246页］

原告傅震鸣和被告辛少鹏、被告李秀勉签订《房屋租赁合同》，约定原告租赁被告的房屋，租金每月11 000元，每季度第一天支付，押金22 000元；原告拖欠租金超过半个月，被告可以解除合同，没收押金。

原告交纳了前两个季度的房租，此后未交纳租金。其后，被告将讼争房挂牌招租。某日，被告收到原告当日发出的《书面解除合同的通知》，原告表示被告拒绝履行房屋修缮义务，却挂牌招租，致其无法继续经营，故通知被告解除租赁合同。原告诉请被告退还押金，赔偿损失。被告（反诉原告）反诉诉请解除《房屋租赁合同》，由原告（反诉被告）支付拖欠的租金，押金不予返还。

厦门思明法院认为，预期违约必须是明确的和无条件的声明，该行为必须达到足以造成履行不能或原告接受履行成为不必要的程度。被告挂牌出租的行为，只是向不特定第三方作出的要约引诱性质的意思表示，所产生的影响，显然与已经处于实质性缔约阶段或者已经缔约的违约情形有别。被告的这一行为，实际上并未造成讼争合同不履行或者使原告接受履行成为不必要的程度。法院判决解除合同，原告支付被告拖欠的11 000元房租，押金归被告所有。厦门中院二审因原告不到庭而按撤诉处理。

3. 跃进汽车股份有限公司销售分公司诉重庆威腾专用汽车有限公司买卖合同纠纷案

［案例来源：江苏省南京市中级人民法院（2006）宁民二终字第738号民事判决书，《中国审判案例要览（2007年商事审判案例卷）》，第1－4页］

2006年4月，原告跃进公司和被告威腾公司签订还款协议，约定：被告尚欠原告117万元，于2006年年底前还清。后被告支付54万余元，尚欠68万余元。原告诉称，被告由于被案外人起诉而被判决支付案外人44万余元，被告没有向案外人履行义务；案外人申请执行，法院经过调查发现被告没有可以被执行的财产。有鉴于此，原告认为被告不能按期履行原被告之间的还款协议。原告诉请被告给付货款68万余元。

南京玄武法院认为，被告和案外人之间的纠纷表明被告无还款能力，原告有理由相信被告已没有还款能力，故原告要求被告提前还款并无不妥。南京中院二审同样认为，被告至今没有按照生效民事判决书完全履行其应尽的法定义务，原告作为债权人，有理由相信被告已丧失还款能力。且被告在审理中明确表示不愿意为其履约能力提供适当担保。原告有权要求被告提前还款。

4. 沛时投资公司诉天津市金属工具公司中外合资合同纠纷案

[案例来源：最高人民法院（2002）民四终字第3号民事判决书，《最高人民法院公报》2003年卷，第261－267页]

1994年1月12日，被告沛时公司与原告金属工具公司签订了《合资经营天津南华工具（集团）有限公司合同》（以下简称《合资合同》）。沛时公司以现金分五次投入；金属工具公司以现有固定资产、分厂、门市部及其他第三产业等作价投入；逾期欠缴者，应按月支付欠亏额的2%的迟延利息。

金属工具公司曾提起诉讼，诉请沛时公司给付第四期未到位资金的迟延利息。生效判决判令沛时公司在合资公司内拥有的净资产股权1578万余元人民币赔偿（转让）给权利人金属工具公司。天津市对外经济贸易委员会原则同意合资公司的企业性质由中外合资企业变更为内资企业。

金属工具公司诉请沛时公司按合资合同规定给付第五期未到位的1924万元资金的迟延利息，终止执行《合资合同》。

天津高院一审判决《合资合同》终止履行；被告沛时公司给付原告金属工具公司第五期未到位资金人民币1924万元的迟延利息。

最高人民法院二审认为，作为当时有效的《涉外经济合同法》并没有关于不安抗辩和预期违约的规定，本案可以适用《合同法》中有关不安抗辩和预期违约的规定。沛时公司与金属工具公司并不存在谁先履行债务的问题，沛时公司也没有通知金属工具公司要中止履行合资合同，因此不符合《合同法》有关不安抗辩的规定。金属工具公司已将作为出资的设备和房产交合资公司实际使用，只有少部分房产未办理过户手续，其履行了主要债务而不是不履行主要债务，因此，也不符合《合同法》第94条对预期违约的规定。

《合资合同》有效，本应继续履行。但双方当事人在诉讼中均提出终止执行《合资合同》的请求，该请求应予支持。法院判决维持原判。

第五百七十九条　【金钱债务的履行】当事人一方未支付价款、报酬、租金、利息，或者不履行其他金钱债务的，对方可以请求其支付。

实务指引

在计算债权人的利息损失时，司法实践中长期以同期中国人民银行贷款基准利率作为计算标准，直到2019年8月20日，中国人民银行取消贷款基准利率，改为授权全国银行间同业拆借中心于每月20日（遇节假日顺延）9时30分公布贷款市场报价利率(LPR)。《全国法院民商事审判工作会议纪要》(以下简称《九民纪要》)随之将裁判贷款利息的基本标准修改为LPR。

缺少法定利率由此凸显出来:首先,银行采取的计息基准和计息方式随着金融政策的改变可能会有所改变,如从贷款基准利率到LPR的变动,而这影响了法律的安定性;其次,贷款市场报价利率(LPR)每月20日公布一次,不断变动,使当事人的诉讼预期变动不居;再次,由于《九民纪要》对利率的计算标准作出了改变,跨越2019年8月20日的长期计息随之引起了司法实践中的混乱;最后,《九民纪要》本身效力范围和效力层级有限,仅适用于法院的裁判活动中,对于债务人自愿支付利息的不产生任何拘束力。

《德国民法典》《瑞士债务法》均对法定利率加以规定,我国《民法典》中未确定一个法定的固定利率,有探讨的空间。可以考虑在第579条中增加一款,对法定利率作出规定:"当事人应当支付利息的,利率未经合同约定和法律规定的,年利率为百分之六。"

延伸阅读

《德国民法典》第246条 【法定利率】依法或依法律行为债务应支付利息者,无其他规定时,周年利率为百分之四。

《瑞士债务法》第73条 【利息】应支付利息的债务,其利率未经约定,且亦无法律或习惯可据者,年利率为百分之五。

公法上关于限制最高利率的规定,不受影响。

第五百八十条 【继续履行】当事人一方不履行非金钱债务或者履行非金钱债务不符合约定的,对方可以请求履行,但是有下列情形之一的除外:

(一)法律上或者事实上不能履行;

(二)债务的标的不适于强制履行或者履行费用过高;

(三)债权人在合理期限内未请求履行。

有前款规定的除外情形之一,致使不能实现合同目的的,人民法院或者仲裁机构可以根据当事人的请求终止合同权利义务关系,但是不影响违约责任的承担。

实务指引

在债务人违约的情况下,如果不需要债务人配合就可以履行或强制执行的,比如房屋买卖合同,法院一般会支持权利人继续履行的请求。

但是如果需要债务人配合履行,或者要求强制履行的成本可能会比较高,有的也不适合强制履行或无法继续履行,比如具有人身属性的劳动合同,法院一般不会支持继续履行,只支持债权人违约损害赔偿的请求。

实务中继续履行的案例除了房屋买卖合同之外,其他的比较少见。

典型案例

5. 南京新宇房产开发有限公司诉冯玉梅商铺买卖合同纠纷案

[案例来源:江苏省南京市中级人民法院(2004)宁民四终字第470号民事判决书,《最高人民法院公报》2006年卷,第452-457页;《人民法院案例选》2006年第1辑,第177-183页]

1996年,原告新宇公司开始开发时代广场。该广场部分区域对外作为商品房销售,其余部分为原告自有。1998年10月,时代广场尚在建设中时,原告与被告冯玉梅签订了《商品房买卖合同》,约定:原告向被告出售涉案商品房(属于分割商铺性质)。合同签订后,被告按约支付了全部房款。原告将房屋交付被告使用,但一直未办理产权过户手续。

1998年至2002年,时代广场因经营不善而两次停业,大部分购房人所购房屋无法正常经营。部分购房人及债权人集体上访,要求退房及偿还债务,原告的出资股东亦发生了二次变更。原告陆续与大部分购房人解除了合同,办理了退房手续。整个时代广场处于闲置状态。

原告为盘活资产、重新开业,拟对时代广场的经营格局进行调整,将全部经营面积重新规划布局,并准备进行施工。2003年3月、6月,原告两次致函被告,通知其解除《商品房买卖合同》。原告拆除了被告所购商铺的玻璃隔墙及部分管线设施,随后原告进行了调整经营格局的施工。

原告诉请解除《商品房买卖合同》,被告返还涉案房屋。一审诉讼中,原告自愿向被告承担逾期办理过户手续的违约金及其他经济损失共计48万元。

南京玄武法院一审认为,如果被告所购房屋不纳入此次重新规划布局的范围,势必影响整个时代广场经营格局的调整和重新开业,使时代广场恢复营业受阻,造成社会财富的极大浪费,不利于社会经济的发展。双方签订《商品房买卖合同》时所依赖的事实基础和利益关系现已发生重大改变。出于对社会经济资源的合理利用及衡平双方利益的考虑,依据公平及诚实信用原则,原告对商品房买卖合同主张予以解除应予以准许。被告在合同履行过程中没有任何违约行为,其合法权益亦应受法律保护。在合同解除后,其应得到合理充分的补偿,使其利益不因合同的解除而减少。原告在解除《商品房买卖合同》后,除应返还被告购房价款外,还应对被告作出相应赔偿。

法院判决解除《商品房买卖合同》;被告冯玉梅返还原告新宇公司涉案房屋;原告退还被告房屋价款36万余元,赔偿被告房屋增值额16万余元,合计53万余元;原告赔偿被告违约金及其他经济损失共计48万元。

南京中院二审查明,涉案房屋已被拆除。新宇公司已取得时代广场的土地使用权证及房屋所有权证,正在对时代广场进行整体布局调整的施工。二审审理中,新宇公司表示,愿意在一审的基础上再赔偿冯玉梅各种经济损失20万元。

法院认为,新宇公司在约定期限内未能办理产权过户手续已构成违约,在合同未依法解除的情况下将房屋的玻璃墙及部分管线设施拆除亦属不当,应承担相应的违约责任及赔偿责任。

当事人一方不履行非金钱债务或履行非金钱债务不符合约定的,对方可以要求履行,但债务的标的不适合强制履行或履行费用过高的除外。冯玉梅所购的门面房在整个时代广场布局调整的范围内,且所占比例较小。在新宇公司已与绝大部分购房人解除合同的情况下,如要求新宇公司继续履行本案合同,将对整个时代广场的规划及经营产生影响,使新宇公司为履行本合同支付过高的费用,势必破坏当事人之间的利益平衡,故应允许新宇公司以承担违约责任及赔偿责任代替实际履行,一审判决解除双方合同并无不当。

新宇公司自愿增加20万元赔偿,据此,一、二审中新宇公司自愿支付冯玉梅违约金及其他经济赔偿共计为68万元,新宇公司支付的违约金、赔偿款及房屋增值款足以弥补因解除合同而给冯玉梅造成的损失。虽然冯玉梅对此未提出诉讼请求,但为避免讼累,保护合同双方的权利,一审在判决解除合同的同时,一并作出由新宇公司支付违约金、承担赔偿责任的判决并无不当。法院改判新宇公司赔偿冯玉梅违约金及其他经济损失68万元,其余判决不变。

6. 南京久测仪器技术有限公司诉中企动力科技股份有限公司、北京中企网动力数码科技有限公司服务合同纠纷案

[案例来源:北京市海淀区人民法院(2005)海民初字第9493号民事判决书,《中国审判案例要览(2006年商事审判案例卷)》,第184-187页]

被告中企动力公司系中国互联网络信息中心(CNNIC)授权的通用网址注册服务机构,有权面向用户提供通用网址注册服务。双方签订的《服务认证协议》约定:在协议有效期内,双方可根据具体市场情况协商调整相关价格与折扣,但应以书面形式修改本协议。

2004年2月,原告久测公司与被告中企动力公司、被告中企网公司共同签订《网站注册服务合同》1份,约定:由二被告为原告注册通用网站“水准仪,对应网址www.10ngsurvey.com”,注册期3年,每年服务费500元。久测公司支付了服务费

1500 元。中企动力公司向 CNNIC 申报通用网址注册时,被该中心以水准仪名称限制注册为由退单。

其后,CNNIC 改变销售政策,通知在 3 月 22 日以后所有续费的通用网址按照该通用网址具体类型对应价格续费,其中,普通通用词网址注册收费为每年每个 5000 元。原告诉请二被告继续履行合同。二被告称,原告要求注册的水准仪一词属通用词网址,其每年的注册收费为 5000 元。继续履行合同费用过高,如久测公司要求继续履行合同,应以新的收费标准继续履行。

北京海淀法院认为,原告已依约履行了合同义务,而中企动力公司及中企网公司至今未能履行通用网址的注册义务。二被告称,合同未能履行的原因系 CNNIC 对于原告申请注册的网址名词在限制注册后又调高了注册价格,但是原告对此并无过错。同时,本案服务合同约定的注册期为 3 年,根据中企动力公司与 CNNIC 之间所签订《服务认证协议》中关于价格调整的约定,二被告作为专业的注册服务机构在订立合同时应当预见到合同订立后注册价格调整变化的可能性,但其在订立合同时却未对此风险予以防范。且二被告在知晓原告申请注册的网址被限制注册后至注册费用调高前的期间内,也未积极采取相应补救措施避免损失的扩大,故二被告对合同未能正常履行负有过错。

在 CNNIC 调高注册价格的情况下,二被告为履行注册义务就需要在原定履约成本的基础上增加支出。故二被告所主张的履行费用过高问题,实质上就是注册费用调高后与原定注册费之间差价的负担问题。无论该差价是由哪一方当事人负担,其性质都是用于填补合同履约成本增加所造成的损失,并不符合实际履行费用过高的适用条件。法院判决二被告共同为原告注册涉案通用网址。

7. 姚青等诉上海景旭置业开发有限公司商品房预售合同纠纷案

[案例来源:上海市宝山区人民法院(2003)宝民三(民)初字第 32 号民事判决书,《上海法院案例精选》2004 年,第 95－99 页]

2002 年 7 月 1 日,原告姚青、原告陈运恺与被告景旭公司签订《商品房预售合同》,约定:原告向被告购买 402 室房屋,总房价为 33 万元;被告不得擅自变更已经与原告约定的小区平面布局(该布局图未记载诉争污水处理池、开关站),确需变更的应当征得原告书面同意;被告未征得原告同意变更小区的平面布局,原告有权要求被告恢复;如不能恢复,被告应支付违约金。

诉争埋地式污水处理池(含地上建筑)和开关站位于原告所购房屋北侧,系被告依照环保和供电部门要求建造,建造时未得到建设工程规划许可(现已取得),现已投入使用。原告诉请被告拆除污水处理池和开关站。

上海宝山法院认为,系争污水处理站和开关站建于原告所购房屋北侧,但在售楼广告和双方商品房预售合同中均未标明,系被告在小区平面布局上新增项目。被告未征得原告同意变更了小区平面布局,已构成违约,原告按约有权要求予以恢复。但是,污水处理池、开关站系被告根据环保、供电部门的要求建造,为小区所必需,且现通过补办取得了建设工程规划许可证,并已实际投入使用,在事实上已不能恢复,原告要求拆除的诉请实难准许。原告有权按约要求被告支付违约金,但原告在本案中未提出主张,不予处理。法院判决对原告诉讼请求不予支持,案件受理费50元由被告负担。

第五百八十一条 【替代履行】当事人一方不履行债务或者履行债务不符合约定,根据债务的性质不得强制履行的,对方可以请求其负担由第三人替代履行的费用。

实务指引

例如,装修合同发生争议时,业主发现装修公司存在质量问题,请求装修公司承担违约的同时自行委托第三人予以重新装修,则另行产生的装修费用应该由装修公司承担。

第五百八十二条 【补救措施】履行不符合约定的,应当按照当事人的约定承担违约责任。对违约责任没有约定或者约定不明确,依据本法第五百一十条的规定仍不能确定的,受损害方根据标的的性质以及损失的大小,可以合理选择请求对方承担修理、重作、更换、退货、减少价款或者报酬等违约责任。

典型案例

8. 韩林诉上海盛大网络发展有限公司娱乐服务合同纠纷案

[案例来源:河南省开封市鼓楼区人民法院(2005)鼓民初字第475号民事判决书,《人民法院案例选》2006年第1辑,第212-216页]

2002年,原告韩林在被告盛大公司经营的《热血传奇》游戏中注册“hanlin”账户,并在该账户中建立“腾龙”的游戏角色。原告3年来在该账户中投入大量资金消费。2005年6月,原告的游戏装备丢失。原告诉请被告赔偿丢失的游戏装备价值5万元。

河南开封鼓楼法院认为,原告通过在被告运营的网络游戏《热血传奇》上注册,接受被告的服务,并履行了支付服务费的义务,成为被告的消费者,原被告形成了娱乐服务合同关系。原告韩林作为消费者通过支付对价和亲身劳动获得游戏中的相关虚拟物品,该物品系合法所得,且在游戏中能够为玩家提供使用功能和交换价值,具有财产属性。因此,运营商有义务保护消费者对该账户及账户内物品的完整和独占。被告对原告在游戏中的虚拟财产未能提供安全的防护措施,致使原告虚拟财产丢失,应承担相应责任。

被告主张原告虚拟物品被盗是黑客所为。法院认为,被告作为游戏运营商,掌握、控制所有玩家在该游戏中的活动数据,与普通玩家相比,被告由于直接掌控证据,故其具有更加优越的举证能力,应对玩家在游戏中的数据状态、变化及因由承担举证责任。被告的主张没有充足证据予以证明,法院对此不予认定。

原告要求被告赔偿丢失的虚拟物品价值5万元,由于无相关依据对该部分虚拟财产的价值予以核算,法院仅能支持被告对该部分物品的电子数据予以恢复。法院判决被告将原告韩林丢失的虚拟装备恢复到原告韩林的"hanlin"账户内。

9. 任才生诉宜兴市广海元汽车销售服务有限公司汽车买卖合同纠纷案

[案例来源:江苏省宜兴市人民法院(2011)宜民初字第2540号民事判决书,《人民法院案例选》2013年第1辑,第134-138页]

2009年11月,原告任才生向被告广海元公司购买轿车一辆,价税合计21万余元。2011年8月,广海元公司为该车更换了离合器变速箱。10月,任才生驾驶该车途中,车辆发生故障,任才生将车辆送至被告处修理。被告经检查后确认车辆存在滑阀箱故障,并确定更换变速箱总成。原被告达成《调解书》,约定:被告为原告更换变速箱总成;更换总成后,车辆须经车辆检测中心整车检测。

11月7日,该车在更换变速箱后的车辆试车过程中又出现问题,变速箱的滑阀箱与车辆不匹配。11月9日,被告订购滑阀箱,并于11月13日更换。11月14日,被告将修理好的车辆送检,检测结果合格。

原告诉请被告更换同类型新车一辆,新旧车差价由法院根据双方责任确定。被告明确,原告所购2009款轿车现已停产,现有2011款轿车价格为约21万元。原告明确表示愿意更换为2011款轿车。

江苏宜兴法院认为,根据《调解书》,被告应为原告更换变速箱总成,其意应为更换整套无质量问题的变速箱总成,而不是对更换的变速箱总成再进行修理或部件的更换。被告未能履行《调解书》约定的通过更换变速箱修理车辆的义务。原告任才生所购车辆在不到两年的时间内两次出现变速箱质量问题,修理过程及试车过程仍出现问题,要求被告承担修理的违约责任已不能达到原告的购车目的,原告任才生从消除自身安全隐患的角度,提出更换车辆的要求合理有据。法院判决被告为原告更换汽车一辆,原告支付被告差价9958元。

10. 孙全乐诉天津豪业建设发展有限公司商品房买卖合同纠纷案

［案例来源：天津市河北区人民法院(2008)北民初字第270号民事判决书，《人民法院案例选》2010年第3辑，第137－141页］

2000年1月，原告孙全乐与被告豪业公司签订《商品房买卖合同》，约定：原告购买被告开发的××房屋一套，房屋面积148平方米，售价为48万余元。原告依约付款并实际取得房屋。

2005年年底，原告与第三人费国兰通过中介签订购买该房的合同书后，二人为规避中介而悔约，中介将合同书收回。2006年8月，原告得知房屋实际面积是142平方米后，并将该情况告知费国兰。10月，原告与费国兰签订房产买卖协议书，约定：建筑面积142平方米，价款为60万元。费国兰交齐了全部房款并办理了房屋产权变更手续。

原告诉请被告退还房屋面积差价款2万元。第三人费国兰述称：其是产权人，实际受损失的是第三人，豪业公司多收的房款是非法收入，豪业公司多收的房屋差价款应该退还给费国兰。

天津河北法院认为，被告交付房屋的实际面积与合同约定面积不符，减少了6平方米，并未完全履行合同义务；原告是否将房屋转卖他人，并不影响双方之间业已存在的买卖合同关系，也不影响其依据合同继续向被告主张权利；被告也不能因原告将房屋转卖他人而免除自己的合同责任。房屋面积差价款的返还请求权是基于买卖合同的约定而产生的权利，依据合同的相对性原则，该返还请求权仅在与被告存在直接合同关系的当事人之间存在，第三人费国兰无权向被告索要房屋面积差价款。法院判决被告返还原告房屋面积减少的差价房款19 835元。

二、赔偿损失

第五百八十三条 【赔偿损失】当事人一方不履行合同义务或者履行合同义务不符合约定的，在履行义务或者采取补救措施后，对方还有其他损失的，应当赔偿损失。

典型案例

11. 郑雪峰、陈国青诉江苏省人民医院医疗服务合同纠纷案

［案例来源：江苏省南京市中级人民法院民事判决书，《最高人民法院公报》2004年卷，第399－402页］

原告郑雪峰、陈国青系夫妻关系，因生育障碍到被告人民医院处就医。2002年9月，二原告与被告签订了《试管婴儿辅助生育治疗协议和须知》(以下简称《协议和须知》)。人工辅助生育存在多种治疗技术，IVF和ICSI都是人工辅助生育的技术手段,《协议和须知》中未明确约定被告将采取哪一种技术。

2002 年 9 月,郑雪峰向人民医院交纳了检查费 5400 元,同日被告对郑雪峰进行了采卵手术并采集了陈国青的精子。医务人员在观察了陈国青的精子后,认为适宜按照 IVF 技术进行治疗,遂按照 IVF 技术操作,但是最终治疗未获成功。二原告诉请被告双倍赔偿医药费、误工费、精神抚慰金并公开赔礼道歉。

南京鼓楼法院认为,郑雪峰交纳的检查费与人民医院举证的 ICSI 技术的收费标准中前三项相加的数额相符,而郑雪峰交费时 ICSI 技术的收费项目中最后一项相应的医疗措施尚未进行。被告诉讼代理人在庭审中亦认可人民医院按照 ICSI 技术的收费标准收取了医疗费。人民医院"IVF 促排卵治疗记录单"中也记载了"拟行治疗"为"ICSI"。综合分析以上证据可以认定,原告已知悉存在两种不同的治疗技术手段,其交费的行为应当认为是对治疗技术方案作出的选择,人民医院收费的行为应当认为是对原告选择的确认。可以推定,原、被告之间已经就采取 ICSI 技术达成合意,人民医院有义务按照 ICSI 技术为原告进行治疗。

医疗服务合同以为患者治疗疾病为目的,医院一方应当以足够的勤勉和高度的注意谨慎行事,又由于医疗行为具有高度的专业性,因此医院在履约中具有较高的裁量权。但医院与患者在医疗服务合同关系中是平等的民事主体,且医疗行为的实施结果会对患者的身体造成直接影响,若完全不考虑患者的选择权明显有失公平。在医疗服务合同中,医院负有对医疗方案的说明义务,而患者享有对医疗方案一定的选择权。在实施医疗方案之前,除非在紧急情况下,医院有义务就该医疗方案向患者或其代理人进行充分的说明。患者有权充分了解医疗方案可能给自己带来的后果,有权对医疗方案进行选择。

对患者选择权的尊重应体现于存在两个以上治疗方案的场合,医院应该就几种不同治疗方案的利弊对患者进行充分说明,并以患者的决定为准选择治疗方案。原、被告已经约定采取 ICSI 技术,如果医务人员在治疗过程中认为原告的状况更适合采取 IVF 技术,在条件允许的情况下,应当向原告予以说明,并就治疗技术方案的改动征求原告的意见。被告只能证明原告知悉治疗技术的改动,不能证明被告已经就该改动取得了原告的同意,其行为构成违约,应当承担相应的责任。

原告付出的医疗费属于其损失,具体范围包括原告向人民医院支付的检查费、医药费以及原告在院外购买药品支出的费用,被告应当予以赔偿。但是原告提供的误工费证据仅有其工作单位出具的证明,而非当时未领取有关款项的证据,对此不予支持。违约损失赔偿不包括精神损害赔偿。因本案为合同违约之诉,原告无权要求被告承担精神损害赔偿并公开赔礼道歉。法院判决被告人民医院向原告郑雪峰、陈国青赔偿医疗费 11 434 元。南京中院二审维持原判。

12. 王璐等诉北京房开置业股份有限公司房屋拆迁安置补偿合同纠纷案

[案例来源：北京市第一中级人民法院(2010)一中民终字第15548号民事判决书，《中国审判案例要览(2012年民事审判案例卷)》，第170－174页]

2001年11月3日，被告房开公司作为甲方与原告王璐作为乙方，签订《安置协议书》，由被告负责安置营业用房，产权人为原告王启忠，安置期限为2004年1月。至今，房开公司未给二原告王璐、王启忠安置营业用房。原告诉请被告履行协议，为二原告安置商业用房；赔偿二原告每月违约金3000元。

北京市西城区人民法院认为，被告尚未履行对王启忠交付营业用房的义务，原告有权要求房开公司立即安置商业用房。二原告要求被告按其经营食品店的平均收入支付其每月3000元的违约金，未向法院提供证据，法院不予支持。法院判决被告房开公司按照《安置协议书》约定的同等条件、同等位置、同等面积、同等质量为王启忠安置营业用房一处。

北京一中院二审认为，王启忠本应于2004年1月取得铺面房，时至今日，房开公司仍未交付房屋，造成王启忠至今不能使用应有的房屋开展正常的经营活动，王启忠的经济损失是显而易见的，房开公司应对王启忠作出补偿。由于双方对逾期交房如何补偿问题没有约定，而王启忠提出的补偿标准过高，法院依据本案的具体情况及同类案件的补偿标准酌情确定。法院增加判决房开公司赔偿王璐、王启忠经济损失16万余元。

第五百八十四条　【预期利益损失】当事人一方不履行合同义务或者履行合同义务不符合约定，造成对方损失的，损失赔偿额应当相当于因违约所造成的损失，包括合同履行后可以获得的利益；但是，不得超过违约一方订立合同时预见到或者应当预见到的因违约可能造成的损失。

实务指引

本条中的赔偿也称为“可得利益损失”或“预期利益损失”，本条可以有效地保护债权人的利益。但由于实务中对于举证的要求，债权人的可得利益往往很难证明，故大多数案件中债权人的预期利益损失获赔也有一定难度。

典型案例

13. 上海上腾娱乐有限公司诉张杰演艺合同纠纷案

[案例来源：上海市第二中级人民法院(2008)沪二中民一(民)终字第1830号民事判决书，《人民法院案例选》2009年第3辑，第117－124页]

被告张杰与原告上腾公司签订《演艺代理协议书》，约定：被告全权委托原告作为被告的全球独家代理人，负责所有娱乐演艺事业安排；被告未经原告同意，严禁私自参加活动，否则原告有权单方没收被告因该活动而获得的全部收入，并有权向被告索赔原告全部损失；严禁被告以任何方式与其他任何公司、机构或个人签订与本协议内容相似或有关的经纪合同及任何形式的合作合同，否则原告有权责令被告限期解决冲突，并可向被告索赔。

2007 年 4 月，被告报名参加 2007 年“快乐男声”活动。原告收到被告《关于〈演艺代理协议书〉解除及相关事宜的律师函》，称：原告未安排被告参加任何演艺活动，且原告未获得营业性演出的许可证书，原告的行为已使协议之目的无法实现，严重损害了被告的合法权益，已构成根本违约。原告委托律师致函被告，称：《演艺代理协议书》依然有效，被告立即终止擅自参加“快乐男声”节目活动的行为。2007 年 11 月，原告取得营业性演出许可证。原告诉请确认双方《演艺代理协议书》有效，确认被告报名参加 2007“快乐男声”的行为构成违约，被告支付违约金 102 万余元。

上海静安法院一审认为，《演艺代理协议书》是具有特定内容的混合性合同。基于此协议非纯委托协议，双方均应当依据约定或者法律规定，正确行使合同解除权。原告在协议的履行过程中，为被告安排了各种活动和演出达 40 余场，为被告灌制出版了两张唱片，原告按照协议的约定履行自己的义务。被告未经原告同意，擅自报名参加了 2007“快乐男声”活动，且在与原告的协议尚未解除的情况下，与天娱传媒有限公司签订了演艺经纪合同，违反了双方的约定，缺乏应有的诚实信用，也违背了一般的职业道德，被告构成违约。

被告赔偿的损失额相当于因其违约所造成的损失，包括合同履行后原告可以获得的合理利益。根据原、被告双方的协议，被告私自参加商业性或非商业性的活动，原告有权单方没收被告因该活动而获得的全部收入，并有权向被告索赔原告全部损失。被告离开原告后，参加多次全国巡回演出，被告在此期间所获得的收益以及被告为他人谋取的利益，均应视为原告的损失，依照协议，原告有权获得此项利益。基于客观原因，原告虽无法提供被告确切的获利数额，但法院综合被告参加全国巡回演出的次数等各种因素，酌情确定被告赔偿原告的数额为 50 万元。法院判决被告赔偿原告 50 万元。上海二中院二审维持原判。

14. 郭艳芳诉柳江县康茂房地产开发有限公司商品房包销合同纠纷案

［案例来源：广西壮族自治区柳州市中级人民法院（2006）柳市民一终字第 254 号民事判决书，《中国审判案例要览（2007 年民事审判案例卷）》，第 241 – 247 页］

原告郭艳芳和被告康茂公司签订《商品房包销合同》，约定：原告为被告销售商品房，原告具有独家经销权，有权确定销售价格并获得超额之利润，也承担风险。后原告招聘人员进行销售,被告共支付原告 9.8 万元。其后,被告单方解除合同。原告诉请被告给付应得收益 27 万余元,赔偿经济损失 47 万余元。

广西柳州柳江法院认为,被告单方行使解除权没有法律依据,被告应该支付原告销售佣金和提成款,扣除被告已经支付的,被告还需要支付 27 万元。被告违约,导致原告可得利益丧失,应赔偿原告可得利益损失。按照未售出房屋的平均收益,法院确定为 18 万元。法院判决被告康茂公司支付原告郭艳芳销售提成费 27 万余元并赔偿原告预期可得利益损失 18 万余元。

广西柳州中院二审认为,一审判决没有考虑到郭艳芳如果继续履行合同,市场可能存在一定风险,可预期利益存在不确定因素。一审法院参照郭艳芳已售出每套商品房所获取的平均超额收益,酌情确定郭艳芳的可得利益是合理的,但在确定具体数额时还应考虑到郭艳芳并没有继续履行合同,未继续就此付出相应的劳动,而且如何继续履行合同存在一定的市场风险,可预期收益不确定等因素。法院改判康茂公司赔偿郭艳芳预期可得利益损失 15 万余元,维持其他判决。

15. 周敏如诉国信证券股份有限公司证券营业部证券交易合同纠纷案

[案例来源:上海市二中院(2010)沪二中民六(商)终字第 116 号民事判决书,《人民法院案例选》2011 年第 4 辑,第 203 - 207 页]

原告周敏如在被告国信证券营业部开户进行股票买卖,每日"低吸高抛"。某日凌晨2:01 至2:14,原告通过电话外线委托方式预埋了 21 笔卖出委托参与当天集合竞价,欲卖出北京城建、中华企业等 7 只股票。当日 9:15,被告将原告预埋的委托向上交所进行申报,其中申报成功 19 笔,2 笔因被告报盘机通讯问题而撤单。原告账户 9:21 至 9:23 有 4 笔买入委托,9:30 至 11:30 共有 8 笔卖出委托,均未成交。原告发现其股票被无故撤单,即与被告交涉。次日,北京城建、中华企业等股票暴跌。原告诉请被告赔偿股票交易损失 17 977 元。

上海黄浦法院一审认为,根据委托记录和交易行情,周敏如实际可以成交但受故障影响而未能卖出 2000 股中华企业及 200 股北京城建,其所受到的经济损失为 1036 元。周敏如自述其属于超级短线客,每天交易频繁,利用自有股票进行短期套利。该交易方式本身即存在很大的风险。且周敏如在当天下午曾有买入委托的记录,并无卖出的委托。在随后几天内周敏如又多次买入卖出相关股票。上述因素导致周敏如的经济损失难以准确界定,故损失总额可结合周敏如交易情况和当时的股票行情走势等因素综合分析,酌情确定为 2000 元。法院判决被告国信证券营业部赔偿原告周敏如经济损失 2000 元。

上海二中院二审认为,周敏如主张按照其惯常操作方式卖出均可以成交,但其所述操作并非实际发生,周敏如亦无法提供充分证据证实该方式系其惯常操作方式且均能成功,故无法依照周敏如主张的按惯常操作可能成交的价格与当日收盘价之间的差价进行赔偿。况且,周敏如所主张的按照其惯常操作方式可能获得的利益,随着较大的操作风险,亦超过国信证券营业部签订证券委托代理合同可以预见的范围。法院判决维持原判。

16. 张志浩诉中国南方航空股份有限公司航空旅客运输合同纠纷案

[案例来源:广西壮族自治区南宁市中级人民法院(2010)南市民二终字第259号民事判决书,《中国审判案例要览(2011年商事审判案例卷)》,第150-156页]

2009年6月,原告张志浩与四川青旅签订了《出境旅游合同》,约定:旅游费用总额为29 000元/人;7月24日在广州白云机场集合,乘坐KQ887航班;原告未按约到达指定地点集合而延误行程的,视为原告解除合同,不得要求四川青旅退还所交旅游费用。合同签订后,原告依约支付了旅游费用。

7月6日,原告向被告南航公司购买了7月24日16:20南宁飞往广州的CZ3293航班机票,价款为780元。7月24日下午,原告到南宁机场办理了相关登机手续,准备搭乘CZ3293航班前往广州。15:30左右,机场通知该航班临时取消。原告听到通知后,即到售票专柜说明情况,请求被告想办法尽快让原告抵达广州,赶上KQ887航班。被告工作人员表示可以为原告安排食宿和给予200元人民币的补偿,原告改签后续航班或退票。由于后续航班已无法让原告及时赶上KQ887航班,原告不接受被告的安排。虽然原告向多方请求帮助,但还是无法及时抵达广州,未能随团出境。经四川青旅申请,肯尼亚航空公司退还了原告机票税金707元,原告订购的国内返程机票也作了退票处理。原告诉请被告退回客票费780元,赔偿直接经济损失28 353元。

广西南宁江南法院认为,被告应按机票载明的时间将原告等旅客安全运送到目的地,并按规定向旅客提供相应的服务。CZ3293航班因被告方的原因而临时取消,被告所称的原因"飞机突发机械故障"不属于不可抗力,被告取消该航班构成违约,应承担违约责任。因被告临时取消航班,原告未能在预定时间抵达广州,错过了KQ887航班,无法实现《出境旅游合同》的合同目的。由于旅行社依合同约定不退原告已交的旅游费用29 000元,造成原告经济损失28 353元。该损失有别于可得利益损失,系直接损失。在航班取消后,原告向被告说明了自己必须尽快赶到广州转乘KQ887航班出境的情况,但被告只是采取了向乘客提供食宿,为乘客改签后续航班或办理退票等通常措施,而这些通常措施无法避免原告经济损失的发生。被告没有证据证明被告为避免损失的发生已经采取一切可能的措施。对于原告的经济损失,被告应承担赔偿责任。

但是,航空运输有其特殊性,因机械故障而延误或取消航班是常见的现象。原告应该预备较为充足的时间，以便在航班延误或取消时能够采取补救措施，避免损失。原告没有预留采取补救措施的时间，亦无证据证明在当时的情况下存在可以避免原告损失的补救措施而被告没有采取。对于损失的发生，原告本身也有一定责任。本着公平合理的原则，法院酌定原告自行承担30%的损失，被告赔偿原告70%的损失即19 847元。法院判决被告退还780元，赔偿经济损失19 847元。广西南宁中院二审维持原判。

第一百七十九条第二款　【惩罚性赔偿】法律规定惩罚性赔偿的，依照其规定。

相关规定：《消费者权益保护法》（2013年修正，主席令第7号）

第五十五条　【多倍赔偿】经营者提供商品或者服务有欺诈行为的，应当按照消费者的要求增加赔偿其受到的损失，增加赔偿的金额为消费者购买商品的价款或者接受服务的费用的三倍；增加赔偿的金额不足五百元的，为五百元。法律另有规定的，依照其规定。

经营者明知商品或者服务存在缺陷，仍然向消费者提供，造成消费者或者其他受害人死亡或者健康严重损害的，受害人有权要求经营者依照本法第四十九条、第五十一条等法律规定赔偿损失，并有权要求所受损失二倍以下的惩罚性赔偿。

实务指引

消费者依据《消费者权益保护法》最常见的案例就是购买汽车，首先适用《消费者权益保护法》，没有规定的情况下适用《合同法》，比如有的汽车销售商将返修的车辆当作新车出售，消费者发现维修记录中已经有修车记录，此时消费者如果以销售商欺诈为由要求退车返还购车款，并主张赔偿，法院一般会支持消费者的诉讼请求。

典型案例

17. 张莉诉北京合力华通汽车服务有限公司买卖合同纠纷案

［案例来源：北京市第二中级人民法院（2008）二中民终字第00453号民事判决书，《最高人民法院公报》2014年卷，第141－143页；《人民法院案例选》2016年第4辑，第18－20页］

原告张莉购买被告合力华通公司销售的轿车一辆，双方签订《汽车销售合同》，约定：卖方保证买方所购车辆为新车，在交付之前已作了必要的检验和清洁。原告向被告交付了购车款13万余元，同时支付了车辆购置税12 400元、服务费500元、保险费6060元。同日，被告将轿车交付张莉。某日，原告在将车辆送至被告处进行保养时，发现车辆曾于购买前进行过维修。原告诉请撤销《汽车销售合同》；被告返还车价款13万余元、车辆购置附加税款12 400元、保险费6060元及服务费500元，加倍赔偿经济损失 15 万余元。

审理中，被告表示：原告所购车辆确曾在运输途中造成划伤，进行过维修；被告对于车辆曾进行维修之事已在销售时明确告知原告，同时对车辆销售价格进行了较大幅度的优惠，该车销售定价应为 15 万余元，而经双方协商后实际销售价格为 138 000 元，并赠送了部分装饰。被告提供了有原告签字的车辆交接验收单，验收单备注一栏中注有"此车右侧有钣喷修复，按约定价格销售"。该验收单系该公司保存，原告手中并无此单。

北京朝阳法院认为，《汽车销售合同》未对车辆曾经的维修有过任何约定。被告主张其已告知车辆所存在的瑕疵，因原告不予认可，被告亦无其他证据证明张莉知道该车存在的瑕疵，在此情况下验收单不能证明被告已尽到了告知义务。车辆销售价格和赠送的车辆装饰是双方当事人协商的结果，不能证明原告对车辆存在的瑕疵有所了解，故被告已构成对张莉的欺诈。

原告购买该车系因生活需要自用，属生活消费，应适用《消费者权益保护法》。现原告要求撤销双方签订的《汽车销售合同》，合力华通公司退还购车款并加倍赔偿其损失。增加赔偿的金额应以原告购买车辆的价款为标准，而非车辆的实际售价。其余各项费用包括车辆购置税、服务费及保险费应由被告给予赔偿。

在退还购车款时，应由原告自行负担合理的折旧费用，由于原告不同意对车辆进行价值评估，故折旧费数额由法院根据案件实际情况酌予确定。具体的折旧比例以车辆实际销售价格的 10% 为宜。

法院判决原告张莉将轿车退还被告北京合力华通汽车服务有限公司；被告退还原告购车款 12 万余元，赔偿原告购置税 12 400 元、服务费 500 元、保险费 6060 元，加倍赔偿原告购车款 13 万余元。

北京二中院二审同样认为，车辆销售价格的降低或优惠以及赠送车饰是销售商常用的销售策略，也是双方当事人协商的结果，不能由此推断出合力华通公司在告知张莉汽车存在瑕疵的基础上对其进行了降价和优惠。合力华通公司提交的有张莉签名的车辆交接验收单，因系合力华通公司单方保存，且备注一栏内容由该公司不同人员书写，加之张莉对此不予认可，该验收单不足以证明张莉对车辆以前维修过有所了解。法院判决维持原判。

18. 王压萍诉四川名人房地产开发公司商品房预售合同纠纷案

［案例来源：四川省成都市武侯区人民法院（2006）武侯民初字第 252 号民事判决书，《中国审判案例要览（2007 年民事审判案例卷）》，第 151 – 155 页］

2005 年 11 月，原告王压萍与被告名人公司签订《商品房买卖合同》，约定：由原告购买被告的房屋一套。合同签订之后，原告向被告支付首付款 7 万余元。此后，原告前往银行办理按揭贷款手续,被银行告知讼争房屋已由被告出售给程某某且售房合同已经备案登记,故而该房屋不能再次办理按揭贷款手续。原告遂向被告提出索赔要求。

2005 年 12 月,成都市房屋产权监理处将程某某购买讼争房屋的备案登记注销,并对原告购买讼争房屋的合同进行了备案登记。被告未将该信息及时告知原告。原告诉请解除合同、返还购房款 7 万余元并支付违约金 7 万余元。诉讼过程中,被告同意解除购房合同。

成都武侯法院认为,原被告均要求解除《房屋买卖合同》,法院予以支持。《补充协议》作为该买卖合同的附件,也应一并予以解除。

违约一方因不履行或不完全履行合同义务而给对方造成损失的,应当依法或者依合同约定承担损害赔偿责任。这样的损害赔偿主要是为了弥补或填补债权人因违约行为所遭受的损害后果。一般情况下,损害赔偿的确定是以实际发生的损害为计算标准,而主要不是以当事人的主观过错程度作为确定赔偿的标准,因为损害赔偿的目的一般不是惩罚过错行为,而是补偿受害人的损失。即使在损害赔偿与违约金并用的情况下,也应该以实际损失作为责任的最高限额,即受害人不得获得超过实际损失的赔偿。

惩罚性赔偿,是指由法庭所作出的赔偿数额超出实际损害的赔偿,是对于真实赔偿的一种附加赔偿。其目的在于补偿原告所遭受的、由法院所认定的、由被告的违法行为所造成的损害。这样的赔偿是对被告的一个惩罚。惩罚性赔偿是以补偿性赔偿的存在为前提条件的,受害人原则上不能单独请求惩罚性赔偿。许多情况下,惩罚性赔偿在实际损害难以准确确定而通过补偿性赔偿又不足以补偿受害人遭受的损失的情况下适用的。其功能不仅表现为填补受害人的损失,而且主要在于惩罚和制裁严重过错行为。它虽然是以实际损害的发生为适用前提,但不以实际损害为适用的主要条件,而是主要考虑加害人的主观过错程度、动机、赔偿能力等多种因素。

原告所主张惩罚性赔偿的事实基础在于其认为被告存在一房二卖行为。《最高人民法院关于审理商品房买卖合同纠纷案件适用法律若干问题的解释》(法释〔2003〕7 号)第 8 条、第 9 条适用的前提是因卖方的行为导致商品房买卖合同目的不能实现或者是导致合同无效或者被撤销、解除。上述两条规定有一个共同点,就是出卖人一房二卖的行为导致买受人无法取得房屋,合同的目的已经落空。本案中,虽然被告在将房屋出售给原告时房屋已经备案登记为预售给程某某,但在原告起诉时,该备案登记已经注销且房屋已经备案登记于原告本人名下。因备案登记具有物权的效力,故而根本不存在原告不能取得讼争房屋的问题,也就不存在合同目的不能实现的问题。

适用惩罚性赔偿还必须要求出卖人具有主观上的恶意，也就是说，出卖人故意告知买受人虚假情况或者故意隐瞒真实情况，诱使买受人作出错误的意思表示。本案房屋早先由被告出售给程某某并进行了备案登记，但程某某此后又要求换房并与被告就换房事宜达成了一致意见。从房屋预售备案登记情况来看，被告提出了对程某某的备案登记予以注销的申请，只是被告在将该房屋出售给原告时，备案登记尚未注销。被告在该事件中虽然具有一定的疏忽，但并不具有欺诈的恶意。原告要求惩罚性赔偿也缺乏相应的主观要件。法院判决解除合同，被告名人公司返还原告王压萍房屋预付款。

本案相关规定：《最高人民法院关于审理商品房买卖合同纠纷案件适用法律若干问题的解释》（法释〔2003〕7 号）

第八条 具有下列情形之一，导致商品房买卖合同目的不能实现的，无法取得房屋的买受人可以请求解除合同、返还已付购房款及利息、赔偿损失，并可以请求出卖人承担不超过已付购房款一倍的赔偿责任：

（一）商品房买卖合同订立后，出卖人未告知买受人又将该房屋抵押给第三人；

（二）商品房买卖合同订立后，出卖人又将该房屋出卖给第三人。

第九条 出卖人订立商品房买卖合同时，具有下列情形之一，导致合同无效或者被撤销、解除的，买受人可以请求返还已付购房款及利息、赔偿损失，并可以请求出卖人承担不超过已付购房款一倍的赔偿责任：

（一）故意隐瞒没有取得商品房预售许可证明的事实或者提供虚假商品房预售许可证明；

（二）故意隐瞒所售房屋已经抵押的事实；

（三）故意隐瞒所售房屋已经出卖给第三人或者为拆迁补偿安置房屋的事实。

第九百九十六条 【精神损害赔偿】因当事人一方的违约行为，损害对方人格权并造成严重精神损害，受损害方选择请求其承担违约责任的，不影响受损害方请求精神损害赔偿。

实务指引

在合同诉讼中，法院一般不会支持守约方的精神损失赔偿请求，因为通常认为只有侵权诉讼中才会考虑赔偿精神损失的请求。但是在一些特殊的案件中，比如丢失了具有纪念意义的照片、医疗服务提供方怠于履行义务等情况，法院有时会支持守约方要求违约方赔偿精神损失的请求，合同编第 583 条是其法律依据，因为

“其他损失”可以涵盖精神损失。所以,即使没有人格权编第996条的这一规定,合同法也未完全排斥精神损失的赔偿。

《民法典》之前曾有观点不支持在合同诉讼中寻求精神损失的赔偿。笔者认为,这一观点值得商榷,因为在合同纠纷中,尤其是服务性合同纠纷中,确实存在精神损失的情况,但是这些案件可能很难构成侵权而适用侵权法的规定。

典型案例

19. 李某等诉当涂县大陇医院、当涂县护河中心卫生院医疗服务合同纠纷案

[案例来源:安徽省马鞍山市当涂县人民法院(2008)当民二初字第60号民事判决书,《人民法院案例选》2011年第1辑,第169－175页]

原告李某于2005年8月怀孕,分别于2005年10月、11月和2006年4月在被告护河卫生院处做产前常规B超检查。2006年1月,李某在被告大陇医院处做产前常规B超检查,并建立孕情检测卡。4月,李某在大陇医院做产前常规B超检查,并产下原告周某。以上五次B超检查,二医院均未能按照产科超声检查的一般要求对胎儿股骨长度进行测量等检验,亦未告知李某胎儿有异常现象。周某出生后,因“3个月尚不能抬头”到医院就诊。2007年11月,周某确诊为先天性软骨发育不全。

李某、周某申请医疗事故鉴定。南京医科大学司法鉴定所出具司法鉴定意见书,鉴定意见为:二被告对李某的产前检查诊疗存在缺陷,对能否及时发现周某的发育畸形存在不良影响。同时产前检查的两家医院设备、技术水平以及周某产检当时是否已呈现软骨发育不全的B超影像特征也是影响能否及时诊断的因素。周某目前暂不宜评定伤残等级。原告诉请二被告赔偿医疗费、护理费、误工费、交通费、精神抚慰金、鉴定费等合计17万余元。

安徽马鞍山当涂法院认为,两被告安排进行B超检查的医务人员均无相应的执业医师资格,且两被告诊治过程中存在过错,致使原告李某失去了选择让不健康的婴儿出生的机会,侵害了原告李某的民事权利。畸形婴儿的出生势必给原告李某产生较大的精神痛苦,而原告周某随着年龄的增长,自身的畸形发育也必将对其心理产生一定的伤害,故两被告应适当赔偿两原告精神抚慰金。

鉴于两被告系乡镇卫生院,本身的医疗设备、技术水平对能否发现胎儿骨骼不全具有不确定性,且B超检查对软骨病的诊断难度较大,故可减轻两被告的赔偿责任。软骨发育不全系先天性疾病,与两被告的诊疗行为并无因果关系,故对两原告的物质赔偿请求除原告李某的产前诊疗费用及交通费外均不应予以支持,但该两项费用,原告未提交证据证明。法院判决被告大陇医院、护河卫生院各赔偿原告李某、周某精神抚慰金25 000元。

20. 冉某等诉袁某婚庆服务合同纠纷案

[案例来源:重庆市涪陵区人民法院(2009)涪法民初字第 470 号民事判决书,《法律规则的提炼与运用:〈人民司法・案例〉重述(民事卷)》(2011 – 2015),第 159 – 168 页]

二原告冉某、袁某某准备结婚。原告冉某与被告袁某口头达成《婚庆服务协议》,约定:由被告经营的"情缘婚庆服务部"为二原告提供婚庆服务,为二原告布置婚礼场景、摄影摄像并刻录光盘。协议达成后,被告通知摄影师周某帮其去摄影。

婚礼当天,摄影师周某到原告家和婚礼现场进行摄影。摄影完毕后,周某将摄影录像刻录成光盘并将光盘交给原告。原告看后发现光盘中的影像资料没有完整记录婚庆的场景,其中从主婚人讲话到新人给客人敬酒之前的部分画面没有刻录到光盘里。原告打电话告诉周某部分画面没有,周某告诉原告该部分画面没有是因为录像内存卡遗失所致。原告诉请被告返还已缴纳的婚庆服务费人民币 800 元,并赔偿精神抚慰金 2 万元。

重庆涪陵法院认为,被告按照合同约定完成了婚礼场景布置服务项目,但在刻录光盘时遗失了部分摄影内容,导致婚礼过程记录不完整,违反了双方的约定,被告的行为构成了违约,应承担违约责任,返还原告该部分的服务费 200 元。婚庆服务是一种特殊服务,由于被告的违约行为给原告造成了无法弥补的损失,给原告造成了严重的精神损害,被告应适当赔偿原告精神抚慰金。原告主张的精神抚慰金 2 万元过高,法院确定被告赔偿原告精神抚慰金 2000 元。法院判决被告袁某返还二原告婚庆服务费 200 元,赔偿精神抚慰金 2000 元。

三、违约金与定金

第五百八十五条　【约定违约金】当事人可以约定一方违约时应当根据违约情况向对方支付一定数额的违约金,也可以约定因违约产生的损失赔偿额的计算方法。

约定的违约金低于造成的损失的,人民法院或者仲裁机构可以根据当事人的请求予以增加;约定的违约金过分高于造成的损失的,人民法院或者仲裁机构可以根据当事人的请求予以适当减少。

当事人就迟延履行约定违约金的,违约方支付违约金后,还应当履行债务。

实务指引

第1款规定的是可以约定违约金。

第2款规定的是违约金的调整。需要注意的是,违约金只要低于损失就可以要求调整;违约金只有过分高于损失才可以要求调整,未过分高于损失的不可以要求调整。

第3款是指就迟延履行约定违约金的,违约方承担违约金后,不影响合同的继续履行。

我国的影视剧中有时会出现这样的剧情:如果一个企业违约,将承担十倍的赔偿,那这个企业可能就破产了。其实,约定违约金一般都是弥补损失,不会导致企业破产,影视剧中的该类剧情向观众传达了一个错误的法律知识,很容易误导普通观众。

美国的影视剧中也会有比如烟草公司、医药公司被判决给予消费者上千万甚至上亿美元的赔偿,这种赔偿在美国确实发生过,但是,他们是基于侵权法给予的赔偿,而不是基于合同法。侵权给予巨额赔偿的一个原因是要惩罚经营者,以督促其合法经营;另一个更重要的原因是精神损失的赔偿。此类案件中,也确实给予了经营者严重的惩罚,应该说有很好的社会作用。我国侵权法上规定的精神损失的赔偿数额比较少,笔者认为值得商榷,有必要提高。

我国合同法上约定违约金的主要目的是弥补损失,在一定程度上具有惩罚性。

典型案例

21. 内蒙古铁骑纺织有限责任公司诉天津万利成实业发展有限公司建设工程施工合同纠纷案

[案例来源:最高人民法院民事判决书,《民事审判指导与参考》2010年第1辑,第254-266页]

2003年7月,原告铁骑公司与被告万利成公司签订《建设工程施工合同》,约定:被告(承包人)将工程一次性包死,不做调整;工期为55天,承包人每延误一天,按工程总造价的2‰罚款,并承担由此造成的其他损失。合同签订后,原告陆续向被告支付工程款。

2005年9月,原告向被告发出《函告》,要求其对吊顶工程尽快施工。被告负责人何宾签收了该函告,但吊顶工程一直没有施工。工程至今仍未竣工验收。原告铁骑公司诉请解除《建设工程施工合同》,被告承担违约金628万余元。

呼和浩特中院一审认为,被告所做的钢结构工程延误48天,依"每延误一天,按工程总造价的2‰罚款",应承担违约金75万余元。被告所做的屋面工程延误155天,应承担违约金242万余元。内隔墙工程延误210天,应承担违约金329万余元。法院判决解除《建设工程施工合同》,被告万利成公司向原告铁骑公司支付违约金576万余元。内蒙古高院二审认为,铁骑公司曾两次逾期付款,按合同约定,屋面工程工期应相应顺延,故实际逾期77天,对此应承担违约金120万余元。法院改判万利成公司向铁骑公司支付违约金524万余元。

最高人民法院再审认为,对于违约金问题,虽然万利成公司并未提出违约金过高的主张,但其一直主张其未违约,应视为其认为违约金过高。合同标的额为783万余元,而万利成公司需支付的违约金却高达524万余元,应予调整。法院改判万利成公司赔偿铁骑公司违约金235万元(合同标的额的30%)。

本案相关规定:《最高人民法院关于适用〈中华人民共和国合同法〉若干问题的解释(二)》(法释〔2009〕5号)

第二十九条 当事人主张约定的违约金过高请求予以适当减少的,人民法院应当以实际损失为基础,兼顾合同的履行情况、当事人的过错程度以及预期利益等综合因素,根据公平原则和诚实信用原则予以衡量,并作出裁决。

当事人约定的违约金超过造成损失的百分之三十的,一般可以认定为合同法第一百一十四条第二款规定的"过分高于造成的损失"。

22. 贵阳市国土资源局诉贵州太升房地产开发有限公司建设用地使用权出让合同纠纷案

[案例来源:最高人民法院民事判决书,《民事审判指导与参考》2016年第4辑,第190-198页]

2014年11月,原告贵阳市国土局(出让人)与被告太升公司(受让人)于3日签订《国有建设用地使用权出让合同》(以下简称《出让合同》),其中约定:被告于2014年12月前一次性付清出让价款22 115万元;被告不能按时支付出让价款的,自滞纳之日起,每日按迟延支付款项的1‰向出让人缴纳滞纳金。

合同签订后,太升公司分别于2014年11月支付4355万元、2015年1月支付48万余元、2015年1月支付6000万元、2015年11月支付1713万元出让价款,共计12 115万余元,尚欠原告出让价款9999万余元。原告诉请被告支付尚欠土地出让款及滞纳金。

贵州高院一审认为,被告未按照出让合同的约定,于2014年12月前一次性支付国有建设用地使用权出让价款,构成违约,应承担相应的违约责任。出让合同约定的每日按迟延支付款项的1‰向原告贵阳市国土局缴纳滞纳金,其实质即为违约金。被告认为出让合同约定的违约金标准过高,请求予以调整。根据出让合同约定的"每日迟延支付款项1‰"的标准计算,每年约为36%,相当于中国人民银行同期同类贷款利率的6倍之多。违约金标准过高。

截至出让合同约定的付款期限2014年12月,被告太升公司已支付4355万元,仅占总出让价款22 115万元的20%；截至原告起诉之日，被告已支付12 115万余元，占总出让价款22 115元的55%。综合双方当事人履行合同的情况，考虑违约金所具有的补偿性和惩罚性的双重功能，法院将违约金标准调整为每年按迟延付款金额的24%计算。

法院判决被告太升公司向原告贵阳市国土局支付建设用地使用权出让价款9999万余元，按每年24%的标准计算滞纳金。

贵阳市国土局主张应当依照合同约定计算违约金，认为双方关于违约金的约定标准符合国务院办公厅《关于规范国有土地使用权出让收支管理的通知》中的规定。最高人民法院二审认为，该规定系从行政管理角度规范国有土地出让收入的缴纳，属于行政规章，在调整平等民事主体之间的法律关系中不宜直接作为计算违约金的依据。双方当事人对于违约金的承担虽然参照上述规定作了约定，但是土地使用权受让人作为民事平等主体，有权请求法院对于过分高于实际损失的违约金予以适当减少，人民法院可以进行调整。

太升公司主张以银行贷款利率计算违约金。法院认为，从违约金的目的看，既有补偿性，亦有惩罚性。如果以中国人民银行同期同类贷款利率计算涉案违约金，等同于太升公司低成本占用贵阳市国土局的土地出让金。太升公司亦主张迟延支付土地出让金的理由是"因为全国整体经济环境的恶化及信贷的收缩"。在信贷政策收缩的情况下，太升公司很难以中国人民银行同期贷款利率融到资，以同期同类贷款利率计算违约金不能体现违约金的惩罚性。

违约金一方面具有惩罚性，另一方面具有补偿性。违约金的计算不能过分高于违约方给非违约方造成的损失。贵阳市国土局的损失为太升公司所拖欠其土地使用权出让金的利息损失。在贵阳市国土局未举证证明其还存在其他损失的情况下，一审判决以年24%利率计算涉案违约金过高，显属不当，应予纠正。

法院认为，综合涉案合同的履行情况、太升公司的过错程度、预期利益等以及贵阳市国土局的损失情况，根据公平原则和诚实信用原则，应以中国人民银行公布的同期同类贷款利率的2倍计算涉案违约金。

法院改判太升公司向贵阳市国土局支付出让价款8999万余元，按中国人民银行同期同类贷款利率的2倍计算支付违约金。

23. 王卫文诉孙云才买卖合同纠纷案

［案例来源：北京市第二中级人民法院民事判决书，《最高人民法院公报》2014年卷，第250－251页］

原告王卫文在被告孙云才的经营场所购买了一部诺基亚手机，价格为1180元。被告向原告出具一张购货单据，其上写明了手机型号、单价及数量，并载明"保原装,假一赔十"。经鉴定,原告获悉该手机为假冒产品。原告诉请被告按照"假一赔十"的承诺支付赔偿金 11 800 元。

北京东城法院认为,被告为促销商品而承诺"假一赔十"是一种合同行为。原告决定购买该商品,买卖合同成立,该承诺连同合同其他条款对经营者即具有法律约束力。被告向原告作出了"假一赔十"的承诺,应该依约履行。法院判决被告支付赔偿金 11 800 元。北京二中院二审维持原判。

第五百八十六条　【定金】当事人可以约定一方向对方给付定金作为债权的担保。定金合同自实际交付定金时成立。

定金的数额由当事人约定;但是,不得超过主合同标的额的百分之二十,超过部分不产生定金的效力。实际交付的定金数额多于或者少于约定数额的,视为变更约定的定金数额。

实务指引

1. 合同编赋予"定金"特殊的含义,并没有赋予"订金"特殊含义。当然,如果没有"定金"字样,但是合同中详细约定了与定金有关的内容,也是可以的。定金和老百姓日常生活联系最多的地方有两个:一个是买卖房屋;另一个是买卖车辆。

2. 定金合同自实际交付定金时成立,这表明定金是实践性合同。按照本条的理解,实际交付的定金数额少于约定数额的,视为减少约定的定金数额,没有问题。实际交付的定金数额多于约定数额的,按照本条第 2 款第二句的规定,视为推定增加了定金数额,则存在争议。比如,买卖合同总金额为 100 万元,合同约定 10 万元为定金,买方合同签订后以转账方式支付了 18 万元,并标注为"定金",则应该理解为 10 万元为定金,8 万元为预付款或其他款项,该 8 万元不宜认定为也是定金。如果双方就定金条款达成了变更的一致意见,则该款存在的意义就值得探讨。

典型案例

24. 吉林省建筑设计院有限责任公司诉长春长信国际房地产开发有限公司土地使用权转让合同纠纷案

[案例来源:最高人民法院(2006)民一终字第 9 号民事判决书,《民事审判指导与参考》2006 年第 4 辑,第 170 - 182 页]

2005 年 6 月,被告长信公司与原告设计院签订《新城开发区土地使用权转让合同》(以下简称《转让合同一》),其中约定:被告将土地使用权一次性转让给原告,转让费 3960 万元;被告如不能按时完成应尽义务,逾期一日,须向原告赔偿总价款的

0.3‰作为损失;如逾期60日还不能交付使用,原告有权解除本合同,被告应向原告双倍返还"订金"1000万元,并赔偿该总价款的10%作为违约金。合同签订后,原告向被告支付了1000万元"订金"和2000万元价款。

同日,被告与案外人吉林省建设房地产开发有限责任公司(以下简称建设公司)签订《新城开发区土地使用权转让合同》(以下简称《转让合同二》),该合同除受让方不同外,合同内容和《转让合同一》完全一致。合同签订后,建设公司未按合同约定的期限、款额支付土地转让款。

原告是建设公司控股股东。建设公司法定代表人焦洪军表示:《转让合同二》的签订,完全是受原告的指定,目的是将土地使用权更名到建设公司名下,所以两份合同的编号、内容完全一致。这样就不用再由原告把土地使用权转让给建设公司,省一笔契税。合同项下定金和转让款均是原告支付的,建设公司未出资,建设公司的一切行为是在原告的指定下进行的。

被告一直未向原告办理转让土地使用权的更名过户手续。原告诉请解除《转让合同一》,被告退还已付转让价款、双倍返还定金、给付赔偿金。

吉林高院一审认为,被告无证据证明原告与建设公司之间有任何合同权利义务转让协议,也无证据证明原被告之间的合同关系已经终止。故原告作为《转让合同一》的当事人,起诉要求解除该合同,符合起诉条件,是适格的原告,具有诉讼主体资格。

被告虽为办理土地证变更登记做了一定工作,但直至开庭之日,仍未能将土地证变更登记办理完毕,超过合同约定期限4个月有余。被告认为未能如期办理土地证更名手续是政府有关职能部门造成的,属不可抗力。法院认为,被告从合同签订之日到本案开庭审理之日,5个多月的时间内,仍未将土地使用权变更登记手续办理完毕,主要责任在被告。此种情况,不属于不能预见、不能避免并不能克服的客观情况。被告应当对其违约行为承担违约责任。

双方对合同约定的"订金"的法律性质及不履行约定产生的法律后果,认识是一致的,即违约方将适用"定金罚则"。合同中约定且交付的"订金",已约定为定金性质,原告有权主张定金权利,予以保护。根据《担保法》第91条的规定,定金的数额由当事人约定,但不得超过主合同标的额的20%。双方约定的定金为1000万元,超过了标的额的20%(792万元),对超过部分不予支持。

因被告违约,原告要求按合同约定支付赔偿金。法院认为,所谓赔偿金应是依照合同约定,一方违约,给对方造成了有证据证明的实际损失。原告未能提供证据,证明因对方违约给自己造成的具体损失及损失数额,对其赔偿金诉请不予支持。因被告违约促使合同的解除条件成就,原告有权诉请解除合同。法院判决解除《转让合同一》;被告退还原告已付转让款2208万元并双倍返还定金1584万元。最高人民法院二审维持原判。

25. 美铭文化公司诉中博世纪影视公司定金合同纠纷案

[案例来源:北京市第二中级人民法院(2007)二中民终字第12498号民事判决书,《中国审判案例要览(2008年商事审判案例卷)》,第93-97页]

被告中博公司与原告美铭公司签订《经营合作框架备忘录》,其中约定:……原告向被告缴纳30万元保证金,该保证金在备忘录约定期满后15日内返还给原告;在备忘录约定期限内原告单独终止合同,该保证金不退还;在备忘录约定期限内被告单独终止合同,按该保证金双倍退还原告;合作期满,被告须返还原告保证金。备忘录签订后,原告向被告支付保证金15万元。合同期满后,原告多次向被告催要保证金未果。原告诉请被告返还保证金15万元。

北京怀柔法院一审认为,双方在备忘录中记载的保证金实际约定为定金性质。定金合同签订后,如果应当交付定金的一方实际交付的定金数额多于或者少于约定数额,则视为变更定金合同,被告已收受原告交付的15万元定金,可认定原、被告双方之间的定金数额已变更为15万元,定金从合同生效。

解约定金是当事人为保留解除主合同的权利而交付的定金。定金合同生效后任何一方不得擅自变更或解除合同,除非双方协商一致并达成书面协议,亦即原告在未擅自解除合同的情况下,即有权要求定金抵作价款或收回。被告未能提供证据证实原告在合同履行过程中存有擅自解除合同的情形。据此,被告应当在合同期满后向原告返还定金。法院判决被告中博公司返还原告美铭公司15万元。北京二中院二审维持原判。

第五百八十七条 【定金罚则】债务人履行债务的,定金应当抵作价款或者收回。给付定金的一方不履行债务或者履行债务不符合约定,致使不能实现合同目的的,无权请求返还定金;收受定金的一方不履行债务或者履行债务不符合约定,致使不能实现合同目的的,应当双倍返还定金。

典型案例

26. 戴雪飞诉苏州华新国际公司预约合同纠纷案

[案例来源:江苏省苏州市中级人民法院(2005)苏中民一终字第0068号民事判决书,《最高人民法院公报》2006年卷,第472-477页;《人民法院案例选》2006年第1辑,第170-176页]

2004年4月,原告戴雪飞和被告华新公司签订《定购协议》,其中约定:由原告向被告定购203室住宅一套；原告向被告缴纳定金5万元；若原告在签约日（2004年4月25日）前选择放弃选定物业购买权或者到期不签约，5万元定金不予退还；若被告签约日前将该房屋卖给他人，则双倍返还定金。当日，原告向被告交纳了5万元定金。

4月25日，原告到被告售楼处协商订约事宜，双方未能协商达成一致意见，故未签订预售合同。对订约不成的原因，双方各执一词，且都不能举证证明。原告诉请被告双倍返还定金。

苏州工业园区法院一审认为，协议约定，原告应当在签约日前到被告处与其协商签订商品房预售合同，但在被告否认的情况下，原告不能说明其已于当日实践了订约行为。原告应当就其未能与被告协商订约事宜承担相应的民事责任，其无权要求双倍返还定金。法院判决驳回原告诉讼请求。

苏州中院二审认为，双方签订的是预约合同。预约合同中已经确定的内容单方无权更改；未确定内容应由双方继续谈判，在无悖公平原则情况下磋商不成，或不可归则于双方当事人的原因而未订立合同，则不存在违约，定金应该返还。一方主张对方违约，应承担举证责任。目前双方当事人都已经履行了订约行为，对本约订立不成的原因，均无法举证证明对方违约，应合理推定为磋商不成。法院改判华新公司返还戴雪飞定金5万元。

27. 李某诉黄晓玲房屋买卖合同纠纷案

［案例来源：浙江省宁波市中级人民法院（2011）浙甬民二终字第692号民事判决书，《人民法院案例选》2012年第3辑，第141－148页］

原告李某未满18周岁，与父亲李金龙、母亲李小明同属一户，李某家在宁波市拥有3套住宅房。2011年1月，李小明代表原告李某与被告黄晓玲签订《房地产买卖合同》，其中约定：原告支付购房定金15万元；在4月15日之前双方应提供过户所需的全部资料并送入交易中心。李小明依约支付定金15万元。

2月20日，《宁波市人民政府办公厅关于进一步做好房地产市场调控工作的通知》（以下简称《通知》）发布，规定：在宁波市已拥有2套及以上住房的宁波市户籍居民家庭，暂停在宁波市向其售房。2月21日晚，原、被告双方均得知次日仍可以办理房产过户登记手续，双方约定次日办理房屋过户手续。2月22日，李小明、被告黄晓玲前往办理过户手续。被告要求原告方支付剩余120万元购房款，李小明提出过几天支付。被告遂要求出具欠条，李小明拒绝出具欠条。双方发生争执，最终未能成功办理过户手续。原告诉请解除《房地产买卖合同》，被告返还定金15万元。

浙江宁波镇海法院一审认为，根据《通知》规定，原告不能在本市购房，亦不能办理房屋过户手续，《房地产买卖合同》实际已无法继续履行。原告有其要求解除合同。原告在具备付款条件的情况下未能支付购房余款又拒绝出具欠条,导致合同最终未能履行,原告的行为构成违约。原告的付款义务是合同明确约定的,是一项积极义务,出具欠条只是原告对付款义务的确认,并不代表其已经履行,原告出具欠条与否意义不是很大,双方为此导致合同最终未能履行均有一定的责任,且合同最终被解除是由于限购政策的影响。法院判决解除《房地产买卖合同》,被告返还原告定金10万元。

浙江宁波中院二审认为,在《通知》于2月20日出台后,合同双方已于2011年2月21日明知合同履行将遇到风险,但若双方互相积极配合,仍能促使合同在房产限购政策正式施行前获得履行,避免风险的发生。2月22日,双方一同前往办理过户手续时,李某方明确拒绝于当日支付房款或出具欠条,属未以积极、善意之态度予以协助、配合,以促成合同之履行。合同目前虽确因房产限购政策而无法继续履行,但导致该合同未能在限购政策正式施行前获得履行的责任,在李某一方。法院判决维持原判。

第五百八十八条　【定金与违约金】当事人既约定违约金,又约定定金的,一方违约时,对方可以选择适用违约金或者定金条款。

定金不足以弥补一方违约造成的损失的,对方可以请求赔偿超过定金数额的损失。

实务指引

1. 守约方有三个主张权益的选择:定金、约定违约金、实际损失。如果有定金条款,就算没有任何实际损失,也可以直接适用定金条款。对于约定违约金,法官可以调整,法官的自由裁量权较大。实际损失是要用证据证明的,实务中举证难度较大。所以,在实际损失难以证明的情况下,在签订合同时直接约定定金条款更能充分保障守约方的权益,这对守约方非常重要,且简单易操作。

2. 定金可以视为一种特殊的违约金,所以,定金和违约金只能主张一种。无论是否有实际的损失,都可以主张定金和违约金。债权人可以在实际损失和定金之间选择较高的一个主张。如果实际损失高于定金,其实可以直接主张实际损失,不需要主张定金。

但是在实践中,本条可能会有一定的用处,因为存在债权人主张的实际损失高于定金,但是法院认定的实际损失低于定金的情况。这样,债权人可以主张两项违约赔偿,定金和超过定金的实际损失。如果无本条第2款,则可以在主张实际损失时特别标注:如果违约金低于定金,则以定金为准。

典型案例

28. 宁海县泰和居窗轨饰品有限公司诉江阴市博世杰科技有限公司承揽合同纠纷案

［案例来源：浙江省宁海县人民法院（2010）甬宁商初字第406号民事判决书，《中国审判案例要览（2011年商事审判案例卷）》，第72－78页］

2009年7月8日，原告泰和公司、被告博世杰公司签订《购销合同》，约定：被告为原告定做窗帘导轨，总价36万元；原告支付合同总价30%的定金；被告于定金到账60天内交货；如未能按合同规定的时间交付合格的设备，每超过一天按合同额的3‰给予原告补偿，超过15天以上，原告有权拒绝收货，并要求被告退回定金并赔偿由此造成的损失。

2009年7月，原告支付定金10.8万元。被告到合同约定的交货期限未能交货。2010年1月，被告方明确表示无法完成，并承诺退还定金。届期被告未退款。1月8日，原告通知被告解除合同，并提出索赔。原告诉请被告双倍返还定金14.4万元，赔偿损失。

浙江宁波宁海法院认为，合同自通知到达对方时解除，对方有异议的，可以请求法院或者仲裁机构确认解除合同的效力。合同解除权属于形成权，单方以意思表示即可行使，无须对方的辅助。如果被告对解除合同有异议的，应向法院或者仲裁机构请求确认解除合同的效力，但被告至今也未提起该项诉讼。原告行使解除权后，合同已被解除，其提起诉讼的目的，是行使合同解除后的清算权。

原告支付给被告的10.8万元虽然未在汇款用途栏注明系定金，但是合同中明确约定了合同总额的30%作为定金，故该笔款项应属于双方约定的定金。定金不得超过主合同标的额的20%，故10.8万元中7.2万元应认定为定金。定金罚则与赔偿损失可以并用，但首先应适用定金罚则，定金罚则不足以弥补损失的，违约方应当再赔偿损失。原告请求的损失分两部分：一部分损失系原告为生产窗轨配套设施而造成的定做模具损失及流水线损失共14.1万元；另一部分损失是原告为试机购买的材料损失共6739.5元，定金罚则足以弥补原告请求的该部分损失。法院判决被告双倍返还原告定金14.4万元，返还多付的定金3.6万元，共计18万元。

四、责任阻却

第五百八十九条　【受领迟延】 债务人按照约定履行债务，债权人无正当理由拒绝受领的，债务人可以请求债权人赔偿增加的费用。

在债权人受领迟延期间，债务人无须支付利息。

典型案例

29．北京市昌平区中医医院诉北京健德联合口腔医疗设备有限公司政府采购合同纠纷案

［案例来源：北京市海淀区人民法院(2010)民字第9935号民事判决书，《中国审判案例要览(2011年商事审判案例卷)》，第22－26页］

2009年12月，原告昌平中医医院与被告健德联合公司经招投标程序签订《政府采购合同》，约定：原告向被告购买一台X光机；交货时间为合同签订后3个月内，交货地点为原告处；货物运抵现场后，原告应在7日内组织验收；在被告违约的情况下，原告经同级政府采购监督管理机关审批后，可向被告书面通知部分或全部终止合同；被告向原告提交履约保证金，用于补偿原告因被告不能履行其合同义务而蒙受的损失。合同签订后，被告支付履约保证金43 000元。

2010年2月，被告将货物送至原告。被告对货物进行现场安装及调试，并对原告进行了基本的使用培训。后原告拒绝其继续对设备进行安装，并将被告已交付设备进行了封存。双方没有对设备进行验收，没有签署验收意见和备案。

3月，原告向被告发出解除合同通知书，称被告所供设备于安装调试后发现设备实际性能与合同及投标文件中所书的技术规范严重不符。该设备无技术规格表中所列20、21、22、25项功能。被告向原告发函答复称，产品在增加软件和相关插件后可以实现上述四项功能，被告已经将医院的信息提供给了厂家，并订购了所有的插件和协议。

原告尚未得到昌平区财政局同意解除合同的审批意见。原告诉请解除《政府采购合同》，被告已支付的43 000元履约保证金归原告所有。经法院调查，被告购买并销售给原告的设备，在安装了软件及插件后产品型号不会改变，产品质量无影响，可以完全满足医院招标所规定的要求。

北京海淀法院认为，原告要求解除合同的依据不足。(1)被告在合同履行期内已依约交付了主要设备，并组织人员对原告进行了基本的使用培训。同时，被告在供货期内及时订购了实现设备全部功能所需要的软件及相关插件，具有履约的诚意。(2)原告在供货履行期限届满前，将放置设备的门封上，阻止被告继续安装设备，进而阻碍实现合同目的，其行为具有过错。(3)原告虽认为被告安装的设备与合同约定的型号不一致，通过增加软件及插件无法实现合同要求的20、21、22、25项功能，但未提交证据证明。(4)双方未对设备进行最后验收，亦未签署验收意见和备案，合同并未履行完毕，被告的行为不构成根本违约。(5)依合同约定，合同的解除需要昌平区财政局审批同意。且，政府采购合同的双方当事人不得擅自变更、中止或者终止合同。政府采购合同继续履行将损害国家利益和社会公共利益的，双方当事人应当变更、中止或者终止合同。原告未提交证据证明合同继续履行将损害国家利益和社会公共利益。综上,被告的行为不构成根本违约,原告无权要求解除合同。

依合同约定,履约保证金用于补偿买方因卖方不能履行其合同义务而蒙受的损失,如果卖方未能按合同规定履行其义务,买方有权从履约保证金中取得补偿。原告未提交充分证据证明被告已违约的事实,无权要求将被告已交纳的履约保证金归其所有。法院判决驳回原告诉讼请求。

第五百九十条 【不可抗力】当事人一方因不可抗力不能履行合同的,根据不可抗力的影响,部分或者全部免除责任,但是法律另有规定的除外。因不可抗力不能履行合同的,应当及时通知对方,以减轻可能给对方造成的损失,并应当在合理期限内提供证明。

当事人迟延履行后发生不可抗力的,不免除其违约责任。

第一百八十条 【不可抗力】因不可抗力不能履行民事义务的,不承担民事责任。法律另有规定的,依照其规定。

不可抗力是不能预见、不能避免且不能克服的客观情况。

实务指引

对于具体的事件是否为不可抗力,需要根据实际情况判断。

地震或海啸算不可抗力;"非典"病毒有的法院会认为构成不可抗力,有的法院认为不构成不可抗力(但是在违约责任上会酌情予以考虑)。

高速公路堵车一般不算不可抗力,因为一般情况下可以提前了解路况。

大雪导致高速公路限行,则要看案件的具体情况,因为大雪可以提前几天从天气预报中知悉。

典型案例

30. 厦门佰仕达物业管理有限公司诉杜小铭物业服务合同纠纷案

[案例来源:厦门市中级人民法院(2015)厦民终字第22号民事判决书,《人民法院案例选》2015年第4辑,第22-27页]

原告佰仕达公司为被告杜小铭所居住的小区提供物业管理服务。某日凌晨,特大暴雨突袭厦门,该小区地下车库被淹没,被告停放于该车库车辆被淹受损。原告诉请被告支付拖欠的物业费942.6元、公摊电费86.7元及滞纳金。被告(反诉原告)反诉诉请原告(反诉被告)赔偿因维修车辆而支出的费用59 515元。

厦门思明法院认为,该日凌晨的降雨属40年一遇的特大暴雨,涉案小区所处的前埔为此次受灾最严重的区域，再加之城市的排水系统陈旧，故地下通道、地下车库等低洼地带出现一定程度的洪涝是难以避免的。在特大暴雨发生时，原告通过敲锣、打电话等方式通知业主移车，积极组织抢救。虽然特大暴雨具有不可预见性，但本不应该存在的两个违章门洞加速了地下车库水位的上升，致使车主损失一定的抢救时间。原告对他人在公共墙体开凿门洞的违章行为未采取措施，留下了安全隐患。原告存在管理瑕疵，应当对被告的车辆损失承担一定的赔偿责任。

原告应承担因管理不善造成的违约责任。鉴于特大暴雨的不可预测性、原告组织救灾的表现及其对违章门洞的疏于管理，根据等价有偿和公平合理原则，综合考虑物业公司的过错程度、收取物业管理费的标准等实际情况，法院酌定原告应承担的赔偿责任以被告应缴纳的一年度物业管理费为限。法院判决被告向原告缴纳物业费942.55元、公摊电费86.7元及滞纳金，被告赔偿原告车辆维修费1256.74元。厦门中院二审维持原判。

31. 林桂斌等诉中山中国国际旅行社有限公司旅游合同纠纷案

［案例来源：广东省中山市第一人民法院（2010）中一法民二初字第1044号民事判决书，《人民法院案例选》2012年第2辑，第117－123页］

原告林桂斌等20人与被告中山国旅签订《旅游组团合同》，约定原告参加被告组织的旅游。景区降雪封山导致原告林桂斌等人的旅游行程无法继续。原告诉请被告赔偿损失。

广东中山第一法院认为，景区在原告旅行出发前5天已因大雪封闭，对外开放时间没有公示，双方当事人签订旅游合同时对此不可预见。景区降雪封山属于不可抗力。但因被告旅行社未及时履行告知义务，其免责理由不能成立。中山国旅应有足够的条件及时间了解景区因降雪封山而无法游览的情况，并应依约在出发前与原告对行程进行重新协商。旅行社未尽到合同义务而导致原告不能按既定路线游览景区，构成违约。

32. 张雪娇诉李林房屋租赁合同纠纷案

［案例来源：四川省雅安市雨城区人民法院（2013）雨城民初字第2057号民事判决书，《中国审判案例要览（2014年民事审判案例卷）》，第235－240页］

2013年3月30日，原告张雪娇与被告李林签订《房屋租赁合同》，约定被告将涉案房屋租给原告用于经营客栈。原告依约交付第一年租金4万元。

4月15日，被告未向原告履行交房义务，原告向被告发送律师函，提出解除《房屋租赁合同》，被告退还原告4万元房租。

4月20日，涉案房屋因“4·20”芦山地震受到轻度损伤，但不影响营业。原告诉请被告返还4万元租金及利息。

四川雅安雨城法院认为，被告未按约定履行向原告交付房屋的义务，原告解除合同的行为并无不当。同时，审理中原、被告双方对解除合同关系均无异议。双方的房屋租赁关系解除后，未履行的部分不再履行，被告应当返还已收取的原告租金。原告主张的租金利息损失，在合同中并无约定，不予支持。

当事人迟延履行后发生不可抗力的，不能免除责任。被告未履行交房义务的违约行为发生在“4·20”芦山地震之前，不能免除其责任。合同解除后，被告应当承担返还原告房屋租金的责任。法院判决被告返还原告租金4万元。

五、责任限定

第五百九十一条 【减轻损害】当事人一方违约后，对方应当采取适当措施防止损失的扩大；没有采取适当措施致使损失扩大的，不得就扩大的损失请求赔偿。

当事人因防止损失扩大而支出的合理费用，由违约方负担。

实务指引

违约方违约后，守约方要依据诚实信用原则来减少损失，不能故意放任损失扩大。有的守约方出于情绪上的原因，会放任损失扩大，并错误地认为这样产生的损失也由违约方承担。因守约方放任不管而产生的损失，将由守约方自行承担，无权要求违约方承担。

典型案例

33. 黄集镇人民政府诉刘从贵农业承包合同纠纷案

［案例来源：江苏省淮安市洪泽县人民法院民事判决书，《人民法院案例选》2003年第4辑，第222－227页］

原告黄集镇政府和被告刘从贵签订《浅水藕栽植承包合同》，约定：原告提供排灌配套设施保证全年足够水源供应，承担因水源供应不足而造成的一切经济损失。后因干旱缺水，被告找原告要水，原告找县水利局协调放水以维持生产。

2001年12月初，因县政府决定修闸造桥，被告所承包的藕田上游关闸断水，难以采藕销售。村干部建议被告从藕田东侧排水河翻水到灌溉河，再从灌溉河翻水到藕田，这样可以维持一段时间采藕销售，减少损失。被告没有采纳。2002年4月，原告派人到被告家，催告其恢复生产，否则终止合同。被告不予理睬。

原告诉请解除承包合同。被告（反诉原告）反诉诉请原告（反诉被告）承担因水源不足而导致的经济损失约15万元。

江苏淮安洪泽法院认为，被告明确表示不再履行合同，该合同继续履行已经不可能，应予解除。合同约定原告“保证全年足够水源供应，承担因水源供应不足而造成的一切损失”。原告称缺水是由于不可抗力。从本案看，缺水虽属于不可预见，但只要原告找县水利局协商，还是可放水以维持生产。县政府建桥修闸，不能理解为不能克服的社会原因，不是不可抗力。原告对被告损失应予以赔偿。

在上游断水后，原告及时通知了被告，而被告置之不理，对扩大的损失，被告应该自己承担。在赔偿数额上，被告要求的赔偿数额过高。由于是农副产品，可比照相邻藕田的亩产量、销售价、采藕工资计算损失。法院判决解除合同；被告的经济损失 28 860 元，由原告承担 85%，被告承担 15%。

第五百九十二条　【与有过失】当事人都违反合同的，应当各自承担相应的责任。

当事人一方违约造成对方损失，对方对损失的发生有过错的，可以减少相应的损失赔偿额。

典型案例

34. 北京新奥特集团有限公司诉中国华融资产管理公司股权转让合同纠纷案

［案例来源：最高人民法院(2003)民二终字第 143 号民事判决书，《最高人民法院公报》2005 年卷，第 220 – 226 页］

2002 年 6 月，被告华融公司与案外人比特科技、原告新奥特集团签订关于北广集团的《股权转让协议》，约定：比特科技、新奥特集团共同组成收购团收购华融公司持有的北广集团 55% 的股权，转让总价款 3 亿元。北广集团的另一股东北京电子控股有限公司（以下简称电子公司）未在相关收购决议上签章认可。

9 月 23 日，电子公司向北京仲裁委员会（以下简称仲裁委）申请就电子公司作为北广集团股东有权享有优先购买权作出相关裁决。

9 月 27 日，被告与案外人新疆国际信托投资有限责任公司（以下简称新疆国投）、比特科技、原告，被告与比特科技、原告，分别签订《关于股权转让相关问题的协议书》（一）、（二）。两份协议书确认：比特科技和原告共向被告交付股权转让款 1 亿元。两份协议书约定：新疆国投同意以信托方式对比特科技和原告给予融资支持，将总值 2 亿元的资金汇入约定的账户；被告在仲裁案件中败诉，造成股权不能过户，《股权转让协议》不能继续履行时，比特科技和原告不得追究被告因签订上述协议而应当或可能负有的对 2 亿元的资金所产生的利息、融资成本、可预期利益、赔偿等相关责任。

其后，仲裁委作出终局裁决："电子公司有权行使对华融公司拟转让的北广集团55%股权的优先购买权。电子公司于2002年12月31日前一次性将总价款3亿元付给华融公司。"

被告将比特科技和原告已支付的股权转让款9550万元退回原告的账户。原告诉请被告继续履行《股权转让协议》，赔偿损失1981万余元。

北京高院一审认为，电子公司对被告拟转让的股权享有优先购买权，且电子公司与被告已签订了协议并给付了款项，故《股权转让协议》目的已不能实现，履行合同的基础条件已经不具备，该合同应终止履行。

被告在电子公司明确表示不同意转让该股权，且未在相关股东决议上签字认可转让股权行为的情况下，明知《股权转让协议》可能发生履行不能的后果，仍收取2亿元股权转让款，应为此承担相应后果。原告在与被告签约过程中对其所购股权处于不确定状态及风险已经知悉，亦应对因《股权转让协议》不能履行而形成的部分损失承担相应责任。原告为实现合同目的，促成双方协议的履行所支付的款项而形成的部分损失，应由被告予以赔偿。根据双方履行合同情况及已经发生的合理损失，酌情确定被告赔偿原告的损失数额为300万元较为适当。法院判决《股权转让协议》及相关协议终止履行，被告华融公司赔偿原告新奥特集团损失300万元。

最高人民法院二审认为，由于华融公司与新奥特集团在签约时，应当预见该合同可能因电子公司行使优先权而终止，但没有预见，造成合同终止履行，对此双方均有过错。新奥特集团因准备合同履行及实际履行中产生的损失应由华融公司、新奥特集团各自承担50%。

关于新奥特集团支付2亿元股权转让款损失，新奥特集团签订协议自愿放弃与2亿元相关的赔偿，系其处分权利的行为。

关于新奥特集团因支付1亿元股权转让款所产生的损失，华融公司可以预见的合理损失只应是其实际占有资金期间的利息损失，而不应包括新奥特集团对外融资所产生的实际费用，该部分损失应按照中国人民银行半年定期存款利率计算。

新奥特集团为履行合同所支付的咨询费、审计费等，是其为实现合同目的，诚意履约而实际支付或必须对外支付的款项，应认定为合同不能履行所产生的损失。法院改判华融公司按50%的比例赔偿新奥特公司损失184万余元及占用1亿元资金的利息损失，其余判决维持。

35. 杜某诉宜昌市第三人民医院医疗服务合同纠纷案

[案例来源：湖北省宜昌市中级人民法院(2006)宜中民一终字第118号民事判决书，《人民法院案例选》2008年第3辑，第92－98页]

2003年10月，原告杜某(超过35周岁)到被告市三院处进行孕期初诊，被告为原告建立了《孕产妇系统保健手册》(以下简称《保健手册》)。对《保健手册》上孕期检查记录的项目,被告基本做了检查,但对尿蛋白未做检查,亦未进行高危评分。《保健手册》第26页印制了如何及早知道宝宝是否患有先天愚型的内容,但未列明五种应做产前诊断的孕妇情形。2004年3月,原告在被告处产下其子姚某。2005年7月,姚某经宜昌市妇幼保健院检查,初步诊断为先天愚型。原告诉请被告赔偿抚养费、教育费、医疗费等共计49万余元。

湖北宜昌三峡坝法院一审认为,原被告建立了以《保健手册》上载明的医疗保健项目为主要内容的服务合同关系。被告未按《保健手册》上规定的项目给原告做尿蛋白等检查和高危评分虽然属于未完全履行合同义务的违约行为,但该行为与筛查先天愚型胎儿没有因果关系。姚某出生后相当时间内,原、被告均未发现其有发育异常或可疑畸形,可见只有通过遗传基因的检查即产前诊断才能查明原告的胎儿是否患有先天愚型,而《保健手册》上没有进行产前诊断或是否建议产前诊断的医疗服务项目。

根据国务院颁布的《母婴保健法实施办法》第25条第5项规定,初产妇女年龄超过35周岁的,医师应当对其进行产前诊断。原告系经产妇,不在上述规定的应进行产前诊断的范围内。因此,被告不存在必须建议原告进行产前诊断的责任。《产前诊断技术管理办法》第17条规定,年龄超过35周岁的孕妇,经治医师应当建议其进行产前诊断。但是,部门规章规定扩大了国务院相关行政法规规定的范围。同时,《保健手册》第26页上印有关于先天愚型筛查的普及宣传资料。原告身为孕妇,未按要求仔细阅读《保健手册》上的内容,自身存在疏忽大意的过失。法院判决驳回原告诉讼请求。

湖北宜昌中院二审认为,市三院未按《保健手册》中规定的项目对杜某进行全面检查与其产下先天愚型的患儿没有因果关系。但市三院没有书面对杜某进行产前诊断的有关指导和建议,对于杜某产下姚某存在一定的过错,应承担相应的责任。另外,杜某疏于阅读、了解《保健手册》中所附筛查先天愚型的宣传资料和进行产前诊断咨询,亦有责任。法院改判市三院补偿杜某5万元。

六、其他

第五百九十三条　【合同的相对性】当事人一方因第三人的原因造成违约的,应当依法向对方承担违约责任。当事人一方和第三人之间的纠纷,依照法律规定或者按照约定处理。

实务指引

1. 本条为合同的相对性,很多债务纠纷涉及的多个公司虽然是同一个实际控制人,但是从合同的相对性来说,属于不同的法律关系。

假设甲某作为大股东设立了两个公司——上海公司和北京公司,深圳公司向上海公司供应货物后,上海公司未支付款项,北京公司向深圳公司供应货物后,深圳公司未支付款项,于是北京公司向法院起诉要求深圳公司支付货款,深圳公司如果以上海公司未履行付款义务,且北京公司和上海公司属于同一个股东的为理由抗辩,法院不会采纳深圳公司的抗辩理由,原因就是合同的相对性。

2. 本条对于债权人的诉讼权利并没有限制,债权人可以依据法律、司法解释的特殊规定起诉非合同相对方。比如依据代位权的规定起诉次债务人,比如在交通事故中直接起诉保险公司,比如依据《最高人民法院关于审理建设工程施工合同纠纷案件适用法律问题的解释》(法释〔2004〕14 号)第 26 条直接起诉工程发包方和转包人(违法分包人)。

典型案例

36. 焦作中央医院诉汤跃卿劳动合同纠纷案

[案例来源:河南省焦作市中级人民法院民事判决书,《人民法院案例选》2004 年商事·知识产权专辑,第 223 - 230 页]

被告汤跃卿原系原告中央医院外四科副主任。双方签订合同,约定:原告同意被告到美国进修 1 年,原告负担所有的费用,并支付被告工资;被告学习结束后,到原告处服务年限必须达到 8 年;合同有效期内,被告未经原告同意不得调离原告单位,否则被告每少服务 1 年,赔偿原告经济损失至少 1 万元,并返还原告支付的相关费用。合同签订后,原告给被告报销学习费用 65 491 余元,支付被告工资等 9690 元。被告回原告处后,原告为其开展所学专业提供了一定条件。其后,被告通知原告要求辞职,并已到第三人漯河第一医院处上班。

原告诉称其为了被告开展胸外科业务专门购置了价值 49 万元的胸腔镜。原告诉请被告支付培训费 69 923 元、违约金 7 万元、工资 14 611 元、损失 16 万元,第三人漯河第一医院承担连带责任。

河南焦作某区法院一审认为,被告未与原告解除协议,且未经同意,到第三人处工作,构成违约。第三人聘用被告时,未让其出示工作调动手续,未严格审查原被告之间是否解除工作合同关系,违反了国家事业单位人员调动的规定,其行为存在过错。被告享受行政干部待遇,故发生纠纷不需经劳动仲裁程序处理。法院判决原被告合同视为自行解除,被告支付原告学习费用 65 491 元、工资等 9690 元、经济损失 7 万元,第三人承担连带责任。河南焦作中院二审维持原判。

第五百九十四条 【特别诉讼时效】因国际货物买卖合同和技术进出口合同争议提起诉讼或者申请仲裁的时效期间为四年。

第二分编 典型合同

第九章 买卖合同

第五百九十五条 【买卖合同】买卖合同是出卖人转移标的物的所有权于买受人，买受人支付价款的合同。

实务指引

买卖合同与承揽合同有很大的区别，不仅普通人不太了解两者的区别，就算是一些企业的负责人、销售人员往往也不清楚。

购买汽车、电脑、打印机等产品，都是买卖合同。买卖合同的标的一般是标准的产品，所以购买方如果退货，法官一般不会强制继续履行合同，因为出售方基本上可以按照原价直接出售给第三方，法官会判决购买方赔偿出售方的利润损失。

定制西服、婚纱、酒柜、家具、高尔夫球杆、生产设备等，需要承揽方按照委托方的要求制作，一般仅限于委托方使用，为承揽合同。如果委托方不需要了，承揽方很难按照原价出售给第三方。承揽合同中的承揽方不仅要履行交付产品的义务，而且要交付符合技术要求的产品，该技术要求在签订合同时是需要双方一致同意的。如果委托方要求退货或未收货就解除合同，法官一般会判决购委托方赔偿承揽方的全部损失，而不仅仅是利润损失。当然，如果承揽方交付的产品不符合双方约定的技术要求，则虽然产品可以使用，但是委托方依然可以解除合同，拒绝支付款项。

也有企业通常是生产标准的产品，和客户签订的一般为买卖合同，但是偶尔遇到客户有特殊的要求，因此按照客户的技术要求定做产品，此时签订的就是承揽合同，而不是买卖合同。

如果发生争议需要诉讼，买卖合同在没有约定的情况下，出售方做原告的应该到被告所属的法院诉讼；承揽合同在没有约定的情况下，承揽方做原告的可以到被告所属的法院诉讼，一般也可以在原告所属的法院诉讼，因为承揽合同的履行地一般认定为承揽方所在地，合同履行地的法院对合同争议具有管辖权。

典型案例

1. 周德明诉张新江房屋买卖合同纠纷案

［案例来源：江苏省淮安市盱眙县人民法院（2005）盱民一初字第654号民事判决书，《中国审判案例要览（2006年民事审判案例卷）》，第176－178页］

原告周德明与其妻刘丽娟以10万元购买一套住房，并以原告周德明的名义办理了产权证。后夫妇俩因经商资金困难用该房屋作抵押从信用社贷款7万元。贷款到期后夫妇俩无力偿还，遂与被告约定：由被告张新江归还贷款，房屋产权归被告所有；被告将该房屋租给夫妇俩从事服装销售，租金8000元/年，直至原告重新赎回房屋时止；如将来原告有能力收买回房屋，被告以原价卖给原告。此后，被告张新江还清贷款后取得该房的产权，原告夫妇租住在该房屋内，但未按约定给付租金。其后，被告张新江以9万元将该房屋卖给案外人沈涛。原告诉请被告张新江赔偿损失55 000元。

江苏淮安盱眙法院认为，被告张新江与案外人沈涛订立了房屋买卖合同，并已履行了过户手续，沈涛取得了该房屋的所有权。原告与被告之间的买回约定是一种债权，不能对抗物权。原告不能主张被告与案外人的买卖合同无效，也无权要求被告赔偿其损失。法院判决驳回原告周德明诉讼请求。

第五百九十六条 【买卖合同的内容】买卖合同的内容一般包括标的物的名称、数量、质量、价款、履行期限、履行地点和方式、包装方式、检验标准和方法、结算方式、合同使用的文字及其效力等条款。

第五百九十七条 【无权处分】因出卖人未取得处分权致使标的物所有权不能转移的，买受人可以解除合同并请求出卖人承担违约责任。

法律、行政法规禁止或者限制转让的标的物，依照其规定。

实务指引

1. 根据第597条第1款，有无处分权不影响合同的效力。在《民法典》之前，无权处分的合同效力待定。《合同法》第51条规定："无处分权的人处分他人财产，经权利人追认或者无处分权的人订立合同后取得处分权的，该合同有效。"

2. 本条在司法实践中发生争议最多的是房屋买卖合同。例如，父母和子女为共同产权人，子女在外地，父母代子女签订卖房合同，一般情况下合同会正常履行。但是特殊情况下，比如房价在短期内突然大涨，从200万元涨到300万元，子女看到房价大涨，于是否认父母有处分权限，称父母卖房子未经过自己同意，属于无权处分，主张合同无效。曾有法院判决认定合同无效，这样的判决值得商榷。如果卖方不诚信违约则有机会获得额外的房屋涨价的100万元收益，如果败诉最多损失也就是承担诉讼费，这样会诱发守信的人去违背本身持有的道德而去违约，也违背了任何人不得从自身不诚信的行为中获得利益的基本原则。卖方主张合同无效，合同无效的后果就是返还购房款。而在合同有效的情况下，违约方除了返还购房款，还需要承担赔偿损失的责任，比如房价上涨了100万元，卖家应该另行赔偿100万元。两者的差距非常巨大。

另一种常见的情形就是房屋登记在夫妻一方的名下，房产证上只有一方名字。房屋产权登记人将房屋出售，签订了房屋买卖合同，买方按照合同约定支付价款，但是还没有办理过户手续，卖方的配偶提出不同意出售。虽然产权证上只有夫妻一方的名字，但法院有的时候也会判决合同无效，理由是房屋属于共同财产，出售房屋应该经过夫妻双方共同同意。这样的判决在很多情况下也是值得商榷的，因为目前买受人查询卖方是否已婚尚存在一定的难度。同时，未经子女或配偶同意就自行出卖房屋，概率非常小，而且如果是共有产权人，是需要一起签字才能办理过户手续的。

但是在殊情况下，比如决定出售房屋的一方有赌博、吸毒等情况急于转让变现，或者是出于转移资产的目的，或者出售的价格明显低于市场的正常价格，或者出卖人出于其他的原因恶意出卖房屋，确实有可能判决合同无效，但是需要提供充分的证据予以证明，且也要考虑合同相对人的情况。需要注意的是，此时认定合同的无效的依据并非无处分权，而是恶意串通损害共有产权人利益等相关无效条款。此类案件中，法院查明案件事实就显得尤为重要，证据规则及对作伪证的处罚也同样重要。当然，这两个问题已经超出了合同法的范畴。

典型案例

2. 王红诉孙宝珍房屋买卖合同纠纷案

［案例来源：北京市第二中级人民法院(2013)二中民终字第10214号民事判决书，《中国审判案例要览(2014民事审判案例卷)》，第246－251页］

被告孙宝珍与第三人姜增光系夫妻，涉案房屋现登记在孙宝珍名下。原被告签订《房屋买卖合同》，约定：被告将其名下的房屋出售给原告，成交价70万元，待被告产权证发放后，双方办理过户手续。合同签订后，原告支付了购房款。

被告取得房屋权属证书后，以该房屋为被告孙宝珍、第三人姜增光夫妻二人共有，其丈夫姜增光不同意出让房屋为由拒绝办理过户手续。原告王红诉请被告继续履行合同，办理过户手续。

北京东城法院一审认为，涉案房屋系被告孙宝珍与第三人姜增光的夫妻共同财产，孙宝珍未经姜增光同意擅自处分共有房屋，侵犯了姜增光的共有权利，构成无权处分。《房屋买卖合同》签订时虽未取得房屋所有权证，但在缔约时对标的物没有所有权或者处分权的、在签订时未取得房屋所有权证的，并不影响买卖合同的效力。《房屋买卖合同》有效。但是，合同有效不一定能够引起物权发生变动。被告需征得共有权人即姜增光的同意，方有权处分共有财产。姜增光现明确表示不同意将涉案房屋所有权进行转让。法院判决驳回原告诉讼请求。

北京二中院二审过程中，姜增光表示同意将房屋转让给王红。法院改判支持王红的诉讼请求。

3. 张林诉雷秉欧、李术宝房屋买卖合同纠纷案

[案例来源：北京市第二中级人民法院(2013)二中民终字第00379号民事判决书，《中国审判案例要览(2014年民事审判案例卷)》，第269－276页]

原告张林与被告雷秉欧签订《房屋买卖合同》，约定：被告将涉案房屋卖与原告，卖价50万元；被告拿到房产证时，在1个月之内及时配合原告办理产权过户手续。后被告雷秉欧取得涉案房屋产权。

被告雷秉欧与被告李术宝是夫妻。李术宝认为，因其经常出差，雷秉欧未经其同意，擅自出卖该套楼房，侵犯了共有财产权，故不同意出卖该套房屋。原告张林述称，签订房屋买卖合同时雷秉欧称没有结婚。原告诉请确认《房屋买卖合同》有效；被告协助办理产权变更登记。

北京密云法院一审认为，原告在“限购”政策规定实施前已支付了购房款，履行了合同义务，被告雷秉欧亦在“限购”政策规定实施前履行了交付房屋义务，但未办理房屋产权变更登记，原告有权要求被告雷秉欧协助办理产权变更登记。

被告李术宝辩称自己不知情、《房屋买卖合同》侵犯自己的共有财产所有权。自《房屋买卖合同》签订至原告诉至法院历时逾两年，在此期间雷秉欧与李术宝共同居住生活，该辩解与常理不符，法院不予采信。法院判决确认《房屋买卖合同》有效，被告雷秉欧协助原告张林办理过户。

北京市第二中级人民法院认为，依据《物权法》之规定，合同有效不一定能够引起物权发生变动。雷秉欧需征得共有人李术宝的同意，方有权处分共有财产。而李术宝现明确表示不同意将涉案房屋所有权转让给张林，故张林的诉讼请求缺乏法律依据。法院判决维持确认合同有效的判决，撤销协助办理过户的判决。

4. 张洪茹诉刘来永、曹燕翔房屋买卖合同纠纷案

[案例来源：北京市第二中级人民法院(2015)二民终字第01000号民事判决书，《人民法院案例选》2016年第6辑，第172－183页]

原告张洪茹与被告刘来永系夫妻关系，被告刘来永按照房改政策以13 899元的价格购买了涉案房屋的所有权。后原告张洪茹与被告刘来永因夫妻关系不和分居。被告刘来永与被告曹燕翔签订了《房屋买卖合同》,刘来永将涉案房屋以 39 万元的价格出售给曹燕翔,后曹燕翔取得涉案房屋所有权证。被告曹燕翔又将涉案房屋转让给案外人刘广金,现涉案房屋登记在刘广金名下。原告诉请确认刘来永、曹燕翔之间的房屋转让行为无效。

北京西城法院一审认为,在共同共有关系存续期间,部分共有人擅自处分共有财产的,一般认定无效。但第三人善意、有偿取得该财产的,应当维护第三人的合法权益,对其他共有人的损失,由擅自处分共有财产的人赔偿。被告刘来永未经原告同意,擅自将登记在其个人名下的共有房屋转让给他人,并已办理了房屋所有权转移登记,属于无权处分行为。被告刘来永当庭自认涉案房屋确实是以 39 万元的价格出售给被告曹燕翔的,该价格明显低于正常市场交易价格,不符合支付合理对价的法律规定。刘来永与曹燕翔在办理涉案房屋产权过户手续时,张洪茹并不知晓,且二人转让房产的行为未征得张洪茹同意,曹燕翔在受让房屋后也并未支付合理的对价。据此,不能认定曹燕翔取得该房屋属于善意,应当确认刘来永与曹燕翔的房屋转让行为无效。北京二中院二审维持原判。

第五百九十八条　【卖方义务】出卖人应当履行向买受人交付标的物或者交付提取标的物的单证,并转移标的物所有权的义务。

实务指引

“交付标的物”和“转移标的物所有权”是两个完全不同的法律概念。“交付标的物”的原因可能是租赁、借用、保管合同等;“转移标的物的所有权”的原因可能是买卖合同、赠与合同、继承遗产等,是物权发生了变更。比如,你将一台电脑交付给我,可能是借给我使用几天,我只是占有电脑,并没有取得电脑的所有权;如果是我购买了你的电脑,此时你交付电脑的行为就是所有权的转移。

典型案例

5. 丁福如诉石磊房屋买卖合同纠纷案

[案例来源:上海市第一中级人民法院民事判决书,《最高人民法院公报》2012 年第 11 期,第 27 - 30 页]

被告石磊系涉案房屋的产权人。2006 年度,涉案房屋被王慧敏(被告前妻)的妹妹和妹夫在未征得被告同意且未办理审批手续的情况下将涉案房屋拆除并重建,被告未参与这次违章拆建的全过程。2008 年 10 月,原告丁福如和被告石磊签订《房屋买卖合同》，约定原告受让被告的涉案房屋及土地使用权，价款共计5600万元。原告按约支付房款。后长宁区房管局向长宁区交易中心发出附有违法建筑并结构相连的房屋的认定通知单，不予办理房地产转移。

原告诉请被告拆除涉讼房屋上的违法建筑，恢复原状，并办理过户手续；支付违约金。被告称，合同项下原建筑已灭失，目前存在的是违法建筑。被告（反诉原告）反诉诉请确认《房屋买卖合同》无效。

上海长宁法院一审认为，不动产登记簿记载的内容具有公示公信效力，善意相对人因信赖该登记的正确性而与登记权利人签订合同，该合同的效力不因登记的错误或权利内容的状态而受影响。原被告签订买卖合同时，虽然房屋现状已与登记信息不一致，但双方在合同中记载的仍是登记的房屋状况，且被告未举证证明其于签订买卖合同时，已将涉讼房屋现状与登记信息不符的事实如实告知原告。原告对于本案纠纷的发生无过错，应属善意信赖不动产登记信息的合同当事人，法律应当保护原告的此种信赖利益，此亦系强化不动产公示公信效力的要求。

虽然涉案房屋被行政机关限制交易，买卖合同的履行可能存在障碍，但根据《物权法》的区分原则，未办理物权登记，不影响合同效力。不能因涉讼房屋过户存在障碍就否认其买卖合同的有效性。《房屋买卖合同》有效。

虽然行政机关对涉案房屋的权利转移作出限制，但物权未灭失，不能就此认定《房屋买卖合同》法律上或事实上履行不能。行政机关限制交易的目的在于督促违法行为人纠正违法行为，履行法律手续；被告即使未出售房屋，也应按照行政机关的要求进行整改，使房屋恢复至合法状态，恢复原状系被告应尽的行政法上的义务。被告应依诚实信用原则全面履行合同义务；对于涉讼房屋存在的违法状态，应自行采取相应措施予以消除后交付原告。经释明，原告同意被告按现状交付房屋，并自愿替代被告承担恢复原状的义务，法院予以准许。原告在恢复原状时，房屋应与登记内容一致，质量应符合国家规定的建筑标准。

法院判决被告石磊将房屋交付原告丁福如并协助办理房地产权变更登记手续，支付逾期交房违约金。上海一中院二审维持原判。

6. 车玉华诉雅安市新宇置业有限责任公司买卖合同纠纷案

［案例来源：四川省雅安市雨城区人民法院（2005）雨城民初字第621号民事判决书，《中国审判案例要览（2006年民事审判案例卷）》，第86－90页］

被告新宇公司向政府购买了涉案房屋底层在建工程及其他财产。在被告尚未领取房屋权属证书的情况下，原告车玉华和案外人罗祖国夫妇以96 000元的价格向新宇公司购买了涉案房屋，并交清了购房款。双方约定被告于2000年年底前为车玉华夫妇办理争议房屋产权证及土地使用证。

2000 年 7 月,罗祖国去世。2003 年,涉案工程通过竣工验收,被告相继以自己的名义领取了涉案房屋及其他房屋的权属证书,但至今未为原告办理涉案房屋的权属证书。原告车玉华诉请被告新宇公司协助办理房屋权属证书。被告(反诉原告)新宇公司反诉诉请确认双方房屋买卖关系无效。

四川雅安雨城法院认为,房地产转让包括签订合同、交付价款、交付房屋,过户登记等一系列债权行为和物权行为。双方的房屋买卖已通过支付购房款和实际取得房屋等行为履行了债权行为,只是未完成权属登记取得物权而已。《城市房地产管理法》第 37 条未依法登记领取权属证书的房屋不得转让的规定,是指买卖行为因出卖方尚未登记领取权属证书而不能彻底完成,不能发生所有权转移的合同履行目的。依法登记领取权属证书只是物权变动的成立要件,而非买卖合同的生效要件,不得据此确认本案争议的买卖关系无效。法院判决被告新宇公司协助原告车玉华办理房屋权属证书。

第五百九十九条 【交付单证和资料】出卖人应当按照约定或者交易习惯向买受人交付提取标的物单证以外的有关单证和资料。

第六百条 【知识产权归属】出卖具有知识产权的标的物的,除法律另有规定或者当事人另有约定外,该标的物的知识产权不属于买受人。

第六百零一条 【交付期限】出卖人应当按照约定的时间交付标的物。约定交付期限的,出卖人可以在该交付期限内的任何时间交付。

第六百零二条 【交付期限】当事人没有约定标的物的交付期限或者约定不明确的,适用本法第五百一十条、第五百一十一条第四项的规定。

第六百零三条 【交付地点】出卖人应当按照约定的地点交付标的物。

当事人没有约定交付地点或者约定不明确,依据本法第五百一十条的规定仍不能确定的,适用下列规定:

(一)标的物需要运输的,出卖人应当将标的物交付给第一承运人以运交给买受人;

(二)标的物不需要运输,出卖人和买受人订立合同时知道标的物在某一地点的,出卖人应当在该地点交付标的物;不知道标的物在某一地点的,应当在出卖人订立合同时的营业地交付标的物。

第六百零四条 【风险负担的一般规则】标的物毁损、灭失的风险,在标的物交付之前由出卖人承担,交付之后由买受人承担,但是法律另有规定或者当事人另有约定的除外。

典型案例

7. 于静诉孙江泰买卖合同纠纷案

［案例来源：北京市第二中级人民法院（2009）二中民终字第18570号民事判决书，《中国审判案例要览（2010年民事审判案例卷）》，第186－190页］

原告于静与被告孙江泰签署购买协议，约定：被告孙江泰从于静处购买游戏ID一个，价格9000元。协议签订后，孙江泰收到于静给付的游戏ID。后该游戏ID由于被告孙江泰的原因被盗。原告诉请被告孙江泰给付欠款8000元。

北京丰台法院一审判决被告孙江泰给付原告于静8000元。北京二中院二审认为，法理中对于虚拟财产的性质众说纷纭，大体有三种观点，即知识产权论、债权论、物权论。在法律未对虚拟财产交易予以明确禁止的情况下，法院应对玩家与玩家之间出于自愿所进行交易行为的合法性予以确认。在于静按照协议将虚拟财产交付孙江泰后，孙江泰应按照协议向于静支付价款。孙江泰以游戏账户被盗为由不同意支付价款，但孙江泰已明确表示系由于其自身原因被盗。孙江泰虽认为被盗与于静有关，但又不能提供相应证据。法院判决维持原判。

第六百零五条　【受领迟延时的风险负担】因买受人的原因致使标的物未按照约定的期限交付的，买受人应当自违反约定时起承担标的物毁损、灭失的风险。

第六百零六条　【在途标的物买卖的风险负担】出卖人出卖交由承运人运输的在途标的物，除当事人另有约定外，毁损、灭失的风险自合同成立时起由买受人承担。

第六百零七条　【标的物运输时的风险负担】出卖人按照约定将标的物运送至买受人指定地点并交付给承运人后，标的物毁损、灭失的风险由买受人承担。

当事人没有约定交付地点或者约定不明确，依据本法第六百零三条第二款第一项的规定标的物需要运输的，出卖人将标的物交付给第一承运人后，标的物毁损、灭失的风险由买受人承担。

第六百零八条　【标的物不需要运输时的风险负担】出卖人按照约定或者依据本法第六百零三条第二款第二项的规定将标的物置于交付地点，买受人违反约定没有收取的，标的物毁损、灭失的风险自违反约定时起由买受人承担。

第六百零九条 【单证、资料与风险负担】出卖人按照约定未交付有关标的物的单证和资料的，不影响标的物毁损、灭失风险的转移。

第六百一十条 【瑕疵给付时的风险负担】因标的物不符合质量要求，致使不能实现合同目的的，买受人可以拒绝接受标的物或者解除合同。买受人拒绝接受标的物或者解除合同的，标的物毁损、灭失的风险由出卖人承担。

第六百一十一条 【风险负担与违约责任】标的物毁损、灭失的风险由买受人承担的，不影响因出卖人履行义务不符合约定，买受人请求其承担违约责任的权利。

第六百一十二条 【权利瑕疵担保责任】出卖人就交付的标的物，负有保证第三人对该标的物不享有任何权利的义务，但是法律另有规定的除外。

第六百一十三条 【权利瑕疵担保责任的免除】买受人订立合同时知道或者应当知道第三人对买卖的标的物享有权利的，出卖人不承担前条规定的义务。

第六百一十四条 【针对权利瑕疵的中止履行】买受人有确切证据证明第三人对标的物享有权利的，可以中止支付相应的价款，但是出卖人提供适当担保的除外。

典型案例

8. 祝卫良诉金地集团上海房地产发展有限公司房屋买卖合同纠纷案

［案例来源：上海市第二中级人民法院(2011)沪二中民二(民)终字第 2066 号民事判决书，《法律规则的提炼与运用：〈人民司法·案例〉重述(民事卷)》(2011－2015)，第 189－200 页］

被告金地公司前身与上海塔城农副产品市场经营管理有限公司(以下简称塔城公司)签订商铺租赁合同，由塔城公司承租金地公司的 746 号商铺。因塔城公司拖欠租金，商铺租赁合同解除，塔城公司撤出。

原告祝卫良与被告金地公司签订商品房买卖合同，约定：原告向被告购买 746 号商铺，房产性质为商业用房。签约后，祝卫良支付了全部房款，并取得了 746 号商铺的房地产权证。2010 年 4 月，祝卫良与案外人林建新签订租赁合同，约定由祝卫良将 746 号商铺出租给林建新，用于菜场及商场的经营。

案外人林建新以 746 号商铺为住所地向工商部门申请注册公司，因该地址已被塔城公司注册而未果。原告向金地公司发出律师函，指出金地公司在出售 746 号商铺时故意隐瞒已出租给第三方(塔城公司)注册经营的事实,导致承租人无法正常经营,要求金地公司立即办妥与塔城公司租赁关系的解除事宜以及工商注册地的变更或注销。金地公司收到律师函后,向上海市工商行政管理局嘉定分局发出了紧急报告,请工商部门予以解决。2011 年 4 月,该局向金地公司作出书面答复,内容为:贵司可携带民事判决书的原件和生效证明,并根据有关规定,提交相关申请资料,办理登记注册手续。原告祝卫良诉请被告金地公司消除 746 号商铺的权利瑕疵,赔偿租金损失、工商查档费。

上海嘉定法院一审认为,原承租人塔城公司未将公司经营地址注销,而被告在未消除该瑕疵的情况下,将系争商铺出售给原告,导致原告无法注册设立公司正常开展经营,被告应当承担相应的民事责任。被告有权要求金地公司赔偿其不能正常经营使用阶段的租金损失。原告在购买商铺时,已知晓 746 号商铺内有小摊贩,如稍加谨慎注意,亦可避免。原告对其经济损失,也应承担次要责任。

鉴于 746 号商铺经营使用权上的瑕疵已消除,已具备工商企业注册的条件,原告诉请消除权利瑕疵已无实际意义。祝卫良要求赔偿工商查档费 205 元,缺乏依据,不予支持。法院判决被告金地公司赔偿原告祝卫良 82 万元。

上海二中院认为,在赔偿具体数额上,结合双方的过错程度、损失与权利瑕疵的关联性、以及本案纠纷发生的其他因素,并考虑到金地公司在接到祝卫良反映情况的律师函后,即积极采取行动,并未怠于行使权利、消极对待这一事实情节等各种实际情况,应对一审法院判定数额酌情适当调整。法院改判金地集团公司赔偿祝卫良 50 万元。

9. 徐寿敏诉苏春蓉砖票买卖合同纠纷案

[案例来源:重庆市巫山县人民法院(2009)山民抗再字第 1 号民事判决书,《人民法院案例选》2006 年第 3 辑,第 200 - 204 页]

王仁昭系个体工商户,开办一页岩砖厂,因欠被告苏春蓉借款 1.5 万元,双方协议以 10 万匹页岩砖作价 1.5 万元抵偿债务,不再偿还借款。王仁昭向原告开具了提货人为原告、数量为 10 万匹页岩砖的砖票 1 张。苏春蓉将砖票作价 1.4 万元转让给原告徐寿敏。2005 年 4 月,徐寿敏持砖票从王仁昭的砖厂提走页岩砖 2 万匹。2005 年 8 月,王仁昭因经营管理不善,砖厂停产,无砖可供。徐寿敏因提不到货,便向苏春蓉要求退还尚余 8 万匹页岩砖的砖票,苏春蓉拒绝。徐寿敏诉请被告返还砖票购买款 1.12 万元,自己退还砖票。

重庆巫山法院认为,商品提货单仅为一般债权凭证,对其买卖在法律上应定性为债权让与。债权让与人仅对让与的债权负有权利瑕疵担保责任,对债务人的履行能力不负担保责任。债务人履行瑕疵带来的不利后果应由受让人承担。

原被告自愿买卖砖票,原告也持砖票到砖厂提取了部分页岩砖。因此,砖票上记载的砖的质量及王仁昭的供应风险均已转移给原告。法院判决驳回原告诉讼请求。

重庆巫山法院再审认为,砖票买卖属债权让与,而非实物(页岩砖)买卖。原告应当向不能继续履行合同义务的债务人王仁昭主张违约责任,被告对王仁昭的履行能力不承担担保责任。法院判决维持原判。

第六百一十五条 【物的瑕疵担保责任】出卖人应当按照约定的质量要求交付标的物。出卖人提供有关标的物质量说明的,交付的标的物应当符合该说明的质量要求。

第六百一十六条 【质量标准】当事人对标的物的质量要求没有约定或者约定不明确,依据本法第五百一十条的规定仍不能确定的,适用本法第五百一十一条第一项的规定。

第六百一十七条 【责任形式】出卖人交付的标的物不符合质量要求的,买受人可以依据本法第五百八十二条至第五百八十四条的规定请求承担违约责任。

第六百一十八条 【物的瑕疵担保责任的事先约定】当事人约定减轻或者免除出卖人对标的物瑕疵承担的责任,因出卖人故意或者重大过失不告知买受人标的物瑕疵的,出卖人无权主张减轻或者免除责任。

典型案例

10. 王长松诉郭永权买卖合同纠纷案

[案例来源:河南省焦作市中级人民法院(2006)焦民终字第106号民事判决书,《人民法院案例选》2006年第3辑,第209-213页]

2003年,原告王长松以24 800元购买被告郭永权的三头奶牛,几天后发现奶牛不会产奶。原告要求退款但协商未果,后原告报案,被告被刑事拘留,后公安机关撤销案件。公安机关委托对奶牛进行评估,该三头奶牛不能产奶,实际价值为5700元。后三头奶牛全部死亡。原告诉至法院。

河南焦作马村法院一审认为,买卖合同中,出卖人负有瑕疵担保义务。双方明确合同的标的物为奶牛,但被告提供的奶牛无子宫、无生育和泌乳能力,以致不适合合同目的,并使其价值减少,被告应承担瑕疵担保责任。法院判决被告支付原告19 100元损失。河南焦作中院二审维持原判。

11. 杨珺诉东台市东盛房地产开发有限公司房屋买卖合同纠纷案

［案例来源：江苏省盐城市中级人民法院民事判决书，《最高人民法院公报》2010 年卷，第 535－540 页］

原告杨珺与被告东盛公司签订《商品房买卖合同》，约定：原告购买被告的房屋一套，房屋用途为居住，总价款为 44 万余元；《质量保证书》作为合同的附件，出卖人按照《质量保证书》承诺的内容承担相应的保修责任。

原告在装修、居住过程中，发现存在墙体多处裂缝、窗户渗漏等问题，多次报修，被告多次派员维修，但均未能根本修复。经鉴定，结论为：墙体裂缝的主要原因是温度变化时结构材料的不均匀收缩所致，屋面未做保温屋和墙体砌筑质量较差导致顶部楼层温度裂缝明显，上述裂缝对主体结构安全没有影响，但严重影响观瞻和使用功能。经评估，原告房屋整改修复工程造价为 3 万余元。

江苏东台法院一审认为，房屋建筑工程质量不符合法定标准以及合同目的，则可以认定存在质量缺陷。建设单位提供的有关行政管理部门的批准文件，以及勘察、设计、施工、工程监理等单位的质量合格文件，只能作为证据使用，对法院认定事实不具有当然的确定力和拘束力。原告购买的房屋存在裂缝、渗漏等问题，这是一个客观事实，并且该客观事实经鉴定结论证实系温度变化时结构材料不均匀收缩所致，屋面设计瑕疵和墙体砌筑质量较差导致顶部楼层温度裂缝明显。因此足以认定本案被告出售给原告的房屋存在质量缺陷。

我国实行建筑工程质量保修制度。原告杨珺在保修期内主张权利，应当予以支持。被告交付给原告的房屋存在的质量缺陷比较隐蔽，经鉴定，质量缺陷的产生原因在房屋交付时即已存在，只是在交付后才被发现。《质量保证书》也约定了在房屋保修范围和保修期限内发生质量问题，出卖人应当履行保修义务。原告有权主张被告承担相应的民事责任。法院判决被告东盛公司对房屋进行整改修复。

东盛公司上诉称：施工图纸及竣工验收文件等能够证明房屋设计施工通过了有关行政部门的强制性标准审查，杨珺的屋面未设计、未设置保温层，符合当时的建筑标准和规范；杨珺购买该商品房时东盛公司已经提供了相应的图纸及资料，房屋竣工交付时东盛公司也提供了验收证明书及质量监督报告等文件，杨珺应当知道屋面未设置保温层的事实。

江苏盐城中院二审认为，虽然东盛公司交付的房屋从设计施工至竣工均经有关行政管理部门审核批准，未设置保温层符合当时的建筑标准和规范，但是房屋存在明显质量缺陷，且已严重影响被上诉人对房屋的正常居住使用，其原因亦经相关专业部门鉴定。房屋通过标准审查仅是有关行政管理部门认定的事实，并不能据此否定房屋存在质量缺陷的客观事实。

房屋的图纸资料属于专业技术材料,没有东盛公司的相关告知,杨珺仅凭常识,不可能得知房屋未设置保温层。即使杨珺知道未设置保温层的事实,在交付房屋时,杨珺也不可能知道未设置保温层会产生裂缝渗漏等问题。且本案中的房屋质量缺陷具有隐蔽性,杨珺在使用过程中才得以发现。东盛公司不能以订立合同时所拥有的信息优势来免除保证房屋质量的法定责任。法院判决维持原判。

12. 厦门卓业科技发展有限公司诉厦门翥远贸易发展有限公司买卖合同纠纷案

[案例来源:福建省厦门市中级人民法院(2005)厦民终字第128号民事判决书,《人民法院案例选》2006年第1辑,第301-305页]

原告卓业公司和被告翥远公司签订《经销协议》,约定:原告代理被告的语音转接盒,如果出现政府明文禁止使用该产品或因被告原因致无法正常使用而造成产品滞销,被告应收回产品并返还已经支付的货款。合同签订后,原告向被告购进USB语音转接盒并支付了相应的货款。因产品无标准生产厂家、地址,被厦门市产品质量监督管理局查处,责令补齐标识后方可销售。原告诉请被告对剩余的82台按进价退还货款53 300元。

厦门思明法院一审判决被告翥远公司为原告卓业公司办理退货,偿还原告货款53 300元及利息。

厦门中院二审认为,原告要求退货实际是要求解除合同,而合同的解除必须具备法律规定的条件。被告提供给原告的USB语音转接盒,被质量监督管理部门要求整改不构成合同约定的解除条件或法定的解除条件。诉争产品虽被质量监管部门要求整改,但不属于合同约定的解除合同的情形,USB语音转接盒的包装如果进行整改,完全可以继续使用,也能实现当时订立合同的目的。被告提供的产品,属于一般瑕疵履行,可以通过整改予以补救,不属于根本违约,不构成解除合同的法定条件。法院改判驳回原告诉讼请求。

第六百一十九条 【标的物的包装方式】出卖人应当按照约定的包装方式交付标的物。对包装方式没有约定或者约定不明确,依据本法第五百一十条的规定仍不能确定的,应当按照通用的方式包装;没有通用方式的,应当采取足以保护标的物且有利于节约资源、保护生态环境的包装方式。

第六百二十条 【检验义务】买受人收到标的物时应当在约定的检验期限内检验。没有约定检验期限的,应当及时检验。

第六百二十一条　【检验期限】当事人约定检验期限的，买受人应当在检验期限内将标的物的数量或者质量不符合约定的情形通知出卖人。买受人怠于通知的，视为标的物的数量或者质量符合约定。

当事人没有约定检验期限的，买受人应当在发现或者应当发现标的物的数量或者质量不符合约定的合理期限内通知出卖人。买受人在合理期限内未通知或者自收到标的物之日起二年内未通知出卖人的，视为标的物的数量或者质量符合约定；但是，对标的物有质量保证期的，适用质量保证期，不适用该二年的规定。

出卖人知道或者应当知道提供的标的物不符合约定的，买受人不受前两款规定的通知时间的限制。

实务指引

买方收到货物后，应该及时检验，如果发现了质量问题，应该立刻通知卖方，这样卖方就很难推卸责任。如果拖延检验或者拖延通知卖方，则卖方可能以买方是从其他卖家处购买了产品进行抗辩，从而推卸责任。法官对于及时通知质量问题的买方会持一种善意的相信，而拖延检验或者拖延通知，法官可能会认为买方没有履行及时检验或通知的义务，并可能直接驳回买方质量异议的诉讼请求。

质量争议的案件在企业间的买卖合同和承揽合同中比较多发。争议主要发生在是否及时履行了检验义务以及是否及时通知对方。

下面简单讲述笔者办理的几个案件：

案例1：深圳公司向上海公司出售小型电子计算器，深圳公司找了加工厂加工后送给上海公司。上海公司是为一个知名品牌购买，上海公司的客户在大约半年后反馈产品质量有问题，于是上海公司起诉至法院要求退货。笔者代理深圳公司，深圳公司不认可产品质量有问题，也不同意上海公司进行鉴定，因为交货已经半年多了，上海公司未及时检验，应该视为质量合格。法官释明，同意上海公司鉴定。鉴定机构了解案情后，告知鉴定费需要人民币15万元，因为需要检测500个计算器，每个的检测费是300元。上海公司认为鉴定费太高，故放弃鉴定，法院也驳回了上海公司的诉讼请求。如果双方在签订合同时约定，对质量是否存在问题发生争议时，由深圳公司预先垫付鉴定费用，则本案发生诉讼后，深圳公司可能也不愿意支付15万元的鉴定费进行鉴定，则结果就会对深圳公司不利。

案例2：上海公司接到一个国外公司的服装订单，国外公司提供布料，上海公司委托江苏公司进行加工，合同约定交货前要检验。江苏公司交货后，外国公司委托上海的鉴定人员验货，得出的结论是不符合要求，于是上海公司和国外公司解除合同并给予赔偿。江苏公司后起诉上海公司主张货款，上海公司在江苏公司起诉后，才联系笔者代理案件，故在同一案件中反诉退货。法官认为上海公司没有及时地将质量瑕疵通知江苏公司，故视为上海公司怠于履行通知义务，法院支持了江苏公司的诉讼请求，驳回了上海公司解除合同、返还货款的请求。

案例3：中山公司向上海公司提供灯具，上海公司将灯具安装在全国各地的工地上。在中山公司发对账单要求上海公司支付货款时，上海公司备注了灯具质量有问题。两年后，笔者代理中山公司起诉要求上海公司支付货款，上海公司反诉要求中山公司赔偿质量损失。该案件以中山公司同意上海公司减少支付货款而调解结案。如果本案未能调解结案，则由于上海公司的证据不足以证明灯具质量存在问题，也无法提供充分的告知质量问题的证据及维修的证据，法院极有可能会驳回上海公司的反诉请求。

第六百二十二条　【检验期限过短】当事人约定的检验期限过短，根据标的物的性质和交易习惯，买受人在检验期限内难以完成全面检验的，该期限仅视为买受人对标的物的外观瑕疵提出异议的期限。

约定的检验期限或者质量保证期短于法律、行政法规规定期限的，应当以法律、行政法规规定的期限为准。

第六百二十三条　【推定已检验】当事人对检验期限未作约定，买受人签收的送货单、确认单等载明标的物数量、型号、规格的，推定买受人已经对数量和外观瑕疵进行检验，但是有相关证据足以推翻的除外。

实务指引

对于货物的验收，合同编第620条至第623条可以简单地分成三种情况依次分别规定：(1)合同约定了明确的合理的检验期限；(2)合同约定了检验期限，但是约定过短不合理；(3)合同未约定检验期限或约定不明。

可以考虑法条为如下顺序：

第620条　当事人约定检验期间的，买受人应当在检验期间内将标的物的数量或者质量不符合约定的情形通知出卖人。买受人怠于通知的，视为标的物的数量或者质量符合约定。

出卖人知道或者应当知道提供的标的物不符合约定的，除当事人约定了检验期间以外，买受人不受通知时间的限制。

第621条　当事人约定的检验期间过短，根据标的物的性质和交易习惯，买受人在检验期间内难以完成全面检验的，该期间仅视为买受人对外观瑕疵提出异议的期间。约定的检验期间或者质量保证期间短于法律、行政法规规定期间的，应当以法律、行政法规规定的期间为准。

第622条 当事人没有约定检验期间的，买受人应当在发现或者应当发现标的物的数量或者质量不符合约定的合理期间内通知出卖人。

买受人在合理期间内未通知或者自收到标的物之日起二年内未通知出卖人的，视为标的物的数量或者质量符合约定；但是，对标的物有质量保证期的，适用质量保证期，不适用该二年的规定。

出卖人知道或者应当知道提供的标的物不符合约定的，买受人不受前两款规定的通知时间的限制。

当事人对检验期间未作约定，买受人签收送货单、确认单等载明标的物数量、型号、规格的，推定买受人已经对数量和外观瑕疵进行检验，但是有相关证据足以推翻的除外。

第623条 买受人未通知出卖人的，视为标的物的数量或者质量符合约定，但标的物瑕疵在检查时不能辨别的除外。此后出现瑕疵的，买受人必须在发现后不迟延地进行通知，否则视为承认标的物。

对标的物有质量保证期的，适用质量保证期的规定。

典型案例

13. 上海东达进出口有限公司诉德国罗伯兹—迈尔有限公司买卖合同纠纷案

[案例来源：上海市杨浦区人民法院（2001）杨经初字第1179号民事判决书，《人民法院案例选》2004年商事·知识产权专辑，第63－68页]

原告东达公司（受托人）与案外人晨川公司（委托人）订立《代理进口委托合同》，由原告为晨川公司代理进口××木材15立方米。原告与被告罗伯兹—迈尔公司签订《买卖合同》，向被告购买××木材15立方米。原告收到被告的木材后，认为木材不符合约定，遂委托外高桥出入境检疫局检验，经检验货物之树种和品质不符合合同约定。原告诉请被告退还货款4万余元，承担货物进口所发生的各种费用1万余元，赔偿经济损失10万元、商誉损失5万元。

上海杨浦法院认为，原告在货物打开后才委托商检，又未通知被告下属上海代表处到场，存在一定过错，但不能据此否认检验证书的证据效力：（1）原告向被告购买的货物是用于制作专用产品的，非其他树种的货物可以替代，被告擅自更改木材品种，原告在拆货发现后才要求商检，此举排除了原告欺诈之故意。（2）晨川公司的合同相对人就违约提出索赔，可以认定原告及其晨川公司均未存有从他处购买的木材，否则可以避免该后果的发生，故本案缺乏原告将被告所供货物调换后再作商检的可能性。（3）在审理中，被告亦不主张法院对货物有关品质、产地、是否已被调换等方面重新检验，以证明该批货物是否是提单项下的货物。据此，应认定商检证书具有证据效力。

原、被告在合同中未约定选择适用的法律，且原、被告所在国均为《联合国国际货物销售合同公约》缔约国，符合公约的适用范围，故应优先适用公约。依照公约之规定，被告未按合同规定的品种、质量供货，系根本违反合同，应承担法律责任。原告要求被告赔偿其支付晨川公司的违约金10万元及其商誉损失5万元，因原告未能举证其已事先履行告知义务，以使被告对违反合同的后果能够预料，法院不予支持。法院判决被告退还原告货款，偿付原告因货物进口所发生的各类费用。由被告到原告指定的地点提取所售木材，费用由被告自理。

14. 山东清华紫光凯远信息技术有限公司诉神州数码（中国）有限公司买卖合同纠纷案

［案例来源：北京市海淀区人民法院（2008）海民初字第1579号民事判决书，《中国审判案例要览（2009年商事审判案例卷）》，第18－21页］

原告凯远公司与被告神州公司签订包销协议，约定：原告向被告购买"摩托罗拉宝典"；合同产品损失风险及所有权在交付至装运给买方的承运人时转移给买方；货物交付后，买方应在实际可行的情况下尽快验收该项货物；交货后7日内未予验收，则在该7日内应视为已予验收。

2001年7月，原告收到被告提供的货物，并当即开箱。2002年2月，原告将其未销售的175台"摩托罗拉宝典"进行了检验，检验报告记录如下："175台样品由7个大纸箱包装，已开封。每大包箱内装有25台样品，每台样品由一纸盒包装，包装盒未封口。"2002年7月，经公证，806台"摩托罗拉宝典"中有进网许可证259台，无进网许可证547台。公证书及现场记录对该806台包装是否开封未进行描述。原告诉请被告承担未售出的829台宝典的退货责任，货款78万余元，赔偿应得利益32万余元。

北京海淀法院认为，原告称收货当时就开箱检查，其完全可以在当时就注意到入网许可证的问题，原告未就此提出异议，显属过错，法院对原告关于被告所供产品未粘贴入网许可证的主张不予认定。原告称被告所供产品标识混乱、货物存在质量问题。现原告不能提供证据证明其在合同约定的异议期内向被告提出过质量异议，故应当视为其对质量的认可。法院判决驳回原告诉讼请求。

第六百二十四条　【向第三人履行时的检验标准】出卖人依照买受人的指示向第三人交付标的物，出卖人和买受人约定的检验标准与买受人和第三人约定的检验标准不一致的，以出卖人和买受人约定的检验标准为准。

第六百二十五条 【回收义务】依照法律、行政法规的规定或者按照当事人的约定，标的物在有效使用年限届满后应予回收的，出卖人负有自行或者委托第三人对标的物予以回收的义务。

第六百二十六条 【价款的支付】买受人应当按照约定的数额和支付方式支付价款。对价款的数额和支付方式没有约定或者约定不明确的，适用本法第五百一十条、第五百一十一条第二项和第五项的规定。

第六百二十七条 【价款的支付地点】买受人应当按照约定的地点支付价款。对支付地点没有约定或者约定不明确，依据本法第五百一十条的规定仍不能确定的，买受人应当在出卖人的营业地支付；但是，约定支付价款以交付标的物或者交付提取标的物单证为条件的，在交付标的物或者交付提取标的物单证的所在地支付。

第六百二十八条 【价款的支付时间】买受人应当按照约定的时间支付价款。对支付时间没有约定或者约定不明确，依据本法第五百一十条的规定仍不能确定的，买受人应当在收到标的物或者提取标的物单证的同时支付。

第六百二十九条 【多交标的物】出卖人多交标的物的，买受人可以接收或者拒绝接收多交的部分。买受人接收多交部分的，按照约定的价格支付价款；买受人拒绝接收多交部分的，应当及时通知出卖人。

第六百三十条 【孳息归属】标的物在交付之前产生的孳息，归出卖人所有；交付之后产生的孳息，归买受人所有。但是，当事人另有约定的除外。

第六百三十一条 【主物与从物】因标的物的主物不符合约定而解除合同的，解除合同的效力及于从物。因标的物的从物不符合约定被解除的，解除的效力不及于主物。

第六百三十二条 【一物与数物】标的物为数物，其中一物不符合约定的，买受人可以就该物解除。但是，该物与他物分离使标的物的价值显受损害的，买受人可以就数物解除合同。

第六百三十三条 【分批交付】出卖人分批交付标的物的，出卖人对其中一批标的物不交付或者交付不符合约定，致使该批标的物不能实现合同目的的，买受人可以就该批标的物解除。

出卖人不交付其中一批标的物或者交付不符合约定，致使之后其他各批标的物的交付不能实现合同目的的，买受人可以就该批以及之后其他各批标的物解除。

买受人如果就其中一批标的物解除，该批标的物与其他各批标的物相互依存的，可以就已经交付和未交付的各批标的物解除。

第六百三十四条　【分期付款】分期付款的买受人未支付到期价款的数额达到全部价款的五分之一，经催告后在合理期限内仍未支付到期价款的，出卖人可以请求买受人支付全部价款或者解除合同。

出卖人解除合同的，可以向买受人请求支付该标的物的使用费。

实务指引

催告的程序，可以达到提醒买受人未及时支付款项将承担的法律后果，有利于减少诉讼。

典型案例

15. 汤长龙诉周士海股权转让纠纷案

［案例来源：最高人民法院（2015）民申字第2532号民事裁定书，《人民法院案例选》2017年第3辑，第10－13页］

原告汤长龙与被告周士海签订《股权转让协议》及《股权转让资金分期付款协议》，约定：被告将其持有的××公司股权转让给汤长龙；合计710万元，分四期付清。2013年10月，因汤长龙逾期未支付约定的第二期股权转让款，被告以公证方式向原告送达了《关于解除协议的通知》，以汤长龙根本违约为由，提出解除协议。次日，汤长龙即向周士海转账支付了第二期150万元股权转让款，并按照约定的时间和数额支付了后续第三期、第四期股权转让款。周士海以其已经解除合同为由，如数退回4笔股权转让款。2013年11月，被告所持有的股权已经变更登记至原告名下。原告汤长龙讼请确认被告周士海发出的解除协议通知无效，双方继续履行合同。

成都中院一审判决驳回原告诉讼请求，四川高院二审改判确认周士海发出的解除协议通知无效，双方继续履行合同。周士海申请再审。

最高人民法院再审认为，分期付款买卖的主要特征为：(1)买受人向出卖人支付总价款分三次以上，出卖人交付标的物之后买受人分两次以上向出卖人支付价款；(2)常见于经营者和消费者之间，一般是买受人作为消费者为满足生活消费而发生的交易；(3)出卖人向买受人授予了一定信用，而作为授信人的出卖人在价款回收上存在一定风险，为保障出卖人剩余价款的回收，出卖人在一定条件下可以行使解除合同的权利。

由于本案买卖的标的物是股权，因此，具有与以消费为目的的一般买卖不同的特点：(1)汤长龙受让股权是为参与公司经营管理并获取经利益，并非满足生活消费；(2)因分期回收股权转让款而承担的风险，与一般以消费为目的风险并不同等；(3)双方解除股权转让合同，不存在向受让人要求支付标的物使用费用的情况。综上，股权转让分期付款合同，与一般以消费为目的的分期付款买卖合同有很大区别。《股权转让资金分期付款协议》不宜简单适用《合同法》第167条规定的合同解除权。

双方订立《股权转让资金分期付款协议》的合同目的能够实现。汤长龙和周士海订立合同的目的是转让周士海所持股权给汤长龙。根据汤长龙履行股权转让款的情况，除第二笔股权转让款150万元逾期支付2个月，其余三笔股权转让款均按约支付。周士海退回710万元不影响汤长龙按约支付剩余三笔股权转让款的事实的成立，且汤长龙始终明确表示愿意履行付款义务。因此，周士海的合同目的能够得以实现。

从维护交易安全的角度，股权交易关涉诸多方面，如其他股东对受让人汤长龙的接受和信任（过半数同意股权转让），记载到股东名册和在工商部门登记股权，社会成本和影响已经倾注其中。汤长龙受让股权后已实际参与公司经营管理，股权也已过户登记到其名下，如果不是汤长龙有根本违约行为，动辄撤销合同可能对公司经营管理的稳定产生不利影响。法院裁定驳回周士海的再审申请。

第六百三十五条　【凭样品买卖合同】凭样品买卖的当事人应当封存样品，并可以对样品质量予以说明。出卖人交付的标的物应当与样品及其说明的质量相同。

第六百三十六条　【样品隐蔽瑕疵】凭样品买卖的买受人不知道样品有隐蔽瑕疵的，即使交付的标的物与样品相同，出卖人交付的标的物的质量仍然应当符合同种物的通常标准。

实务指引

该类合同一般是企业间签订的，虽然有的合同中也约定了样品的相关内容，但是很多企业在合同中并未明确哪一方对样品进行保管，在履行过程中并没有规范地对样品进行封存并签字盖章，往往也会因此而发生争议，所以最好事先在合同中明确约定。

第六百三十七条　【试用买卖】试用买卖的当事人可以约定标的物的试用期限。对试用期限没有约定或者约定不明确，依据本法第五百一十条的规定仍不能确定的，由出卖人确定。

第六百三十八条　【拒绝与同意购买】试用买卖的买受人在试用期内可以购买标的物，也可以拒绝购买。试用期限届满，买受人对是否购买标的物未作表示的，视为购买。

试用买卖的买受人在试用期内已经支付部分价款或者对标的物实施出卖、出租、设立担保物权等行为的，视为同意购买。

第六百三十九条　【标的物使用费】试用买卖的当事人对标的物使用费没有约定或者约定不明确的，出卖人无权请求买受人支付。

第六百四十条　【试用买卖的风险负担】标的物在试用期内毁损、灭失的风险由出卖人承担。

实务指引

笔者认为，本条有探讨的空间。如果由于第三人侵权或正常使用导致的毁坏灭失，买受人无过错，应该由出卖人承担。但如果买受人有过错，则买受人应该承担全部或部分责任。

典型案例

16. 无锡日月水处理有限公司诉无锡荣成纸业有限公司买卖合同纠纷案

［案例来源：江苏省无锡市中级人民法院（2013）锡商终字第0374号民事判决书，《中国审判案例要览（2014年商事审判案例卷）》，第39－43页］

原告日月水公司供给被告荣成公司复合净水剂860吨，双方之间未签订书面合同，也未继续进行业务往来。后双方为该批货物是否属试用买卖、荣成公司应否付款发生纠纷。原告诉请被告支付货款43万余元。

被告提供的“荣成纸业厂商访谈记录”记载的“洽谈事项”中载明：“试用之全数药品（约900吨）日月水同意全数免费。”原告发出的报价单载明：单价每吨345元；此报价为最终报价，按此价格签订合同后，之前所送900吨药剂不计任何费用；如合同未签订，900吨药剂每吨按500元结算。

江苏无锡惠山法院认为，访谈记录虽有“试用之全数药品（约900吨）日月水同意全数免费”的内容，但双方未就洽谈事项达成协议。原告在给被告的报价单中已明确写明，如合同未签订，900吨药剂要付费。因此，双方之间并未形成合同法意义上的试用买卖合同。被告已实际使用了该批货物，现拒绝支付货款，有违公平原则，原告有权要求被告支付货款。法院判决被告荣成公司支付原告日月水公司货款29万余元。

江苏无锡中院二审认为,日月水公司与荣成公司之间所形成的试用买卖合同关系合法有效。由日月水公司的报价单可以看出,试用期免费试用的承诺是附条件的,即免费试用的条件是要签订正式的买卖合同。试用期满后双方业务关系终止,未订立书面合同,因此免费试用的条件并未成就。法院判决维持原判。

第六百四十一条 【所有权保留】当事人可以在买卖合同中约定买受人未履行支付价款或者其他义务的,标的物的所有权属于出卖人。

出卖人对标的物保留的所有权,未经登记,不得对抗善意第三人。

实务指引

本条为所有权保留的条款。审判实务中,支持保留所有权的诉讼请求一般没有问题,但是在强制执行过程中可能会存在很大的难度,尤其是需要安装的复杂的成套设备,一拆一装的损失将会非常大。此类案件在实务中比较少。

第六百四十二条 【取回标的物】当事人约定出卖人保留合同标的物的所有权,在标的物所有权转移前,买受人有下列情形之一,造成出卖人损害的,除当事人另有约定外,出卖人有权取回标的物:

(一)未按照约定支付价款,经催告后在合理期限内仍未支付;

(二)未按照约定完成特定条件;

(三)将标的物出卖、出质或者作出其他不当处分。

出卖人可以与买受人协商取回标的物;协商不成的,可以参照适用担保物权的实现程序。

第六百四十三条 【回赎标的物】出卖人依据前条第一款的规定取回标的物后,买受人在双方约定或者出卖人指定的合理回赎期限内,消除出卖人取回标的物的事由的,可以请求回赎标的物。

买受人在回赎期限内没有回赎标的物,出卖人可以以合理价格将标的物出卖给第三人,出卖所得价款扣除买受人未支付的价款以及必要费用后仍有剩余的,应当返还买受人;不足部分由买受人清偿。

典型案例

17. 宁波海星塑料机械制造有限公司诉霸州市盛华塑料制品厂买卖合同纠纷案

[案例来源:浙江省宁波市鄞州区人民法院(2010)甬鄞邱商初字第308号民事判决书,《人民法院案例选》2012年第4辑,第165-169页]

原告海星公司与被告盛华塑料厂签订《工矿产品购销合同》一份,约定:被告购买海星牌注塑机一台;首付款24万余元,余款10万余元在设备运到之日起3个月内一次性付清;货款没有付清之前,设备的所有权属于原告,被告无权转让或出售。合同签订后,原告依约交付了货物。被告支付了首付款,余款未付。原告三次发函催促被告支付余款,被告均未支付。原告诉请被告返还注塑机。

浙江宁波鄞州法院认为,被告未按约付清价款,注塑机的所有权人仍属于原告,原告有权要求返还。原告行使取回权后,买受人即被告在出卖人指定的合理回赎期间内,履行价款清偿义务的,可以重新占有标的物;被告在指定的回赎期间内没有回赎标的物,出卖人可以依法拍卖标的物或者解除合同;出卖人拍卖标的物的,拍卖所得的价款扣除未清偿价金、取回费用以及拍卖费用后仍有剩余的,应将剩余的部分返还给被告。法院判决被告返还注塑机。

第六百四十四条　【招投标合同】招标投标买卖的当事人的权利和义务以及招标投标程序等,依照有关法律、行政法规的规定。

第六百四十五条　【拍卖合同】拍卖的当事人的权利和义务以及拍卖程序等,依照有关法律、行政法规的规定。

典型案例

18. 邓国根诉南昌市农业局、江西宏隆拍卖有限公司拍卖合同纠纷案

[案例来源:江西省高级人民法院(2013)赣民一终字第42号民事判决书,《人民法院案例选》2013年第3辑,第216-223页]

被告一农业局委托被告二宏隆拍卖公司拍卖两处房产。拍卖会开始时,农业局向拍卖师递交《底价通知》,载明房产一底价100万元,房产二底价800万元。拍卖师对两处房产一并予以拍卖,经过几轮加价后,原告邓国根报价870万元,拍卖师经过三次报价在无人加价后落槌确认。落槌之后,农业局委派的监拍人员向拍卖师提出,拍卖未到底价,对拍卖的有效性提出异议。原告诉请农业局履行交房义务。

江西南昌中院一审认为,拍卖师在拍卖开始前应当知道拍卖标的的保留价,在原告出价870万元并且三次报价均无人加价时,应当停止拍卖标的的拍卖,但是其未停止拍卖而是落槌。这表明其作为委托人农业局的代理人,对竞买人的最高价的认可。拍卖成立且有效。同时,民事活动还应该遵循公平、等价有偿的原则。拍卖标的的评估价值为861万余元,作为出卖方将保留价定为900万元是合理的,也符合市场行情,原告应相应补偿。法院判决原告邓国根补偿被告农业局30万元,被告农业局向原告交付房屋。江西高院二审维持原判。

19. 北京中汉拍卖有限公司诉唐童拍卖合同纠纷案

[案例来源:北京市朝阳区人民法院(2011)朝民初字第16919号民事判决书,《人民法院案例选》2012年第3辑,第235-245页;《中国审判案例要览(2012年商事审判案例卷)》,第64-74页]

原告中汉公司在千禧大酒店举办拍卖会。拍卖当日,被告唐童本人持身份证填写《竞投者登记单》并领取250号竞买号牌。在拍卖5061号拍卖品时,坐在唐童旁边的男子举250号竞买号牌应价,拍卖师宣布5061号由250号竞买号牌以10万元落槌成交。5061号拍卖品的《拍卖成交确认书》买受人签字处由张振刚签字。原告诉请解除拍卖合同,由被告赔偿佣金损失。

北京朝阳法院认为,张振刚在拍卖5061号拍卖品时用被告的250号竞买号牌举牌应价,被告在拍卖现场并未对此提出异议。在张振刚签署了5061号《拍卖成交确认书》后,被告已经支付相应的购买价款。故被告对张振刚用其250号竞买号牌举牌应价应当是明知的。被告应当知道其登记并领取的250号竞投号牌在拍卖过程中即代表其本人,应对张振刚用250号竞投号牌举牌应价承担法律后果。被告未按约定履行支付价款的义务,已构成违约。且由于被告未及时支付价款,5061号拍卖品已被委托人闫健武取走,双方的拍卖合同已无法实际履行,原告有权要求解除拍卖合同。被告应当赔偿由此给原告造成的损失。

第六百四十六条　【有偿合同】法律对其他有偿合同有规定的,依照其规定;没有规定的,参照适用买卖合同的有关规定。

第六百四十七条　【互易合同】当事人约定易货交易,转移标的物的所有权的,参照适用买卖合同的有关规定。

典型案例

20. 付某某诉毕某某互易合同纠纷案

[案例来源:河北省秦皇岛市中级人民法院(2009)秦民一终字第448号民事判决书,《人民法院案例选》2012年第3辑,第149-155页]

原告(反诉被告)付某某和被告(反诉原告)毕某某双方均是山海关船厂职工。

山海关船厂进行集资建房,集资户分到新房后原有旧房一律交回,纳入工厂正常分配,不得私自转让和占用。

1995 年 2 - 3 月,原告以被告的名义参与了工厂的集资建房,并按照规定交纳了四楼的购房款 3.5 万元。应原告的要求,被告向其出具了签名的字条,内容为“付某某以毕某某的名义买房,分房后由付某某所有”。自 1996 年集资房建成后,原告搬入以被告名义集资的 44 - 4 - 8 号房屋居住至今。1998 年,原告办理了登记产权人为被告的房屋所有权证,并持有至今。

1996 年上半年,原告将其所承租的 13 - 4 - 1 房屋《住房保证金通知》交付给被告毕某某,被告称在得到该通知的同时通过其岳父王德海给付了原告好处费 5000 元,但其未能提交相应的证据予以证实。原告承租的 13 - 4 - 1 号房屋后调整为 18 - 3 - 5 号房屋,被告凭《住房保证金通知》直接得到了 18 - 3 - 5 号房屋的居住权,经过一定的装修后搬入该房。

1997 年 6 月,被告以原告的名义同山海关船厂就其所居住的 18 - 3 - 5 号房屋办理了房改房买卖手续,同山海关船厂签订了《出售公产住房买卖协议书》,并交纳了 10 927 元房款。买卖协议书、售房款缴存单一直由被告持有。1998 年 7 月,以付某某为所有人的 18 - 3 - 5 号房屋经房产部门登记确权,并由毕某某持有产权证至今。

原告诉请被告为其办理 44 - 4 - 8 号房屋的产权过户手续,被告将借住 18 - 3 - 5 号房屋交还原告,并给付 12 年租金 36 000 元。被告(反诉原告)反诉原告(反诉被告)协助办理 18 - 3 - 5 号房屋产权过户手续。

秦皇岛经济技术开发区法院一审认为,尽管当时原被告双方出于各自利益考虑以对方名义集资建房和分房违反了山海关船厂的相关文件规定,但双方这种口头协商且已实际履行的互易行为并没有违反法律和行政法规的强制性规定,故对其互易住房行为的效力予以确认。原告以被告名义集资建房并要求办理集资所建的 44 - 4 - 8 号房屋产权过户登记的诉讼请求,法院予以支持。

被告主张的双方存在互易住房关系,原告不予认可。但是,被告持山海关船厂发给原告的《住房保证金通知》《搬家收费通知单》交纳搬家押金并搬入重新分配的公房居住至今,在此期间以原告的名义签订购房合同、缴纳购房款,接着又办理了房屋产权证并持有至今。在长达 12 年内,原告未对此提出过异议,而且在办理房改房买卖手续时还给予积极配合,这些情况能够形成较为完整的证据链,在双方的证据体系中处于“优势证据”地位。因此,被告(反诉原告)同样有权要求原告(反诉被告)协助办理 18 - 3 - 5 号房屋产权过户登记。

法院判决被告毕某某协助原告付某某办理 44 - 4 - 8 号房屋的产权过户登记;

原告(反诉被告)付某某协助被告(反诉原告)毕某某办理18－3－5号房屋的产权过户登记。

河北秦皇岛中院经二审认为,本案的争议焦点在于,双方各自以对方的名义参加集资和分配承租公有房,并长期居住,并于房改政策实施后,各自出资购买了对方名义项下住房,这种行为是一种互易房屋法律关系,还是一种借用房屋法律关系。付某某主张双方间是借用房屋法律关系,不存在互易房屋法律关系。其之所以以毕某某名义参加集资建房是为了达到拥有两套住房的个人目的。

但如下事实足以证明双方之间确实存在互易房屋的法律关系:(1)双方口头达成互换房屋居住权时,付某某就将其持有的《住房保证金通知》交给了毕某某。(2)毕某某办理房改房有关手续,并持有购房交款票据和房屋产权证书至今。付某某虽辩称是委托关系,但未提供相关证据,且双方都在同一个单位工作生活的情形来看,委托办理房改房有关手续不符合日常逻辑。(3)在长达12年内双方未就此发生过争议。

因此,该互易房屋合同,双方意思表示真实,不违反法律、行政法规的强制性规定,为有效合同。双方均应依合同约定全面履行,相互协助对方办理房屋产权变更手续。法院判决维持原判。

销售合同范本(笔者于2013年拟定)

销 售 合 同

甲方(卖方):<u>上海智坚律师事务所有限公司</u>

乙方(买方):<u>北京张三律润企业管理咨询有限公司</u>

甲乙双方经过充分协商,达成如下协议:

第一条　甲方向乙方销售某某产品,具体如下:

产品名称	单价	数量	总价	合计(元)
				50万元

第二条　付款方式

1.合同签订后三日内,乙方支付甲方总金额的30%作为定金,共计人民币<u>15万</u>元。

2. 甲方收到上述定金后__三__天内发货，乙方在收到货物后三天内支付余款35万元。（如果能够约定甲方收到全款后发货更好）

第三条　货物的验收和质量异议的提出

乙方应该在收到货物后进行验收，若乙方未在三日内进行验收则视为货物数量与质量符合要求。

第四条　验收人员

乙方对于甲方的货物，指派__王某青、黄某有__进行验收，任何一人签字视为乙方对于货物的接收与验收。

【可增条款：送货地点：乙方货物送达地点为北京市某某区某某路某某号。】

第五条　甲方应该在收到乙方货款后三日内，向乙方开具相应的发票。

第六条　延迟付款违约金

乙方若延迟付款，乙方应该以应付未付金额为基数，按照每天1‰向甲方支付违约金。

第七条　合同解除违约金

如果乙方违约，甲方有权单方解除合同，乙方应该支付乙方合同总金额的30%作为违约金。

第八条　律师费等开支的承担

乙方违约，除了承担本合同约定的违约金外，还需要承担甲方支付的差旅费、律师费、诉讼费等全部费用。

第九条　本合同发生争议，协商解决。协商未果，提交本合同签订地（上海市某某区某某路某某号）所属的上海市某某区法院管辖。

第十条　本合同一式两份，双方各持一份，具有同等效力。

甲方：上海智坚律师事务所有限公司	乙方：北京张三律润企业管理咨询有限公司
代表签字：陈某某	代表签字：张某某
注册地址：上海市某某区某某路某某号	注册地址：北京市某某区某某路某某幢某某号某某室
实际经营地：上海市某某区某某路某某号 邮编：201601	实际经营地：北京市某某区某某路某某幢某某号某某室 邮编：100000
电话：158 0032××××	电话：010 8888 ×××× 138 8888 ××××
邮箱：58255××××@qq.com	邮箱：105@qq.com

日期：2020年7月13日

对销售合同范本的简单说明：

1. 买卖双方签订书面合同非常重要，尤其对于卖方而言。

2. 很多卖方在和买方长期合作后，有的时候就不签订合同，这样容易产生风险。买卖合同最终发生争议的，很多是长期客户。律师建议企业要养成签订合同的习惯。

3. 签订书面合同的目的，还是约定双方的权利和义务，以免发生争议时没有依据。

4. 举个最简单的例子：卖方认为是1万元1件产品，买方认为是5000元，发生这种争议，卖方就要承担举证的义务，证明是1万元，否则要承担不利的后果。

5. 卖方在合同中一般都设为甲方。买方一般设为乙方，名称一定要具体，不应简写。最好是留存对方的营业执照复印件。不保留也可以，因为全国的工商信息网络可以查询到。

6. 如果乙方是个体工商户，除了要保留乙方的营业执照复印件，还需要留存乙方的身份证复印件。因为起字号的工商户，在民事诉讼中，应以营业执照登记的户主（业主）为诉讼当事人，在诉讼文书注明系某字号的户主。如果乙方是个人，则需要留存乙方的身份证复印件。

7. 销售的产品名称、单价、数量、总价最好是分别写清楚。

8. 合同中用“定金”这样的词语，具有特殊的法律规定，即如果乙方违约，甲方可以直接主张没收定金，而不需要另行进行举证证明损失。当然，如果甲方违约，需要双倍返还定金。

9. 定金只有在支付后，定金条款才生效，如果乙方未支付定金，在乙方违约的情况下，甲方不能直接适用定金条款。

10. 合同中可以约定30%定金，也可以约定更多或更少。法律规定定金条款的使用不超过合同总金额的20%。如果合同中约定了定金超过20%，20%视为定金，超过部分视为预付款。

11. 一般情况，乙方签收往往只是对数量的确认，对货物质量是否符合要求、货物是否有毁损，并没有确认。但是如果有约定，则乙方的签收是对质量也进行了验收。为了防止乙方故意拖延或怠于验收，通过约定，就可以有效地保障甲方的权益。因为在规定的时间内如果乙方未验收，应该视为甲方的货物符合要求。

12. 如果有约定，法院一般会首先审查乙方是否在该期间内对货物验收并提出异议，如果乙方超过该期间才提出，法院一般会认定乙方怠于履行其通知义务，并不再审查甲方的质量是否有问题。

13. 签订合同只是表明双方有约定进行一个交易，合同本身无法证明双方是否履行了合同义务，是否付款，是否交货。甲方是否履行了送货的义务，在发生争议后，需要甲方进行举证。如果合同中不指定专人验收，则甲方需要另行证明收取货物并签字的人员就是乙方的员工。对于甲方不利的是，如果乙方签收人不是约定的人员，甲方只能等待约定的人签字，否则就不能交付货物。为了防止其他人员冒充指定人员签字，甲方需要事先了解指定人员。但是很多时候，合同中指定的人不在现场，是其他人签收的，从这个角度来说，约定指定人员对甲方是不利的。

14. 如果是通过第三方（如快递公司）送达，由于第三方一般不会检验具体的货物签收人（快递公司也很难要求查看收货人的身份证明），送货单上的送货地址就极为重要。在无法确认货物签收人的情况下，如果送货单上的地址和合同上的一致，一般可以认定甲方履行了送义务。

15. 开具发票是甲方的法定义务。如果甲方不开具发票可能会被税务机关处理罚款，甚至追究刑事责任。

16. 乙方收取增值税发票后一般都会去抵扣税款，在甲方其他证据不充分时，甲方可以通过委托律师（从法院开具调查令）到乙方所属的税务部门调取乙方已经抵扣的证明，该证明将是一项非常有效的证据。所以，在乙方有部分货款未支付，而甲方已经全部开具了发票后，开具的发票可以作为一个有效的证据证明双方的实际交易额。

17. 甲方将发票递交给乙方的同时，应该让乙方在发票接收单上签章。实务中，要求乙方对发票进行签收是很少的，从严谨的角度来说，是要签收的。

18. 发票的开具时间可以在合同中约定。如果未做约定，则开具发票不是甲方的主合同义务（主合同义务是交付合格的设备），只是一个附随义务。乙方不能以甲方未开具发票为理由以拒绝支付款项。如果合同中明确约定甲方要先开发票，乙方才付款，则此种情况下，甲方有义务先开具发票。甲方如果未开具发票，乙方有权利拒绝付款。

19. 约定逾期付款的违约金，有助于乙方及时支付款项。如果乙方确实逾期付款，违约金该支付多少？不同的法院会有不同的意见。我国法律对于违约金，主要是填补损失原则，就是守约方有多少损失，违约方才赔偿多少，对于逾期支付货款的损失，甲方如果不予举证，也没有约定，法院一般认定损失就是同期银行贷款利率。

20. 以应付未付金额为基数，每天1‰的违约金，不算高也不算低，具体是否被法院支持，需要根据案件的实际情况进行确定。如果甲方无法证明实际损失，有的法院会以同期银行贷款利率的1.3倍支持违约金。

21. 如果乙方拒绝支付预付款或其他原因并导致甲方选择解除合同，没有约定的话，甲方就需要举证自己的损失，否则法院很难支持甲方的损失，而举证损失往往比较困难。

22. 合同总金额的30%作为违约金是一个比较常见的比例。对于违约金的裁判，不同的法院可能会有不同的看法，出现的判决也可能会不一样。

23. 如果没有约定，法院对于甲方诉讼而支出的差旅费和律师费不会支持。对于差旅费必须是甲方实际支出的，具有相应的发票。

24. 对于律师费，必须是甲方已经支付给聘请的律师事务所，除了要有委托律师合同，还需要甲方的付款凭证、律师费发票。律师费要求对方支付的条款，银行的借款合同中一般都有该条款。

25. 如果没有约定管辖法院，甲方如果起诉乙方，应该到乙方的注册地或者实际经营地所属的法院起诉。本合同的乙方在北京，则应该在北京的法院起诉，如果乙方在新疆，则需要到新疆的法院起诉，甲方的起诉成本会很高。

26. 如果甲方的注册地和实际经营地不在同一个地方，就需要特别在合同中约定具体的法院。

27. 如果约定原告法院管辖，存在一个注册地和实际经营地区别的问题。而且北京公司如果起诉，也可以在北京的管辖法院。

28. 如果是重大的合同，建议多签订几份，比如一式四份，双方各持两份，甲方丢失了一份，还有另一份。

29. 在合同上签字或加盖公章后，原件应该予以保留，发生争议之后，甲方如果不能出示合同原件，将承担不利后果。

30. 合同的落款处双方应该加盖公章。同时要经办人员签字，签字应该清晰可认。因为如果对方是假公章，要求经办人员签字后，可以追究经办人员的责任。另一种情况是乙方的公章是真实的，但是没有备案登记（比如是经办人员私自签订的），如果有经办人员签字，一定程度上可以证明合同的真实性。

31. 注册地址和实际经营地址，原则上都要写上。乙方地址是非常重要的信息，比如货物送到乙方，送达地点就必须明确，如发生争议，律师函、催款函、法院的传票，都需要有明确的地址。

32. 双方的电子邮箱也非常重要，因为很多文件的传输、沟通都是通过电子邮件进行的，如果没有在合同中写上电子邮件，则需要证明电子邮件是对方所有（乙方否认电子邮箱的情况下），甲方基本上无法证明。目前使用微信特别多，可以在合同中约定双方的微信号。

33. 合同的签订时间也非常重要，很多合同没有予以标注。

34. 有的合同签订了几十页甚至更多，是对各种特殊可能出现的情况进行了约定。

35. 如果合同的文本超过1页,应该在合同上加盖骑缝章。如果没有盖骑缝章,则双方提供的未盖章部分不一样时,原告方要承担举证不利的后果。

36. 合同的原件应该妥善保管,诉讼时,甲方需要携带原件至法院以核实合同的真实性。如果只有复印件,则法院无法核实。

37. 签订了合同,可以证明双方约定了权利和义务,但是合同是否实际履行,需要双方提供其他的证据予以证明。

送货单范本(笔者于2013年拟定)

上海智坚律某某有限公司送货单

买方(乙方):北京张三律润某某咨询有限公司

地址:北京市某某区元江路某某幢某某号某某室

联系人:王某青

联系电话:010-8888××××,188 6666××××

产品名称	单价	数量	总价	合计(元)

以上产品已经收到,经查验无误。

北京张三律润某某咨询有限公司(章)

经办人签字:

2020年7月13日

对送货单范本的简单说明：

1. 双方有合同，只是表明双方就买卖某产品在数量、价格上达成了一致意见，但是该合同是否履行了，仅仅有合同是无法证明的。

2. 送货单可以证明双方的合同已经履行。

3. 送货单上一般应该有双方公司的全称。用简称不好，如“律润公司”，因为也许有律润实业公司、律润投资公司等。

4. 送货单上一般都应该要求乙方负责人员签字。实务中很多是仓库管理人员签字。乙方签字应该清晰可辨认，实务中很多的签名非常潦草，根本无法辨认，此时乙方应该要求甲方重新签字。

5. 送货单应该和买卖合同统一保管，尤其是有多份合同的情况下，每份合同都应该有对应的送货单。

6. 在诉讼中，如果乙方对于送货单上人员的签名不予认可，或否认签字人员是其员工，则甲方需要举证证明该员工是属于乙方，否则将承担不利后果。

7. 如果是向第三方送货，而不是直接将货物送给乙方，甲方尤其要慎重。因为发生争议后，如果乙方拒绝支付货款，甲方的举证将非常麻烦。很多情况下是第三方签收，乙方否认的情况下，甲方很难证明已经履行了合同义务。在这种情况下，送货单就无法发挥其应有的作用。

8. 有的时候甲方是通过快递公司运送货物，这种情况下，可以在合同中约定指定的物流公司（也可以不约定）。对于物流公司的物流底单要及时保留。同时，应该每隔一段时间对物流底单进行核对。有必要的话，要求物流公司出具一个书面的证明，证明物流底单中的货物已经运送。该工作量会比较大，所以，只有在发生争议后，才会考虑要求物流公司出具书面的资料。

9. 对于应收账款，及时进行对账是最重要的。

对账单范本

对　账　单

上海不清楚管理咨询投资发展有限公司

地址：上海市普陀区武宁路423号智慧科技园5号楼三楼F室

联系人：王某轻　联系电话：135 6666 ××××　电子邮箱：1233××××@qq.com

截至2020年2月25日，本司共计向贵司供应产品共计人民币30万元。

贵司已经向本司支付货款人民币 6万 元，贵司应该于2020年1月15日支付剩余货款共计人民币24万元。

本司已经开具给贵司发票共计25万元，待贵司全部款项支付后，本司再开具剩余发票。

上海非常不靠谱实业发展有限公司（章）

2020 年 3 月 27 日

本司对于上述情况予以确认。

备注：

上海不清楚管理咨询投资发展有限公司（章）

经办人签字：

联系电话：135 6666 ××××

______年____月____日

对对账单范本的简单说明：

1. 对账单是企业管理应收账款中最重要也是最简单的资料，在没有签订合同或合同缺失的情况下，仅凭对账单，法院也会支持债权人的诉讼请求。

2. 对账单上对方公司的名称应该是全称，地址应该具体明确。

3. 如果没有签订合同，则无法确定约定管辖法院、违约金、律师费承担等事项。

4. 合同签订后，债权人虽然履行了送货义务或维修等各项义务，但是债务人具体拖欠多少货款，往往没有债务人的书面文件进行证明。对账单可以确定一个具体的金额。

5. 如果是长期买卖关系，双方存在多份合同，此时对账单对于债权人就尤为重要。因为债务人的付款一般都是通过银行支付，每一笔金额都有记录可以查询。由于有多份合同，一般会有大量的送货单，如果发生争议，债务人否认收到货物的情况下，债权人需要提供所有的送货单以证明履行义务情况，如果送货单部分丢失，则债权人的举证存在很大的问题，因为此时债务人的付款可能已经超过了债权人送货单上的货款金额。但是，如果有对账单，就可以将某一个截止日期的债务人的欠款金额予以确定，债权人就不再需要将此日期前所有的送货单进行举证。

6. 如果债权人按照债务人要求多送了一些货物（没有另行签订合同），对账单就可以将这些货款全部进行写明，以防止在无合同的情况下，存在举证的问题。

7. 对账单上除要盖有债务人的公章外，也应该要求债务人的经办人员签字确认。如果对方对印章的真实性否认,则对方人员的签字可以证明对账单的真实性。故签字也务必清楚。

8. 如果债务人没有加盖公章,而是加盖财务专用章、采购专用章等印章,债权人就存在一定的风险,在债务人否认这些印章的情况下,债权人首先要证明印章的真实性。

9. 但是如果债务人不愿意或不能盖公章(如老板出差了无法加盖),只愿意或只能加盖财务专用章、采购专用章等印章,则债权人也应该予以保留,有一个债务人的印章总比没有好。从诉讼的角度考虑,最好需要提供其他的证据材料。

10. 对账单上必须明确地截止到某天,这样在此日期之后的货款就应该另行计算。

11. 债务人拖欠货款未支付的情况下,债权人应该及时地制定对账单以让债务人确认,不能拖延时间过长。一旦时间过长,如果债务人存在资料丢失、人员变动等情况,在债务人进行内部的对账等事务的时候,就会出现债务人真的无法确认拖欠债权人货款金额,对账单就更难以确定。

12. 如果债务人对于对账单的数字有异议,则可以让债务人在盖章并签字的同时,让债务人在空白处进行说明。对账单上有债务人的异议,但总归是有一份对账单,债务人对没有异议的欠款金额进行了确认,总比没有对账单要好。

13. 对账单上除将债务人拖欠货款的具体金额予以确定之外,还应该将债权人其他的已经履行的义务予以确认,如开具的发票金额。

14. 债务人在对账单上盖章签字后,债权人应该将原件妥善保管。

15. 在前一份对账单签署后,如果双方的业务又大量的产生,或者债务人拖欠的金额比较大,债权人应该准备新的对账单。

16. 对账单是合同纠纷中最有效的证据,对账单涵盖了合同和送货单的功能。当然,就算有对账单,合同和送货单也应该予以妥善保管。

17. 如果债务人以多种理由不愿意对对账单进行盖章签字,比如称负责人、财务人员、或者经办人员不在公司等,债务人此时可能的两种情况是:(1)债务人不想支付拖欠的货款;(2)债务人经营出现了问题,资金可能短缺,甚至可能会倒闭。

18. 对于债务人以上述多种理由不愿意对对账单进行盖章签字,则债权人应该及时收集其他证据,并及时起诉至法院,此时不应该拖延等待,拖延的越久,形成坏账的可能性越大。同时,最好申请财产保全,查封对方的银行账号或者其他财产。

减少应收账款的协议书范本

协 议 书

甲方(卖方):上海智坚某某事务所有限公司

乙方(买方):深圳张三律润某某管理咨询有限公司

双方经过友好协商,达成一致意见:

1. 乙方拖欠甲方货款共计人民币30万元,双方一致同意减少为20万元,乙方应该在2016年4月15日前支付。

2. 如果乙方未按期全额支付上述20万元,则乙方不享受上述减免,仍应该按照30万元支付款项。

3. 如果乙方未按期支付,则每逾期一天,需要按照每日千分之一支付违约金,乙方明确该违约金比较合理。同时,如果导致诉讼,乙方应该支付甲方由于诉讼而支付的律师费、差旅费等全部费用。

4. 甲方尚有20万元发票未开具,甲方应该在收到全部款项后三天内开具。

5. 如果双方协商未果,提交原告方法院管辖。

6. 本协议一式两份,双方各持有一份,具有同等效力。

甲方(卖方):上海智坚某某事务所有限公司(章)

乙方(买方):深圳张三律润某某管理咨询有限公司(章)

2016年4月3日

对减少应收账款的协议书范本的简单说明:

1. 乙方不想全额支付拖欠的货款,比如确实存在质量有问题,交货延期等情况,此时双方应该协商,比如甲方减少部分货款,以妥善解决。此时就有必要签订一个协议书。

2. 要约定一个限制条件,否则如果乙方不及时付款,则甲方只能主张20万元。甲方的本意是希望乙方及时付款,无限制条件则协议书未达到目的。

3. 协议书应该约定具体的付款时间。

4. 协议书应该约定违约金及律师费等各项损失。否则乙方会尽量拖延支付款项。因为乙方知道,就算违约,也没有什么额外的损失。

5. 应该约定管辖法院的事项。在没有约定的情况下,甲方需要到乙方所属的法院提起诉讼,甲方的诉讼成本会比较高。

6. 对于不符合范本的协议书,或明显对甲方不利的协议书,甲方可以考虑不盖章签字,这样如果甲方有乙方已经盖章签字的书面文件,可以理解为乙方提出了减少货款的建议,而甲方并未予以同意。这样,协议书对于甲方来说,相当于是乙方的一个单方提议,同时明确了乙方拖欠甲方款项的具体金额。

合同诉讼的证据清单

合同诉讼需要向法院提供证据以证明相关事实,笔者根据十余年合同诉讼的实务经验,整理了相关的证据清单,供法律工作者进行诉讼时参考。

序号	证据名称	要点和注意事项
1	合同或订单、采购单	复印件递交给法院,原件自己保管
2	买卖合同履行的证据:如送货单	复印件递交给法院,原件自己保管
3	承揽合同(建设工程合同、装修合同、设计合同)履行的证据:验收报告、竣工验收报告	复印件递交给法院,原件自己保管
4	借款合同履行的证据:转账记录或收条	复印件递交给法院,原件自己保管
5	对方的付款凭证、付款明细、欠款清单	复印件递交给法院,原件自己保管
6	履行附随义务的证据:如已经开具发票的复印件、金额清单和对方收取发票的签收单、进口设备的证明文件、合格证、对对方员工的培训证明、维修报告、维修确认书、售后服务反馈表	复印件递交给法院,原件自己保管
7	欠款结算的证据,如对账单或欠款确认单、付款承诺书(买卖合同、承揽合同)、结算书、结算报告(建设工程合同、装修合同、设计合同、软件开发合同)	复印件递交给法院,原件自己保管
8	微信聊天记录	1. 双方微信的界面要截屏,以确定每个主体的身份。 2. 截屏要收尾相连,对内容全部截屏。 3. 手机或电脑需要开庭时核验。 4. 如果是别人的手机或担心手机丢失,无法开庭时核验,可以提前找公证处进行公证
9	qq 聊天记录	
10	手机短信	
11	电子邮件,需要打印	最好进行公证

续表

序号	证据名称	要点和注意事项
12	录音资料	需要刻录到光盘上,并且要将语音转化成文字的内容并打印
13	证人的身份证复印件、电话	证人要携带身份证原件到庭质证,如果客观原因无法到庭,可以对证人先进行公证
14	视频	需要刻录到光盘上
15	照片	最好彩色打印
16	催款函、解除函等快递等书面文件,寄快递单的底单、签收单	复印件递交给法院,原件自己保管
17	第三方的检验报告及开具的发票、支付检验费的凭证	复印件递交给法院,原件自己保管

第十章　供用电、水、气、热力合同

第六百四十八条　【供用电合同】供用电合同是供电人向用电人供电，用电人支付电费的合同。

向社会公众供电的供电人，不得拒绝用电人合理的订立合同要求。

第六百四十九条　【供用电合同的内容】供用电合同的内容一般包括供电的方式、质量、时间，用电容量、地址、性质，计量方式，电价、电费的结算方式，供用电设施的维护责任等条款。

第六百五十条　【履行地点】供用电合同的履行地点，按照当事人约定；当事人没有约定或者约定不明确的，供电设施的产权分界处为履行地点。

第六百五十一条　【安全供电义务】供电人应当按照国家规定的供电质量标准和约定安全供电。供电人未按照国家规定的供电质量标准和约定安全供电，造成用电人损失的，应当承担赔偿责任。

第六百五十二条　【停电通知义务】供电人因供电设施计划检修、临时检修、依法限电或者用电人违法用电等原因，需要中断供电时，应当按照国家有关规定事先通知用电人；未事先通知用电人中断供电，造成用电人损失的，应当承担赔偿责任。

第六百五十三条　【抢修义务】因自然灾害等原因断电，供电人应当按照国家有关规定及时抢修；未及时抢修，造成用电人损失的，应当承担赔偿责任。

第六百五十四条　【支付电费】用电人应当按照国家有关规定和当事人的约定及时支付电费。用电人逾期不支付电费的，应当按照约定支付违约金。经催告用电人在合理期限内仍不支付电费和违约金的，供电人可以按照国家规定的程序中止供电。

供电人依据前款规定中止供电的，应当事先通知用电人。

典型案例

1. 兴宁华中电力有限公司诉兴宁市供电局供电合同纠纷案

[案例来源:广东省高级人民法院(2005)粤高法民二终字第334号民事判决书,《中国审判案例要览(2006年民事审判案例卷)》,第161-167页]

1995年9月,原告华中公司与被告兴宁市供电局签订了电费结算合同书,约定于每月的19日12时抄表计算当月发电量,被告在每月抄表后的15日内,按确定的实际上网电量结算电费;如被告迟延付款,每逾期付款1天加收逾期金额万分之五的滞纳金。1997年3月,为解决被告拖欠电费的问题,在兴宁市人民政府的协调下,原、被告双方达成了电费结算谅解备忘录。约定被告在资金周转困难时,保证所拖欠的电费不超过1个月,否则,同意每超期1天支付拖欠总金额万分之五的滞纳金。原告诉请被告支付自1996年以来拖欠原告的电费款本金及滞纳金(违约金)。

广东梅州中院认为,原被告约定的电费结算合同有效期为1年,在有效期内双方不得违约。合同约定,如有异议,应在协议或合同到期前2个月提出修改意见;如无异议,有效期满后,本协议和合同将继续执行。双方当事人在履行上述协议和合同过程中,并没有对电费结算合同书的履行提出异议或需要修改的意思表示,亦没有签订其他书面合同或协议代替。从被告不定期支付上网电费给原告的行为看,上述协议和合同是延续履行的,并一直约束着双方当事人。鉴于原、被告双方在电费结算合同书和电费结算谅解备忘录中明确约定了每逾期付款1天加收逾期金额万分之五的滞纳金的违约责任条款,原告有权诉请被告支付拖欠上网电费的滞纳金。广东高院二审维持原判。

第六百五十五条　【安全用电】用电人应当按照国家有关规定和当事人的约定安全、节约和计划用电。用电人未按照国家有关规定和当事人的约定用电,造成供电人损失的,应当承担赔偿责任。

第六百五十六条　【供用水、气、热力合同】供用水、供用气、供用热力合同,参照适用供用电合同的有关规定。

典型案例

2. 高尔夫(南京)房地产有限公司诉吴咏梅供用热力合同纠纷案

[案例来源:江苏省南京市江宁区人民法院民事判决书,《最高人民法院公报》2012年第12期,第43-44页]

2007年6月24日,原告高尔夫公司与被告吴咏梅、案外人郝正签订《预售合同》,约定原告将 401 室房屋出售给吴咏梅及郝正。合同附件约定:为考虑全体业主利益与小区的质量标准,无论业主有否入住,业主都要支付供热费用(地暖设备的使用及维护费)。2008 年,高尔夫公司开始对该小区提供暖气、热水。2011 年 1 月,吴咏梅向高尔夫公司提交《关于申请停用暖气、热水报告》,载明:401 室业主申请停用小区提供的热水及暖气。

原告高尔夫公司陈述,其收取的供热费用包含热水、暖气的费用,还包含供热设备的维护费用,其向小区业主供热的成本已经远高于收取的供热费用,其向被告吴咏梅主张的供暖期供热费用是正常标准的 60%,已经考虑到吴咏梅停用热水及暖气的因素。高尔夫公司诉请确认双方热力代供关系已经解除;吴咏梅支付基本供热费用 5183 元(自 2011 年 1 月 1 日起至 2012 年 4 月 30 日止)。

南京江宁法院认为,《预售合同》中双方不仅对商品房买卖的具体条款进行了约定,还对供暖、供热水的时间和使用费用进行了约定,明确约定了由高尔夫公司履行供暖、供热水的义务,吴咏梅按照标准履行支付使用费的义务,故高尔夫公司与吴咏梅之间形成了供用热力的合同关系。

供热合同未解除。吴咏梅提交的停用暖气热水报告中仅要求停用热水及暖气,并未要求解除双方之间的供热合同,在审理中吴咏梅亦不同意解除双方之间的供热合同。且高尔夫公司提供的供热水、供暖服务的对象为高尔夫国际花园小区全体业主,相关设施系小区业主的公共设施,解除供热合同势必会影响到吴咏梅房屋的价值以及其他业主的合法权益,是否解除供热应由业主大会决定。

高尔夫公司主张的供热费用,因该费用中不仅包含暖气、热水费用还包含供暖设备的维护费用,吴咏梅虽申请停用暖气及热水,但是供暖设备的维护费用吴咏梅应当支付;结合吴咏梅亦认可高尔夫公司供热的成本已经高于收取的供热费用,且吴咏梅已经按照供暖期每月每平方米 7 元、非供暖期每月每平方米 0.7 元的标准,向高尔夫公司缴纳了近 10 个月的供热费用,应当视为双方已经对《预售合同》中约定的供热费用的标准进行了变更。法院酌定由吴咏梅按照缴费标准的 60% 向高尔夫公司支付供热费用 4777 元。

第十一章　赠 与 合 同

第六百五十七条　【赠与合同】赠与合同是赠与人将自己的财产无偿给予受赠人，受赠人表示接受赠与的合同。

典型案例

1. 洪瑞英诉洪润舫等赠与合同纠纷案

［案例来源：浙江省宁波市中级人民法院（2011）浙甬民二终字第704号民事判决书，《法律规则的提炼与运用：〈人民司法·案例〉重述（民事卷）》（2011－2015），第178－188页］

2005年9月，洪方淇出具给原告洪瑞英字据一张，载明“本人在宁波慈城太湖路24号内楼房，动迁后愿归属过房女儿洪瑞英所有”。2006年5月，该房屋动迁，洪方淇与案外人某开发建设公司、某房屋拆迁事务所三方签订安置协议，约定涉案房屋经产权调换后，洪方淇享有对慈湖人家二期安置房的预期利益。

2010年4月，洪方淇去世，洪方淇调换的安置房尚未最终确定。因洪方淇无其他继承人，被告洪润舫、洪瀛舫、洪滋舫三人（洪方淇的三个兄弟）公证共同继承洪方淇遗留的上述房产利益。原告洪瑞英诉请依据赠与合同判决安置房利益归其所有。

浙江宁波中院二审认为，洪方淇出具给洪瑞英的字据是附生效条件的赠与合同。赠与合同是诺成性合同，只要合同当事人就赠与达成合意即告成立。赠与人“自己的财产”，不仅包括赠与人个人所有的动产、不动产等有体物，还应当包括可以享有的财产性利益。洪方淇有权将自己可享受的利益赠与给洪瑞英。洪方淇签订安置协议的行为，并不说明其撤销了对洪瑞英的赠与，该赠与合同依然有效。既然洪方淇已对房产权益作了处理，就不属于洪方淇可继承的遗产。

第六百五十八条　【任意撤销权】赠与人在赠与财产的权利转移之前可以撤销赠与。

> 经过公证的赠与合同或者依法不得撤销的具有救灾、扶贫、助残等公益、道德义务性质的赠与合同，不适用前款规定。

典型案例

2. 王某溢诉王杭州赠与合同纠纷案

［案例来源：福建省厦门市中级人民法院（2012）厦民终字第3211号民事判决书，《中国审判案例要览（2014年民事案例审判卷）》，第398－409页］

2009年12月，被告王杭州（父亲）与案外人蔡丽娟（母亲）协议离婚，约定原告王某溢（女儿）由被告抚养教育，被告将其名下的某店面赠与原告，产权过户后终生不变。2010年4月，蔡丽娟与被告复婚。2012年3月，经法院调解，原告的父母再次离婚，并约定原告随蔡丽娟共同生活。原告诉请被告履行赠与义务，将该店面的所有权过户到原告名下。

厦门翔安法院一审认为，被告拒绝办理赠与房产的过户手续，且要求撤销该赠与，其行为应视为对该赠与的撤销。原告主张该赠与具有道德义务性质、不得撤销，但法院认为该赠与并不属于不得撤销赠与的范围。

厦门中院二审认为，王杭州在离婚协议中将讼争房产赠与王某溢，实际上是对赠与设定了前提，即王杭州与蔡丽娟离婚。但离婚后讼争房屋并没有过户到王某溢名下，赠与行为没有完成。后王杭州与蔡丽娟复婚，故赠与的条件消失。其后王杭州与蔡丽娟经调解离婚。调解协议约定“蔡丽娟不再向王杭州主张婚姻关系存续期间的财产权利”。现蔡丽娟作为王某溢的法定代理人，以王某溢的名义起诉要求王杭州履行赠与义务，有悖生效的调解书，对其请求不应支持。本案是婚姻家庭关系引起的纠纷，一审判决适用《合同法》规定，认为王杭州可以撤销赠与的理由不当。原审判决结果正确，本院予以维持。

3. 谢烈镖诉谢瑶、宋玉华赠与合同纠纷案

［案例来源：北京市丰台区人民法院（2013）丰民初字第18787号民事判决书，《中国审判案例要览（2014年民事审判案例卷）》，第451－454页］

原告谢烈镖与被告宋玉华原系夫妻关系。谢烈镖与宋玉华在婚姻关系存续期间贷款购买了涉案903号房屋，房屋产权证登记的所有权人为谢烈镖。2013年5月，谢烈镖与宋玉华协议离婚，约定夫妻共同放弃903号房屋，全部归女儿被告谢瑶所有。谢烈镖、宋玉华同时享有居住权，但贷款由谢烈镖、宋玉华共同承担，等女儿有经济能力时自行归还。离婚后，三人仍在903号房屋居住。9月，宋玉华与谢瑶诉请确认离婚协议中的赠与条款有效，并判令谢烈镖办理过户手续，该案尚未审结。现原告诉请撤销赠与条款。

北京丰台法院认为,本案争议焦点在于离婚协议中所约定的赠与条款,能否适用《合同法》上撤销赠与的规定。谢烈镖与宋玉华就903房屋产权赠与谢瑶的合意,本质上是夫妻双方在离婚时对共有财产的分配所作的特殊约定。由于双方在离婚时对财产归属的约定属于离婚协议的一部分,而离婚协议具有身份属性,不属于《合同法》所调整的“合同”范畴。鉴于谢烈镖无法证明其在签订财产分割协议时存在受胁迫或受欺诈等情形,故其无权要求撤销赠与。

第六百五十九条 【赠与手续】赠与的财产依法需要办理登记或者其他手续的,应当办理有关手续。

第六百六十条 【赠与人的交付义务与赔偿责任】经过公证的赠与合同或者依法不得撤销的具有救灾、扶贫、助残等公益、道德义务性质的赠与合同,赠与人不交付赠与财产的,受赠人可以请求交付。

依据前款规定应当交付的赠与财产因赠与人故意或者重大过失致使毁损、灭失的,赠与人应当承担赔偿责任。

第六百六十一条 【附义务赠与】赠与可以附义务。

赠与附义务的,受赠人应当按照约定履行义务。

典型案例

4. 石继斌等诉合肥市虹桥小学赠与合同纠纷案

[案例来源:安徽省合肥市中级人民法院(2005)合民一终字第517号民事判决书,《中国审判案例要览(2006年民事审判案例卷)》,第200-205页]

原告石继斌、余红武之女石晓燕系被告虹桥小学学生。2004年9月,石晓燕因患肝炎住院,经诊断,患有再生障碍性贫血。2004年12月,虹桥小学、庐阳区教育局团委、少先总队向全区各中小学、幼儿园全体师生发出倡议,开展为石晓燕捐款的爱心活动。至2005年2月石晓燕去世时,原告从被告处领走捐款约4万元,之后双方为捐款的余额多少和归属产生分歧。捐款账目载明,捐款共计为9万余元,余款5万余元。被告已将余款上交至庐阳区教育局团委。原告诉请被告交付原告欠医院的医疗费、垫付的医疗费共2万余元及办理事后费用7000元,并将余款交付原告;赔偿原告5000元,精神损害抚慰金5000元。

合肥庐阳法院认为,鉴于捐款人的捐款行为是为特定的第三人石晓燕的利益而进行,故捐款行为系附条件的赠与行为,条件就是所捐之款是给石晓燕治病,而非他用。基于该捐款与公益事业捐赠存在诸多共性,故又可同时参照《公益事业捐赠法》第5条规定,即捐赠财产的使用应当尊重捐赠人的意愿,符合公益目的,不得将财产挪作他用来确定该捐款余款的归属。在整个捐款过程中，被告只是代收代管人，石晓燕去世后，捐款人捐款为石晓燕治病的条件已不存在，余款应用于相近的公益事业，若由其父母继承或挪作他用均违反捐款人意愿和伤害捐款人感情。捐款余额既不属于原告亦不属于被告所有，现该款的实际占有人应将其转给公益事业机构用于发展同样目的的公益事业。

合肥中院二审认为，众多的捐赠者的捐赠行为系附义务赠与行为，即附有医治石晓燕这一义务。受赠人接受赠与的权利以履行为石晓燕医治的义务为前提。现石晓燕已去世，医治石晓燕这一义务已无法履行，受赠人即无法享有接受赠与的权利。众多的捐赠者将善款交至合肥市虹桥小学，即与合肥市虹桥小学形成了事实上的委托代理关系，善款在委托人与代理人之间流转并不发生所有权的转移。石继斌、余红武对争议善款不享有权利。

石继斌、余红武认为捐赠人捐赠除为了医治石晓燕外，还包括满足石晓燕看大海、拾贝壳的心愿。石晓燕看大海、拾贝壳这一美好心愿经媒体公之于众后，的确触动善良人们尽力救治这位可爱的孩子，但在医药费与预测相比尚有较大缺口、石晓燕生命危在旦夕之时，看大海、拾贝壳不会成为众多捐赠人所附义务的内容。倡议书、通知、媒体报道均未将此作为募捐的事项，且看大海、拾贝壳的主体石晓燕已经去世。石继斌、余红武所主张的石晓燕看大海、拾贝壳及将石晓燕骨灰撒向大海等系其为人父母寄托情感与哀思之举，已超出捐赠人合理的意愿范围。

石继斌、余红武上诉称合肥市虹桥小学隐匿善款导致石晓燕丧失接受更好治疗的机会应当赔偿相应损失，但石晓燕去世之时在其就诊的医院未有医药费的拖欠，石继斌、余红武这一主张没有证据予以证实，不应予以支持。一审法院认定事实清楚，判决并无不当。一审法院适用法律不够完备准确，应予补正：附义务赠与是对赠与附加一定的条件，但不同于附条件的赠与。

第六百六十二条　【赠与物的瑕疵担保责任】赠与的财产有瑕疵的，赠与人不承担责任。附义务的赠与，赠与的财产有瑕疵的，赠与人在附义务的限度内承担与出卖人相同的责任。

赠与人故意不告知瑕疵或者保证无瑕疵，造成受赠人损失的，应当承担赔偿责任。

第六百六十三条　【赠与人法定撤销权】受赠人有下列情形之一的，赠与人可以撤销赠与：

（一）严重侵害赠与人或者赠与人近亲属的合法权益；

（二）对赠与人有扶养义务而不履行；

（三）不履行赠与合同约定的义务。

赠与人的撤销权，自知道或者应当知道撤销事由之日起一年内行使。

第六百六十四条 【法定撤销权】因受赠人的违法行为致使赠与人死亡或者丧失民事行为能力的，赠与人的继承人或者法定代理人可以撤销赠与。

赠与人的继承人或者法定代理人的撤销权，自知道或者应当知道撤销事由之日起六个月内行使。

典型案例

5. 言水荣诉言香娣、孙百春赠与合同纠纷案

［案例来源：浙江省绍兴市中级人民法院（2008）绍中民一终字第1111号民事判决书，《中国审判案例要览（2009年民事审判案例卷）》，第191－196页］

原告言水荣与原告方伏娥系夫妻。两原告育有两女，即长女言香娣（被告）及次女言某某。二原告于1997年建造了涉案房屋，于1998年补办了国有土地出让手续并获批准，于2001年取得了土地使用权证。

2000年2月，被告孙百春与被告言香娣结婚，婚后二被告在上述房屋内居住。2002年，原、被告所住房屋被列入拆迁范围。因次女言某某当时在读大学，户口不在村里，无法分得安置房，村委会建议言水荣将其所有的三间房屋中的两间都分给长女言香娣，待言香娣安置得到两套房子后再内部自行调节给次女一套。原告同意，于是由村委会统一填写分书，将两间房屋分给了长女一家。

2002年8月，被告孙百春作为户主与拆迁所签订了产权调换合同，将主房两间及附房交给拆迁所拆除。孙百春已安置得到两套房屋，还领取了产权调换的差价款近13万元。

2006年8月，言香娣起诉离婚，后撤诉。2007年6月，在派出所门口，孙百春因家庭琐事与言水荣发生争吵，后孙百春拳打、脚踢言水荣。公安局对孙百春作出行政拘留4日的处罚。二原告诉请撤销对二被告的赠与。

浙江绍兴越城法院认为，被告孙百春与拆迁所签订拆迁合同，将二原告赠与其的房屋进行了产权调换，并已实际得到安置房屋，应视为赠与财产的权利已转移。在赠与物权利已转移的情形下，受赠人严重侵害赠与人的，赠与人可以撤销赠与。原告言水荣将房产赠与被告孙百春，被告孙百春作为受赠人不但没有感恩之心，反而在接受赠与后对原告言水荣进行拳打脚踢，并因此受到拘留的行政处罚，说明其行为已达到较为严重的程度，属于严重侵害赠与人的情况。二原告有权要求撤销赠与。浙江绍兴中院二审维持原判。

6. 王芳泽诉王俊英赠与合同纠纷案

［案例来源：福建省厦门市中级人民法院(2014)厦民终字第2905号民事判决书，《人民法院案例选》2015年第1辑，第89-94页］

被告王俊英(菲律宾籍)系原告王芳泽(菲律宾籍)之长子。2003年3月，原告购买涉案房产并支付了全部购房款。2006年4月，原告将该房产的房屋产权登记在被告名下，但讼争房产的原始产权证一直由原告保管，租金收入由原告委托他人代为收取。2012年12月，被告在《厦门日报》刊登“遗失声明”称该房产的产权证因保管不慎遗失，同时向房管局申办遗失补证。2013年3月，被告领取补办的产权证，并进而收取该房产的租金。

2012年8月，菲律宾永恒国际贸易有限公司(以下简称永恒公司)及被告王俊英于菲律宾起诉原告王芳泽，主要理由为：王芳泽经董事会任命为上海丰泽国际贸易有限公司(以下简称丰泽公司)法定代表人及总经理，未经丰泽公司所有者永恒公司董事会同意，偷偷开展丰泽公司出售事宜。后法院裁定驳回起诉。2013年2月，永恒公司及被告王俊英于菲律宾再次起诉原告王芳泽，起诉内容与前案中诉状内容及诉求基本一致。11月，助理检察官Rosales作出裁决，建议指控被告王俊英犯有“伪造公文罪”。12月，菲律宾某法庭发出逮捕令，命令执法部门逮捕被告王俊英。原告诉请撤销对被告涉案房产的赠与。

厦门中院二审认为，“严重侵害赠与人或者赠与人的近亲属”中的“侵害”应包括身体健康、精神、人格权、财产权等方面的侵害。讼争房产的原始产权证原件一直由王芳泽保管，对此王俊英是知道的，但却称产权证保管不慎，并登报遗失，向厦门市国土资源与房产管理局补办产权证，进而收取讼争房产的租金，王俊英的行为已严重侵害了王芳泽的财产权。

子女乃父母亲的精神寄托与依靠，王俊英作为王芳泽的长子，在其母亲去世后，理应对年迈的父亲怀有尊重、爱护之心。但是王俊英基于经济利益纠纷方面的原因对本应安享晚年的父亲王芳泽进行刑事控告，企图让年迈的父亲王芳泽受到刑事制裁，致使本案所涉赠与依据的父子亲情的基础丧失。无论刑事控告结果如何，必然是对王芳泽精神层面的严重伤害。王芳泽有权撤销赠与。

7. 陈玉书、曾志诚诉曾莉赠与合同纠纷案

［案例来源：四川省成都市中级人民法院(2005)成民终字第1272号民事判决书，《中国审判案例要览(2006年民事审判案例卷)》，第191-200页］

原告曾志诚退休月工资、企业补贴共600余元。原告陈玉书与曾志诚系夫妻关系，育有三子女，即曾少忠、曾绍林和被告曾莉。2003年12月，二原告与曾莉签订了一份经公证的赠与合同，约定二原告将其所有的涉案2号房屋赠与曾莉。双方办理了房屋过户登记手续,但二原告仍住在2号房屋。

2003年11月,陈玉书因病住院。12月,陈玉书以不愿意再住院治疗疾病为由办理了出院手续,回到2号房屋养病。由于陈玉书病情严重,生活不能自理,故在陈玉书住院期间和陈玉书出院后,主要由曾莉照顾陈玉书的生活,并同住2号房屋。2004年2月,二原告与曾莉因家庭生活琐事发生纠纷,曾莉遂搬离了2号房屋。至2005年3月陈玉书去世,曾莉未再搬回2号房屋照料过父母的生活。二原告诉请撤销赠与。诉讼中,陈玉书去世。

成都武侯法院认为,受赠人对赠与人有扶养义务而不履行的,赠与人可以撤销赠与。在继承法中,对不同辈分的继承人和被继承人之间存在的相互供养的法律责任则均表述为“扶养”。由此可见,“赡养”和“扶养”并非两个相互排斥的法律词语,“扶养”的外延涵盖了“赡养”。曾莉作为陈玉书、曾志诚的女儿,对其父母负有法定的赡养义务。曾莉应在力所能及的范围内,给予陈玉书、曾志诚一定的经济帮助和生活上的照顾。子女对父母的赡养还应包括生活上的照顾和精神上的抚慰,尽管曾莉受赠的房屋现仍由陈玉书、曾志诚居住,但不能证明曾莉已尽到了子女应尽的赡养义务。由于曾莉未举证证明其已尽到对陈玉书、曾志诚的赡养义务,故陈玉书、曾志诚有权请求撤销赠与。

曾少忠在二审过程中答辩称:其看见曾莉赡养过两位老人,也给过两位老人生活费。房子是拆迁的公房。房产证上写的是曾莉的名字。老人骂过曾莉后,曾莉每个月都还要去看老人。在发生了曾绍林持刀砍人的事情后就没有去了。

成都中院二审认为,曾莉提供的证据不足以证明其每月都给了陈玉书、曾志诚生活费。加上陈玉书在家养病,需要女儿曾莉给予生活上细心的照料和精神上的慰藉。尽管家庭纠纷中,各方当事人(包括陈玉书、曾志诚)也许均有过错。但曾莉作为女儿,也是最适合照顾母亲陈玉书生活的人选,不应当在其母亲最需要特殊照料的时候,以发生家庭纠纷为由离开陈玉书。事后也没有证据证明曾莉积极采取其他方式主动照料陈玉书的起居生活,并给予母亲精神上的慰藉。曾莉未履行其对陈玉书、曾志诚的赡养义务,陈玉书、曾志诚有权要求撤销赠与。

8. 北京东方泰坦科技股份有限公司诉王御赠与合同纠纷案

[案例来源:北京市海淀区人民法院(2009)海民初字第11993号民事判决书,《中国审判案例要览(2010年商事审判案例卷)》,第40-46页]

2008年3月,原告东方泰坦公司与被告王御签订劳动合同。8月,原被告签订股份赠与协议,约定原告特赠与被告公司股份120万股(对应比例3%),原告与被告签订无固定期限劳动合同,被告成为原告股东之日起10年内不得与原告解除合同,如果被告由于个人原因解除劳动合同,自提出辞职之日起,被告必须全部无条件退还其所持有的全部股份给原告。2009 年 2 月，被告以拖欠工资为由向原告发出解除劳动合同通知书。原告诉请被告退还受赠的全部股份。

北京海淀法院认为，股份赠与协议所附义务着重强调了王彻为公司服务的年限以及王彻不得因个人原因与公司解除劳动合同。作为公司对内部员工的激励措施，该义务具有较强的人身依附性，即以王彻与东方泰坦公司劳动关系的存续为履行基础。王彻在签订赠与协议、接受赠与股份时，理应预见到其与东方泰坦公司劳动关系的存续与受赠股份存退之间的利害关系，即在协议约定的服务期间，其要保留赠与的股份，就不能单方提前解除劳动合同。

即使东方泰坦公司拖欠其工资，王彻也并非无其他救济途径，解除劳动合同并不是唯一的措施。股东身份的存续亦可使王彻享有相应的股东权利，王彻应在单方解除劳动合同和继续持有受赠股份之间作出合理的选择，其不选择解除劳动合同并不意味着对其不公平。王彻以东方泰坦公司拖欠其工资为由单方解除劳动合同的行为，符合股份赠与协议中约定的“因个人原因解除劳动合同”的事由。赠与合同所附义务已不可能继续履行，东方泰坦公司有权撤销股份赠与协议，并要求王彻退还受赠的全部股份。

第六百六十五条 【赠与财产的返还】撤销权人撤销赠与的，可以向受赠人请求返还赠与的财产。

第六百六十六条 【情势变更时的例外】赠与人的经济状况显著恶化，严重影响其生产经营或者家庭生活的，可以不再履行赠与义务。

第十二章　借款合同

第六百六十七条　【借款合同】借款合同是借款人向贷款人借款，到期返还借款并支付利息的合同。

实务指引

借款收不回的教训是什么？笔者认为，可以从以下几个方面总结：

1. 要签订借款合同，要让借款人开具收条。务必注意，借款合同只表明出借人愿意将钱借出去，是否实际履行了借钱的义务，需要证据来证明，如转账凭证、收条。很多人误以为有借款合同就万无一失了，其实还是有风险的。

2. 要约定借款的利息，不能不要利息，因为资金是有成本的。

3. 尽量通过银行转账，不要给现金，因为万一借条丢了，还有银行转账记录可以证明钱已经转账给对方了。

4. 如果没有上述证据，则需要补救，比如进行录音（面对面谈话或者电话录音是可以作为证据使用的），或者要求借款人重新出具一个借条。

典型案例

1. 陆其明诉四川弘鑫农业有限公司、肖荣福债务承担纠纷案

［案例来源：最高人民法院（2016）最高法民申788号民事裁定书，《民事审判指导与参考》2016年第3辑，第226－236页］

2014年4月，被告兰彬（借款人）向原告陆其明（出借人）借款1100万元。8月，原告陆其明与被告肖荣福、兰彬签订《借款协议》一份，约定：肖荣福向陆其明借款1100万元；肖荣福用被告弘鑫农业公司的房屋作抵押，借款1100万元归还兰彬原有借款账务。弘鑫农业公司在借款人栏加盖印章，肖荣福在借款人栏签名捺印，兰彬在担保人栏签名捺印。原告诉请弘鑫农业公司、肖荣福偿还债务1100万元；兰彬对上述给付义务承担连带清偿责任。

四川省自贡市中级人民法院认为，《借款协议》虽约定陆其明出借给肖荣福、弘鑫农业公司借款1100万元，但并不直接向借款人交付该款，而是用于归还兰彬原有借款。《借款协议》虽名为借款协议,但实质是债务人兰彬将其对债权人陆其明的1100万元债务转移给肖荣福、弘鑫农业公司承担,而肖荣福、弘鑫农业公司同意接受该笔债务,且债权人陆其明同意该债务转移。法院判决弘鑫农业有限公司、肖荣福共同偿还陆其明1100万元;兰彬对上述借款承担连带清偿责任。

四川高院二审认为通常情况下,民间借贷的出借人和借款人签订借款协议,不会对借款人的借款用途作出限制性约定。《借款协议》虽约定借款1100万元归还兰彬原有借款账务,但该协议签约主体包括了债权人陆其明、债务人兰彬、债务承担人肖荣福和弘鑫农业公司,该协议中各方关于借款1100万元归还兰彬原有借款账务的约定,并不是通常意义上的出借人对借款人借款用途的限制,而是三方关于债务人兰彬将其对陆其明的债务1100万元转移给肖荣福、弘鑫农业公司承担的不规范表述。法院维持原判。

最高人民法院再审指出,《借款协议》约定的借款数额与兰彬欠陆其明的债务,数额一致、当事人重叠,且《借款协议》签订时,兰彬向陆其明所借1100万元已经陷入迟延履行状态。根据常理判断,陆其明应急于催促兰彬偿还借款,而不会再出借1100万元先偿还兰彬对其他人的借款。

通过对合同目的分析,陆其明并没有再次出借一笔1100万元借款的意图,否则,就不会约定“借款1100万元用于清偿兰彬原有账务”。陆其明本人从未主张过两个1100万元债权,弘鑫农业公司、肖荣福亦应当知道陆其明没有再出借1100万元的意思。当事人签订《借款协议》的目的是使弘鑫农业公司、肖荣福也成为兰彬所欠1100万元借款的债务人。虽然《借款协议》中约定兰彬是担保人,但合同当事人的真实意图是使兰彬与弘鑫农业公司、肖荣福共同承担对陆其明的1100万元债务。表面上兰彬是担保人,实质上是弘鑫农业公司、肖荣福为兰彬的债务提供担保。

此外,肖荣福是弘鑫农业公司的法定代表人,其履行职务行为即代表弘鑫农业公司。如果肖荣福在案涉《借款协议》上签字是履行职务行为,那么肖荣福作为公司的法定代表人,首先应该以公司的名义签订合同,而不是在合同抬头部分借款人处签下自己的名字,使合同相对方信赖其本人是合同当事人。作为弘鑫农业公司的法定代表人,肖荣福应该知道其个人行为和代表公司履职行为的区别及法律后果。因此,肖荣福是《借款协议》当事人。法院裁定驳回再审申请。

2. 王平诉丁葆东股权转让纠纷案

[案例来源:安徽省芜湖市中级人民法院(2011)芜中民一终字第0083号民事裁定书,《人民法院案例选》2012年第2辑,第111－116页]

原告王平、被告丁葆东均系某公司股东。原告退出该公司并转让其所持有的股份,被告作为公司的法定代表人向原告出具欠条一张,欠条载明:今欠王平 20 万元,其中 10 万元待案外人张和平贷款后还。其后,原告认为张和平在银行存在不良信用记录,不可能贷到款,故诉请被告归还欠款。一审法院判决支持原告诉讼请求。

芜湖中院二审认为,本案并非王平向丁葆东借款所引起的民间借贷纠纷,而是王平向某公司退股时,丁葆东作为某公司的法定代表人承诺给予王平因退股所产生的分红价款而引起的股权转让纠纷。因此,王平起诉时主张丁葆东归还借款 10 万元,与查明的事实不符,其可基于本院查明的事实另行主张权利。王平选择的请求权基于的法律关系错误,又不在法律规定的期限内变更诉讼请求,法院应驳回其起诉。

实务指引

笔者认为该案例的生效裁定值得商榷,虽然基础法律关系是股权,但是原告应该可以以借款进行诉讼。按照生效裁定的观点,被告已经支付的 10 万元也可以通过诉讼要求返还。

第六百六十八条 【借款合同的形式与内容】借款合同应当采用书面形式,但是自然人之间借款另有约定的除外。

借款合同的内容一般包括借款种类、币种、用途、数额、利率、期限和还款方式等条款。

典型案例

3. 陈某诉曾某借款合同纠纷案

[案例来源:江苏省丹阳市人民法院(2004)丹民一初字第 1203 号民事判决书,《人民法院案例选》2005 年第 3 辑,第 208 - 213 页]

原告陈某与被告曾某相识后开始交往。2004 年 4 月,被告出具欠条一份给原告,注明欠原告购房款 10 万元。6 月,原告依据欠条,以被告未偿还其原本准备用于购房的借款为由,向丹阳市人民法院提起诉讼,要求被告立即偿还借款。

被告曾某辩称,2004 年年初,被告答应与原告再保持 4 年交往关系并因此同意给付原告 100 000 元买房,但因企业资金困难未能及时兑付。双方间并不存在事实上的借贷关系。原告在庭审中承认,与被告间未发生过房屋买卖关系,也未委托被告代其购房,其对于借款的次数、出借地点和每次出借的金额以及被告出具欠条当日其是否向被告出借款项等事实均陈述不明。

江苏丹阳法院认为,原告提供的欠条内容反映的是被告欠原告购房款 10 万元,并不能反映被告向原告借款10万元的事实。原告在诉状中和在庭审陈述中,先后以10万元是自己准备购房的款项和被告借款是为购房的理由用以解释欠条的内容,但这两种解释均有悖于通常借款人出具借条的书写习惯。且就10万元借款的相关事实,包括其出借该款的具体情况及被告借款的目的,原告在诉讼中的陈述前后不一,自相矛盾。被告甚至连在不久之前的2004年4月是否曾向原告出借款项都不能明确,有悖常理。鉴于原、被告之间曾存在两性关系,结合考察双方的年龄、职业、身份等情况,原告所举证据未能证明借款事实的存在。此外,由于双方并不存在房屋买卖关系和委托购房的事实,可以推定欠条所反映的被告欠原告100 000元购房款的事实不存在。

4. 管会平诉管梅英借款合同纠纷案

[案例来源:上海市第二中级人民法院(2008)沪二中民一(民)终字第1018号民事判决书,《中国审判案例要览(2009年民事审判案例卷)》,第96-102页]

被告管梅英向原告管会平出具借条一份,内容为:"今借到管会平人民币90万元。今借人:管梅英。2005/8/10。"原告诉请被告归还原告借款90万元。经鉴定,借条系非标注时间形成,应为2005年11月之后书写,倾向认定为2006年9月形成。被告对鉴定结论表示无异议。原告确认该借条系被告于2006年8月出具,故对鉴定结论表示无异议。

被告对借条的具体形成经过作了相关阐述并提供了相应证据:被告确实向原告出具了借条,但并未实际发生借款事实。原被告系姐弟关系。2005年3月左右,案外人汪某某欠被告90万元到期未还。被告遂委托原告向汪某某催讨欠款。因争执得比较激烈,有人报警。公安机关要求查看借款凭据。2006年9月,被告应原告要求向原告出具了本案所涉借条。出具借条的目的是方便原告为被告催讨90万元欠款,以及应付公安机关的查询。

原告在起诉状及三次庭审中关于借条形成时间的陈述前后不一。原告解释自己更改陈述的理由是原本认为归还欠款是理所当然的事,故在起诉状及第一次庭审中按照借条上的时间作了陈述。

上海青浦法院认为,当事人向法庭所作的陈述应当客观真实,原告在鉴定机构对本案所涉借条出具鉴定结论后更改陈述,显属不当,同时原告对更改陈述的解释也不符合常理。

原告陈述90万元借款的来源为其分别用自己的手机拨打案外人徐某某、宋某某的手机,分别向二人借款60万元、30万元。原告解释借款来源时,清晰陈述了原告向两案外人借款的时间及两案外人的手机号码,但原告对自己当时用于拨打电话的手机号码表示记不清了,这与常理也不符,有逃避法院通过手机号码查询通话历史记录的嫌疑。

原告虽然提供了由被告出具的借条,但其对借条形成的主张缺乏充分的证据予以证明,对 90 万元借款资金来源的陈述又存在较大疑点,未进一步举证证明。仅凭借条不足以证明交付钱款的事实。而被告就借条形成经过的陈述在逻辑上具有连贯性及合理性,被告提供的证据的证明力明显大于原告提供的证据的证明力,其主张具有更高的可信度。原、被告之间不存在借款事实。

上海二中院二审进一步指出,鉴于民间借贷合同具有实践性特征,因而合同的成立,不仅要有当事人的合意(借条),还要有交付钱款的事实。管会平主张先后分 60 万元及 30 万元的现金交付,但除借条以外没有其他相关证据佐证。在关于借条形成时间的鉴定结论作出前后,管会平对借款的具体经过及借条形成时间的表述亦前后不一,多次更改。在对 90 万元借款来源的陈述上,管会平亦并没有提供进一步的证据证明该主张。

5. 李艳平诉周和山借款合同纠纷案

[案例来源:北京市第一中级人民法院(2008)一中民终字第 14056 号民事判决书,《中国审判案例要览(2009 年民事审判案例卷)》,第 257 - 260 页]

被告周和山(借款人)向原告李艳平(出借人)借款 4 万元,写有欠条。原告诉请被告偿还借款。李艳平提供的欠条系一张经过裁剪、周边均未留有空间的字条,其中除"周和山"三个字为周和山本人书写外,其余内容均为李艳平书写,且欠条文字大小不一,周和山的签名与出具欠条的时间均处于欠条的正上方。李艳平对上述情况均未提供合理解释。

北京一中院二审认为,李艳平要求周和山偿还借款所依据的唯一证据系有周和山签名的欠条,但该欠条存在诸多不符合正常书写规范和生活常理之处:

(1)既为借款,一般应出具借条而非欠条。

(2)欠款人的签名系对欠条内容的确认,与出具欠条的时间一般均应书写于欠条的落款处,且一般应由欠款人一并书写。而李艳平提供的欠条,欠款人签名与出具欠条的时间均签于欠条的正上方,并由李艳平在欠款人周和山的签名后书写出具欠条时间。

(3)欠条文字大小不一,在同一宽度、经过裁剪的字条内,由最初的两行文字变成后面的三行文字,内容亦不连贯。

鉴于李艳平提供的欠条存在诸多证据瑕疵,且李艳平没有作出合理解释,故仅凭该份证据不足以证实李艳平所主张的借款事实。

第六百六十九条　【借款人告知义务】订立借款合同，借款人应当按照贷款人的要求提供与借款有关的业务活动和财务状况的真实情况。

第六百七十条　【禁止利息预扣】借款的利息不得预先在本金中扣除。利息预先在本金中扣除的，应当按照实际借款数额返还借款并计算利息。

典型案例

6. 山东昊玺经贸有限公司诉朱俊强、徐萍借款合同纠纷案

［案例来源：山东省淄博市中级人民法院（2014）淄民一终字第729号民事判决书，《人民法院案例选》2017年第4辑，第167－176页］

2012年4月，被告朱俊强（借款人）向原告昊玺公司（出借人）借款30万元，原告交付被告承兑汇票三张。5月，被告朱俊强向原告昊玺公司借款200万元，原告向被告朱俊强账户转入83万元，并按被告朱俊强指定打入案外人刘峰账户110万元，当时双方约定7万元为借款利息。被告徐萍与被告朱俊强系夫妻关系。原告诉请两被告偿还借款230万元。

山东淄博中院二审认为，利息预先在本金中扣除的，应当按照实际借款数额返还借款并计算利息。借款金额为实际出借的223万元。

涉案借款不宜认定为夫妻共同债务，应由朱俊强偿还昊玺公司借款223万元。对婚姻关系存续期间，因日常生活或共同生产所负之合理债务，即使是一方举债亦应为夫妻共同债务。但，对超出夫妻日常事务代理权的事项，夫妻双方应当平等协商，取得一致意见。他人有理由相信其为夫妻双方共同意思表示的，另一方不得以不同意或不知道为由对抗善意第三人。第三人对自己的“有理由相信”应负举证责任。在两个月之内，借贷双方往来金额达223万元，此借贷数额已超出一个家庭正常生活需要水平。且现有证据显示，涉案款项已悉数汇入案外人刘峰账户，并未有其他证据证明款项已用于上诉人与原审被告家庭共同生活。

第六百七十一条　【借款的提供及领取】贷款人未按照约定的日期、数额提供借款，造成借款人损失的，应当赔偿损失。

借款人未按照约定的日期、数额收取借款的，应当按照约定的日期、数额支付利息。

第六百七十二条　【贷款人检查、监督权】贷款人按照约定可以检查、监督借款的使用情况。借款人应当按照约定向贷款人定期提供有关财务会计报表或者其他资料。

第六百七十三条 【借款用途】借款人未按照约定的借款用途使用借款的,贷款人可以停止发放借款、提前收回借款或者解除合同。

实务指引

第672条和第673条可以考虑合并为一条。

借款人有以下情况的,贷款人可以停止发放借款、提前收回借款或者解除合同:

(1)借款人未按照约定的借款用途使用借款的;

(2)借款人拒绝贷款人按照约定检查、监督借款的使用情况;

(3)借款人拒绝按照约定向贷款人定期提供有关财务会计报表或者其他资料。

第六百七十四条 【支付利息】借款人应当按照约定的期限支付利息。对支付利息的期限没有约定或者约定不明确,依据本法第五百一十条的规定仍不能确定,借款期间不满一年的,应当在返还借款时一并支付;借款期间一年以上的,应当在每届满一年时支付,剩余期间不满一年的,应当在返还借款时一并支付。

第六百七十五条 【返还借款】借款人应当按照约定的期限返还借款。对借款期限没有约定或者约定不明确,依据本法第五百一十条的规定仍不能确定的,借款人可以随时返还;贷款人可以催告借款人在合理期限内返还。

第六百七十六条 【逾期利息】借款人未按照约定的期限返还借款的,应当按照约定或者国家有关规定支付逾期利息。

第六百七十七条 【提前还款】借款人提前返还借款的,除当事人另有约定外,应当按照实际借款的期间计算利息。

第六百七十八条 【借款展期】借款人可以在还款期限届满前向贷款人申请展期;贷款人同意的,可以展期。

第六百七十九条 【自然人借款】自然人之间的借款合同,自贷款人提供借款时成立。

典型案例

7. 刘贵伟诉何隽借款合同纠纷案

[案例来源:江苏省南通市中级人民法院(2013)通中民终字第1950号民事判决书,《中国审判案例要览(2014年民事审判案例卷)》,第440-445页]

原告刘贵伟系被告何隽在云南师范大学上学期间的老师。2008年4月,原被告登记结婚。2009 年 10 月,原、被告签订“婚姻协议补充条款”:“自愿约定婚内财产为分别财产制。”2009 年 11 月,被告向刘贵伟出具欠条:“今何隽欠刘贵伟人民币 6 万元整。”2010 年 1 月,双方经法院调解离婚,调解书约定,共同财产由双方自行协商处理。原告诉请被告何隽返还 6 万元借款及利息。

江苏南通海安法院认为,个人之间的借贷合同系实践性合同,即以借款实际支付为合同生效要件。基于个人间借款的实践性,以及本案双方当事人曾系夫妻关系、讼争借款发生于夫妻关系存续期间、刘贵伟未提供充分证据证明出借资金系其个人所有,为有效防范道德风险,法院经释明后要求刘贵伟对该欠条证据进行补强。但刘贵伟并未提供补强证据,该欠条的证据效力难以单独认定。

另外,按照刘贵伟的陈述,在欠条形成时,双方关系已经有了裂痕并且已经分居。在此情况下,原告向被告出借大额现金理应慎之又慎。借款后不久,双方之间的关系发展到要分道扬镳的地步,在双方走上法庭解决离婚纠纷之前,双方协议约定“双方各自名下财产归各自所有。双方放弃向对方提起任何财产请求”,该约定具体、明确、没有歧义。退一步说,即使刘贵伟确实向何隽交付了讼争的借款,刘贵伟作出上述承诺,只能理解为其对权利的放弃。法院判决驳回原告诉讼请求。江苏南通中院二审维持原判。

第六百八十条　【利息的确定】禁止高利放贷,借款的利率不得违反国家有关规定。

借款合同对支付利息没有约定的,视为没有利息。

借款合同对支付利息约定不明确,当事人不能达成补充协议的,按照当地或者当事人的交易方式、交易习惯、市场利率等因素确定利息;自然人之间借款的,视为没有利息。

典型案例

8. 深圳市领达小额贷款有限公司诉宋文权借款合同纠纷案

[案例来源:广东省深圳前海合作区人民法院(2016)粤 0391 民初 691 号民事判决书,《人民法院案例选》2016 年第 12 辑,第 128 – 135 页]

2015 年 6 月,原告领达公司与被告宋文权签订《个人信用贷款合同》,约定:借款金额 15 万元,借款期限 36 个月;利率 0.8%/月、行政管理费 1.5%/月;贷款手续费 2%(3000 元)、调整还款日手续费 0.8%(719 元)、扣款失败费用每笔 50 元、滞纳金每日 0.4%;分 36 期按月归还本息,每月偿还本息合计 = 贷款金额 × 贷款月利率 × 贷款期限 + 贷款金额/贷款期数,每月还款额 = 每月偿还本息合计 + 每月应付

行政管理费 =7617 元。原告扣除手续费后向被告实际发放借款 146 281 元。被告第 7 期始未还款。原告诉请解除贷款合同,被告偿还欠款本金 13 万余元、利息 7176 元、行政管理费 9000 元、滞纳金 4509 元。

深圳前海法院认为,借款人向贷款人所支付款项只有本金、利息和逾期利息,当事人在合同中以各种名义约定的由借款人向贷款人支付的款项均应视为上述三种款项当中的一种。双方当事人在合同中所约定的贷款手续费、调整还款日手续费等费用,其性质与利息相同,均应当视为利息。利息预先在本金中扣除的,应当按照实际借款数额返还借款并计算利息。贷款人在发放借款时以贷款手续费与调整还款日手续费的名义扣除了 3719 元,其行为性质与预先在本金中扣除利息相同,因此,应当按照实际发放借款数额认定借款本金为 146 281 元。合同约定的利率 0.8%/月与行政管理费 1.5%/月这两项费用实质上均为利息,折合年利率 27.6%,超过 24%;滞纳金的性质即为逾期利息,每日 0.4%,折合年利率 146%,超过 24%;根据相关司法解释规定,对超过部分的诉求不予支持。

双方约定的本息计算公式简化后为:每月偿还本息合计 =(贷款金额 × 贷款月利率)+ 贷款金额/贷款期数,即每月偿还本息合计 =(150 000 元 ×2.3%)+ 150 000 元/36。按照合同约定,全部贷款按照贷款期数分期等额归还,每月归还本金数额为 4166.67 元,而贷款利息始终按照贷款总额来计算,每月支付利息金额仍为 3450.33 元。实际支付利息/(贷款本金 - 已支付本金),即合同实际执行的利率逐月提高,最后一期月利率高达 82.81%,导致利率畸高。合同约定的还款计算方式,规避我国关于民间借贷利率的法律规定,对超过部分的诉求不予支持。由于合同约定的利率为 2.3%/月,并未超过年利率 36%,对于前 6 期的利息按照 2.3%/月计算,已支付利息不予返还。借款人所归还款项中,每期扣除利息以外的款项均应视为归还的本金,合计已归还本金 27 028.12 元。

法院判决解除《个人信用贷款合同》;被告向原告归还欠款 119 252.88 元及利息(以 119 252.88 元为基数按照年利率 24% 计算)。

9. 朱跃祥诉朱学金、赵香园借款合同纠纷案

[案例来源:浙江省高级人民法院(2008)民二终字第 139 号民事判决书,《人民法院案例选》2009 年第 4 辑,第 87 - 96 页]

被告朱学金、赵香园夫妇为参加 54 平方米旧村改造安置用地的招投标,向其子朱忠兴出具借条一份,载明:向朱忠兴借款 136 万余元;承诺以上借款在收到朱忠兴以书面形式要求归还借款的通知后 1 个月内还清;按银行同期借款利率 4 倍计息;如无力归还,该建房用地使用权和建好后房屋的所有权归朱忠兴所有。2003 年 11 月,朱忠兴以朱学金的名义分两次汇入旧村改造办公室 136 万余元。2007 年 9 月,朱忠兴将其享有的朱学金、赵香园136万余元借款本息转让给原告朱跃祥。该债权转让已通知二被告。原告诉请二被告归还借款及约定利息。

浙江金华中院一审支持原告诉讼请求。浙江高院二审查明，朱学金、赵香园夫妇已年过八旬，有四子三女，当时因54平方米安置用地和父母的赡养问题与四个儿子之间曾多次协商，考虑到朱忠兴拥有加油站，资产丰厚，父母最终决定把54平方米安置用地和晚年生活托付给朱忠兴。双方约定在父母有生之年不将借条公之于众。本案的借条系朱忠兴聘用律师几易其稿后形成的。

法院认为，涉案借条反映的并不是单纯的借款关系，还与朱学金、赵香园54平方米安置用地所建房屋的所有权及居住权相关联。朱学金、赵香园夫妇年过八旬，需要子女的关心和照顾，54平方米安置用地上所建的房屋系朱学金、赵香园的养老栖身之所。朱忠兴作为负有赡养义务的子女，明知父母没有偿付能力，在律师参与下，经几易其稿，最终形成由其与父母签署约定4倍借款利息且包含严格违约责任的借条，后又将该债权转让给朱跃祥。如按照借条约定的利息条款计算，现该136万余元款项的本息累积已达数百万元，原本可安享晚年的高龄父母将陷入债务困扰之中。朱忠兴在本案中的相关行为不符合一般的家庭道德观念。法庭不是单纯的诉讼竞技场，保护老年人的合法权益，体现司法的人文关怀，始终是法院在审理本案中优先考虑的因素。法院认定，朱忠兴和朱跃祥之间的债权转让不成立，朱跃祥相应的诉讼请求亦不予支持。

本案相关法条：《最高人民法院关于审理民间借贷案件适用法律若干问题的规定》（2020年12月29日修正，法释〔2020〕17号）

为正确审理民间借贷纠纷案件，根据《中华人民共和国民法典》《中华人民共和国民事诉讼法》《中华人民共和国刑事诉讼法》等相关法律之规定，结合审判实践，制定本规定。

第一条 本规定所称的民间借贷，是指自然人、法人和非法人组织之间进行资金融通的行为。

经金融监管部门批准设立的从事贷款业务的金融机构及其分支机构，因发放贷款等相关金融业务引发的纠纷，不适用本规定。

实务指引

企业作为出借人签订的借款合同，在以前被认定为是无效合同，但也有少数案例认为是有效的合同。2015年《最高人民法院关于审理民间借贷案件适用法律若干问题的规定》（法释〔2015〕18号）首次确认了企业间借贷的效力，该司法解释第11条规定："法人之间、其他组织之间以及它们相互之间为生产、经营需要订立的民间借贷合同，除存在合同法第五十二条、本规定第十四条规定的情形外，当事人主张民间借贷合同有效的,人民法院应予支持。”笔者认为,企业在有闲余资金时,为了提高资金的使用效率,进行出借未尝不可。

第二条 出借人向人民法院提起民间借贷诉讼时,应当提供借据、收据、欠条等债权凭证以及其他能够证明借贷法律关系存在的证据。

当事人持有的借据、收据、欠条等债权凭证没有载明债权人,持有债权凭证的当事人提起民间借贷诉讼的,人民法院应予受理。被告对原告的债权人资格提出有事实依据的抗辩,人民法院经审查认为原告不具有债权人资格的,裁定驳回起诉。

第三条 借贷双方就合同履行地未约定或者约定不明确,事后未达成补充协议,按照合同相关条款或者交易习惯仍不能确定的,以接受货币一方所在地为合同履行地。

第四条 保证人为借款人提供连带责任保证,出借人仅起诉借款人的,人民法院可以不追加保证人为共同被告;出借人仅起诉保证人的,人民法院可以追加借款人为共同被告。

保证人为借款人提供一般保证,出借人仅起诉保证人的,人民法院应当追加借款人为共同被告;出借人仅起诉借款人的,人民法院可以不追加保证人为共同被告。

第五条 人民法院立案后,发现民间借贷行为本身涉嫌非法集资等犯罪的,应当裁定驳回起诉,并将涉嫌非法集资等犯罪的线索、材料移送公安或者检察机关。

公安或者检察机关不予立案,或者立案侦查后撤销案件,或者检察机关作出不起诉决定,或者经人民法院生效判决认定不构成非法集资等犯罪,当事人又以同一事实向人民法院提起诉讼的,人民法院应予受理。

第六条 人民法院立案后,发现与民间借贷纠纷案件虽有关联但不是同一事实的涉嫌非法集资等犯罪的线索、材料的,人民法院应当继续审理民间借贷纠纷案件,并将涉嫌非法集资等犯罪的线索、材料移送公安或者检察机关。

第七条 民间借贷纠纷的基本案件事实必须以刑事案件的审理结果为依据,而该刑事案件尚未审结的,人民法院应当裁定中止诉讼。

第八条 借款人涉嫌犯罪或者生效判决认定其有罪,出借人起诉请求担保人承担民事责任的,人民法院应予受理。

第九条 自然人之间的借款合同具有下列情形之一的,可以视为合同成立:

(一)以现金支付的,自借款人收到借款时;

(二)以银行转账、网上电子汇款等形式支付的,自资金到达借款人账户时;

（三）以票据交付的，自借款人依法取得票据权利时；

（四）出借人将特定资金账户支配权授权给借款人的，自借款人取得对该账户实际支配权时；

（五）出借人以与借款人约定的其他方式提供借款并实际履行完成时。

第十条　除自然人之间的借款合同外，当事人主张民间借贷合同自合同成立时生效的，人民法院应予支持，但当事人另有约定或者法律、行政法规另有规定的除外。

第十一条　法人之间、非法人组织之间以及它们相互之间为生产、经营需要订立的民间借贷合同，除存在《中华人民共和国合同法》第五十二条以及本规定第十四条规定的情形外，当事人主张民间借贷合同有效的，人民法院应予支持。

第十二条　法人或者非法人组织在本单位内部通过借款形式向职工筹集资金，用于本单位生产、经营，且不存在《中华人民共和国合同法》第五十二条以及本规定第十四条规定的情形，当事人主张民间借贷合同有效的，人民法院应予支持。

第十三条　借款人或者出借人的借贷行为涉嫌犯罪，或者已经生效的裁判认定构成犯罪，当事人提起民事诉讼的，民间借贷合同并不当然无效。人民法院应当依据《中华人民共和国合同法》第五十二条以及本规定第十四条之规定，认定民间借贷合同的效力。

担保人以借款人或者出借人的借贷行为涉嫌犯罪或者已经生效的裁判认定构成犯罪为由，主张不承担民事责任的，人民法院应当依据民间借贷合同与担保合同的效力、当事人的过错程度，依法确定担保人的民事责任。

第十四条　具有下列情形之一的，人民法院应当认定民间借贷合同无效：

（一）套取金融机构贷款转贷的；

（二）以向其他营利法人借贷、向本单位职工集资，或者以向公众非法吸收存款等方式取得的资金转贷的；

（三）未依法取得放贷资格的出借人，以营利为目的向社会不特定对象提供借款的；

（四）出借人事先知道或者应当知道借款人借款用于违法犯罪活动仍然提供借款的；

（五）违反法律、行政法规强制性规定的；

（六）违背公序良俗的。

第十五条　原告以借据、收据、欠条等债权凭证为依据提起民间借贷诉讼，被告依据基础法律关系提出抗辩或者反诉，并提供证据证明债权纠纷非民间借贷行为引起的,人民法院应当依据查明的案件事实,按照基础法律关系审理。

当事人通过调解、和解或者清算达成的债权债务协议,不适用前款规定。

第十六条 原告仅依据借据、收据、欠条等债权凭证提起民间借贷诉讼,被告抗辩已经偿还借款的,被告应当对其主张提供证据证明。被告提供相应证据证明其主张后,原告仍应就借贷关系的存续承担举证责任。

被告抗辩借贷行为尚未实际发生并能作出合理说明的,人民法院应当结合借贷金额、款项交付、当事人的经济能力、当地或者当事人之间的交易方式、交易习惯、当事人财产变动情况以及证人证言等事实和因素,综合判断查证借贷事实是否发生。

第十七条 原告仅依据金融机构的转账凭证提起民间借贷诉讼,被告抗辩转账系偿还双方之前借款或者其他债务的,被告应当对其主张提供证据证明。被告提供相应证据证明其主张后,原告仍应就借贷关系的成立承担举证责任。

实务指引

该条款表明,出借人如果持有转账凭证,就可以主张借款关系存在,并且法院会支持出借人的诉讼请求,故出借人提供了转账凭证,则其举证义务已经初步完成。该解释也符合日常生活习惯,确实有很多的借款没有签订书面的借款合同,仅是通过口头形式达成借款的合意。

但是,如果你将现金借给别人,别人通过银行转账还款,届时如果别人以转账记录为证据起诉要求你还钱,可能你就比较麻烦了。别人提供转账证明就完成了初步的借钱给你的举证义务,你需要证明别人给你的转账是返还借款而不是别人出借给你的,如果你出借的时候有借条,可能在收到别人的转账后已经返还给出借人,或者你已将借条撕毁,或者丢失。此时如果没有其他的证据,法官可能会认定别人给你转账就是给予你借款,你有义务予以归还。虽然这样的事情发生的概率非常非常低,但也还是有可能的。为了避免该不幸的后果发生,出借大额款项时尽量通过银行转账而非给予现金。

第十八条 依据《最高人民法院关于适用〈中华人民共和国民事诉讼法〉的解释》第一百七十四条第二款之规定,负有举证责任的原告无正当理由拒不到庭,经审查现有证据无法确认借贷行为、借贷金额、支付方式等案件主要事实的,人民法院对原告主张的事实不予认定。

第十九条 人民法院审理民间借贷纠纷案件时发现有下列情形之一的,应当严格审查借贷发生的原因、时间、地点、款项来源、交付方式、款项流向以及借贷双方的关系、经济状况等事实,综合判断是否属于虚假民事诉讼:

(一)出借人明显不具备出借能力;

（二）出借人起诉所依据的事实和理由明显不符合常理；

（三）出借人不能提交债权凭证或者提交的债权凭证存在伪造的可能；

（四）当事人双方在一定期限内多次参加民间借贷诉讼；

（五）当事人无正当理由拒不到庭参加诉讼，委托代理人对借贷事实陈述不清或者陈述前后矛盾；

（六）当事人双方对借贷事实的发生没有任何争议或者诉辩明显不符合常理；

（七）借款人的配偶或者合伙人、案外人的其他债权人提出有事实依据的异议；

（八）当事人在其他纠纷中存在低价转让财产的情形；

（九）当事人不正当放弃权利；

（十）其他可能存在虚假民间借贷诉讼的情形。

实务指引

司法解释规定得如此细致，是因为实务中确实存在大量的虚假诉讼，严重扰乱了正常的司法秩序，该条款是我国各级法院审判经验的总结。

第二十条　经查明属于虚假民间借贷诉讼，原告申请撤诉的，人民法院不予准许，并应当依据《中华人民共和国民事诉讼法》第一百一十二条之规定，判决驳回其请求。

诉讼参与人或者其他人恶意制造、参与虚假诉讼，人民法院应当依据《中华人民共和国民事诉讼法》第一百一十一条、第一百一十二条和第一百一十三条之规定，依法予以罚款、拘留；构成犯罪的，应当移送有管辖权的司法机关追究刑事责任。

单位恶意制造、参与虚假诉讼的，人民法院应当对该单位进行罚款，并可以对其主要负责人或者直接责任人员予以罚款、拘留；构成犯罪的，应当移送有管辖权的司法机关追究刑事责任。

实务指引

民间借贷在实务中确实存在大量的虚假诉讼，比如夫妻离婚时一方联同第三人虚构借款转移财产，或者离婚后一方联同第三人虚构借款以让原配偶承担债务，或者为了逃避债务，再比如债务人与某一债权人合谋增加借款数额以侵害其他债权人，部分案件甚至有执业律师参与其中。

虚假诉讼严重扰乱了正常的司法秩序，伤害了法院裁判文书的权威性和公正性。以前很长一段时间对于虚假诉讼只是驳回起诉，很少予以处罚或追究刑事责任。随着我国法律的不断完善，最近几年因为虚假诉讼而被追究刑事责任的案例出现了一些，有利于维护正常的司法秩序。

第二十一条　他人在借据、收据、欠条等债权凭证或者借款合同上签名或者盖章，但是未表明其保证人身份或者承担保证责任，或者通过其他事实不能推定其为保证人，出借人请求其承担保证责任的，人民法院不予支持。

实务指引

本条中的“他人”是否应该对债务人的债务承担担保责任，需要仔细权衡案件情况，并结合《民法典》合同编第十三章“保证合同”的内容来判断。

第二十二条 借贷双方通过网络贷款平台形成借贷关系，网络贷款平台的提供者仅提供媒介服务，当事人请求其承担担保责任的，人民法院不予支持。

网络贷款平台的提供者通过网页、广告或者其他媒介明示或者有其他证据证明其为借贷提供担保，出借人请求网络贷款平台的提供者承担担保责任的，人民法院应予支持。

第二十三条 法人的法定代表人或者非法人组织的负责人以单位名义与出借人签订民间借贷合同，有证据证明所借款项系法定代表人或者负责人个人使用，出借人请求将法定代表人或者负责人列为共同被告或者第三人的，人民法院应予准许。

法人的法定代表人或者非法人组织的负责人以个人名义与出借人订立民间借贷合同，所借款项用于单位生产经营，出借人请求单位与个人共同承担责任的，人民法院应予支持。

第二十四条 当事人以订立买卖合同作为民间借贷合同的担保，借款到期后借款人不能还款，出借人请求履行买卖合同的，人民法院应当按照民间借贷法律关系审理。当事人根据法庭审理情况变更诉讼请求的，人民法院应当准许。

按照民间借贷法律关系审理作出的判决生效后，借款人不履行生效判决确定的金钱债务，出借人可以申请拍卖买卖合同标的物，以偿还债务。就拍卖所得的价款与应偿还借款本息之间的差额，借款人或者出借人有权主张返还或者补偿。

第二十五条 借贷双方没有约定利息，出借人主张支付利息的，人民法院不予支持。

自然人之间借贷对利息约定不明，出借人主张支付利息的，人民法院不予支持。除自然人之间借贷的外，借贷双方对借贷利息约定不明，出借人主张利息的，人民法院应当结合民间借贷合同的内容，并根据当地或者当事人的交易方式、交易习惯、市场报价利率等因素确定利息。

第二十六条 出借人请求借款人按照合同约定利率支付利息的，人民法院应予支持，但是双方约定的利率超过合同成立时一年期贷款市场报价利率四倍的除外。

前款所称“一年期贷款市场报价利率”，是指中国人民银行授权全国银行间同业拆借中心自2019年8月20日起每月发布的一年期贷款市场报价利率。

实务指引

企业可以参与民间借贷,但《最高人民法院关于审理民间借贷案件适用法律若干问题的规定》更多的是一个针对民事纠纷的司法解释,有大量的民间借贷发生在自然人之间。用"一年期贷款市场报价利率"这样一个金融专业术语来决定民间借贷的利息标准,且该"一年期贷款市场报价利率"每月变更一次,不利于非法律人士理解法律,增加了普通民众的缔约成本,如此规定值得商榷。即便对于笔者这样从事法律工作很多年的律师,对于该术语也不理解到底是什么意思。

2015年《最高人民法院关于审理民间借贷案件适用法律若干问题的规定》第26条规定,民间借贷的双方约定年利率不超过24%的,法院予以支持,似乎更妥当且更具有确定性,也便于民众理解。如果认为该利率偏高,可以适当调整,比如12%或者18%。

第二十七条　借据、收据、欠条等债权凭证载明的借款金额,一般认定为本金。预先在本金中扣除利息的,人民法院应当将实际出借的金额认定为本金。

第二十八条　借贷双方对前期借款本息结算后将利息计入后期借款本金并重新出具债权凭证,如果前期利率没有超过合同成立时一年期贷款市场报价利率四倍,重新出具的债权凭证载明的金额可认定为后期借款本金。超过部分的利息,不应认定为后期借款本金。

按前款计算,借款人在借款期间届满后应当支付的本息之和,超过以最初借款本金与以最初借款本金为基数、以合同成立时一年期贷款市场报价利率四倍计算的整个借款期间的利息之和的,人民法院不予支持。

实务指引

关于民间借贷的年利率计算,法院支持的最高年利率是一年期贷款市场报价利率四倍,超过的部分无论什么理由都不予支持,这样的好处是简单实用,否则如果计算复利会非常复杂,也确实没有必要。

第二十九条　借贷双方对逾期利率有约定的,从其约定,但是以不超过合同成立时一年期贷款市场报价利率四倍为限。

未约定逾期利率或者约定不明的,人民法院可以区分不同情况处理:

(一)既未约定借期内利率,也未约定逾期利率,出借人主张借款人自逾期还款之日起承担逾期还款违约责任的,人民法院应予支持;

(二)约定了借期内利率但是未约定逾期利率,出借人主张借款人自逾期还款之日起按照借期内利率支付资金占用期间利息的,人民法院应予支持。

第三十条 出借人与借款人既约定了逾期利率,又约定了违约金或者其他费用,出借人可以选择主张逾期利息、违约金或者其他费用,也可以一并主张,但是总计超过合同成立时一年期贷款市场报价利率四倍的部分,人民法院不予支持。

第三十一条 借款人可以提前偿还借款,但是当事人另有约定的除外。

借款人提前偿还借款并主张按照实际借款期限计算利息的,人民法院应予支持。

第三十二条 本规定施行后,人民法院新受理的一审民间借贷纠纷案件,适用本规定。

借贷行为发生在2019年8月20日之前的,可参照原告起诉时一年期贷款市场报价利率四倍确定受保护的利率上限。

本规定施行后,最高人民法院以前作出的相关司法解释与本解释不一致的,以本解释为准。

借款合同范本

借款合同

出借人(甲方):王某清

借款人(乙方):成某龙(身份证号码:111111　2222　3333　4444)电话:

叶某清(身份证号码:111111　2222　3333　4444)电话:

甲乙双方经过友好协商,签订本合同:

第一条　乙方与甲方为夫妻关系,由于企业经营、生活需要,向甲方借款人民币20万元。

第二条　借款期限为一个月,利息起算期限从甲方银行转出借款之日开始计算,如果是现金提供借款,则应该从乙方实际收到借款之日开始计算。实际借款金额以乙方收到的金额为准。

第三条　乙方以现金收款,需要出具收条。以转账收款,不需要出具收条。

第四条　乙方收款账户信息为:户名:成某龙,开户行:农业银行上海武宁路第十五支行,账号:1111　2222　3333　4444　5555。

第五条　借款利息为每月1%,按月支付,乙方应该在每月到期后三日内支付利息。甲方收款账号为:户名:王某清,开户行:建设银行上海中山北路第六支行,账号:1111　2222　3333　4444　5555。

第六条　乙方逾期未归还,则视为借款期限相应予以延长,借款利息保持不变。

第七条　丙方(姓名:金某万,身份证号码:111111　2222　3333　4444,联系电话,联系地址)对乙方的债务承担连带责任。

第八条　乙方的联系地址为上海市黄浦区天堂路1弄6号201室,丙方联系地址为北京市朝阳路1弄1号101室。如果乙方和丙方地址变更,应该以书面形式通知甲方。乙方和丙方的地址,在诉讼时作为法院法律文件的送达地址。

第九条　乙方逾期支付利息或还款,甲方有权提起诉讼,乙方需要承担甲方支付的律师费、差旅费、诉讼费等各项费用。

第十条　双方发生争议,提交本合同签订地(上海市普陀区武宁路423号5号楼3层F室)所属的上海市普陀区法院管辖。

第十一条　本合同一式四份,双方各持两份,具有同等效力。

甲方:

乙方:

丙方:

本合同签订于2020年7月13日

对借款合同范本的简单说明:

民间借贷的实际案例比较多,由于证据的原因,很多案件存在争议。故均有必要了解以下几个问题供参考:

1. 是否需要签订借款合同?

如果不签订借款合同,则如果借款人称收到的款项是返还其他款项,则出借人如何解释?存在诉讼风险。

2. 出借人是企业好还是个人好?

个人更好,但是法律目前也禁止个人以借贷为职业。中国企业严格意义上是不能将资金出借的。

3. 是否可以以借贷为主要工作?

不建议。因为借款人一般经济极度苦难才以高利息借款,一般在借款到期后无法归还,故主张权利会比较困难。

4. 借款人是个人好还是公司好?

个人更好。因为公司如果无法返还借款,一般无法要求公司的股东或法定代表人还款。

5. 借款人配偶和子女是否作为共同借款人?

最好是作为共同借款人，因为如果借款人将款项给配偶或子女，在借款人无法返还借款或恶意转移财产的情况下，出借人无法直接向借款人的配偶或子女主张权利。

6. 是否需要借款人提供身份证复印件？

最好要提供，因为一旦诉讼，法院需要出借人提供借款人的身份信息。

7. 是银行转账好，还是直接出借现金好？

银行转账更好，因为如果出借现金，则需要借款人书写借条，如果出借人将借条丢失，则无法主张权利。如果金额比较巨大，则法院可能会要求出借人证明现金支付的款项来源，如果无法提供资金来源，法院可能会认定不是真实的借款而驳回出借人的诉讼请求。

8. 借款转账给借款人的朋友是否可以？

可以，但是需要写在合同中。最好的方式是直接转账给借款人，由借款人支付给其朋友更好。

9. 借款利率可以约定为多少？

根据最新司法解释的规定，民间借贷利率上限以中国人民银行授权全国银行间同业拆借中心每月 20 日发布的一年期贷款市场报价利率（LPR）的 4 倍为标准。

10. 是否需要约定管辖法院？

需要。因为假设一个 A 省人出借 100 万元给一个 B 省人，虽然双方都居住在 C 省，但是出借人需要证明已经居住在 C 省满一定时间，而这种证明需要派出所开具书面的证明才可以，比较麻烦。所以，直接约定一个管辖法院，诉讼时就非常简单。

11. 是否可以约定仲裁委员会？

可以，由于仲裁委员会是不公开仲裁，裁决书也不公开，故如果出借人不想公开借款信息，则约定仲裁更好。

12. 是否需要约定出借人的律师费由借款人承担？

可以约定。如果未约定，则律师费由出借人自己承担。但是，如果是约定仲裁委员会管辖，则虽然未约定，也依然可以要求借款人承担。

13. 借款到期后没有归还达，快 3 年了，是否可以发函催要？

可以，但是如果催款函不符合要求则存在风险。建议及时进行诉讼，或让借款人重新书写借条。

14. 只有转账记录，没有借款合同和借条，是否可以主张权利？

可以，到那时存在诉讼风险。详见《最高人民法院关于审理民间借贷案件适用法律若干问题的规定》第 17 条。

15. 没有转账记录,也没有借款合同和借条,是否可以主张权利?

可以,比如先和借款人进行对话,将对话内容进行录音,最好在律师的指导下完成,建议最好支付律师费。

16. 如果借款人有房产,是否办理抵押?

最好办理房产抵押。但是需要到房地产交易中心办理,并且如果借款人有配偶,则需要配偶签字确认。

17. 是否可以要求律师朋友给一个借款合同的模板?

可以,建议提前向律师朋友支付一定的律师费(而不要等律师朋友自己提出),根据借款金额,几百元至几千元均可。

18. 为了离婚或逃避其他人的债务,无中生有的进行借款诉讼是否可以?

不可以。此类行为构成刑事犯罪,将会被追究刑事责任。如果律师协助办理,律师构成共同犯罪,除了被追究刑事责任,还将被吊销律师执业证。

第十三章　保 证 合 同

第一节　一 般 规 定

第六百八十一条　【保证合同】保证合同是为保障债权的实现，保证人和债权人约定，当债务人不履行到期债务或者发生当事人约定的情形时，保证人履行债务或者承担责任的合同。

实务指引

我国1995年通过《担保法》，故1999年通过的《合同法》中并无保证合同，2020年通过的《民法典》在合同编中将保证合同单独作为一章。

典型案例

1．广东发展银行郑州分行文化路支行诉河南省鹏云电器有限公司等合作合同纠纷案

［案例来源：河南省高级人民法院民事判决书，《人民法院案例选》2004年商事·知识产权专辑，第197－204页］

2000年10月，被告鹏云公司和被告飞歌空调（合肥）实业有限公司（以下简称飞歌公司）签订合同，约定鹏云公司向飞歌公司订购5000万元的空调。鹏云公司仅支付500万元。2001年7月，原告广发文化路支行和两被告签订协议，约定鹏云公司向原告申请开出以飞歌公司为收款人的2900万元的银行承兑汇票，承兑期限为6个月，作为销售合同约定的订货付款。飞歌公司收到汇票后，有权背书转让和贴现；飞歌公司保证鹏云公司提货时，必须向其出示由原告指定的负责人签字和加盖原告公章的提货通知书，鹏云公司一次性提货的最高货值为500万元。汇票到期时，鹏云公司没有补足票款时，飞歌公司承担汇票总金额扣除鹏云公司提货通知单总金额以外的款项的付款责任。2002年7月，三方又签订一份1000万元的内容相同的协议。

合同签订后,原告对鹏云公司开出汇票3900万元,鹏云公司向原告交付1950元的保证金。鹏云公司将汇票全部给了飞歌公司,飞歌公司背书给他人。至2002年1月,被告提货经原告认可的一共为47万元。但鹏云公司有1903万元承兑票款没有支付给原告。飞歌公司也没有支付票款给原告。原告诉至法院。

河南高院二审认为,本案有两个法律关系,广发文化路支行和鹏云公司的垫付票款转逾期贷款的法律关系以及广发文化路支行和飞歌公司的债权债务关系。广发文化路支行对鹏云公司已经形成事实上的垫款,协议中约定飞歌公司承担付款义务,但约定未排斥鹏云公司对广发文化路支行的付款义务,也没有对债务转移进行约定,鹏云公司是承兑票款的最终责任人。合同关于飞歌公司的付款责任问题,属于债务的加入,飞歌公司承担责任后有权向鹏云公司追索。

实务指引

法院认为本案的法律问题为债务人加入,但是从内容理解,也可以考虑理解为保证合同。

2. 邓州市邮政局诉张军荣保证合同纠纷案

[案例来源:河南省南阳市中级人民法院(2008)南民一终字第788号民事裁定书,《人民法院案例选》2009年第2辑,第231-236页]

被告张军荣、王恒杰系原告邓州市邮政局的员工,赵更生是该邮政局聘用的业务代办员。原告要求招聘劳务人员,必须由当地邮政职工担保方可工作。张军荣为赵更生担保并签订了经济担保责任书,称自愿担保赵更生在代办邮政业务过程中由于工作疏忽或失误对邮政局所造成的一切经济损失。王恒杰为赵更生担保并签订了担保书:在合同或协议期内,我自愿对被担保人在担保期间内所发生的经济纠纷及案件负一切责任。赵更生在原告处工作期间,私自将19户汇款人的48 700元汇款据为已有,外出下落不明。原告为此支付了汇款人的48 700元。原告诉请确认二被告的保证合同有效,诉请二被告对赵更生所造成的经济损失48 700元承担保证责任。

河南南阳中院二审认为,《劳动部关于贯彻执行〈中华人民共和国劳动法〉若干问题的意见》规定:“用人单位与劳动者订立合同时,不得以任何形式向劳动者收受定金,保证金(物)或抵押金(物)。”因此,邓州市邮政局在与赵更生签订劳动合同时,要求王恒杰、张军荣签订的担保合同违反劳动法的立法精神和规定。同时,邓州市邮政局所诉的担保债权是因为赵更生涉嫌犯罪产生的,不是在经济流转、运营领域的担保行为,也不是二担保人在签订担保合同时即明确、特定的债权,故本案的担保关系不是我国《担保法》所调整的民事担保,就此引起的债权债务纠纷不属于人民法院民事案件的受案范围。

第六百八十二条 【保证合同的从属性】保证合同是主债权债务合同的从合同。主债权债务合同无效的，保证合同无效，但是法律另有规定的除外。

保证合同被确认无效后，债务人、保证人、债权人有过错的，应当根据其过错各自承担相应的民事责任。

典型案例

3. 宁波远东复合纤维有限公司诉芜湖青禾贸易有限责任公司、芜湖嘉禾食品有限公司买卖合同纠纷案

[案例来源：浙江省慈溪市人民法院(2007)慈民二初字第519号民事判决书，《人民法院案例选》2008年第2辑，第315－323页]

原告宁波远东公司与被告青禾公司存在长期的纤维业务往来，被告青禾公司累计欠原告货款177万余元。2006年1月，原告与被告青禾公司、被告嘉禾公司分别签订了“借款合同”及“担保合同”各一份，两被告法定代表人(或委托代理人)栏均有郑存柱签名并加盖两被告公司公章和青禾公司法定代表人私章。“借款合同”约定，合同项下的借款金额为人民币200万元；被告青禾公司欠原告的货款177万余元转为借款，不足部分以双方财务账面每季末核实的应付款作为借款金额。“担保合同”约定，被告嘉禾公司对原告依据上述借款合同发放的贷款承担连带保证责任。原告诉请被告青禾公司支付货款和利息，被告嘉禾公司负连带赔偿责任。

浙江慈溪法院认为，本案“借款合同”并非原告向被告青禾公司提供贷款的合同，而是约定将双方基于纤维业务发生的货款转为借款后进行支付的合同，这一合同实际上是纤维买卖合同的后续合同，而不是借款合同。双方对合同项下的欠款性质仍确认为货款，该合同并不违反我国法律关于非金融企业之间不得相互拆借资金的禁止性规定。原告有权请求被告青禾公司支付货款和利息。

对于担保行为未经董事会决议的问题，原告对于被告嘉禾公司法定代表人的越权行为并不存在知道或者应当知道的过错，因此，该法定代表人的代表行为有效。但是，此处的代表行为有效是指代表人与被代表人之间的代表关系有效，并不能因此决定代表人所做行为本身的效力。因此，对于担保合同本身的效力尚需作进一步考察。

被告青禾公司是被告嘉禾公司的股东，根据《公司法》第16条第1款的规定，“公司为公司股东或者实际控制人提供担保的，必须经股东会或者股东大会决议”。这一条款旨在保护公司内部中、小股东的利益不受控股股东的侵害，属于法律上的强制性规定。被告嘉禾公司的法定代表人签订担保合同的行为未经该公司股东会的决议,因此,本案担保合同因违反法律的强制性规定而无效。导致本案保证合同无效的原因在于被告嘉禾公司法定代表人代表本公司对原告债权进行担保的行为未经本公司股东会决议,违反了法律的强制性规定;按照常理,债权人也无须审查债务人与担保人之间的内部关系,原告对担保合同的无效无过错。被告嘉禾公司对被告青禾公司应支付的款项承担连带赔偿责任。

第六百八十三条 【保证人主体限制】机关法人不得为保证人,但是经国务院批准为使用外国政府或者国际经济组织贷款进行转贷的除外。

以公益为目的的非营利法人、非法人组织不得为保证人。

第六百八十四条 【保证合同的内容】保证合同的内容一般包括被保证的主债权的种类、数额,债务人履行债务的期限,保证的方式、范围和期间等条款。

典型案例

4. 江苏省农业生产资料集团溧阳有限公司诉连仁庆保证合同纠纷案

[案例来源:江苏省常州市中级人民法院(2011)常商终字第173号民事判决书,《中国审判案例要览(2012年商事审判案例卷)》,第75-80页]

2009年3月,原告生产资料公司与案外人周彩安签订经营合作协议一份,并由被告连仁庆作为周彩安的担保人在协议上签名。协议约定生产资料公司聘用周彩安为农药部经营负责人,负责农药部业务经营。原告提供了一份落款时间为2009年9月,欠货款人署名为周彩安的欠条,载明:今欠生产资料公司产品合计23万余元,前面会计回笼4万余元,合计欠款19万余元。原告诉请被告作为担保人对周彩安欠款19万余元及库存产品损失15万余元承担连带清偿责任。

江苏溧阳法院一审认为,对于生产资料公司提供的署名周彩安的欠条,连仁庆提出无法确定该份欠条的真实性,连仁庆作为担保人应承担相应的证明责任,但连仁庆未能提供证据否认该欠条的真实性,由此产生的不利后果应由连仁庆承担。连仁庆作为周彩安的担保方在经营合作协议上签名,应对周彩安在经营合作过程中产生的相应债务承担保证责任。

江苏常州中院二审认为,根据《担保法》第2条的规定,"在借贷、买卖、货物运输、加工承揽等经济活动中,债权人需要以担保方式保障其债权实现的,可以依照本法规定设定担保",即基于民事关系产生的债权才可以设定担保。

第一,《担保法》中的保证主要是以现存具体债务或者可确定债务为保证对象,虽然不以既存债务为限,但其保证的将来债务必须是可确定的债务。而本案保证对象具有不确定性。周彩安受聘为生产资料公司农药部经营负责人,必须遵守生产资料公司所有规章制度,在生产资料公司的统一领导下开展业务经营活动,担保人连仁庆的保证对象已超越了债务关系,还包括一定的人身关系。

第二,《担保法》中的保证,其被保证的主债务通常具有明确的范围,保证人的责任可以预先知悉及确定。本案中,经营合作协议约定,年终周彩安所经营品种,须由财务部门清盘,无假冒伪劣产品,产品保质期、价格、库存数量合理,无应收款。生产资料公司要求周彩安年终无应收款,说明双方是否产生债权债务关系以及债权债务的数额均是不确定的。生产资料公司要求连仁庆对周彩安所欠货款承担保证责任,而在经营合作协议中并未明确连仁庆为周彩安以后所欠货款承担担保责任的法律后果,明显超出连仁庆的预料范围。

第三,《担保法》中的保证在于担保债务人对于债权人的金钱债务清偿风险,而连仁庆的担保在于防范与分散聘用人生产资料公司在聘用周彩安时存在的职务损害风险,尽到监管、监督的责任。

第四,经营合作协议明确约定,周彩安在业务经营中所发生的一切责任,均由周彩安自行负责,而对保证人连仁庆的责任只字未提,仅有连仁庆的签名。

综上,连仁庆的担保并非《担保法》上的保证,无须承担连带保证责任。

第六百八十五条 【保证合同的形式】保证合同可以是单独订立的书面合同,也可以是主债权债务合同中的保证条款。

第三人单方以书面形式向债权人作出保证,债权人接收且未提出异议的,保证合同成立。

实务指引

很多自然人和小企业主法律意识淡薄,不了解保证的法律后果,采用公证形式作出保证,有利于增强保证的效力,既能起到警示作用,又能规范合同双方的行为。可以参考《瑞士债务法》的规定,增加条款(或者出台司法解释):自然人做保证人的,保证合同或保证条款应当经过公证。但保证金额未超过人民币1万元的,保证人以书面形式签字确认的,保证即为有效。保证人为规避公证,将保证金额分成数个小金额而提供保证的,应当按照总金额确定是否采用公证形式。

延伸阅读

《瑞士债务法》第493条第2款 保证人为自然人者,其承担保证的声明,尚须以公证书方式为之,其公证书须符合保证声明作成地的相关规定。但保证金额未超过二千法郎者,保证人亲笔以数字载明保证金额,保证即为有效;与此情形,保证人如在保证声明书中亲笔载明承担连带责任,亦同样有效。

第4款 为规避公证形式,将保证金额分成数个小金额而为保证者,各部分金额的保证,应采用总金额所应采用的形式。

第六百八十六条 【保证方式】保证的方式包括一般保证和连带责任保证。

当事人在保证合同中对保证方式没有约定或者约定不明确的,按照一般保证承担保证责任。

第六百八十七条 【一般保证】当事人在保证合同中约定,债务人不能履行债务时,由保证人承担保证责任的,为一般保证。

一般保证的保证人在主合同纠纷未经审判或者仲裁,并就债务人财产依法强制执行仍不能履行债务前,有权拒绝向债权人承担保证责任,但是有下列情形之一的除外:

(一)债务人下落不明,且无财产可供执行;

(二)人民法院已经受理债务人破产案件;

(三)债权人有证据证明债务人的财产不足以履行全部债务或者丧失履行债务能力;

(四)保证人书面表示放弃本款规定的权利。

第六百八十八条 【连带责任保证】当事人在保证合同中约定保证人和债务人对债务承担连带责任的,为连带责任保证。

连带责任保证的债务人不履行到期债务或者发生当事人约定的情形时,债权人可以请求债务人履行债务,也可以请求保证人在其保证范围内承担保证责任。

典型案例

5. 浦北县农村信用合作联社江城信用社诉黄君霞等借款合同纠纷案

[案例来源:广西壮族自治区钦州市浦北县人民法院(2009)浦民初字第500号民事判决书,《中国审判案例要览(2010年商事审判案例卷)》,第200-203页]

2007年9月,原告江城信用社与案外人黄建兴、被告黄君霞签订借款合同,约定黄建兴向原告借款3万元人民币,由被告黄君霞为黄建兴借款提供连带责任保证。原告依约向黄建兴提供了贷款3万元。2007年10月,黄建兴因交通事故死亡,肇事方赔偿了黄建兴亲属17.5万元。原告诉请被告黄建东归还借款本息34 510元,被告黄君霞负连带责任。

广西钦州浦北法院认为,死亡赔偿金是死者死亡后责任方对死者近亲属所支付的赔偿,不属于《继承法》规定的遗产范围。因此,原告不得主张以死亡赔偿金清偿债务。同时,主债务人死亡时没有任何遗产。因此,主债务人黄建兴的债务并没有得到任何抵减。作为连带保证责任的保证人黄君霞应对主债务人所欠的借款本金及利息承担连带清偿责任。

6. 中国银行股份有限公司泾县支行诉王明、吴学军等金融借款合同纠纷案

[案例来源:安徽省宣城市中级人民法院(2008)宣中民二初字第31号民事判决书,《人民法院案例选》2009年第3辑,第107-116页]

原告中国银行泾县支行与被告王明、吴学军夫妻以及被告安徽省泾县好又多超市有限公司(以下简称好又多超市)签订借款合同。借款合同"抵押条款"约定:被告王明、吴学军夫妻以其合法拥有的一处房地产,作为偿还借贷条款项下之借款的担保。双方办理了房地产抵押登记。被告好又多超市与原告在借款合同中订立了"保证条款",同意为借款人王明在本合同项下的贷款提供保证担保,承诺在借款人没有按合同约定履行还款义务时,由其提供连带责任保证。

合同签订当日,原告向被告王明如数发放了贷款。贷款期限届满后,被告王明未能及时归还贷款本息。原告诉请被告王明归还贷款本息,原告对被告王明和吴学军已设定抵押的房地产折价或拍卖、变卖所得价款享有优先受偿权;被告好又多超市承担连带责任。一审庭审中,原告当庭作出如下明确意思表示:原告方先行就王明、吴学军提供的抵押物的担保实现债权,好又多超市在上述抵押物变价处理后的所得款项不能清偿全部债务的范围内承担连带保证责任。

安徽宣城中院认为,原告为充分保障其依法享有的债权能够得以实现,与抵押人王明、吴学军以及保证人好又多超市分别订立了抵押条款和保证条款,为同一笔债权既设定了物的担保又设定了人的担保。由于本案各方当事人没有在借款合同中明确约定原告方实现担保权利的先后顺序,原告对于其设定的双重担保,当庭提出先行实现抵押权、不足部分再由第三被告承担补充连带责任的陈述意见,既未对第三被告好又多超市产生任何不利影响,亦未加重抵押人吴学军应当承担的担保责任,且符合我国《物权法》第176条有关债权人应当先就债务人提供的物的担保实现债权的规定。

第六百八十九条　【反担保】保证人可以要求债务人提供反担保。

第六百九十条　【最高额保证】保证人与债权人可以协商订立最高额保证的合同,约定在最高债权额限度内就一定期间连续发生的债权提供保证。

最高额保证除适用本章规定外,参照适用本法第二编最高额抵押权的有关规定。

典型案例

7. 宁波银行股份有限公司江北支行诉宁波东平齿轮制造有限公司、宁波金刚机器人有限公司等借款合同纠纷案

[案例来源:浙江省宁波市中级人民法院(2016)浙02民终322号民事判决书,《人民法院案例选》2017年第1辑,第153－161页]

2013年5月,原告宁波银行江北支行与被告东平齿轮公司签订《最高额保证合同》一份,约定被告东平齿轮公司为被告宁波市鄞州托米海伦服饰有限公司(以下简称托米海伦公司)在原告宁波银行江北支行处自2013年5月至2020年12月债权本金不超过250万元限额内形成的债务提供连带保证责任。被告陈慈怀等6人也与原告签订《最高额保证合同》,为被告托米海伦公司的债务提供担保。2014年8月,原告与被告托米海伦公司签订《流动资金贷款合同》,贷款金额124万元。

2014年6月20日,被告金刚机器人公司成立,登记的股东为宁波东湖液压传动有限公司会计李琪及东平齿轮公司员工屠世明。其经营场地与被告东平齿轮公司相同,并使用被告东平齿轮公司的机器设备进行生产,接收了被告东平齿轮公司大部分员工,并与其70%的客户保持了业务关系。目前,被告金刚机器人公司未开展工业机器人及零部件的生产经营。

被告托米海伦公司的贷款逾期未还,构成违约,尚欠本金124万元及利息等若干。原告诉请被告托米海伦公司偿还贷款本息,被告东平齿轮公司、陈慈怀等6人对上述债务承担连带保证责任;被告金刚机器人公司对被告东平齿轮公司的连带保证责任承担连带清偿责任。

浙江宁波江北法院认为,被告金刚机器人公司应当对被告东平齿轮公司的连带保证责任承担连带清偿责任。

(1)东平齿轮公司员工从2014年7月开始陆续到金刚机器人公司工作,但并未与金刚机器人公司签约。2015年3月,绝大部分原东平齿轮公司员工的工资已由金刚机器人公司支付,但与东平齿轮公司的工资、经济补偿金仍未结清。因此,金刚机器人公司无法说明其具体接收东平齿轮公司员工的原委、过程,两家公司对员工及员工究竟与哪家公司建立劳动关系并不明确,这与通常的独立人格的企业聘用员工的行为不符。

(2)金刚机器人公司的股东虽为李琪和屠世明,但李琪未领取工资,屠世明也仅领取普通员工工资,并非高管的工资水平。李琪和屠世明无正当理由拒不到庭接受质询,难以认定李琪、屠世明系金刚机器人公司实际股东。

(3)金刚机器人公司使用东平齿轮公司的场地经营,二者虽有租赁合同,但金刚机器人公司于2014年10月、11月分两次将8年的租金48万元支付给东平齿轮公司,对一家仅有100万元注册资本的公司而言,该行为不符合理性商事主体的行为模式。

(4)金刚机器人公司使用东平齿轮公司机器设备进行生产,二者签订了抵押设备租用及代偿债务协议书,但租金明显偏低。金刚机器人公司陈述其在协议签订后才开始使用东平齿轮公司的设备,之前一直使用自己购买的机器设备。但金刚机器人公司成立后就开始生产,且无法提供购买设备的凭证。因此,金刚机器人公司与东平齿轮公司并非正常的租赁关系。

(5)金刚机器人公司在极短时间内,与东平齿轮公司大部分客户建立了客户关系,不符合一家新设立公司的业务能力建设水平。宁波银行江北支行主张会计凭证、财务账簿能够证明两家公司财产混同,但金刚机器人公司和东平齿轮公司经法院要求无正当理由拒不提供两家公司的会计凭证和财务账簿。东平齿轮公司将其优质资源转由金刚机器人公司继受,与金刚机器人公司存在公司平移、人格混同、利益转移,东平齿轮公司盈利能力随之丧失,减弱了承担最高额保证的能力,对宁波银行江北支行利益造成损害。

8. 中信信托有限责任公司诉天津市油脂(集团)有限公司等借款合同纠纷案

[案例来源:最高人民法院民事判决书,《商事审判指导》2012年第3辑,第217-225页]

2004年11月,被告天津市油脂(集团)有限公司(以下简称油脂公司)与中国工商银行天津市和平支行(以下简称工行和平支行)签订借款合同,油脂公司向工行和平支行借款720万元,贷款期限9个月。同日,被告油脂公司新港油脂库(以下简称新港油脂库)与工行和平支行签订保证合同,承诺对以上借款承担连带保证责任,保证期限为主合同到期之次日起两年。被告天津市粮油集团有限公司(以下简称粮油集团)与工行和平支行签订了7700万元最高额保证合同,承诺对油脂公司借款承担连带保证责任。工行和平支行依约放款。

2005年4月,工行和平支行分别向油脂公司、新港油脂库发出《催收逾期贷款本息通知书》和《督促履行保证责任通知书》,债务人和保证人均盖章确认。

2005年7月,工行和平支行将该债权转让给中国东方资产管理公司天津办事处(以下简称天津办事处)。该债权的转让已通知油脂公司、新港油脂库。油脂公司本息均未偿还。

2005年7月、2006年6月和2007年7月,天津办事处分别向油脂公司和新港油脂库进行了公告催收。

2006年6月,天津办事处与原告中信信托公司签署了《信托合同》,将包括本案诉争债权及担保权在内的资产设立"京、津、宁三地财产信托"。原告据此有权向债务人及各保证人主张债权及其相关的担保债权。自借款合同履行期限届满至一审起诉,原告未向粮油集团主张过权利。2008年5月,原告中信信托公司诉请油脂公司归还欠款本金720万元及利息,新港油脂库、粮油集团共同承担连带偿还责任。

天津一中院一审、天津高院二审均认为,中信信托公司未在保证期间向粮油集团主张权利,故粮油集团保证责任已经免除。法院仅支持了中信信托公司要求油脂公司偿还本息、新港油脂库承担连带责任的诉求。

最高人民法院再审认为,粮油集团及新港油脂库分别为油脂公司对工行和平支行的同一笔借款提供保证,且未与工行和平支行约定各自的保证份额。粮油集团、新港油脂库构成连带共同保证,应对油脂公司的该笔债务承担连带责任。涉案债务于2005年8月到期,债务人油脂公司未作清偿。2005年4月,工行和平支行分别向油脂公司、新港油脂库发出催收通知书和督促履行保证责任通知。因而,新港油脂库的保证责任已发生,并开始起算诉讼时效;而根据《担保法》的规定,债权人在保证期间向保证人之一主张权利的效力,及于其他连带责任保证人,因此,粮油集团的保证责任亦已发生,并开始计算诉讼时效。

2005年7月、2006年6月和2007年7月,天津办事处向保证人之一的新港油脂库催收债务,不仅中断了新港油脂库保证债务的诉讼时效,对另一连带共同保证人粮油集团也同样发生诉讼时效中断的效力。中信信托公司于2008年5月29日向一审法院提起本案诉讼并未超过诉讼时效,并且该起诉行为也表明债权人履行了债权转让的通知义务。粮油集团关于本案债权人未在保证期间内主张权利,且本案债权已超过诉讼时效,粮油集团应予免责的抗辩理由不能成立。

第二节　保 证 责 任

第六百九十一条　【保证的范围】保证的范围包括主债权及其利息、违约金、损害赔偿金和实现债权的费用。当事人另有约定的,按照其约定。

典型案例

9. 中国光大银行苏州分行诉韦翔塑胶(昆山)有限公司等借款合同纠纷案

[案例来源:江苏省高级人民法院(2008)苏民二终字第0065号民事判决书,《中国审判案例要览(2009年商事审判案例卷)》,第48-54页]

被告韦翔公司与原告光大银行签订了《综合授信协议》一份,约定韦翔公司可向光大银行申请使用各项具体业务形成的债务本金最高余额为6000万元,其中申请使用银行承兑汇票的债务本金最高余额为2000万元。保证人被告东莞韦旭鞋业有限公司(以下简称韦旭公司)与光大银行签订《最高额保证合同》约定保证人愿意向光大银行提供最高额连带责任保证担保,以担保韦翔公司按时足额清偿其在《综合授信协议》项下产生的全部债务。以韦翔公司为承兑申请人,光大银行为承兑银行,双方先后签订七份银行承兑协议,光大银行按约承兑了汇票;汇票到期后,光大银行为上述汇票足额付款。后韦翔公司仅归还了部分垫付款,欠光大银行本金462万余元及利息若干。光大银行因本案诉讼所实际支付的律师费为10万余元。原告诉请韦翔公司兑付未到期汇票项下贷款本息,承担光大银行主张债权产生律师费的违约损失10万余元,韦旭公司对上述债务承担连带赔偿责任。

苏州中院一审认为,韦翔公司除应归还光大银行垫付承兑汇票票款并承担相应利息外,还应承担相应的违约责任,包括承担光大银行为实现其债权而支付的律师费。依照《最高额保证合同》的约定,韦旭公司应对韦翔公司的上述债务,包括本案的诉讼费用、律师费承担连带保证责任。

江苏高院二审认为,光大银行在其开具的银行承兑汇票均未到期、亦未实际垫付的情况下即先行聘请律师,起诉要求韦翔公司支付汇票项下贷款本金和利息并赔偿律师费损失,但诉讼中光大银行始终未提供证据证明韦翔公司存在经营状况不良、企业处于停顿等待破产的情形。同时,在韦翔公司和光大银行订立的主合同中,约定的赔偿损失范围并未明确包含律师费。韦翔公司和韦旭公司不应承担光大银行律师费损失。

第六百九十二条 【保证期间】保证期间是确定保证人承担保证责任的期间,不发生中止、中断和延长。

债权人与保证人可以约定保证期间,但是约定的保证期间早于主债务履行期限或者与主债务履行期限同时届满的,视为没有约定;没有约定或者约定不明确的,保证期间为主债务履行期限届满之日起六个月。

债权人与债务人对主债务履行期限没有约定或者约定不明确的，保证期间自债权人请求债务人履行债务的宽限期届满之日起计算。

第六百九十三条 【保证期间经过】一般保证的债权人未在保证期间对债务人提起诉讼或者申请仲裁的，保证人不再承担保证责任。

连带责任保证的债权人未在保证期间请求保证人承担保证责任的，保证人不再承担保证责任。

典型案例

10. 中国农业银行股份有限公司厦门同安支行诉陈晓莉等借款合同纠纷案

［案例来源：福建省厦门市同安区人民法院（2011）同民初字第 2723 号民事判决书，《中国审判案例要览（2012 年商事审判案例卷）》，第 240 – 245 页］

2009 年 3 月 11 日，被告陈晓莉、被告连珺波作为借款人，被告厦门市同安区第一建筑工程有限公司（以下简称同安一建）作为保证人，与原告农行同安支行签订了《个人购房担保借款合同》，约定由被告陈晓莉与被告连珺波向农行同安支行借款320 000元用于购买案涉房屋作为抵押物，并由被告同安一建承担阶段性连带责任保证。同安一建承担的担保阶段自合同签订之日起至被告陈晓莉与被告连珺波取得房地产权利证书并办妥以农行同安支行为抵押权人的抵押登记手续之日止。合同还约定，当贷款人放弃借款人的抵押权时，其他担保人承诺仍然按照本合同约定承担担保责任。3 月 12 日，农行同安支行与被告陈晓莉、被告连珺波办理了抵押权预告登记手续。3 月 13 日，农行同安支行足额提供借款本金。2010 年 11 月，被告陈晓莉与被告连珺波未再继续还款，尚欠农行同安支行借款本金 30 万余元及利息若干。本案所涉商品房目前尚未办理产权登记及抵押权登记。原告诉请被告陈晓莉、连珺波偿还借款及利息，被告同安一建承担连带责任。

厦门同安法院认为，同安一建作为连带保证人的保证期间是自合同签订之日起至被告陈晓莉与被告连珺波取得房地产权利证书并办妥以农行同安支行为抵押权人的抵押登记手续之日止，本案被告陈晓莉与被告连珺波尚未取得房地产权利证书，亦未办妥以农行同安支行为抵押权人的抵押登记手续，故同安一建应当依约承担连带保证责任。同安一建辩称其只在抵押物的担保范围外承担连带保证责任。法院就此认为，本案所涉商品房仅办理预购商品房抵押权预告登记，尚未办理房屋产权登记及抵押权登记，抵押权尚未设立。且合同特别约定，当贷款人放弃借款人的抵押权时，其他担保人承诺仍然按照本合同约定承担担保责任。因此，同安一建的抗辩理由不能成立。

第六百九十四条　【诉讼时效的起算】一般保证的债权人在保证期间届满前对债务人提起诉讼或者申请仲裁的，从保证人拒绝承担保证责任的权利消灭之日起，开始计算保证债务的诉讼时效。

连带责任保证的债权人在保证期间届满前请求保证人承担保证责任的，从债权人请求保证人承担保证责任之日起，开始计算保证债务的诉讼时效。

典型案例

11. 中国长城资产管理公司大连办事处诉鞍山市工业燃料总公司等借款合同纠纷案

［案例来源：辽宁省鞍山市中级人民法院(2007)鞍民三初字第280号民事判决书，《中国审判案例要览(2009年商事审判案例卷)》，第61－64页］

1998年6月17日，被告燃料公司向中国工商银行鞍山市分行(以下简称工行鞍山分行)借款258.5万元，还款期限至1999年5月20日。同日，工行鞍山分行与被告热电公司签订保证合同一份，热电公司为燃料公司的258.5万元借款提供连带责任保证，保证期间为两年，自借款人不履行债务之日起计算。工行鞍山分行向燃料公司支付了借款。

2000年6月、2002年4月、2003年5月，工行鞍山分行分别向燃料公司发出三份催收逾期贷款本息通知书，燃料公司均盖章予以确认。2004年9月，工行鞍山分行向燃料公司送达了督促履行保证责任通知书。2005年7月，工行鞍山分行将对燃料公司的债权转让给原告长城公司大连办事处。

原告诉请燃料公司偿还原告借款本息，热电公司承担连带保证责任。原告提供了二份逾期贷款催保通知单(回执)，该通知单上均有热电公司的盖章，但无具体日期记载。原告在庭审中明确表示一份是在2000年发出的，一份是在2004年9月20日发出的。

辽宁鞍山中院认为，借款合同约定的借款期限为1998年6月17日至1999年5月20日，保证合同约定的保证期间为两年，自借款人不履行债务之日起计算。本案的保证期间应为1999年5月21日至2001年5月21日。工行鞍山分行诉称其曾于2000年向热电公司发出催保通知。但由于该催保通知上没有具体日期的记载，故该催保通知不能成为计算保证债务诉讼时效具体起始日期的证据。即便从充分保护债权人的角度考虑，把催保通知单上的日期推定为2000年12月31日，那么按原告所述有热电公司盖章的第二份催保通知单回执为2004年9月20日签收，亦超过保证债务的诉讼时效。在保证债务超过诉讼时效期间的情况下，热电公司仅在催保通知单回执上盖章的行为，并不能成为热电公司承担保证责任的理由。热电公司无须承担连带保证责任。

第六百九十五条　【主合同变更对保证的影响】债权人和债务人未经保证人书面同意，协商变更主债权债务合同内容，减轻债务的，保证人仍对变更后的债务承担保证责任；加重债务的，保证人对加重的部分不承担保证责任。

债权人和债务人变更主债权债务合同的履行期限，未经保证人书面同意的，保证期间不受影响。

第六百九十六条　【债权转让对保证的影响】债权人转让全部或者部分债权，未通知保证人的，该转让对保证人不发生效力。

保证人与债权人约定禁止债权转让，债权人未经保证人书面同意转让债权的，保证人对受让人不再承担保证责任。

第六百九十七条　【债务转移对保证的影响】债权人未经保证人书面同意，允许债务人转移全部或者部分债务，保证人对未经其同意转移的债务不再承担保证责任，但是债权人和保证人另有约定的除外。

第三人加入债务的，保证人的保证责任不受影响。

第六百九十八条　【保证人提供执行线索】一般保证的保证人在主债务履行期限届满后，向债权人提供债务人可供执行财产的真实情况，债权人放弃或者怠于行使权利致使该财产不能被执行的，保证人在其提供可供执行财产的价值范围内不再承担保证责任。

第六百九十九条　【保证份额】同一债务有两个以上保证人的，保证人应当按照保证合同约定的保证份额，承担保证责任；没有约定保证份额的，债权人可以请求任何一个保证人在其保证范围内承担保证责任。

典型案例

12. 李宽宏诉珠海市鸿陆工贸有限公司等借款合同纠纷案

［案例来源：广东省珠海市中级人民法院（2012）珠中法民二终字第276号民事判决书，《法律规则的提炼与运用：〈人民司法·案例〉重述（民事卷）》（2011－2015），第201－208页］

被告鸿陆公司向原告李宽宏借款2500万元，被告中汇能源、中海粤能、陆军波、陈菲妍承担连带责任保证，未约定保证期间。借款到期后，鸿陆公司未偿还全部借款本息。原告诉请被告鸿陆公司偿还原告借款本金及逾期违约金;中汇能源、中海粤能、陆军波、陈菲妍对鸿陆公司的上述债务承担连带清偿责任。被告陆军波一审期间承认在借款到期后两三个月内李宽宏多次找到陆军波要求还款并承担保证责任。陆军波表示借款合同和借款催收通知书上中汇能源、中海粤能的公章均是陆军波拿到两公司盖的。

广东珠海中院二审认为,陆军波仅是李宽宏与中汇能源有关文件的传达人(又称使者),中汇能源没有给陆军波任何委托代理手续,陆军波也没有以中汇能源的名义在借款合同和借款催收通知书上签名。中汇能源作出意思表示的形式是盖章,陆军波传递文件的行为仅仅传达中汇能源或李宽宏已做成的意思表示,属于传达行为,不是中汇能源或李宽宏的代理人。

但是,连带共同保证的各保证人之间构成连带债务关系。连带共同保证是为同一主债务设定的保证,债权人可要求任一保证人承担保证责任。李宽宏可以向全部保证人主张全部保证责任,也可向其中一个或数个保证人主张全部保证责任。连带债务具有涉他性,即债权人对于任一连带债务人就连带债务所发生事项的效力及于其他连带债务人。在连带共同保证中,即使债权人未在保证期间内向部分保证人主张权利,但这些保证人的责任并未免除。保证期间内,债权人向任一保证人主张保证权利都意味着向其他承担连带保证责任的共同保证人主张了保证权利,债权人向其中一个保证人或者一部分保证人主张权利的效力及于其他连带保证人。李宽宏在保证期间内向作为连带保证人之一的陆军波主张保证责任的效力及于其他包括中汇能源在内的其他保证人。

13. 张国邦诉何键、柏建华保证合同纠纷案

[案例来源:江苏省扬州市中级人民法院(2015)扬民终字第912号民事判决书,《人民法院案例选》2016年第6辑,第184-193页]

债务人庄维喜、冯福銮因开办企业急需资金周转,向原告张国邦借款100万元,借款期限为两年,由被告何键、柏建华提供担保。借条约定分四批还款,前三批每次偿还10万元,第四批偿还70万元。第四批还款日期为2013年12月,现已到期,债务人下落不明,何键、柏建华亦未能履行担保义务。原告诉请何键、柏建华偿还借款70万元及违约金2万元。

江苏扬州中院二审认为,出借人持有借条要求保证人承担还款义务时,借条具有推定借贷事实已经实际发生的初步证据效力,但保证人提出借贷事实未发生的抗辩且能作出合理说明时,应当结合借贷金额、款项交付、当事人的经济能力以及交易习惯、证人证言等因素,综合判断借贷事实是否发生。张国邦自认100万元借款中含有61.9万元旧债的转结、24.5万元的存单以及13.6万元的现金。对于实际交付的款项,旧债部分的本金和利息总计应当认定为61.9万元,存单部分认定为24.5万元,张国邦主张的现金13.6万元部分因证据不足,不予支持,故张国邦实际出借的金额共计86万余元。

旧债部分,何键、柏建华应当共同承担保证责任:(1)本案并不属于借新还旧的情形。借新还旧具有三个成立要件:一是新旧贷款债权债务主体一致;二是借款人客观上有将新贷偿还旧贷的行为;三是双方之间主观上存在以贷还贷的合意。本案中的旧债在出具案涉借条时并未到期,债务人也无以新的借款偿还旧债的行为,借贷双方也并未达成以新贷还旧贷的合意。(2)本案并非债务人偿债能力恶化的情形下,以新贷的名义骗取担保人的担保,虽然100万元借款中含有旧债转结,但并不影响担保人对于借款人经营状况、偿债能力的判断,实际加诸担保人的担保金额也未超过借条载明的金额,故并未加重担保人的责任。存单部分,由于张国邦已实际履行借款义务,何键、柏建华亦应承担保证责任。

第七百条　【保证人的追偿权】保证人承担保证责任后,除当事人另有约定外,有权在其承担保证责任的范围内向债务人追偿,享有债权人对债务人的权利,但是不得损害债权人的利益。

第七百零一条　【保证人的抗辩权】保证人可以主张债务人对债权人的抗辩。债务人放弃抗辩的,保证人仍有权向债权人主张抗辩。

第七百零二条　【保证责任的减轻】债务人对债权人享有抵销权或者撤销权的,保证人可以在相应范围内拒绝承担保证责任。

第十四章　租 赁 合 同

第七百零三条　【租赁合同】租赁合同是出租人将租赁物交付承租人使用、收益，承租人支付租金的合同。

典型案例

1. 张帅诉童志仙、林红忠承包合同纠纷案

［案例来源：上海市闸北区人民法院（2014）闸民二（商）初字第6号民事判决书，《人民法院案例选》2015年第1辑，第189－196页］

原告张帅与两被告童志仙、林红忠签订《淘宝店铺租赁合同》，由原告"承租"被告的淘宝店铺。原告支付了蕙蕙小衣铺押金5万元、第一季度租金5万元、办公物品费用35 000元及房租15 000元。因《淘宝店铺租赁合同》违反淘宝规则的相关规定，原告诉请确认《淘宝店铺租赁合同》无效；被告返还店铺押金、租金5万元、办公物品费用。被告反诉诉请原告支付租金10万元及违约金。

上海闸北法院认为，本案系争标的是将实体商品通过淘宝店铺予以展示，让浏览者通过各种在线支付方式进行实际购买的交易，原告有权对淘宝店进行操作管理，享有店铺人员安排最终决定权，并承担经营过程中所产生的费用、债务，这符合承包的基本特征，即承包人以发包人名义对外开展业务。系争合同名为租赁合同，实为承包合同。

淘宝网经营规则是淘宝网与淘宝店主达成的约定。违反平等主体之间约定的行为并不是法律规定无效的情形。原告作为一个商人，在从事某项业务时，必定对该业务市场规则、经营风险有一定的了解。此外，一旦确定系争合同无效后，原告在正常经营淘宝网店期间对外从事的交易将处于效力待定状态，直接导致交易的不稳定、不安全，损害买家的利益。

鉴于双方之间承包关系实际已经结束，原告应有权要求返还押金5万元。首先，关于被告主张原告支付租金10万元，鉴于原、被告之间是承包关系，故上述费用应为承包费而非租金。原告未提供证据证明系被告原因导致无法经营。其次，原告在可以经营的状态下不经营,系其自身的选择和商业判断,由此产生的后果应由原告承担。最后,原告一方面表示不再经营网店另一方面又不与被告办理交接手续,导致被告也无法经营,由此可能产生的损失也应由原告承担。法院酌定承包费为86 800元。法院还对约定的违约金进行了调整。

第七百零四条 【租赁合同的内容】租赁合同的内容一般包括租赁物的名称、数量、用途、租赁期限、租金及其支付期限和方式、租赁物维修等条款。

第七百零五条 【租赁期限】租赁期限不得超过二十年。超过二十年的,超过部分无效。

租赁期限届满,当事人可以续订租赁合同;但是,约定的租赁期限自续订之日起不得超过二十年。

第七百零六条 【租赁合同备案】当事人未依照法律、行政法规规定办理租赁合同登记备案手续的,不影响合同的效力。

实务指引

法无禁止即可为。如果法律没有明确房屋租赁合同需要备案登记才有效,则未办理备案登记就自然有效。

典型案例

2. 天津市汽车运输五场诉天津博克来家用品实业有限公司租赁合同纠纷案

[案例来源:天津市第二中级人民法院民事判决书,《人民法院案例选》2004年商事·知识产权专辑,第89-95页]

美国老贝壳工业股份有限公司(以下简称老贝壳公司)来天津投资开办了被告博克来公司。1992年4月,原告运输五场和老贝壳公司签订租赁合同,将政府划拨给原告的土地、厂房出租给老贝壳公司,租期10年。1996年5月,原告与老贝壳公司重新签订合同。合同签订后,租金始终由被告支付。其后,被告在所租赁场地院内新建其他设施和厂房,以相关手续的办理产生分歧未解决为由,未支付原告1999年租金。原告诉请被告支付1999年租金及违约金。

天津津南法院认为,原告将以划拨方式取得的国有土地使用权,未经土地行政管理部门批准就出租给被告,并与被告签订租赁合同,违反了《天津市土地管理条例》第34条、《土地管理法实施条例》第6条、《城镇国有土地使用权出让和转让暂行条例》第16条的规定,故出租国有土地商事使用权的条款无效。

合同被确认无效后,鉴于被告已在所租场地院内进行了新建改建,并投入大量的资金,已形成一定的生产规模,为了保护我国的投资环境,为了发展本市的经济,现判决返还厂房、场院没有必要,也会给被告造成不应有的经济损失,也不利于经济发展和企业发展。法院判决驳回了原告诉讼请求。

天津二中院认为,运输五场出租的土地虽系由划拨方式取得,但不存在法律禁止的出租的情形,至于运输五场出租房屋和土地未办理登记备案手续,与本案不属于同一法律关系,应由行政主管部门根据有关行政管理规定处理,不影响租赁合同效力。虽然合同系老贝壳公司与运输五场签订,但老贝壳公司签订合同的用途是兴办博克来公司,合同签订后,由博克来公司承租使用,并履行给付租金的义务,博克来公司是给付租金的义务主体,由于博克来公司未按合同约定给付租金,应承担违约责任。

第七百零七条 【书面形式要求】租赁期限六个月以上的,应当采用书面形式。当事人未采用书面形式,无法确定租赁期限的,视为不定期租赁。

第七百零八条 【租赁物的交付】出租人应当按照约定将租赁物交付承租人,并在租赁期限内保持租赁物符合约定的用途。

典型案例

3. 谢丽珍诉南安市新百姓仓储超市有限公司租赁合同纠纷案

[案例来源:福建省高级人民法院(2007)闽民终字第296号民事判决书,《人民法院案例选》2008年第2辑,第238-243页]

原告谢丽珍与被告新百姓超市签订《驻场合同书》《专柜合同书》各一份,合同约定:被告同意原告在其经营的官桥商场派驻销售人员,原告提供金银首饰类型的商品在被告官桥店进行销售。2006年2月,杨金华、彭军、钱有福等人合谋盗窃新百姓超市。其中,彭军、钱有福系新百姓超市的保安员。该案中,杨金华等人共偷走了谢丽珍经营的黄金首饰1102件(价值55万余元)。公安机关共追回并退给原告金银首饰793件。原告诉请被告赔偿损失16万余元。

福建高院二审认为,由于新百姓超市对其出租的场所在安全保障上存在疏忽的过错,其雇佣的保安勾结外人共同作案,其对商品被盗应承担主要的赔偿责任。谢丽珍作为承租人对其出售的贵重商品在非经营期间内仅放置于加锁的玻璃柜台内,未尽到严格的安全注意义务,也有过错,亦应自行承担商品被盗的部分损失后果。法院判决被告赔偿被盗损失12万余元。

第七百零九条　【租赁物的使用】承租人应当按照约定的方法使用租赁物。对租赁物的使用方法没有约定或者约定不明确,依据本法第五百一十条的规定仍不能确定的,应当根据租赁物的性质使用。

第七百一十条　【租赁物的使用】承租人按照约定的方法或者根据租赁物的性质使用租赁物,致使租赁物受到损耗的,不承担赔偿责任。

第七百一十一条　【租赁物的使用】承租人未按照约定的方法或者未根据租赁物的性质使用租赁物,致使租赁物受到损失的,出租人可以解除合同并请求赔偿损失。

典型案例

4. 骆细良诉方爱卿房屋租赁合同纠纷案

[案例来源:福建省厦门市中级人民法院(2012)厦民终字第3240号民事判决书,《中国审判案例要览(2013年民事审判案例卷)》,第214-220页]

2012年2月17日,原告骆细良与被告方爱卿签订《房屋租赁合同》,约定骆细良将案涉房产出租给方爱卿作为住宅使用,租金一年32 000元。3月5日,骆细良通过案涉房屋的上一手租赁方与方爱卿交接。3月17日,方爱卿支付了第一年租金30 000元。3月24日,骆细良退回租房款25 000元。5月6日,方爱卿将该25 000元转回骆细良银行账户。5月8日,骆细良向方爱卿发出律师函,函告方爱卿双方房屋租赁合同已于3月24日解除,要求方爱卿搬离。5月13日,方爱卿回函称余下的租金2000元为双方约定好用于处理洗手间的马桶、冲澡室及洗手池重新安装,其未拖欠租金,并且未与骆细良协商一致解除合同。骆细良诉请确认《房屋租赁合同》于2012年3月24日解除,方爱卿搬离。

厦门思明法院认为,从方爱卿提交的照片中可以看出,租赁房屋洗手间的马桶、冲澡室及洗手池确系有不同程度的损坏,且方爱卿是从上一手租房户手中交接的房屋,方爱卿的辩称符合常理。方爱卿扣除2000元作为维修费用确属合理,方爱卿没有未足额缴纳房租的行为,没有构成合同违约。骆细良不享有合同单方解除权。另外,骆细良所提交的证据不能有力证明其与方爱卿之间已达成解除合同的合意,骆细良单方将房款25 000元退还给方爱卿的行为不具有解除合同的效力。法院判决驳回原告骆细良的诉讼请求。

关于方爱卿是否将住宅用途的房屋改变为商用,厦门中院二审认为,方爱卿承租房屋主要用于家庭生活居住,同时其本人在诉争房屋内通过网络和电话处理公司业务。骆细良无证据证明唯盛公司除方爱卿及其母亲陈花外尚有其他工作人员在诉争房屋内办公,或存在利用诉争房屋通过资讯手段处理公司业务以外的其他经营环节。另外，方爱卿在诉争房屋的客厅天花板安装悬挂布帘的轻便轨道及在朝北卧室的天花板安装挂衣服的不锈钢架的行为，尚不构成对房屋主体结构的改变。故方爱卿也不存在因为办公需要改变房屋结构的情形。方爱卿在双方无明确约定的情况下，将诉争房屋地址公布在公司网络上，虽不妥，但不足以构成对诉争房屋使用性质的根本改变。

第七百一十二条 【租赁物的维修】出租人应当履行租赁物的维修义务，但是当事人另有约定的除外。

第七百一十三条 【租赁物的维修】承租人在租赁物需要维修时可以请求出租人在合理期限内维修。出租人未履行维修义务的，承租人可以自行维修，维修费用由出租人负担。因维修租赁物影响承租人使用的，应当相应减少租金或者延长租期。

因承租人的过错致使租赁物需要维修的，出租人不承担前款规定的维修义务。

第七百一十四条 【租赁物的保管】承租人应当妥善保管租赁物，因保管不善造成租赁物毁损、灭失的，应当承担赔偿责任。

典型案例

5. 韩永格诉李定芳租赁合同纠纷案

［案例来源：湖北省宜昌市中级人民法院(2007)宜中民一终字第00113号民事判决书，《中国审判案例要览(2008年民事审判案例卷)》，第157－162页］

原告韩永格、被告李定芳达成口头协议，由李定芳租赁韩永格房屋二楼，李定芳支付了半年的租金900元。李定芳租房后，在房屋内外堆放大量床垫、家具、草垫等货物，但未在该房屋内起居生活，未在房屋内生火。某日，李定芳堆放在租赁房屋外的货物起火。大火燃烧造成韩永格的房屋二楼、三楼等部分损坏。火灾发生后，秭归县公安局消防大队不能确定起火原因，且李定芳怀疑系他人纵火引发的火灾，秭归县公安局刑警大队将该火灾作为刑事甄别案件正在侦查中，但尚未取得系他人纵火的证据或查明起火的原因。原告诉请被告赔偿房屋损失。

湖北宜昌秭归法院认为，李定芳承租韩永格的房屋后，在租赁期间负有妥善保管租赁房屋的义务。李定芳应当预见在租赁房屋外堆放大量易燃物品可能引发火灾，从而损坏租赁房屋，其未有尽到妥善保护和管理租赁房屋的义务，应当承担损害赔偿责任。虽然李定芳只承租了韩永格房屋的二楼，但因韩永格的房屋是一个整体，房屋其他部分的损坏因租赁房屋发生火灾直接造成，所以韩永格的损失不仅包括李定芳承租房屋部分的损失，而且包括火灾造成的整栋房屋的损失和因此引起的其他损失。因此韩永格要求判令李定芳赔偿损失的诉讼请求成立。

李定芳提出火灾可能系他人纵火造成，应中止本案的审理和其不应承担赔偿责任的主张，因其未能提供相应的证据证实，且即使是第三人的行为引发的火灾，李定芳也应当向韩永格承担违约责任；李定芳与第三人间的纠纷，可依照法律规定或者约定另行解决，不妨碍韩永格依据租赁合同关系向李定芳请求赔偿；李定芳赔偿韩永格的损失后，如果有证据证实火灾确系他人的行为引起，可以向行为人追偿。法院判决被告向原告赔偿损失。湖北宜昌中院二审维持原判。

第七百一十五条　【租赁物的改造】承租人经出租人同意，可以对租赁物进行改善或者增设他物。

承租人未经出租人同意，对租赁物进行改善或者增设他物的，出租人可以请求承租人恢复原状或者赔偿损失。

典型案例

6. 珲春市人民政府新安街办事处诉中国建设银行珲春市支行等租赁合同纠纷案

［案例来源：吉林省图们市人民法院（2004）图民二初字第87号民事判决书，《中国审判案例要览（2007年商事审判案例卷）》，第75－79页］

被告珲春支行将涉案空房租给原告新安街办事处经营便民市场和大众浴池，租期3年，年租金6000元。合同期满后可续签。若在租赁期间被告要卖房屋，原告拥有优先购买权。原告经被告同意，对租赁物进行了改善和增设。经鉴定，原告实际投入价值51万余元。原告又对租赁物投入水、电、消防等相关费用。租赁期满后，被告将房屋出售给了第三方姜英福。姜英福证实：竞买款100万元已经交付，我买楼准备开发，所有的添附物都用不上，包括地面都得拆除。我只想买这个地皮，有无东西我不管。原告诉请被告赔偿侵权造成的财产损失51万余元（实际投入）、停业损失5万余元、办理各种证照的手续3万余元。

吉林图们法院认为，原告对房屋进行装修是被告同意的，原告有权要求被告就租赁物的增值部分补偿原告的支出，即有益费用应当由被告补偿。有益费用是指由承租人支出的而使租赁物价值增加的费用，范围仅限于合同终止时租赁物增加的价值额，而不能以承租人支出的全部费用为准。对于该有益部分，原告应该承担举证责任。被告为了获得3年租金1.8万元，而承担不需要的价值几十万的添附物，不符合公平原则。原告评估市场前景错误，导致投资无法收回，应当承担经营风险,除有益费用由被告补偿外,只能推定是原告为维持租赁费必要的使用状态所支出的费用,而非有益费用。原告应该在合理期限内拆除以恢复原状,逾期拆除的,视为放弃。

租赁合同约定合同期满可续约,应当理解为选择性的约定即可以或者不可以,而不是必须可以的约定。原告作为承租人,拥有法定优先购买权。但是,截至拍卖会前,原告未办理竞买登记,应视为放弃优先购买权的行为。本案租赁物的拍卖是在租赁合同届满后没有续签租赁合同的情况下进行的,原告不具有合同约定和法律规定的优先购买权。法院判决被告给付原告对租赁物增设他物的有益费用合计29 405 元;原告对租赁物的其他改善和增设,应当在 1 个月内拆除,恢复租赁物的原状,逾期视为放弃所有权。

7. 何锐玲诉广州市城辉物业租赁有限公司租赁合同纠纷案

[案例来源:广东省广州市中级人民法院(2006)穗中法民五终字第 2533 号民事判决书,《中国审判案例要览(2007 年民事审判案例卷)》,第 267 – 273 页;《人民法院案例选》2008 年第 1 辑,第 202 – 211 页]

2004 年 6 月,原告何锐玲与被告城辉公司签订了租赁合同,约定被告将涉案楼房及墙外空地出租给原告用于商业用途。原告预交了人民币 8 万元给被告作为保证金。合同约定,原告必须领取有效工商牌照、消防合格证和相关经营许可证;原告亦不得随意更改房屋内建筑结构,如需改动则必须经被告书面同意;自原告进场之日起,被告给予原告 90 天报建及装修期;如原告要在原使用场地内兴建物业建筑,则需书面报经被告同意后再向有关部门办理报建手续,经批准后才能进行施工。合同签订后,原告即与案外 4 家公司签订合约并预付工程款定金,又购买了相应材料进场对涉案房屋进行了部分地板铺设和墙面粉刷装修。因原告在未取得相关报建审批手续前就进场施工,受到了城管部门的查处,并由此导致原、被告双方在租赁过程中出现纠纷。

2004 年 12 月,黄埔区城管部门发出责令限期改正通知书一份,要求被告立即停止工程装修并限期 15 天内补办手续。广州市城市规划局黄埔区分局就涉案建筑的立面改造报建申请作出函复,暂不同意立面改造申请。原告诉请被告退回保证金 8 万元,并赔偿原告损失共计 32 万元。

广州黄埔法院认为,原、被告双方在合同中约定,在租赁期限内,如原告要在原使用场地内兴建上盖物业建筑,则需书面报经被告同意后再向有关部门办理报建手续,经批准后才能进行施工。因此,原告作为承租和施工单位,应当在完全办理好相应报建审批和施工手续后才能进场进行装修等施工。原告在未取得相应合法手续和没有证据证实其取得了合同约定必须取得的被告书面同意的前提下即私自开工和更改涉案建筑的内部结构,并在相应合法手续能否取得的不确定状态下即和多家公司签订相应施工合同,导致损失产生的过错应由原告方承担。法院判决解除原告与被告签订的租赁合同,驳回原告诉讼请求。

广州中院二审认为,因城辉公司提供的租赁物毕竟存在产权登记不清晰的问题,规划局的文件亦指出不能批准立面改造申请的原因是须提供合法的权属证明文件,故城辉公司未能完善产权证的问题对引起本案纠纷有一定责任,故在双方同意解除合同的情况下,城辉公司应当退还相应保证金。关于何锐玲因为订立其他涉案租赁合同所产生的经济损失问题,因为何锐玲没有按照合同约定办理报建和领取营业执照等手续就进行违法施工,故由此导致的损失应由何锐玲自负。

第七百一十六条 【转租】承租人经出租人同意,可以将租赁物转租给第三人。承租人转租的,承租人与出租人之间的租赁合同继续有效;第三人造成租赁物损失的,承租人应当赔偿损失。

承租人未经出租人同意转租的,出租人可以解除合同。

实务指引

明确转租需要出租人同意,有利于解决纠纷。

典型案例

8. 四川省高级人民法院诉范萍租赁合同纠纷案

[案例来源:四川省成都市中级人民法院民事判决书,《人民法院案例选》2002年第1辑,第105-114页]

1997年11月,原告四省高院与被告范萍签订一份房屋租赁合同,合同抬头写明承租方是大陆美发院,但是落款只有被告个人签名,而没有大陆美发院的盖章及其负责人的签名。合同约定,原告将涉案房屋出租给被告,租金为3000元每月,被告不得转租。1998年5月,被告将房屋转租给周瑾。自1998年10月起,被告没有按照合同约定支付租金。原告诉请被告支付房租、水电费、违约金。

成都青羊法院认为,本案无证据证明被告是代理大陆美发院,故范萍就是本案合同的相对方;其后被告将房屋转租,也证明了其就是合同的相对方。原告虽然未按《成都市城市房屋租赁管理办法》的规定取得房屋租赁许可证,但是合同无效是违反法律、行政法规的强制性规定,故合同有效。被告擅自转租,导致原告在合同期满后2个月才收回房屋,造成房屋租金的损失,被告应该承担相应的赔偿责任。成都中院二审维持原判。

第七百一十七条 【转租期限】承租人经出租人同意将租赁物转租给第三人，转租期限超过承租人剩余租赁期限的，超过部分的约定对出租人不具有法律约束力，但是出租人与承租人另有约定的除外。

典型案例

9. 无锡恒廷实业有限公司诉陈玉森、无锡经融瑞通商业管理有限公司租赁合同纠纷案

［案例来源：江苏省无锡市锡山区人民法院(2014)锡法安民初字第0260号民事判决书，《人民法院案例选》2015年第2辑，第219－225页］

2012年5月，原告恒廷公司将涉案商铺出租给被告无锡经融公司，约定无锡经融公司可将商铺转租给第三方使用。其后，被告无锡经融公司与被告陈玉森签订转租合同，约定由陈玉森承租涉案商铺。10月，原告以无锡经融公司单方严重违约为由向无锡经融公司发出解除合同通知书，无锡经融公司于当日回函确认其违约行为并同意解除租赁合同。2013年4月，因陈玉森未与原告办理承接租赁等相关手续，原告告知陈玉森其已解除与无锡经融公司之间的租赁合同，并通知陈玉森在接到该函后2个工作日内至原告处重新签署租赁合同，或者办理退款等交接手续，否则原告要求陈玉森立即搬离商铺并恢复原状。原告诉请陈玉森立即搬离；支付房屋使用费；无锡经融公司承担连带赔偿责任。

江苏无锡锡山法院认为，被告无锡经融公司对外转租系经原告恒廷公司同意，且转租期限在租赁期限内，合法有效。因无锡经融公司违约，恒廷公司与无锡经融公司已解除租赁合同，无锡经融公司与恒廷公司的租赁合同权利义务关系终止，由此导致承租人无锡经融公司与次承租人陈玉森的转租协议已无法继续履行，出租人恒廷公司有权要求承租人无锡经融公司及次承租人陈玉森返还租赁房屋。

第七百一十八条 【视为同意转租】出租人知道或者应当知道承租人转租，但是在六个月内未提出异议的，视为出租人同意转租。

实务指引

如果出租人6个月都未提出异议，则承租人和第三人已经产生了合理信赖，出租人此后再提出异议，违背诚实信用原则。

第七百一十九条 【次承租人代为支付】承租人拖欠租金的，次承租人可以代承租人支付其欠付的租金和违约金，但是转租合同对出租人不具有

法律约束力的除外。

次承租人代为支付的租金和违约金，可以充抵次承租人应当向承租人支付的租金；超出其应付的租金数额的，可以向承租人追偿。

典型案例

10. 勃利县铁路综合服务楼旅店诉滕志杰等租赁合同纠纷案

［案例来源：黑龙江省牡丹江铁路运输法院民事判决书，《人民法院案例选》2000年第4辑，第184－188页］

原告铁路旅店和被告滕志杰签订饭店租赁合同，原告将饭店出租给被告。被告经营两年后，将饭店转租给被告房银峰，被告房银峰一次性支付被告滕志杰12万元。被告房银峰近两年未向原告交纳租金，共计20 800元。原告催讨未果，以两被告转租行为未经其同意为由，诉请两被告支付租金、违约金，返还饭店，并终止饭店租赁合同。

黑龙江省牡丹江铁路运输法院认为，原告虽然称转租行为未经过其同意，但是在房银峰经营饭店期间，原告曾直接向房银峰收取租金，应视为对该转让行为的默认，应认定该转让行为有效。转租行为发生后，滕志杰退出租赁关系，而由房银峰取代成为新的租赁关系中的承租人。房银峰未及时交付房租，应该承担全部责任。原告对滕志杰的诉讼请求没有法律依据，滕志杰不是本案适格的诉讼主体。

第七百二十条　【租赁物收益的归属】在租赁期限内因占有、使用租赁物获得的收益，归承租人所有，但是当事人另有约定的除外。

第七百二十一条　【支付租金】承租人应当按照约定的期限支付租金。对支付租金的期限没有约定或者约定不明确，依据本法第五百一十条的规定仍不能确定，租赁期限不满一年的，应当在租赁期限届满时支付；租赁期限一年以上的，应当在每届满一年时支付，剩余期限不满一年的，应当在租赁期限届满时支付。

第七百二十二条　【未支付或迟延支付租金】承租人无正当理由未支付或者迟延支付租金的，出租人可以请求承租人在合理期限内支付；承租人逾期不支付的，出租人可以解除合同。

第七百二十三条　【权利瑕疵担保义务】因第三人主张权利，致使承租人不能对租赁物使用、收益的，承租人可以请求减少租金或者不支付租金。

第三人主张权利的，承租人应当及时通知出租人。

第七百二十四条 【承租人法定解除权】有下列情形之一，非因承租人原因致使租赁物无法使用的，承租人可以解除合同：

(一)租赁物被司法机关或者行政机关依法查封、扣押；

(二)租赁物权属有争议；

(三)租赁物具有违反法律、行政法规关于使用条件的强制性规定情形。

第七百二十五条 【买卖不破租赁】租赁物在承租人按照租赁合同占有期限内发生所有权变动的，不影响租赁合同的效力。

第七百二十六条 【优先购买权】出租人出卖租赁房屋的，应当在出卖之前的合理期限内通知承租人，承租人享有以同等条件优先购买的权利；但是，房屋按份共有人行使优先购买权或者出租人将房屋出卖给近亲属的除外。

出租人履行通知义务后，承租人在十五日内未明确表示购买的，视为承租人放弃优先购买权。

典型案例

11. 郑文俊诉金坛市计量测试技术研究所租赁合同纠纷案

[案例来源：江苏省常州市中级人民法院民事判决书，《人民法院案例选》2000年第3辑，第78-84页]

被告计量所将涉案房屋出租给原告郑文俊，但双方未到有关部门办理房屋租赁登记手续。其后，计量所决定出卖涉案房屋所在的整幢楼房，与被告鲁志扣、戴美英签订了房屋买卖合同。鲁志扣、戴美英已经办理了房屋产权转让手续并领取了房屋所有权证。原告以侵犯优先购买权为由诉请确认被告计量所和被告鲁志扣、戴美英的买卖合同无效。

江苏金坛法院一审认为，计量所转让的系整幢楼房，而原告仅实际承租计量所该楼房中的两间房屋，原告对整幢楼房的转让不享有优先购买权。江苏常州中院二审认为，郑文俊虽长期租赁涉案房屋，但一直未办理租赁登记手续，且该房出售是租赁到期后出售，之后双方未有办理有关租赁手续，计量所有权处分该房，郑文俊在租赁到期后不再享有优先购买权。

第七百二十七条 【优先购买权的放弃】出租人委托拍卖人拍卖租赁房屋的，应当在拍卖五日前通知承租人。承租人未参加拍卖的，视为放弃优先购买权。

第七百二十八条 【优先购买权的效力】出租人未通知承租人或者有其他妨害承租人行使优先购买权情形的,承租人可以请求出租人承担赔偿责任。但是,出租人与第三人订立的房屋买卖合同的效力不受影响。

典型案例

12. 李文诉许传禄租赁合同纠纷案

[案例来源:山东省乳山市人民法院(2008)乳商初字第118号民事判决书,《中国审判案例要览(2009年商事审判案例卷)》,第90-94页]

原告李文将涉案门市房出租给被告许传禄。其后,原、被告口头协议由被告以20万元的价格购买原告门市房,被告已付给原告购房款12万元。原告李文又与第三人冯某某签订了房屋买卖合同,冯某某已取得房屋所有权证书。原告诉请解除与被告之间的租赁合同,被告给付房租、撤离门市房。

山东乳山法院认为,原、被告之间租赁关系因买房合意而解除。前后两个买卖合同都是有效的。但由于其标的是同一的,房屋只能实际交付给一个买方,只有一个买卖合同能够被卖方所实际履行。第三人冯某某基于合法有效的合同并办理了过户登记手续,所取得的房屋所有权合法有效,应当受到法律的保护。

自原、被告买房合同成立之日起,租赁关系解除,原告不得再行主张租金请求权。租赁合同解除后,被告实际占有原告所有的房屋进行经营,导致原告不能对房屋进行使用,应当比照租赁合同中租金的约定由被告给付原告实际使用费,租金数额按照上一年度的年租金进行计算。

第七百二十九条 【风险负担】因不可归责于承租人的事由,致使租赁物部分或者全部毁损、灭失的,承租人可以请求减少租金或者不支付租金;因租赁物部分或者全部毁损、灭失,致使不能实现合同目的的,承租人可以解除合同。

典型案例

13. 安徽省宁国通宁耐磨材料有限公司诉宁国市恒泰耐磨材料有限公司租赁合同纠纷案

[案例来源:安徽省宣城市中级人民法院(2008)宣中民二终字第72号民事判决书,《人民法院案例选》2009年第4辑,第181-186页]

雪灾导致被告恒泰公司(承租人)租赁使用的厂房及设施被压坍塌,无法生产经营。被告遂书面通知原告通宁公司(出租人)解除租赁合同,原告诉请确认该通知不发生法律效力。安徽宣城中院二审认为,尽管随着天气预报技术的进步,有关部门就当时的天气情况作出了一定的预见并及时向社会发布了相关信息。但本次雪灾地域之广、程度之深,灾情之重均为社会大众和本案当事人所周知,也是社会一般大众不能预见、不能避免并不能克服的,客观上也不能要求被告对此加以预见、避免并予以克服,故应认定为不可抗力。此外,合同约定,被告负有房屋和设备的维修保养义务。但此项义务系基于合同履行期间使用租赁物所产生的正常合理义务,对因雪灾这一不可抗力因素造成的租赁物的损坏,承租人恒泰公司不应负担过分的维修保养义务,且恒泰公司提供的现场图片表明租赁物坍塌损坏严重,已无修复的可能,恒泰公司租赁合同的目的已不能实现。被告书面通知原告解除合同符合法律规定。

第七百三十条 【不定期租赁】当事人对租赁期限没有约定或者约定不明确,依据本法第五百一十条的规定仍不能确定的,视为不定期租赁;当事人可以随时解除合同,但是应当在合理期限之前通知对方。

第七百三十一条 【质量争议时的解除权】租赁物危及承租人的安全或者健康的,即使承租人订立合同时明知该租赁物质量不合格,承租人仍然可以随时解除合同。

典型案例

14. 石林诉郑耿珉租赁合同纠纷案

[案例来源:上海市第二中级人民法院(2003)沪二中民二(民)终字第383号民事判决书,《上海法院案例精选》2004年,第123-132页]

被告郑耿珉将涉案房屋出租给原告石林,原告已支付被告两个月租金7600元及保证金7600元。原告感觉承租房屋内空气质量存在问题并引起不适。经检验,涉案房屋甲醛浓度不符合卫生标准。原告诉请退还押金、两个月房租并终止租赁合同。

上海普陀法院认为,订立合同时,双方已明确该租赁物的用途为居住使用。虽然合同中未对包括租赁物内空气质量等细节问题作出约定,但从诚实信用及一般善良人的角度,租赁物存在空气质量等问题对作为居住使用的承租人而言,必定会产生一定的影响。租赁物危及承租人的安全或者健康的,即使承租人订立合同时明知该租赁物质量不合格,承租人仍可随时解除合同。合同解除后,由于原告实际使用和控制租赁物两个月,原告无权请求返还已支付的租金。

上海二中院认为，租赁合同约定，郑耿珉应将“房屋附属生活配套设施在良好的状态下，出租给石林居住使用”。出租人除履行交付义务外，还应当保证所交付的房屋在良好的状态下，能够为承租人正常居住使用，具备应有的使用价值，符合居住的用途。房屋中甲醛含量已超过国家规定的卫生标准，石林依法享有解除合同的权利。造成上述合同解除的责任在于房屋出租人，故郑耿珉无权要求石林支付房屋租金。石林有权要求郑耿珉返还已支付的租金及保证金。

第七百三十二条　【共同居住人继续租赁】承租人在房屋租赁期限内死亡的，与其生前共同居住的人或者共同经营人可以按照原租赁合同租赁该房屋。

典型案例

15. 毛秀英诉张业韶租赁合同纠纷案

［案例来源：湖南省张家界市武陵源区人民法院民事判决书，《人民法院案例选》2001 年第 1 辑，第 74 – 80 页］

1999 年 2 月 12 日，被告张业韶将涉案房屋出租给原告毛秀英的丈夫黎智，并与其签订天子饭庄《房屋财产租赁合同书》，约定租赁期为 10 年，租金总额 80 万元。经营期间，黎智对餐厅进行了改造，并添置了空调、锅炉等设施。后黎智因喝假酒中毒，经抢救无效死亡。原告诉请解除房屋租赁合同。

湖南张家界武陵源法院认为，承租人黎智不幸突然死亡，这是签订合同时双方当事人都不可能预见的，不可克服的，无法直接控制的突发事件，当属“不可抗力”的范畴。《合同法》第 234 条规定，承租人在租赁期间死亡的，与其生前共同居住的人可以按照原租赁合同租赁该房屋。其意含也可以不租赁。因此，原告毛秀英在丈夫突然死亡后有权要求解除合同并免于承担违约责任。

第七百三十三条　【租赁物的返还】租赁期限届满，承租人应当返还租赁物。返还的租赁物应当符合按照约定或者根据租赁物的性质使用后的状态。

典型案例

16. 北京润乾软件技术有限公司诉北京超导咨询有限责任公司租赁合同纠纷案

[案例来源:北京市第一中级人民法院(2008)一中民终字第04433号民事判决书,《中国审判案例要览(2009年民事审判案例卷)》,第287-294页]

被告超导公司将涉案房屋出租给原告润乾公司作为一般办公使用,租赁期限自2006年8月25日至2007年8月31日,如乙方逾期不搬迁,应赔偿甲方因此所受损失。实创科技园公司证明,原告实际于2007年7月31日前已搬离承租房屋。原告润乾公司诉请被告超导公司返还押金16 500元,被告(反诉原告)超导公司反诉诉请原告(反诉被告)润乾公司支付2007年9月1日至19日的房屋租金10 450元以及出租房屋修理费10 000元。

北京海淀法院一审认为,关于2007年9月1日至19日房屋租金部分,根据实创科技园公司证明,原告实际于2007年7月31日前已搬离承租房屋,并不存在合同载明的逾期不搬迁情形,故被告无权要求原告承担上述租金。

北京一中院二审认为,实创科技园公司出具的证明本质上属于证人证言性质,相关人员并未出庭接受询问,且该证明的内容并不能证明润乾公司已在该证明所述时间将租赁房屋返还给超导公司。超导公司主张9月1日至9月19日的租金实为润乾公司迟延返还租赁房屋所造成的租金损失,润乾公司应当支付。但是,超导公司在已知道润乾公司于合同期满后无意再继续承租该房屋的情形下,未向润乾公司主张租赁房屋的返还而避免租赁房屋返还迟延所造成的租金损失的扩大,对此租金损失亦应承担相应的责任。法院酌定润乾软件公司为此应给付超导公司5000元。从双方交接房屋时所确认的情况看,润乾公司返还给超导公司的房屋确存在多处破损的情况,但超导公司现未能提供维修该破损之处所需的具体费用标准,润乾公司至今也未对该破损之处进行维修,为避免双方的诉累,法院综合破损的具体情况,酌情确定润乾公司应当给付的维修费用为3000元。

第七百三十四条 【租赁期限届满】租赁期限届满,承租人继续使用租赁物,出租人没有提出异议的,原租赁合同继续有效,但是租赁期限为不定期。

租赁期限届满,房屋承租人享有以同等条件优先承租的权利。

第十五章　融资租赁合同

第七百三十五条　【融资租赁合同】融资租赁合同是出租人根据承租人对出卖人、租赁物的选择，向出卖人购买租赁物，提供给承租人使用，承租人支付租金的合同。

第七百三十六条　【融资租赁合同的内容与形式】融资租赁合同的内容一般包括租赁物的名称、数量、规格、技术性能、检验方法，租赁期限，租金构成及其支付期限和方式、币种，租赁期限届满租赁物的归属等条款。

融资租赁合同应当采用书面形式。

第七百三十七条　【虚构租赁物无效】当事人以虚构租赁物方式订立的融资租赁合同无效。

第七百三十八条　【租赁物的行政许可】依照法律、行政法规的规定，对于租赁物的经营使用应当取得行政许可的，出租人未取得行政许可不影响融资租赁合同的效力。

第七百三十九条　【租赁物的购买】出租人根据承租人对出卖人、租赁物的选择订立的买卖合同，出卖人应当按照约定向承租人交付标的物，承租人享有与受领标的物有关的买受人的权利。

第七百四十条　【租赁物的购买】出卖人违反向承租人交付标的物的义务，有下列情形之一的，承租人可以拒绝受领出卖人向其交付的标的物：

（一）标的物严重不符合约定；

（二）未按照约定交付标的物，经承租人或者出租人催告后在合理期限内仍未交付。

承租人拒绝受领标的物的，应当及时通知出租人。

第七百四十一条　【承租人索赔权】出租人、出卖人、承租人可以约定，出卖人不履行买卖合同义务的，由承租人行使索赔的权利。承租人行使索赔权利的，出租人应当协助。

第七百四十二条　【承租人索赔权】承租人对出卖人行使索赔权利，不影响其履行支付租金的义务。但是，承租人依赖出租人的技能确定租赁物或者出租人干预选择租赁物的，承租人可以请求减免相应租金。

第七百四十三条　【承租人索赔权】出租人有下列情形之一，致使承租人对出卖人行使索赔权利失败的，承租人有权请求出租人承担相应的责任：

（一）明知租赁物有质量瑕疵而不告知承租人；

（二）承租人行使索赔权利时，未及时提供必要协助。

出租人怠于行使只能由其对出卖人行使的索赔权利，造成承租人损失的，承租人有权请求出租人承担赔偿责任。

第七百四十四条　【租赁物买卖的变更】出租人根据承租人对出卖人、租赁物的选择订立的买卖合同，未经承租人同意，出租人不得变更与承租人有关的合同内容。

第七百四十五条　【租赁物的所有权】出租人对租赁物享有的所有权，未经登记，不得对抗善意第三人。

典型案例

1. 中国农业银行天津市静海支行城关营业所诉天津瀛海集团公司等融资租赁合同纠纷案

［案例来源：天津市高级人民法院民事判决书，《人民法院案例选》2001 年第 3 辑，第 209－216 页］

1992 年 8 月，被告瀛海公司下属的兴华厂与第三人中国银行天津市分行所属的中国银行天津国际信托资讯公司签订融资租赁合同，由信托公司向兴华厂提供 248 万元的融资租赁资金，用于兴华厂购买设备；租赁期内，兴华厂除非征得信托公司书面同意，不得转让、转租、抵押租赁物给第三者；租赁期满，兴华厂应向信托公司交付租金完毕并支付设备残值 74 000 元。

兴华厂欠原告农业银行城关营业所本息 262 万元。双方签订最高抵押额抵押借款合同一份，同日办理了抵押登记，抵押物为兴华厂设备 9 台。1998 年 7 月，抵押登记期间，原告以“借新换旧”向兴华厂放贷 262 万元，期限 6 个月，并以登记抵押物设定抵押担保。上述合同签订时，兴华厂未将抵押物的权属状况告知原告，原告对于部分抵押物属于第三人并不知晓。

1998 年 9 月，被告瀛海公司在未征求原告意见的情况下与被告天津市静海县静海镇三街村民委员会（以下简称静海三街村委会）签订协议书，用兴华厂的厂房、设备作价1381万余元抵偿静海三街村委会的部分土地使用费。

1998年11月，兴华厂办理注销登记，在申请书中载明“债权债务由瀛海公司负责承担”。原告诉请被告瀛海公司、静海三街村委会停止侵害抵押权，瀛海公司立即偿还所欠贷款本息。

天津高院认为，兴华厂明知设备是第三人的，兴华厂在未征得第三人同意的情况下，擅自将设备抵押给原告，侵犯了第三人的财产权，造成的第三人的损失，应该由被告瀛海公司承担。

签订抵押合同时，兴华厂有义务将抵押物的权属状况告知原告，但是该厂却隐瞒事实。被告瀛海公司又以此为由主张抵押合同无效，违背诚实信用原则，为恶意。基于融资租赁合同，该批抵押设备作为动产事实上是由兴华厂占有和使用，购买设备的发票也是兴华厂开具和持有的，且设备上也没有属于第三人的任何标识。原告没有理由不相信该批设备不属于兴华厂所有，原告无订约过错，其抵押权属于善意取得，且办理了抵押登记，应予保护。

被告瀛海公司在未征得原告同意的情况下，和被告静海三街村委会签订协议，将抵押物用于抵偿债务，侵害了原告的抵押权。虽然被告瀛海公司和被告静海镇三街村委会已办理了交接手续，但是不能对抗原告的抵押权。原告仍对抵押物享有抵押权。被告静海镇三街村委会的损失可以向被告天津瀛海集团公司追偿。

第七百四十六条　【租金的确定】融资租赁合同的租金，除当事人另有约定外，应当根据购买租赁物的大部分或者全部成本以及出租人的合理利润确定。

第七百四十七条　【租赁物的瑕疵担保责任】租赁物不符合约定或者不符合使用目的的，出租人不承担责任。但是，承租人依赖出租人的技能确定租赁物或者出租人干预选择租赁物的除外。

第七百四十八条　【租赁物的占有和使用】出租人应当保证承租人对租赁物的占有和使用。

出租人有下列情形之一的，承租人有权请求其赔偿损失：

（一）无正当理由收回租赁物；

（二）无正当理由妨碍、干扰承租人对租赁物的占有和使用；

（三）因出租人的原因致使第三人对租赁物主张权利；

（四）不当影响承租人对租赁物占有和使用的其他情形。

第七百四十九条 【租赁物造成侵权的责任承担】承租人占有租赁物期间，租赁物造成第三人人身损害或者财产损失的，出租人不承担责任。

第七百五十条 【租赁物的保管、使用与维修】承租人应当妥善保管、使用租赁物。

承租人应当履行占有租赁物期间的维修义务。

第七百五十一条 【风险负担】承租人占有租赁物期间，租赁物毁损、灭失的，出租人有权请求承租人继续支付租金，但是法律另有规定或者当事人另有约定的除外。

第七百五十二条 【支付租金】承租人应当按照约定支付租金。承租人经催告后在合理期限内仍不支付租金的，出租人可以请求支付全部租金；也可以解除合同，收回租赁物。

典型案例

2. 中信富通融资租赁有限公司诉杭州众意纸业有限公司、江苏隆亨纸业有限公司等融资租赁合同纠纷案

［案例来源：天津市高级人民法院（2015）津高民二终字第0070号民事判决书，《人民法院案例选》2016年第1辑，第170－179页；《人民法院案例选》2016年第7辑，第152－161页］

2012年12月，原告中信富通公司与被告隆亨公司、众意公司签订《融资租赁合同》，约定隆亨公司、众意公司以筹措资金为目的，以回租方式向中信富通公司转让租赁物，中信富通公司将受让租赁物出租给隆亨公司、众意公司使用，租赁本金5800万元，利率约10%，名义货价1.17万元。如隆亨公司、众意公司在租赁期间未能按时足额支付任何一期租金或其他应付款项，中信富通公司有权提前终止合同，并要求隆亨公司、众意公司立即付清全部租金、滞纳金、违约金及一切其他应付款项。名义货价应于最后一期租金一并支付。

2014年6月至今，隆亨公司、众意公司未按约支付租金。原告诉请被告隆亨公司、被告众意公司支付融资租赁租金3969万余元、滞纳金若干、名义货价人民币1.17万元。2014年9月，浙江省富阳市人民法院裁定受理众意公司因不能清偿到期债务且资不抵债而向法院提出的重整申请。

天津高院二审认为，《融资租赁合同》中明确约定如隆亨公司、众意公司在租赁期间未能按时足额支付合同项下任何一期租金或其他应付款项时，中信富通公司有权提前终止合同，并要求隆亨公司、众意公司立即付清全部租金、滞纳金、违约金及一切其他应付款项。隆亨公司、众意公司未按约支付租金，中信富通公司提起诉讼要求其付清全部租金及名义货价，符合合同约定和法律规定。

对于众意公司管理人依据《企业破产法》第 18 条行使合同解除权的主张，法院认为，破产管理人享有的法定解除权仅适用于受理破产申请后，管理人对破产申请受理前成立而债务人和对方当事人均未履行完毕的合同有权决定解除。在融资租赁合同中，出租人负有支付租赁物购买价款、将租赁物交付承租人使用的积极义务并承担保证承租人在租赁期间对租赁物占有、使用的消极义务。出租人就其中的积极义务履行完毕，即实现了签订融资租赁合同的实质性目的，应认定出租人就融资租赁合同已履行完毕。

另外，是否支持承租人管理人行使合同解除权，除需要考量是否有利于破产财产价值最大化和恢复其偿债能力之外，还应兼顾融资租赁合同中出租人的利益。中信富通公司与隆亨公司、众意公司签订的是售后回租式融资租赁合同，租赁物原本就归隆亨公司所有，中信富通公司签订融资租赁合同的主要目的是收取租金，并非收回租赁物。中信富通公司依约支付完转让价款即视为将租赁物交付给隆亨公司、众意公司使用，中信富通公司就融资租赁合同的主要义务已经履行完毕。在隆亨公司、众意公司未按期支付租金，中信富通公司在先提起诉讼要求隆亨公司、众意公司支付全部租金的情况下，众意公司再依据《企业破产法》第 18 条就融资租赁合同行使解除权缺乏依据。此外，对众意公司管理人行使解除权的主张不予支持，不会导致破产财产绝对价值的减少，并且有利于平衡中信富通公司与众意公司其他债权人的利益。

第七百五十三条　【无权处分时的解除权】承租人未经出租人同意，将租赁物转让、抵押、质押、投资入股或者以其他方式处分的，出租人可以解除融资租赁合同。

第七百五十四条　【法定解除权】有下列情形之一的，出租人或者承租人可以解除融资租赁合同：

（一）出租人与出卖人订立的买卖合同解除、被确认无效或者被撤销，且未能重新订立买卖合同；

（二）租赁物因不可归责于当事人的原因毁损、灭失，且不能修复或者确定替代物；

（三）因出卖人的原因致使融资租赁合同的目的不能实现。

第七百五十五条 【合同解除的法律效果】融资租赁合同因买卖合同解除、被确认无效或者被撤销而解除,出卖人、租赁物系由承租人选择的,出租人有权请求承租人赔偿相应损失;但是,因出租人原因致使买卖合同解除、被确认无效或者被撤销的除外。

出租人的损失已经在买卖合同解除、被确认无效或者被撤销时获得赔偿的,承租人不再承担相应的赔偿责任。

第七百五十六条 【合同解除的法律效果】融资租赁合同因租赁物交付承租人后意外毁损、灭失等不可归责于当事人的原因解除的,出租人可以请求承租人按照租赁物折旧情况给予补偿。

第七百五十七条 【租赁物的归属】出租人和承租人可以约定租赁期限届满租赁物的归属;对租赁物的归属没有约定或者约定不明确,依据本法第五百一十条的规定仍不能确定的,租赁物的所有权归出租人。

第七百五十八条 【租赁物的价值补偿】当事人约定租赁期限届满租赁物归承租人所有,承租人已经支付大部分租金,但是无力支付剩余租金,出租人因此解除合同收回租赁物,收回的租赁物的价值超过承租人欠付的租金以及其他费用的,承租人可以请求相应返还。

当事人约定租赁期限届满租赁物归出租人所有,因租赁物毁损、灭失或者附合、混合于他物致使承租人不能返还的,出租人有权请求承租人给予合理补偿。

第七百五十九条 【租赁物的归属】当事人约定租赁期限届满,承租人仅需向出租人支付象征性价款的,视为约定的租金义务履行完毕后租赁物的所有权归承租人。

第七百六十条 【租赁物的归属】融资租赁合同无效,当事人就该情形下租赁物的归属有约定的,按照其约定;没有约定或者约定不明确的,租赁物应当返还出租人。但是,因承租人原因致使合同无效,出租人不请求返还或者返还后会显著降低租赁物效用的,租赁物的所有权归承租人,由承租人给予出租人合理补偿。

第十六章　保 理 合 同

第七百六十一条　【保理合同】保理合同是应收账款债权人将现有的或者将有的应收账款转让给保理人，保理人提供资金融通、应收账款管理或者催收、应收账款债务人付款担保等服务的合同。

第七百六十二条　【保理合同的内容与形式】保理合同的内容一般包括业务类型、服务范围、服务期限、基础交易合同情况、应收账款信息、保理融资款或者服务报酬及其支付方式等条款。

保理合同应当采用书面形式。

第七百六十三条　【虚构应收账款】应收账款债权人与债务人虚构应收账款作为转让标的，与保理人订立保理合同的，应收账款债务人不得以应收账款不存在为由对抗保理人，但是保理人明知虚构的除外。

典型案例

1. 新韩银行株式会社诉宝罗电子（天津）有限公司债权转让纠纷案

［案例来源：天津市高级人民法院（2013）津高民四终字第59号民事判决书，《中国审判案例要览（2014年商事审判案例卷）》，第13－21页］

2009年12月，被告宝罗公司与Optics公司发生一笔国际货物买卖，宝罗公司向Optics公司购买了价值7万余美元的器材，Optics公司当日开具等额商业发票。2009年12月、2010年3月，宝罗公司向Optics公司支付了279万余美元，其中涉及宝罗公司与Optics公司之间12笔交易的货款。2010年3月，Optics公司于将包括本案在内的、与宝罗公司发生的34笔应收账款共计255万余美元债权全部转让给原告新韩银行。5月7日，Optics公司向宝罗公司发出应收账款转让通知书。宝罗公司承认已经收到该通知，但未向新韩银行支付货款亦未作出回复。原告诉请被告清偿7万余美元的器材欠款。

天津一中院一审认为，原告受让债权的有效存在，是债权转让合同成立的基本前提。Optics公司在与原告签订债权转让合同前，Optics公司没有得到债务人宝罗公司对所转让债权的确认。对此潜在的债权转让风险，原告没有给予充分的注意。被告于2009年12月、2010年3月向Optics公司支付了279万余美元，其中涉及被告宝罗公司与Optics公司之间12笔交易的货款已经清偿完毕的情节可以证明，Optics公司转让给原告新韩银行的应收账款并非确定有效的债权。因此，原告新韩银行应当对涉案债权的有效存在承担举证责任。

天津高院二审进一步指出，宝罗公司于已向Optics公司付款共计279万余美元。虽然宝罗公司未按约定的时间履行付款义务，但其确已足额支付协议项下的款项。新韩银行受让Optics公司的债权时，Optics公司所享有的债权已受清偿，因此宝罗公司对新韩银行所主张的涉案债权不再负有偿还义务。

第七百六十四条 【应收账款转让通知】保理人向应收账款债务人发出应收账款转让通知的，应当表明保理人身份并附有必要凭证。

第七百六十五条 【基础交易合同的变动】应收账款债务人接到应收账款转让通知后，应收账款债权人与债务人无正当理由协商变更或者终止基础交易合同，对保理人产生不利影响的，对保理人不发生效力。

第七百六十六条 【有追索权保理】当事人约定有追索权保理的，保理人可以向应收账款债权人主张返还保理融资款本息或者回购应收账款债权，也可以向应收账款债务人主张应收账款债权。保理人向应收账款债务人主张应收账款债权，在扣除保理融资款本息和相关费用后有剩余的，剩余部分应当返还给应收账款债权人。

第七百六十七条 【无追索权保理】当事人约定无追索权保理的，保理人应当向应收账款债务人主张应收账款债权，保理人取得超过保理融资款本息和相关费用的部分，无需向应收账款债权人返还。

典型案例

2. 中国工商银行股份有限公司乌拉特后旗支行诉内蒙古乌拉特后旗宏泰化工有限责任公司保理合同纠纷案

［案例来源：内蒙古自治区高级人民法院（2011）内民二终字第30号民事判决书，《人民法院案例选》2012年第3辑，第264－269页］

2009年12月14日，原告工行乌后旗支行（甲方）与被告宏泰公司（乙方）签订有追索权的《国内保理业务合同》，约定将内蒙古临海化工股份有限公司（以下简称临海公司）欠被告宏泰公司的应收账款512万余元转让给工行乌后旗支行，工行乌后旗支行给付宏泰公司总额为人民币400万元的保理融资。保理合同约定,“有追索权保理业务:指乙方将其因向购货方销售商品、提供服务或其他原因所产生的应收账款转让给甲方,由甲方为乙方提供应收账款融资及相关的综合性金融服务,若购货方在约定期限内不能足额偿付应收账款,甲方有权按照本合同约定向乙方追索未偿融资款”。被告宏泰公司对保理合同项下的融资承担偿还责任或对未偿还应收账款部分承担回购义务。

2009年12月,原告与被告宏泰公司共同向被告临海公司发出《应收账款债权转让通知书》。原告分两笔支付被告宏泰公司保理融资款400万元。被告宏泰公司未能偿付全部到期融资款。原告诉请二被告偿还原告400万元及利息。

内蒙古巴彦淖尔中院认为,按照合同约定,宏泰公司对原告未按时受偿的应收账款债权承担回购责任,原告对宏泰公司亦享有直接的追索权。法院判决临海公司偿还工行乌后旗支行尚未受偿的应收账款399万余元;宏泰公司对临海公司所承担的上述债务不履行部分承担回购责任。

宏泰公司不服,提出上诉。宏泰公司诉称:本案名为保理合同实为债权转让合同,国内保理业务是违反法律规定的业务,无法可依;合同约定要求宏泰公司承担回购责任的追索权条款,实为霸王性的格式条款,应为无效。

内蒙古高院二审认为,保理合同的基础之一是宏泰公司与临海公司之间形成的应收账款,这在双方所签订的保理合同开篇即有明确的约定,即宏泰公司作为销货方以其与购货方之间形成的应收账款,向工行乌后旗支行申请办理有追索权国内保理业务,而根据此前形成的应收账款转让清单等文件,购货方即为临海公司。该应收账款转让清单,为保理合同附件的一部分,与保理合同具有同等法律效力,构成完整的保理合同项下的双方权利义务内容。此外,应收账款债权转让通知书、应收账款确认书、应收账款付款承诺书,均系保理合同关系建立的前提条件。宏泰公司将完整的法律关系割裂开来,认为本案属于债权转让合同不符合保理合同形成的实际情况。

保理合同对有追索权的国内保理业务合同项下,宏泰公司承担回购责任的条件方式、程序以及合同双方各自的具体权利义务等均作了明确的约定,不存在宏泰公司上诉所称的霸王合同条款情形。宏泰公司认为存在无效条款的理由不能成立。宏泰公司负担回购义务后,依合同其即取得与之对应的对临海公司的应收账款债权,临海公司与工行乌后旗支行的对应偿还责任免除。

第七百六十八条 【一款多保】应收账款债权人就同一应收账款订立多个保理合同,致使多个保理人主张权利的,已经登记的先于未登记的取得应收账款;均已经登记的,按照登记时间的先后顺序取得应收账款;均未登记的,由最先到达应收账款债务人的转让通知中载明的保理人取得应收账款;既未登记也未通知的,按照保理融资款或者服务报酬的比例取得应收账款。

第七百六十九条 【法律适用】本章没有规定的,适用本编第六章债权转让的有关规定。

第十七章　承 揽 合 同

第七百七十条　【承揽合同】承揽合同是承揽人按照定作人的要求完成工作，交付工作成果，定作人支付报酬的合同。

承揽包括加工、定作、修理、复制、测试、检验等工作。

典型案例

1. 王某诉上海井胜通讯技术有限公司劳动合同纠纷案

［案例来源：上海市第二中级人民法院（2009）民一（民）终字第1774号民事判决书，《人民法院案例选》2010年第2辑，第54－61页］

2003年2月，原告王某与被告井胜公司签订《临时租车协议》，约定：原告将其车辆包租给被告使用，被告每月支付给原告费用6100元（含租车、汽油、司机劳务、午餐补贴等费用），其他费用由原告承担；被告用车期间，原告应服从被告的调配，积极配合被告完成任务；加班按200元/天结算（半天100元）。2005年6月、2006年1月双方又两次签订《临时租车协议》。后双方未签订任何协议，但仍按照原《临时租车协议》、补充协议、承包用车合同约定的权利义务履行直至2008年7月。

2008年2月，井胜公司曾为王某出具收入证明。后为缴纳社会保险费事宜双方发生争议，王某又向上海市闸北区劳动争议仲裁委员会申请仲裁。仲裁委员会以王某的请求不属于受理范围为由，作出不予受理的决定。王某诉请井胜公司支付原告自2008年2月至2008年7月未签订劳动合同的双倍工资，并支付原告违法解除劳动合同的双倍赔偿金。

上海闸北法院认为，协议约定的费用中包含了司机劳务，王某作为司机所获取的收入可以认定为井胜公司直接向王某支付的劳动报酬。同时，王某持有井胜公司办公地港陆广场的出入证，证件上单位名称是井胜公司，双方签订的合同约定了工作时间、加班管理等方面内容，从而证明王某完全接受井胜公司的管理并以井胜公司员工的身份进行工作。

被告主张双方为承揽合同关系，但承揽合同中承揽的工作要有一定的物质形态成果,承揽的定作物具有特定表现,这在本案中均不具备。王某、井胜公司之间形成劳动关系。2006 年 6 月至 2008 年 7 月双方未签订过劳动合同,但事实上仍按原来的协议履行,属于事实上的劳动关系,双方均可以提出解除。被告无须支付原告违法解除劳动合同的双倍赔偿金,但应支付 2008 年 2 月至 7 月未签订书面劳动合同的双倍工资。

上海二中院二审则认为,从订立协议之宗旨及条文设定看,双方对于租赁车辆为协议主要目的意思表示明确、真实。在履行协议过程中,王某自行承担车辆的保养、维修、保险等车辆本身产生的费用以及车辆运营过程中产生的风险责任。王某在约定的时间内为井胜公司完成路测即可,超出约定的时间则井胜公司另行支付费用。上下班接送员工,井胜公司亦另行支付费用,这与劳动关系取得报酬的特征不符。从井胜公司支付给王某费用的内容看,不能认定井胜公司直接向王某支付了劳动报酬,且公司发放工资名册中亦无王某的名字。另外,井胜公司不对王某进行考核管理,王某亦不受井胜公司规章制度的约束,双方关系不具有人身依附、行政隶属等劳动关系的特征。王某独立承担经营风险,付出的劳务只是其承揽提供的车辆服务的一个组成部分,并未形成职业性的从属关系。据此,法院改判驳回原告诉讼请求。

2. 王忠欢诉许光大承揽合同纠纷案

[案例来源:浙江省诸暨市人民法院(2009)绍诸民初字第 82 号民事判决书,《中国审判案例要览(2010 年民事审判案例卷)》,第 204 – 208 页]

原告王忠欢(电机修理人员)开办有修理门市部。被告许光大因电动机无法工作,叫原告帮忙修理,原告在检修电动机时被旁边的一台正常运转的电动机轧伤右手手指。原告受伤后住院 14 天,花去医疗费若干。原告之伤经鉴定为九级伤残。原告诉请被告赔偿医疗费等经济损失。

浙江诸暨法院认为,原告本身是以通过为他人修理电机而收取修理费为目的,故一般情况下,原告的行为系典型的加工承揽关系。原告现主张系无偿帮工关系,应具有足以使人信服的理由。本案确定为承揽关系更符合当事人之间的实际情况。

被告许光大作为一名普通自然人,无必要,也无资格去审查原告开办门市部的手续是否齐全。原告以自己违反行政法规的行为要求他人对此承担民事责任,无事实和法律依据,且有违诚信原则。被告不应以选任过失为由承担责任。

原告主张本起事故的发生原因是被告没有将全部电动机电源切断,且未告知原告。本案被告在未切断邻近待修电动机电源的情况下,将存在严重安全隐患的电动机交由原告修理,致使事故发生,存在定作、指示过失,应承担相应的民事责任。

但原告作为专业修理人员,应当知道危险性且未注意修理安全是发生损害事故的直接原因,较被告的定作、指示过失更为严重,故确定由被告许光大承担30%的赔偿责任,由原告自负70%的责任。

第七百七十一条 【承揽合同的内容】承揽合同的内容一般包括承揽的标的、数量、质量、报酬,承揽方式,材料的提供,履行期限,验收标准和方法等条款。

典型案例

3. HLT INTERNATIONAL PTE LTD 诉丁海平、宁波市奥源进出口有限公司承揽合同纠纷案

[案例来源:浙江省宁波市北仑区人民法院(2011)甬仑商外初字第85号民事判决书,《人民法院案例选》2014年第1辑,第249－253页]

原告HLT INTERNATIONAL PTE LTD通过电子邮件委托被告丁海平加工不同规格的十字扳手共6000件和L扳手400件,被告丁海平接受了原告上述委托,并催原告付款。原告后通过电子邮件向被告丁海平强调了十字扳手的直径为16.3毫米,被告丁海平未提出异议。原告收到被告丁海平交付的样品,其中L扳手勉强达到原告的要求,但十字扳手的直径只有15.5毫米,达不到订单中的要求。原告诉请被告丁海平返还定金25 362元,加倍赔偿损失25 362元。被告奥源公司为被告丁海平代收款,原告诉请其承担连带责任。

浙江宁波北仑法院认为,原告与被告丁海平已就十字扳手等产品的数量、规格、价款等达成了一致的意思表示,承揽关系依法成立有效。被告丁海平却在承诺之后又明确告知原告其无法生产16.3毫米的十字扳手,故原告有权诉请被告丁海平返还其已交付的款项25 362元(3850.80美元)。

原告称主张该损失的依据系适用定金罚则,即3850.80美元的性质系定金。被告丁海平则认为该款项并非定金,而是预付款。双方往来电子邮件中并未明确该款项性质,被告丁海平提交的形式发票中有关于“30% payment for goods down payment”的记载,但“down payment”一词究竟译为定金还是预付款双方存在争议。后双方一致同意根据《牛津英汉双解商务英语词典》确认该词应有的译项,该词典中该词语的汉语译项为“定金;首付款”。由此,不能表明双方明确约定了该款项的性质为定金。法院判决被告返还原告预付款25 362元。

第七百七十二条 【主要工作的完成】承揽人应当以自己的设备、技术和劳力，完成主要工作，但是当事人另有约定的除外。

承揽人将其承揽的主要工作交由第三人完成的，应当就该第三人完成的工作成果向定作人负责；未经定作人同意的，定作人也可以解除合同。

第七百七十三条 【辅助工作的完成】承揽人可以将其承揽的辅助工作交由第三人完成。承揽人将其承揽的辅助工作交由第三人完成的，应当就该第三人完成的工作成果向定作人负责。

典型案例

4. 科达印刷厂诉张建林承揽合同纠纷案

［案例来源：云南省玉溪市中级人民法院民事判决书，《人民法院案例选》2002年第4辑，第231－236页］

1999年6月，被告张建林和无《商标印制单位证书》的原告科达印刷厂约定，由原告为被告印制酱油的商标标识。原告承揽了被告的业务后，自行委托给了有印制商标证书的通海县大发彩印厂实际印制。原告后将印制好商标标识交付给被告。被告尚欠6000元货款未支付。被告的酱油后因无厂名及生产日期被行政处罚。原告诉请被告返还货款6000元及利息。

云南玉溪江川法院一审判决被告支付原告货款6000元及利息。云南玉溪中院二审认为，科达印刷厂无商标印制的资格，其非法承揽张建林委托，印制商标标识，违反了我国关于商标印制的法律、法规规定，其行为无效，不受法律保护。科达印刷厂在承揽了张建林商标印制的委托后，又转委托给通海县大发彩印厂印制该两种商标，虽然通海县大发彩印厂具有商标印制资格，但科达印刷厂无委托印制商标的资格，该转委托行为仍属违法行为，不受法律保护。法院改判驳回科达印刷厂的起诉。

第七百七十四条 【承揽人提供材料】承揽人提供材料的，应当按照约定选用材料，并接受定作人检验。

第七百七十五条 【定作人提供材料】定作人提供材料的，应当按照约定提供材料。承揽人对定作人提供的材料应当及时检验，发现不符合约定时，应当及时通知定作人更换、补齐或者采取其他补救措施。

承揽人不得擅自更换定作人提供的材料，不得更换不需要修理的零部件。

第七百七十六条　【承揽人的通知义务】承揽人发现定作人提供的图纸或者技术要求不合理的，应当及时通知定作人。因定作人怠于答复等原因造成承揽人损失的，应当赔偿损失。

第七百七十七条　【中途变更承揽工作】定作人中途变更承揽工作的要求，造成承揽人损失的，应当赔偿损失。

第七百七十八条　【定作人的协助义务】承揽工作需要定作人协助的，定作人有协助的义务。定作人不履行协助义务致使承揽工作不能完成的，承揽人可以催告定作人在合理期限内履行义务，并可以顺延履行期限；定作人逾期不履行的，承揽人可以解除合同。

第七百七十九条　【监督检验】承揽人在工作期间，应当接受定作人必要的监督检验。定作人不得因监督检验妨碍承揽人的正常工作。

第七百八十条　【成果交付与验收】承揽人完成工作的，应当向定作人交付工作成果，并提交必要的技术资料和有关质量证明。定作人应当验收该工作成果。

典型案例

5. 三一重工股份有限公司诉上海芙蓉房地产开发有限公司承揽合同纠纷案

［案例来源：湖南省高级人民法院民事判决书，《人民法院案例选》2004 年商事·知识产权专辑，第 122－128 页］

1999 年 2 月，原告三一重工和被告芙蓉公司签订《立体停车设备与房屋置换合同》，约定：被告同意购置原告的立体车库，原告同意被告以房产作价支抵设备款。设备完成后，原告应及时通知被告验收，双方共同组织上海有关部门完成设备验收，原告保证在 1 个月内验收合格，费用由原告承担。对于被告置换的房产，原告应补偿价格差 17.6 万元作为定金。

合同签订后，原告支付定金 17.6 万元，并按约定将停车设备安装、调试。同年 9 月 16 日，经湖南大厦工程部委托，上海市劳动保护检测站对车位检测，检验合格。被告未将房产交付给原告（房产已被上海二中院冻结），亦未支付原告相应货款。原告诉请被告支付货款，双倍返还定金。被告（反诉原告）反诉称，原告（反诉被告）至今未通过上海市技术监督局、上海市交警总队验收及被告的最终验收，应赔偿未按期交付合格车库而造成的损失和违约金。

根据上海市巡警总队有关建筑工程验收的规定，上海市建筑项目审批应由建设方即被告送审。湖南长沙中院一审认为，原告已经安装并调试了设备，并经上海市劳动保护检测站对车位检测，检验合格，应视为通过了“上海市有关部门”的验收。被告未履行付款义务，构成违约。被告提出方案未通过交警队认可和被告认可，但该审批应由被告送审，被告怠于行使其验收权且未提出质量异议，应视为原告已经履行了合同约定的义务。法院判决被告支付货款，双倍返还定金。

湖南高院二审认为，芙蓉公司和三一重工在履行合同及补充协议时均存在一定的过错和责任，双方的责任冲抵后，芙蓉公司应当将定金返还给三一重工，但无须双倍返还。

第七百八十一条 【质量争议的责任承担】承揽人交付的工作成果不符合质量要求的，定作人可以合理选择请求承揽人承担修理、重作、减少报酬、赔偿损失等违约责任。

典型案例

6. 朱晓安诉北京恩爱思高尔夫用品有限公司定作合同纠纷案

［案例来源：北京市朝阳区人民法院(2010)朝民初字第14162号民事判决书，《人民法院案例选》2011年第3辑，第145－148页］

原告朱晓安向被告恩爱思公司定制高尔夫球杆一套，价款为3.8万元。在协商过程中，原告未对球杆型号及具体数据提出特别要求，也未专门提示被告要根据其身高情况适当加长球杆尺寸，而是要求被告按照原告的情况去做。被告在询问了原告的身高、年龄及之前使用球杆的型号后，根据原告的陈述及公司的经验，确定了原告应当使用球杆的相关数据并进行制作。后原告陆续向被告付款3万元，被告也向原告交付了13支球杆。后原告在使用上述球杆过程中发现，由于定作球杆长度过短，故其击球水平受到影响。

原告诉请解除双方口头订立的高尔夫球杆买卖合同，由被告返还已支付的3万元款项。被告(反诉原告)反诉诉请原告(反诉被告)支付余款。

北京朝阳法院认为，定作合同属于承揽合同，制作人应当向定作人交付符合定作人要求或需要的劳动成果。恩爱思公司在为朱晓安制作球杆时，未采取任何科学技术手段对影响球杆使用效果的数据进行测量，仅凭公司经验进行判断，存在一定履约瑕疵。由于恩爱思公司未要求定作人在球杆数据上签字确认，导致现有证据不足以证明恩爱思公司交付的高尔夫球杆符合了定作人的需要和要求，因此认定恩爱思公司未全面履行合同义务，已经构成违约。结合案件的具体情况，双方之间针对定作产品已不存在修理、重作或更换的基础。法院判决解除双方定作合同，由恩爱思公司为朱晓安办理退货。同时考虑到朱晓安已实际使用了定制的球杆，法院判令恩爱思公司返还部分货款。

7. 北京捷保联创翻译有限公司诉天津盛龙数码科技有限公司承揽合同纠纷案

[案例来源:天津市第二中级人民法院(2011)二中民二终字第264号民事判决书,《中国审判案例要览(2012年商事审判案例卷)》,第469-477页]

2009年12月,原告捷保联创公司与被告天津盛龙公司于27日签订《项目翻译合同》,约定:由原告为被告翻译稿件,日语译汉语(Word版本)每千字100元,预估字数40 000,合计金额为4000元;后期以实际发生字数为准,预付款1000元;翻译费每次稿件结束后7日内结算,2010年1月2日前必须全部完成;被告如认为所接收的译文有缺陷,应在确认期(5个工作日)内通知原告。

2010年1月12日,原告交齐翻译成果,实际翻译字数为原告主张的281 370字。原告诉请被告支付翻译款项。被告反诉原告翻译作品存在大量质量问题,导致与案外人的合同无法继续履行,诉请原告赔偿损失4万元。

天津河东法院一审认为,合同约定的质量异议期为5个工作日。被告确认于2010年1月12日收齐原告翻译的所有文件,质量异议期的最后期限为1月19日,被告未举证证明其在此期限前通知原告翻译成果存在缺陷。被告于2010年4月8日向原告支付5000元。综上,视为被告认可翻译成果的质量。

由于原告未能举证证实双方已对交付时间进行变更一事,法院认定其存在交付迟延的行为。对原告称稿件字数预估过少为重大误解,法院认为,原告为长期从事翻译工作的专业翻译公司,其主张的原文稿件不是Word文档,无法估计字数,因而出现合同预估翻译量与实际翻译量的巨大差距的说法不能令人信服。且原告的法定代表人2009年12月27日接收部分原文稿件,进行初步审查后,就已经发现这个问题,而后又与被告签订合同。原告明知实际翻译字数与预计字数有巨大差异,仍签订并履行合同,故不能认定为重大误解。

被告(反诉原告)与案外人胜兴家具公司签订了标的额为4万元的翻译合同,其后案外人对于被告履行该合同不满而终止合作。被告(反诉原告)要求原告(反诉被告)赔偿4万元损失。法院认为,虽然以上事实并不能得出被告因此损失4万元报酬的事实存在,但被告不能与案外人继续合作的事实确实存在,这必将导致被告一部分可期待利益的损失,应由原告酌情予以赔偿。

原告依约完成了翻译任务,被告应当依约支付报酬。但原告虽然完成了翻译任务,却出现了迟延履行的违约行为,被告因此被案外人终止了相关合作,产生可期待利益的损失,被告要求原告赔偿损失的反诉请求,也应予酌情予以支持。

被告关于完成的翻译成果存在质量瑕疵的抗辩理由和反诉请求,由于超过约定的质量异议期限,视为原告完成的成果符合质量要求,法院不予支持。但是原告翻译的文件中确实存在翻译的语句有拗口、蹩脚和不通顺、错字等问题，原告的翻译人员的翻译能力有所差强，虽然被告的质量抗辩超过异议期，而不能以此来支持其抗辩要求，但是从商事行为讲求诚信的角度讲，法院对于商事行为中的不诚信行为应当给予否定的态度。法院判决由被告再支付原告翻译报酬9000元。天津二中院二审维持原判。

8. 吉林冶金设备厂诉烟台冶金研究所承揽合同纠纷案

［案例来源：最高人民法院(2002)民二提字第16号民事判决书，《最高人民法院公报》2004年卷，第226－230页］

被告烟台冶金所与原告吉林设备厂先后签订了预氧化炉和沥青碳纤维碳化炉制造合同。预氧化炉制造合同约定：被告提供制造图纸三套，负责公共设施的配套，提供设备调试大纲并参加局部调试；原告负责预氧化炉的加工、制造，负责解决预氧化炉加工制造中的技术问题，参加预氧化炉的调试。1988年9月底应完成全套预氧化炉的制造，总加工制造费为35万元。两份合同签订后，被告向原告支付了23万余元加工费。

因原材料涨价等因素，双方签订了《补充协议》，约定将预氧化炉由原造价35万元上调到65万元，沥青碳纤维碳化炉由原造价42万元上调到122万元。两台设备的交货期推迟到1989年3月底和5月底；如设备拖期交货，被告将在未付款额中按每拖延一天2000元，扣除设备拖延费。

该补充协议被告签字盖章后，在由原告带回吉林签字盖章时，原告将补充协议第2条中"其余款项待设备在安装调试合格后一次付清"的内容变更为"设备到货后，付全部货款的90%，安装调试合格后全部付清"，将交货期限变更为1989年4月底和6月底，将第3条第3款变更为如设备拖期交货发运，被告在未付款额中按拖延一天500元，扣除设备拖延费，并将补充协议签字盖章后寄给被告。烟台冶金所收到修改后的补充协议后，没有提出书面异议。

原告最终交付设备的时间为氧化炉1989年8月，碳化炉1990年6月。1991年7月10日，双方签订了一份《调试及付款协议》，约定在被告支付2万元后，由原告派人完成调试。在被告实际支付了2万元后，原告派人对设备进行调试，但是没有办理验收手续。预氧化炉和碳化炉也未试产。1992年11月，被告向原告表示，承认尚欠设备款53万余元。当原告吉林设备厂索要余款时，被告烟台冶金所以原告吉林设备厂逾期交货、设备质量不合格为由拒付。

吉林中院一审未考虑《补充协议》，判决被告给付原告加工设备款52万余元；逾期付款滞纳金24万余元。吉林高院二审维持原判。

吉林高院再审认为，因双方合作良好，故设备调试后没有办理验收手续。原审没有认定《补充协议》，是因为该协议在盖章过程中，吉林设备厂进行了单方修改，不是双方当事人的真实意思表示，因此无效；但在调整设备价格上无争议，应予尊重这一客观事实。一、二审法院对逾期交货未予认定不妥。法院对一、二审判决予以维持，并增加判决吉林设备厂给付烟台冶金所逾期付货违约金 28 785 元。

最高人民法院再审认为，双方经协商签订的《补充协议》，吉林设备厂在盖章过程中将部分条款作了修改后，寄回了烟台冶金所，烟台冶金所接受了修改后的《补充协议》，没有提出书面异议，因此亦应认定该补充协议有效。

按照合同约定，负责两台设备的安装调试是吉林设备厂的义务，虽然吉林设备厂对设备进行了多次调试，但是，双方没有办理设备验收手续，也没有其他证据证明其已将设备调试合格。烟台冶金所陆续支付设备款的行为不能证明设备已调试合格。由于吉林设备厂无法提供设备调试合格的证据，因此，应认定吉林设备厂向烟台冶金所交付的设备不合格。

吉林设备厂交付的预氧化炉逾期交货 35 天，碳化炉逾期交货 60 天，按照补充协议约定逾期交货一天，扣除设备费 500 元，双方应按照合同约定履行。吉林高院判处吉林设备厂给付烟台冶金所逾期交货违约金 28 785 元没有事实依据，应予纠正。《加工承揽合同条例》第 22 条“定作方的违约责任”第 5 款规定：超过合同规定的日期付款，应当比照中国人民银行有关延期付款的规定向承揽方偿付违约金，以酬金计算的，每逾期一天，按酬金总额的千分之一偿付违约金。

法院最终改判预氧化炉和碳化炉由烟台冶金所自行处理；吉林设备厂向烟台冶金所偿付不能交付合格设备的违约金 67 万余元；吉林设备厂偿付烟台冶金所逾期交货设备款 47 500 元；烟台冶金所向吉林设备厂支付设备欠款 52 万余元；烟台冶金所向吉林设备厂支付逾期付款违约金 32 万余元。

第七百八十二条　【支付报酬】定作人应当按照约定的期限支付报酬。对支付报酬的期限没有约定或者约定不明确，依据本法第五百一十条的规定仍不能确定的，定作人应当在承揽人交付工作成果时支付；工作成果部分交付的，定作人应当相应支付。

第七百八十三条　【承揽人的留置权】定作人未向承揽人支付报酬或者材料费等价款的，承揽人对完成的工作成果享有留置权或者有权拒绝交付，但是当事人另有约定的除外。

实务指引

你帮别人修理汽车，修理费用是人民币 3000 元，在车主支付修理费之前，你可以拒绝车主将汽车开走，哪怕这辆汽车价值1000万元。你的这个权利就叫“留置权”，规定留置权的目的是保障承揽人的权利。因为车主可能直接将车辆开走而拒绝支付修理费，那么你的维权成本会很高。但是，如果你和车主已经约定好了，车辆修好后10天再支付修理费，按照约定，车辆修好后，车主就可以直接将车辆开走，你无权直接留置车辆。

9. 南通金鼎印染色织集团有限公司诉深圳市深房保税贸易有限公司承揽合同纠纷案

［案例来源：江苏省南通市中级人民法院民事判决书，《人民法院案例选》2002年第3辑，第216－225页］

2000年5月10日，原告金鼎公司和被告深房公司签订承揽合同，由原告为被告加工被套和枕套，价款为49万余元，质量按部颁标准，定金到账后55天交货一半，之后的20天交清剩余的一半。5月19日，被告交付定金74 000元，后因被告客户方面的要求，被告多次电传变更交货期。原告于11月23日、12月20日两次电催，被告才于12月20日、21日汇款购买包装、辅料。12月30日，被告的客户到原告处看货，并提出整改的要求，要求改正后出货，但原告未签字认可。被告此后仍未到原告处验收出货。

原告再次电催无果，诉请被告继续履行合同，支付货款并赔偿损失。被告在审理中表示不再接受定作物后，原告变更诉请被告赔偿39万余元。

被告辩称原告未能在收到定金的55天及之后的20天分别发货，且其加工的货物质量不合格，导致外商拒收，严重违约。被告（反诉原告）反诉解除合同，由原告（反诉被告）返还双倍定金。

经鉴定，本案定作物符合国家标准规定的一等品技术要求。原告委托拍卖行对定作物拍卖，实得款43 900元。

江苏通州法院一审认为，由于被告未能及时确认面料和提供辅料，导致原告违约。原告产品经检验达到合同约定，且被告客户看货时所提要求明显高于合同约定要求，被告认为质量不合格，没有事实依据。由于原告多次要求被告履行合同未果，被告也表示不再履行合同，所以合同应予解除。法院判决双方合同解除，被告支付原告损失47万余元。

江苏南通中院二审认为，深房公司无正当理由拒收标的物，已构成违约，应承担违约责任，其交付的定金依法不予返还。

因承揽合同发生的债权，债务人不履行债务的，债权人有留置权。债权人与债务人未在合同中约定留置的，债权人留置财产后，应当确定两个月以上的期限，通知债务人在该期限内履行债务。债权人未按此规定通知债务人履行债务，直接变价处分留置物的，应当对此造成的损失承担赔偿责任，两个月以上的宽限期应从债权人行使留置权时起算。金鼎公司催促深房公司提货，不能认为有留置财物的意思表示。本案中的宽限期应从金鼎公司向深房公司发出拍卖电报通知时起算。但金鼎公司在电报发出后10天内即拍卖留置物，属于行使留置权不当，应当承担拍卖留置物所造成的损失。法院改判驳回金鼎公司要求深房公司赔偿损失39万余元的诉讼请求；金鼎公司对深房公司已付定金74 000元不予退还。

第七百八十四条 【承揽人的保管义务】承揽人应当妥善保管定作人提供的材料以及完成的工作成果，因保管不善造成毁损、灭失的，应当承担赔偿责任。

第七百八十五条 【承揽人的保密义务】承揽人应当按照定作人的要求保守秘密，未经定作人许可，不得留存复制品或者技术资料。

第七百八十六条 【共同承揽】共同承揽人对定作人承担连带责任，但是当事人另有约定的除外。

第七百八十七条 【定作人的任意解除权】定作人在承揽人完成工作前可以随时解除合同，造成承揽人损失的，应当赔偿损失。

典型案例

10. 宁波精英制版彩印有限公司诉宁波宏途纸制品工贸有限公司承揽合同纠纷案

[案例来源：浙江省宁波市中级人民法院（2012）浙甬商终字第30号民事判决书，《人民法院案例选》2013年第3辑，第245－251页]

被告宏途公司向原告精英制版公司购买彩盒等产品，被告尚欠原告183万余元。双方尚有两份合同未履行完毕，原告起诉后，认为被告可能丧失履行上述合同的能力，故向被告发送要求中止履行1125合同及1211合同的通知，要求被告在接到通知之日起5日内提供等额担保，否则原告将解除上述合同。因被告未提供相应担保，原告向被告发函通知其解除合同。被告未作出任何回复。原告诉请被告支付欠款，解除1125合同及1211合同，由被告赔偿经济损失。

浙江宁波鄞州法院认为，被告的经营状况出现问题，已拖欠原告近200万元未及时支付，同时被告还存在巨额外债，其中被告结欠案外人港华公司的外债300余万元经协商分两年半左右才能支付完毕，即被告的即时付款能力严重欠缺。被告在收到原告的通知后既未恢复履行能力也未提供相应担保，甚至还因此拒不提供1211合同相应的彩盒设计稿，恶意明显，故原告有权要求解除合同。

合同解除后，原告有权要求被告赔偿其因履行上述两份合同所造成损失。鉴于原告在被告尚未确定交货期的情况下行使不安抗辩权要求解除合同,故原告已生产产品中合格部分的生产成本损失被告应予以赔偿。原告一直在向被告催要彩盒设计稿以便完成拼图的外壳包装,但被告却因原告采取诉讼方式追讨欠款而一直未提供,直接导致16万包半成品长期堆积在原告仓库。被告在赔偿损失后,即取得了上述两份合同项下产品的所有权,有权采取其他途径取回现在原告处的相应产品。法院判决被告支付加工款184万余元,解除尚未履行完毕的两份合同,并由被告赔偿经济损失20万余元。浙江宁波中院二审维持原判。

承揽合同范本

承揽合同

委托方(甲方):重庆张三律润某某管理咨询有限公司

承揽方(乙方):上海智坚某某事务所有限公司

双方经过充分协商,达成如下协议:

一、甲方由于需要某某设备,现委托乙方进行制作。产品名称、型号、数量、金额如下:

设备名称	金额	合计(元)
		100万

二、付款方式:

1. 合同总金额为人民币100万元。

2. 合同签订后三天内,甲方支付乙方合同总金额的30%作为定金,共计人民币__30万__元。

3. 乙方收到定金后开始采购材料,生产设备,设备生产完成后三日内,甲方支付40%货款,共计人民币__40万__元,乙方收到货款后三天内安排发货。

4. 乙方在甲方安装完毕后三日内,甲方支付10%货款,共计人民币__10万__元。

5. 设备验收合格后,甲方支付10%货款,共计人民币__10万__元。

6. 余款10%作为质保金,在设备验收或实际使用后一年时支付。

三、设备的技术参数

本合同项下设备的技术参数、性能详见附件。

1. 甲方在签订本合同时，提供相关的图纸。如果由于甲方图纸或技术的原因导致产品不合格，和乙方无关。

2. 甲方委托第三方提供的图纸，视为甲方提供的图纸。

四、设备的安装及验收

设备安装地点为：重庆市某某区某某路 某某号。

委托方应该在设备调试后十个工作日内进行验收，并出具验收报告，如果不进行验收，视为设备合格。如果由于委托方原因导致设备一个月内无法安装或验收，应视为验收合格。

五、甲方需提供协议义务

甲方应该提供设备安装的条件，并提供相应的协助工作。如果由于甲方未提供协助工作而导致乙方无法安装或无法调试，则视为乙方已经履行了本合同的全部义务。

六、乙方收到总货款后七日内向甲方提供全额发票。

七、设备的维修

乙方免费对设备保修一年。超过保修期间，乙方只收取甲方维修费和人工费。如果甲方未按约定支付货款，乙方有权拒绝维修。

八、甲方的合同解除权

甲方有权随时解除本合同；此时甲方应该承担乙方的全部损失，如果乙方损失无法计算，甲方应该按照本合同总金额的百分之三十向乙方支付违约金。

九、延迟付款违约金

甲方若延迟付款，甲方应该以应付未付金额为基数，按照每天1‰向乙方支付违约金。

十、律师费等开支的承担

甲方违约，除了承担上述的违约金外，还需要承担乙方支付的差旅费、律师费、诉讼费等全部费用。

十一、本合同发生争议，协商解决。协商未果，提交法院解决。

律师意见：

十二、本合同一式两份，双方各持一份，具有同等效力。

甲方：上海智坚某某事务所有限公司	乙方：重庆张三律润某某某管理咨询有限公司
代表签字：陈某	代表签字：某某某
地址：上海市某某区某某路某某号 邮编：201601	地址：重庆市某某区某某路某某幢某某号某某室 邮编：200000

续表

电话:021 3352×××× 158 0032××××	电话:023 8888×××× 138 8888××××
邮箱:58255××××@qq.com	邮箱:10××××@qq.com

日期:2016年4月12日

对承揽合同范本的简单说明:

1. 很多企业负责人并不知道买卖合同和承揽合同是有很大区别的。承揽合同的标的一般具有特殊性,不是市场上通用的产品,所以不是买卖合同。如果委托方拒绝接受产品,承揽方很难以同样(或很低)的价格在市场上找到其他的买家。

2. 合同应该注明是“承揽合同”、“加工合同”或“定作合同”,这种表述确定了合同的类型是承揽合同。承揽合同的合同履行地一般视为承揽方所在地,按照合同履行地法院对合同争议具有管辖权的规定,如果发生诉讼,承揽方法院应该予以受理。

3. 实际是承揽合同,但是合同名称写为“买卖合同”“购销合同”。从合同名称上看,就是一个买卖合同,在发生争议的时候,法院一般会初步从形式上审查合同是一个买卖合同,委托方在外地,则只能到被告方(委托方)所属的法院起诉,诉讼成本会比较高。

4. 承揽合同中,委托方一般设为甲方,承揽方一般设为乙方,公司名称一定要具体,不应简写。最好是留存对方的营业执照复印件。不保留也可以,因为全国的工商信息网络可以查询到。

5. 如果委托方是个体工商户,除了要保留委托方的营业执照复印件,还需要留存委托方的身份证复印件。因为起字号的工商户,在民事诉讼中,应以营业执照登记的户主(业主)为诉讼当事人,在诉讼文书注明系某字号的户主。如果委托方是个人,则需要留存委托方的身份证复印件。

6. 合同内容除了写“制作”,也可以写成“定做”“加工”“设计”等类似的词语,表明了合同的性质是承揽合同,而不是其他类型的合同。

7. 承揽方如果是制造通用的产品,一般只需要签订买卖合同。但是有时候委托方由于有特殊的规格、型号、性能的需要,双方可能就需要单独专门进行原材料采购或设计等,此时双方签订的合同就应该是“承揽合同”,而非“买卖合同”。

8. 合同中用“定金”这样的词语,具有特殊的法律规定,即如果乙方违约,甲方可以直接主张没收定金,而不需要另行进行举证证明损失。当然,如果甲方违约,需要双倍返还定金。

9. 定金只有在支付后，定金条款才生效，如果乙方未支付定金，在乙方违约的情况下，甲方不能直接适用定金条款。

10. 合同中可以约定30%定金，也可以约定更多或更少。法律规定定金条款的使用不超过合同总金额的20%。如果合同中约定了定金超过20%，20%视为定金，超过部分视为预付款。

11. 一般情况下，承揽合同的付款方式和买卖合同的付款方式不一样，因为如果委托方决定单方解除合同，不再需要设备，承揽方很难将已经完工的设备（或已经采购的配件）出售给第三方。履行这个合同的实际损失就会比较大。所以，承揽合同中，一般在发货安装前，委托方应该尽量获得较多的款项。

12. 合同中约定了严格的付款期限后，委托方如果不付款，承揽方有权利不发货，并有权利要求委托方支付货款后才发货。

13. 设备的技术参数、性能是非常重要的事项。承揽合同一般都会有明确的技术指标要求，或者有图纸设计等信息。无论是委托方、第三方还是承揽方进行设计，相关的技术参数应该以书面形式附在合同中，并且应该有委托方的盖章签字。

14. 承揽方的义务是交付设备，并且要符合合同中的技术要求。如果在签订合同后设备已经完工的情况下，委托方的要求发生了变更，则承揽方有权不同意变更，或要求另行签订补充协议，并且要求另行支付费用。如果承揽方无法完成变更的技术要求，应该及时通知委托方，并且应该拒绝签订补充协议。

15. 承揽方如果无法完成相关的技术要求，则相关的技术要求不应出现在合同中。实务中委托方会提出一些承揽方无法达到的技术要求，此时如果一定要签订在合同中，承揽方应该要求在合同中备注是辅助功能或类似语句。这样，在这些技术要求无法达到的情况下，如果委托方要求解除合同，法院考虑到不是主要的技术要求，一般法院会考虑减少价款，而不是直接按照委托方的要求解除合同。

16. 如果是委托方（含甲方指定的第三方）提供的图纸，承揽方只需要按照图纸去完成生产就可以，如果是由于图纸或者设计的原因而导致设备存在问题，则承揽方没有责任。

17. 如果委托方提供的图纸存在明显的错误，而非设计本身的原因，此时承揽方如果能够发现（包括应该发现而未发现），承揽方应该向委托方及时告知，如果未告知而造成了委托方损失，承揽方要承担相应的责任。

18. 如果委托方对于产品质量或者技术参数提出异议，承揽方应该进行举证证明产品是符合技术参数的。如果承揽方未保留盖有委托方印章的资料，而委托方也不认可承揽方提供的技术参数资料，并另行提供了一份不同的参数和图纸资料，承揽方将会承担举证不利的后果,即未提供符合约定的产品,届时委托方可以选择减少价款或者解除合同而返还全部货款。

19. 如果承揽方进行设计,一般是由于承揽方在此方面具有更多的专业知识,委托方有时无法辨别承揽方的设计。在此情况下,如果设计的图纸或技术存在问题,应该是承揽方承担责任。

20. 考虑到设计本身存在的风险,尤其是委托方要开发新设备、新产品或涉及新的技术,设计本身就存在无法达到目的的风险。委托方如果愿意承担这种风险,可以在合同中约定承揽方的免责条款,则出现设计或质量问题,承揽方一般可以免责。

21. 无论如何约定,如果承揽方具有更多的专业知识,承揽方都需要履行诚实信用原则。

22. 承揽合同履行过程中,验收报告是最重要的证据。因为承揽合同大多数情况下是一次性合同,双方继续交易的可能性不是很大,对账单往往不会签订。

23. 承揽方要确保产品符合合同约定,相应的证据是验收报告。如果委托方不愿意出具验收报告,但是实际又已经在使用了,则应该视为设备已经合格。但是,如果设备的主要性能无法实现,委托方还是可以主张解除合同。

24. 委托方既不愿意出具验收报告,也没有实际使用,对于设备是否符合约定的技术要求有争议的情况下,法院一般是委托鉴定机构进行鉴定。鉴定机构的结论将作为法院裁判的主要依据。由于承揽方有举证义务,所以承揽方应该提交申请并预交鉴定费。但是如果委托方已经出具了合格的检验报告,或者是初步检验合格,但是随后又提出质量异议,则应该视为承揽方的举证义务已经完成,此时如果需要法院指定鉴定,应该由委托方提交申请并预交鉴定费。

25. 如果委托方无法提供设备安装场所,或安装完工后无法进行调试,则承揽方应该以书面通知委托方,通知要求委托方提供设备安装场所或进行调试。书面通知应该要求委托方进行签收,如果委托方拒绝签收,则可以通过快递送达。实务中,双方在很多情况下是通过电话联系,这种情况下,承揽方的关键是需要提供通知委托方的证明。比如快递单,或对方签收单。如果无法证明已经通知,则承揽方可能在证据上就有问题,法院可能会认定承揽方构成了延期交货。这种情况下,委托方关于解除合同的诉请就可能会获得法院的支持。

26. 承揽方开具发票是法定义务。发票的开具时间,可以在合同中约定。开具发票不是承揽方的主合同义务(主合同义务是交付合格的设备),只是一个附随义务。委托方不能以承揽方未开具发票为理由拒绝支付款项。委托方需要按照合同约定支付款项是其主合同义务。

27. 如果合同中明确约定承揽方要先开发票,委托方才付款,则此种情况下,承揽方有义务先开具发票。承揽方如果未开具发票,委托方有权利拒绝付款。承揽方交付发票时,应该要求委托方出具收条。

28. 承揽合同一般都会约定保修期。如果只是一般的定作物,如易损耗品,则该约定可以省略。

29. 委托方未按照约定支付货款,但是设备存在问题又要求承揽方进行维修,一般情况下,承揽方有义务进行维修,因为一般情况下,合同中对设备的维修义务有明确约定。但是如果已经约定委托方有先付款的义务,则委托方未支付维修费用,承揽方有权不予维修。

30. 承揽合同在履行过程中,委托方有权利随时解除合同,《合同法》有明确的规定,这种权利有利于委托方减少损失。该法律规定不同于普通的买卖合同。承揽方可以向委托方主张损失,但是承揽方必须提供充分的证据予以支持,如果无法提供证据,则损失无法获得比较充分的支持。承揽方在设备尚未采购、或者在设备尚未完工的情况下,举证损失是有一定困难的。如果举证,则承揽方可以按照合同总金额,减去尚未开支的部分,来计算出委托方应该支付的款项。由于这种计算比较复杂,所以法院在计算承揽方的损失时会比较困难。

31. 通过违约金条款的约定,承揽方就可以获得比较合理的赔偿。约定违约金具有惩罚性质,不仅仅考虑承揽方的实际损失。约定违约金,一般不超过合同总金额的30%。

32. 约定逾期付款的违约金,有助于委托方及时支付款项。如果委托方确实逾期付款,违约金该支付多少?不同的法院会有不同的意见。我国法律对于违约金,主要是填补损失原则,就是守约方有多少损失,违约方才赔偿多少,对于逾期支付货款的损失,承揽方如果不予举证,也没有约定,法院一般认定损失就是同期银行贷款利率。

33. 以应付未付金额为基数,每天1‰的违约金,不算高也不算低,具体是否被法院支持,需要根据案件的实际情况进行确定。如果承揽方无法证明实际损失,有的法院会以同期银行贷款利率的1.3倍支持违约金。

34. 约定违约金、律师费开支等由违约方承担的条款,有利于减少承揽方的损失,因为很多损失其实无法计算,也无法量化。如果没有约定,法院对于承揽方支出的差旅费和律师费不会支持。对于差旅费必须是承揽方实际支出的,具有相应的发票。对于律师费,必须是承揽方已经支付给聘请的律师事务所,除了要有委托律师合同,还需要承揽方的付款凭证、律师费发票。

35. 承揽合同发生争议,承揽方所在地就是合同履行地(设备加工地),所以可以不用约定管辖法院。

36. 如果是重大的合同，可以是一式四份，双方各持两份，以防丢失。在合同上签字或加盖公章后，原件应该予以保留，发生争议之后，如果不能出示合同原件，将承担不利后果。

37. 双方应该在合同上加盖公章。应该要求经办人员在合同上签字，签字应该清晰可认。因为如果对方是假公章，要求经办人员签字后，可以追究经办人员的责任。

38. 委托方的注册地址和实际经营地址，设备安装地是非常重要的信息。原则上都要写上。在发生争议时，律师函、催款函、法院的传票，都需要有明确的地址。

39. 双方的电子邮箱也非常重要，因为很多文件的传输、沟通是通过电子邮件进行的，如果没有在合同中写上电子邮件，则需要证明电子邮件是对方所有（委托方否认电子邮箱的情况下）。

40. 合同的签订时间也非常重要，很多合同没有予以标注。

41. 有的合同签订了几十页甚至更多，是对各种可能出现的特殊情况进行了约定。

42. 如果合同的文本超过 1 页，应该在合同上加盖骑缝章。如果没有盖骑缝章，则双方提供的未盖章部分不一样时，原告方要承担举证不利的后果。

43. 合同的原件应该妥善保管，诉讼时，甲方需要携带原件至法院以核实合同的真实性。如果只提供复印件，法院无法核实。

44. 签订了合同，可以证明双方约定了权利和义务，但是合同是否实际履行，需要双方提供其他的证据予以证明。对于承揽合同，就是验收报告。

45. 合同法中对于承揽合同没有规定的，参照买卖合同的法律规定。

承揽合同的验收报告范本

验 收 报 告

委托方（甲方）：重庆张三律润某某管理咨询有限公司

承揽方（乙方）：上海智坚某某事务所有限公司

承揽方已经于 2016 年 4 月 20 日将某某设备安装于重庆市某某区某某路某某号。

经过 2016 年 4 月 25 日现场调试，结果如下：

1.（　　　）设备调试完毕，合格。

2.（　　　）设备调试完毕，不合格。

备注：

委托方（甲方）：重庆张三律润某某管理咨询有限公司
参与验收人员签字：

承揽方（乙方）：上海智坚某某事务所有限公司
参与验收人员签字：

2016年4月25日

对承揽合同的验收报告范本的简单说明：

1.承揽方作为提供设备的一方，义务不仅是提供设备，而是提供符合约定技术指标、功能的设备。因此，验收报告对于承揽方来说，是最重要的文件之一。

2.验收报告上，双方的企业名称应该写全称。

3.承揽方应该将验收报告制作两份，加盖公章。现场测试后，要求委托方在两份验收报告签字盖章。承揽方保存其中的一份，另一份交付给委托方保存。

4.有的时候，委托方收到两份验收报告后，只将其中的一份签字盖章后交给承揽方，另一份自己保存的不签字盖章。此时，承揽方应该尽量让委托方在两份验收报告上都盖章签字。

5.承揽方应该要求委托方加盖公章。如果没有公章，加盖合同专用章、采购专用章或财务专用章都可以，无论加盖什么印章，都比不加盖印章好。

6.如果验收报告中，委托方未盖章，员工签字也应该视为有效。

7.验收报告上应该注明已经安装完毕的时间，设备安装完毕和验收时间经常不是一个时间。甚至有的委托方出于各种原因，不愿意出具验收报告，这种情况下，有完工报告也是一个补救的措施。

8.委托方进行设备的测试后，承揽方应该提供两个或三个选项供委托方选择，结论“合格”或者“不合格”，这个结论便于委托方的人员填写。

9.很多承揽方要求委托方将全部的文字进行书写，委托方就可能将设备存在的一些小的瑕疵详细地写上，虽然设备主体上是合格的，但是委托方的工作人员可能不愿意以书面的形式写“合格”两个字，就算设备符合约定，委托方的设备验收人员很多时候不会主动填写设备验收合格的字样。验收报告反而会得出一个设备不符合约定的结论。

10. 如果委托方盖章签字认可设备合格，但是又另行在验收报告上书写了一些内容表明设备存在的问题。验收报告中的“备注”部分，就是便于委托方写明设备存在的问题。委托方的该表述不影响设备的整体合格性。

11. 如果设备确实存在问题，承揽方应该妥善解决，而不是推脱责任。

12. 委托方在验收时，承揽方一般应该要求其主要负责人员签字。如果条件许可，可以要求签字的人尽量多一些，比如总经理、生产主管、技术主管、技术人员等，多人签字进一步表明委托方确实是认可设备合格。

13. 考虑到验收报告的严谨性，委托方的签字应该清晰可辨认，很多的签名非常潦草，根本无法辨认，此时承揽方应该要求委托方重新签字。

14. 大多数签字是委托方的工程师，很多的工程师签字写成“某工”，这样签字也是极度地不规范，应该要求工程师写全名。

15. 要求承揽方的签字人员手写日期，或者在制作验收报告的时候，打印时间。如果没有时间，将是一个不规范的验收报告。

16. 承揽方要妥善保管验收报告的原件，如果发生诉讼进行鉴定，承揽方需要提供原件，没有原件将非常不利。由于很多的验收报告只有委托方的人员签字，如果进行了复印，有时很难区别原件和复印件。如果委托方无法加盖公章，承揽方可以在验收报告上加盖承揽方的公章，这样原件和复印件就不会混淆。

17. 如果发生诉讼，验收报告的原件也应该自行保管，不应该将证据原件交给代理律师保管。

18. 验收报告是和承揽合同、设计图纸、对账单一样重要的文件。准确地说，验收报告是重要的文件之一。验收报告可以证明承揽方已经完全履行了合同义务。

19. 如果没有验收报告，只有完工报告，在双方对设备是否符合合同约定的技术指标发生争议的情况下，一般由法院指定鉴定部门进行鉴定。由于承揽方有义务提供符合约定的设备，故一般情况下，应该由承揽方预先支付鉴定费用。

20. 如果设备可以正常使用，但是没有验收报告，也没有完工报告。这种情况下，承揽方可以在调试的过程中进行拍照。但是考虑到严谨性，承揽方应该进行录像，因为录像可以证明虽然无验收报告，但是设备确实是可以良好使用。在委托方不认可设备合格的情况下，如果申请鉴定，法院可能会要求委托方预先支付鉴定费用。

21. 设备已经安装完毕，但是由于种种原因无法调试。在委托方不认可设备合格的情况下，如果申请鉴定，法院可能会要求承揽方预先支付鉴定费用。

22. 承揽方有时候会提前在设备上设置了控制密码，一旦委托方未按照合同约定支付款项，则密码自动生效，并将设备锁死导致设备无法使用。这种情况下，除非合同中有明确的约定,否则承揽方对委托方构成了侵权,因为一般情况下,设备的所有权已经归属于委托方,承揽方对委托方只有债权,承揽方无权直接导致设备无法使用。承揽方正确的做法是发律师函催款,或直接向法院起诉以主张债权。

第十八章　建设工程合同

第七百八十八条　【建设工程合同】建设工程合同是承包人进行工程建设,发包人支付价款的合同。

建设工程合同包括工程勘察、设计、施工合同。

第七百八十九条　【建设工程合同的形式】建设工程合同应当采用书面形式。

典型案例

1.黄广普诉重庆市渝万建设集团有限公司等建设工程合同纠纷案

[案例来源:福建省厦门市中级人民法院(2011)厦民终字第2740号民事判决书,《中国审判案例要览(2012年民事审判案例卷)》,第501-507页]

被告渝万公司与被告新区公司签订《建设工程施工合同》,约定:新区公司将涉案楼房的土建、安装工程发包给渝万公司。原告黄广普(乙方)与被告渝万公司(甲方)签订《泥水工程承包合同》,约定由原告承包该工程渝万公司全部的泥水施工内容。该合同甲方落款处的签名为"陈建强",并加盖了有"重庆市渝万建设集团有限公司厦门分公司项目部技术专用章"(以下简称"渝万技术专用章")字样的印章。同日,原告又与甲方工程项目部签订了《泥水班补充协议》,该补充协议甲方落款处的签名亦为"陈建强",亦加盖有"渝万技术专用章"字样的印章。原告诉请被告渝万公司、新区公司支付拖欠款项及逾期支付的赔偿金。

厦门翔安法院认为,根据《泥水工程承包合同》,虽然渝万公司以发包方的地位出现在合同中,但在落款中的签字为"陈建强",且加盖的印章亦为"渝万技术专用章"。技术专用章的用途并非用于签订合同,且原告未能证明该"渝万技术专用章"系渝万公司所有或使用;原告亦未能证明陈建强系渝万公司员工或具有渝万公司对外签订合同的授权。原告关于其与渝万公司之间存在合同关系的主张,证据不足。法院判决驳回原告诉讼请求。厦门中院二审维持原判。

第七百九十条　【招投标】建设工程的招标投标活动，应当依照有关法律的规定公开、公平、公正进行。

典型案例

2. 新疆建工集团第六建筑工程有限责任公司诉新疆天通房地产开发有限公司建设工程合同纠纷案

［案例来源：最高人民法院民事判决书，《民事审判指导与参考》2008年第4辑，第146－159页］

2002年4月，原告新疆六建与被告天通公司签订《建设工程施工合同》，约定：被告将其××工程发包给原告施工。6月，被告将该工程进行招投标，并向原告发出投标邀请书。7月，招标投标管理办公室向原告核发了中标通知书，载明：中标单位在接到通知书30日内，与招标单位签订工程承包合同。原被告未按中标通知书要求签订合同。10月，原被告签订《补充协议》，约定：双方的决算以2002年4月签订的合同为准。施工过程中，双方因工程款拨付及工期等问题屡屡发生争议。原告诉请被告支付工程款及其他费用。

最高人民法院二审认为，讼争工程项目不属于必须招标的工程建设项目。双方当事人在履行招投标程序前，已经签订了施工合同，应当独立审核施工合同效力。签约在先的《建设工程施工合同》及《补充协议》有效。

原、被告就同一建设项目又履行招投标程序，意在变更施工合同的部分内容，因未按照《中标通知书》记载的实质性内容签订施工合同，中标合同未成立，对签约在先的施工合同未产生变更的法律效力。工程费也应当按照签约在先的合同约定确定。至于招标人与中标人在招标机构发出《中标通知书》后未履行正式签订书面合同的行为，应由行政机关处理，不属于民事案件审理范围。法院判决天通公司向新疆六建支付工程款501万余元。

3. 北京城建二建设工程有限公司诉北京当代城市房地产开发有限公司建设工程施工合同纠纷案

［案例来源：北京市高级人民法院(2004)高民终字第1340号民事判决书，《中国审判案例要览(2005年民事审判案例卷)》，第122－127页］

原告北京二建通过工程招投标的方式与被告当代公司签订《建设工程施工合同》，约定原告承建被告开发的青云大厦。合同对变更价款约定："原告收到变更通知后提出变更价款的报告，被告收到报告后无正当理由不签认则变更价款自行生效。"该合同已备案。后原被告签订另两份协议，该两份协议和备案的合同价款相差500万余元。涉案工程经验收后，原告向被告送达工程价款为8700万余元的结算报告,被告收到未表示认可。被告已经支付7000万余元。

原告诉请被告支付拖欠的工程款1718万余元及违约金299万余元,并支付房产看护费29万余元。经鉴定,按照备案合同则工程造价为8600万余元,按照双方签订的合同则工程造价为8100万余元。

北京一中院一审认为,原被告后签订的合同对原已经备案合同约定的内容进行了变更,并将备案合同约定的工程价款进行了较大变动,变更后的协议内容与已经备案合同相比,已经构成背离合同实质性内容的变化,该行为违反了有关法律的规定,故双方后签订的合同应认定为无效。原被告应该按照经过工程招投标后签订的已经备案的施工合同约定履行支付工程款的义务。法院判决被告支付原告工程款1718万余元、违约金299万余元、房屋看护费9万余元。

北京高院二审认为,双方通过公开招投标方式签订的合同为有效,故当代公司应该按照该约定支付工程款。由于双方自愿签订了后面的协议,对经过招投标程序确认的合同价款进行了变更,导致工程价款结算争议,不能如期完成结算,双方均应该负缔约过失责任。双方对该工程款没有做最后的结算,当代公司不存在故意违约并不支付工程款的事实。法院判决维持当代公司支付北京二建工程款1718万余元,改判驳回北京二建其他诉讼请求。

第七百九十一条 【总包与分包】发包人可以与总承包人订立建设工程合同,也可以分别与勘察人、设计人、施工人订立勘察、设计、施工承包合同。发包人不得将应当由一个承包人完成的建设工程支解成若干部分发包给数个承包人。

总承包人或者勘察、设计、施工承包人经发包人同意,可以将自己承包的部分工作交由第三人完成。第三人就其完成的工作成果与总承包人或者勘察、设计、施工承包人向发包人承担连带责任。承包人不得将其承包的全部建设工程转包给第三人或者将其承包的全部建设工程支解以后以分包的名义分别转包给第三人。

禁止承包人将工程分包给不具备相应资质条件的单位。禁止分包单位将其承包的工程再分包。建设工程主体结构的施工必须由承包人自行完成。

典型案例

4. 福建佳日工程有限公司诉福州市第三建筑工程公司等建设工程施工合同纠纷案

［案例来源：福建省福州市中级人民法院(2008)榕民终字第3174号民事判决书，《中国审判案例要览(2009年商事审判案例卷)》，第120－125页］

被告农林大学与被告福州三建订立《建设工程施工合同》，由福州三建承包农林大学的图书馆改扩建工程。被告福州三建与原告佳日公司订立《消防工程分包合同》，约定福州三建同意将其总承包的图书馆改扩建工程的消防工程分包给佳日公司施工。原告具备建筑业企业资质证书，具有消防设施工程专业承包壹级资质等级。后该消防工程通过消防部门验收并交付农林大学使用。

完工后，佳日公司向福州三建提出工程决算书，工程总造价为181万余元。福州三建在该决算书签字"同意送审"并盖章。嗣后，原告多次向被告福州三建催收工程余款37万余元，该公司均以工程未经发包方审核确认并未工程决算为由推托不付。被告农林大学表示，曾多次通知被告福州三建进行工程决算但其一直未进行决算，并当庭通知福州三建3日内与农林大学进行决算，否则福州三建应承担由此造成的法律后果，但至今福州三建仍未与农林大学进行工程决算。

原告诉请被告福州三建支付工程款37万余元及逾期付款违约金；被告农林大学承担连带付款责任。

福建福州仓山法院认为，被告福州三建在原告完成并交付工程后无正当理由不与被告农林大学进行工程的审核确认及结算，致使其拖欠原告佳日公司的工程款未能结清，原告有权请求福州三建支付拖欠的剩余工程款。从福州三建在工程决算书上签字"同意送审"并盖章的行为看，福州三建对该决算书上的工程款金额无异议，故原告请求剩余工程款以决算书为准并无不妥，该请求可予支持。

逾期付款违约金的适用应当以当事人双方通过事先约定为前提，而原告与福州三建的分包合同并无此约定，故原告无权要求福州三建支付逾期付款违约金。

原告要求按《最高人民法院关于审理建设工程施工合同纠纷案件适用法律问题的解释》第26条第2款之规定，由被告农林大学承担连带付款的责任，但该解释的"实际施工人"是指无效合同的承包人，本案原告并非没有施工资质，其与被告福州三建之间是合法有效的分包关系，该解释并不适用于本案。

法院判决被告福州三建向原告佳日公司支付工程款37万余元，驳回原告其他诉讼请求。福建福州中院二审维持原判。

本案相关规定：《最高人民法院关于审理建设工程施工合同纠纷案件适用法律问题的解释》(法释〔2004〕14号)

第二十六条　实际施工人以转包人、违法分包人为被告起诉的，人民法院应当依法受理。

实际施工人以发包人为被告主张权利的,人民法院可以追加转包人或者违法分包人为本案当事人。发包人只在欠付工程价款范围内对实际施工人承担责任。

5. 大连恒达机械厂诉大连成大建筑劳务有限公司等建设工程合同纠纷案

[案例来源:最高人民法院民事裁定书,《民事审判指导与参考》2015 年第 2 辑,第 256 - 266 页]

被告普兰店市宏祥房地产开发有限公司(以下简称宏祥公司,发包人)与被告大连博源建设集团有限公司(以下简称博源公司,承包人)签订《建设工程施工合同》,由博源公司承包涉案"宏祥盛世住宅工程"。2009 年 10 月,该合同签订后,博源公司(发包人)又与被告大连成大建筑劳务有限公司(以下简称成大公司,承包人)签订一份《工程承包合同书》,将该工程转包给成大公司。

2010 年 9 月,原告恒达机械厂与被告成大公司签订《钢梁制作安装协议书》,约定:成大公司将其承揽的"宏祥盛世住宅工程"中的钢梁分项工程承包给原告,若成大公司不按约定付款,每天承担千分之一的违约金。该协议除成大公司加盖公章外,被告赵学君(曾担任成大公司法定代表人)也在合同甲方处签字。协议签订后,恒达机械厂进行了钢梁制作、安装等施工。该施工内容经宏祥公司委托 × × 质量检测中心检测后,结论为符合要求。

原告诉请被告成大公司、被告赵学君共同偿还工程款 568 万余元及违约金 309 万元;被告博源公司、被告宏祥公司承担连带责任。

辽宁大连中院认为,原告与被告成大公司签订的《钢梁制作安装协议书》未经发包人宏祥公司同意,且总承包人博源公司也不认可转包,该协议无效。但原告作为施工人已依据该协议对工程进行了施工,且施工工程经检测符合要求,故原告有权请求判令成大公司给付工程款的请求。

成大公司认可尚欠恒达机械厂工程款 568 万余元,成大公司对于该欠款应当予以偿还。因《钢梁制作安装协议书》无效,故原告无权按该协议的约定请求成大公司承担日千分之一的违约金。

被告赵学君虽在案涉协议书上签字,但实际履行该协议的主体是成大公司,故原告无权请求赵学君承担偿还责任。

原告并非被告博源公司、被告宏祥公司的合同相对方,原告也无证据证明博源公司、宏祥公司知道并同意成大公司将工程转包给自己。博源公司、宏祥公司无须承担连带责任。法院判决被告成大公司偿还所欠原告恒达机械厂工程款 568 万余元及利息。辽宁高院二审维持原判。

最高人民法院再审认为,恒达机械厂提供的是专业技术安装工程而非普通劳务作业，被拖欠的工程款并非劳务分包费用。恒达机械厂完成的钢梁工程承包作业，仅仅是宏祥公司与博源公司之间《建设工程施工合同》中的部分施工内容，属违法分包工程，并非全面履行发包人与承包人之间的合同。本案并不具备《最高人民法院关于审理建设工程施工合同纠纷案件适用法律问题的解释》（法释〔2004〕14号）第26条的适用条件。一、二审判决未判定宏祥公司承担连带责任并无不当。

第七百九十二条 【重大建设工程合同】国家重大建设工程合同，应当按照国家规定的程序和国家批准的投资计划、可行性研究报告等文件订立。

第七百九十三条 【合同无效的后果】建设工程施工合同无效，但是建设工程经验收合格的，可以参照合同关于工程价款的约定折价补偿承包人。

建设工程施工合同无效，且建设工程经验收不合格的，按照以下情形处理：

（一）修复后的建设工程经验收合格的，发包人可以请求承包人承担修复费用；

（二）修复后的建设工程经验收不合格的，承包人无权请求参照合同关于工程价款的约定折价补偿。

发包人对因建设工程不合格造成的损失有过错的，应当承担相应的责任。

典型案例

6. 李宗铭诉四川龙浩公路投资有限公司等建设工程合同纠纷案

［案例来源：四川省自贡市自流井区人民法院（2008）自流民二初字第213号民事判决书，《中国审判案例要览（2009年商事审判案例卷）》，第115－120页］

自贡捷通公路有限公司（以下简称捷通公司）负责建设管理省道s305线。后被告四川龙浩公路投资有限公司（以下简称龙浩公司）通过招投标与自贡市交通局签订《投资协议》后接管，并于2006年6月至2007年4月与捷通公司共同管理。2007年4月，被告龙浩公司正式进行管理。

被告自贡路桥总公司（以下简称路桥公司）与原业主捷通公司签订施工合同，承建省道s305线隆雅路富顺县至荣县段h合同段（省道s305h段）。2005年年底，被告路桥公司进场施工。2006年4月，被告路桥公司与被告自贡市平全实业有限公司（以下简称平全公司）签订《省道s305h段劳务合同协议书》（以下简称《劳务协议一》），约定：路桥公司将其承建的省道s305h段部分工程交平全公司承包承建，概算总造价为589万余元。

5月,刘全平(被告平全公司的法定代表人)与原告李宗铭签订《省道s305h段劳务合同协议书》(以下简称《劳务协议二》)约定,将平全公司承包承建的工程交原告承建,合同涉及的主要内容与《劳务协议一》基本一致。同时双方签订《工程清单》,约定概算总造价为545万余元。刘全平以个人的名义在"法定代表人或委托代理人栏"签章。

原告组织人员以路桥公司项目部的名义进行施工。履行中,原告共计从被告平全公司领取工程款475万余元。刘全平为平全公司的法定代表人。原告诉请确认《劳务协议一》《劳务协议二》为无效合同;被告龙浩公司、被告路桥公司以该二被告间签订的合同价格及调差方法与原告结算,并直接向原告支付工程款。

四川自贡自流井法院认为,刘全平系公司法定代表人,其以个人名义与原告签订《劳务协议二》,其行为属表见代理,该合同应当视为被告平全公司与原告所签订。《劳务协议二》的实质是被告平全公司向被告路桥公司承包该工程后,再交由原告承包的建设工程施工合同。《劳务协议一》与《劳务协议二》,虽合同条款基本一致,但涉及合同价款部分明显不同,故原告诉称"被告平全公司将其与被告路桥公司签订的合同权利义务转移给原告"的理由不成立。

原告及被告平全公司并无建设工程施工的承建资质,以被告路桥公司项目部的名义进行施工,规避了国家对建设工程施工主体资质的规定,《劳务协议二》应属无效。

根据合同相对性的原则,原告无权直接向被告路桥公司、被告龙浩公司主张民事权利,更不能主张《劳务协议一》无效而直接向该二被告主张结算。但原告已实际履行了该工程的相关合同的义务,依据《最高人民法院关于审理建设工程施工合同纠纷案件适用法律问题的解释》(法释〔2004〕14号)第2条的规定,原告可在工程经验收合格后,参照合同约定向被告平全公司主张民事权利。法院判决确认《劳务协议二》无效,驳回原告其他诉讼请求。

本案相关规定:《最高人民法院关于审理建设工程施工合同纠纷案件适用法律问题的解释》(法释〔2004〕14号)

第二条 建设工程施工合同无效,但建设工程经竣工验收合格,承包人请求参照合同约定支付工程价款的,应予支持。

第七百九十四条 【勘察、设计合同】勘察、设计合同的内容一般包括提交有关基础资料和概预算等文件的期限、质量要求、费用以及其他协作条件等条款。

第七百九十五条 【施工合同】施工合同的内容一般包括工程范围、建设工期、中间交工工程的开工和竣工时间、工程质量、工程造价、技术资料交付时间、材料和设备供应责任、拨款和结算、竣工验收、质量保修范围和质量保证期、相互协作等条款。

第七百九十六条 【监理合同】建设工程实行监理的，发包人应当与监理人采用书面形式订立委托监理合同。发包人与监理人的权利和义务以及法律责任，应当依照本编委托合同以及其他有关法律、行政法规的规定。

第七百九十七条 【发包人的检查权】发包人在不妨碍承包人正常作业的情况下，可以随时对作业进度、质量进行检查。

第七百九十八条 【隐蔽工程的检查】隐蔽工程在隐蔽以前，承包人应当通知发包人检查。发包人没有及时检查的，承包人可以顺延工程日期，并有权请求赔偿停工、窝工等损失。

第七百九十九条 【竣工验收】建设工程竣工后，发包人应当根据施工图纸及说明书、国家颁发的施工验收规范和质量检验标准及时进行验收。验收合格的，发包人应当按照约定支付价款，并接收该建设工程。

建设工程竣工经验收合格后，方可交付使用；未经验收或者验收不合格的，不得交付使用。

典型案例

7. 江西省国利建筑工程有限公司诉江西圳业房地产开发有限公司建设工程合同纠纷案

［案例来源：最高人民法院(2006)民一终字第52号民事判决书，《最高人民法院公报》2007年卷，第309－315页］

被告圳业公司申请设立了“进贤县政府大院×××项目总指挥部”，该指挥部与原告国利公司签订了三份《建设工程施工合同》及其《补充协议》：工程总价款为人民币1424万元；最终价格以进贤县政府审定认可的造价为基础；发包人收到竣工结算报告及结算资料后28天内无正当理由不支付工程竣工结算价款，从第29天起向承包人支付拖欠工程价款的利息。

圳业公司收到的国利公司递交的工程决算书反映的工程总造价为2474万余元。圳业公司共向国利公司支付工程款人民币1264万元。国利公司诉请圳业公司清偿工程欠款及利息。

江西高院一审认为，圳业公司收到国利公司递交的工程决算书后，未在合同约定的时间内对决算问题提出任何异议。按照《建设工程施工合同》中关于工程竣工结算条款的约定,国利公司提出的关于圳业公司支付所欠工程款的诉讼请求,符合双方之间的约定及《最高人民法院关于审理建设工程施工合同纠纷案件适用法律问题的解释》(法释〔2004〕14 号)第 20 条的规定,应予支持。《建设工程施工合同》虽然约定最终价格以进贤县人民政府审定认可的造价为基础,但圳业公司与进贤县人民政府至今未就承建的工程造价进行决算,进贤县人民政府最终审定认可的造价无法确定。法院判决圳业公司向国利公司支付工程欠款及利息。

最高人民法院二审认为,《最高人民法院关于审理建设工程施工合同纠纷案件适用法律问题的解释》(法释〔2004〕14 号)第 20 条适用的前提条件是,当事人之间约定了发包人收到竣工结算文件后,在约定的期限内不予答复,则视为认可竣工结算文件。本案当事人没有对发生上述情况下是否以承包人报送的竣工结算文件作为工程款结算依据一事作出特别约定。因此,不能以该格式合同文本中工程竣工结算条款之规定为据,简单地推定出发包人认可以承包人报送的竣工结算文件为确定工程款数额的依据。

上述司法解释不适用于本案,但这并不意味着《建设工程施工合同》中工程竣工结算条款的内容,对双方当事人没有约束力。在一审诉讼中,国利公司将该竣工结算文件作为确定工程款数额的证据提交后,圳业公司没有在一审法院指定的举证期限内提出相反的证据,亦未在这一期限内申请鉴定。在一审法院同意就与工程款有关的问题进行鉴定后,圳业公司以不同意一审法院确定的鉴定范围为由,未在一审法院负责对外委托鉴定工作的部门指定的期限内交纳鉴定费,致使鉴定工作未能进行,应承担举证不能的后果。在此情况下,人民法院只能以一方当事人提供的证据作为确认工程款的依据。本案一审中工程造价的鉴定未能进行,是由于放弃鉴定权利的行为造成的。法院维持一审判决以国利公司向圳业公司报送的竣工结算文件作为确认工程款数额基础的结论。

本案相关规定:《最高人民法院关于审理建设工程施工合同纠纷案件适用法律问题的解释》(法释〔2004〕14 号)

第二十条 当事人约定,发包人收到竣工结算文件后,在约定期限内不予答复,视为认可竣工结算文件的,按照约定处理。承包人请求按照竣工结算文件结算工程价款的,应予支持。

8. 河北路桥集团有限公司诉呼和浩特绕城公路建设开发有限责任公司建设工程合同纠纷案

[案例来源:最高人民法院民事判决书,《民事审判指导与参考》2012 年第 4 辑,第 156 – 164 页]

原告路桥公司中标“呼和浩特市绕城路工程第 19 标段”。2002 年 10 月,原告与被告绕城公路公司签订《建设工程施工合同》，被告将绕城公路 19 标段交由原告施工。2004 年，被告将 3 标段、20 标段工程交由原告路桥公司施工，未签订正式的施工合同。2008 年 10 月，双方就中标的 19 标段及追加的 3 标段、20 标段工程量进行决算，确认：总计工程款 10 524 万元。

2011 年 1 月，呼和浩特市审计局发函称，该项目不具备竣工财务决算审计的条件，无法按照正常程序对该工程决算进行审计。原告诉请被告偿还拖欠的工程款，承担逾期付款的违约责任。

内蒙古高院一审认为，双方当事人于 2008 年 10 月共同确认总工程造价为 10 524万余元。该工程价款是在河北路桥公司申报工程量之后，经绕城公路公司审核之后确认的价款。双方对此均无异议，因此该价款的确认是双方的真实意思表示，对双方具有约束力。

被告主张以呼和浩特市审计局的审计初审值来确认工程总价款。法院认为，《建设工程施工合同》未约定工程款的确认需以审计机关的审计结论为准，被告这一主张没有合同依据。审计机关对国家建设项目的决算审计，是国家对建设单位的一种行政监督，该审计初审值不能作为工程价款的结算依据。且经法院调查，审计局工作人员认为，因为建设单位提交的相关账目材料不全面，无法出具客观真实的审计报告。故审计局函中的初审值数据不准确。法院判决被告给付原告尚欠工程款 3637 万余元及利息。最高人民法院二审维持原判。

第八百条　【勘察、设计人责任】勘察、设计的质量不符合要求或者未按照期限提交勘察、设计文件拖延工期，造成发包人损失的，勘察人、设计人应当继续完善勘察、设计，减收或者免收勘察、设计费并赔偿损失。

第八百零一条　【施工人责任】因施工人的原因致使建设工程质量不符合约定的，发包人有权请求施工人在合理期限内无偿修理或者返工、改建。经过修理或者返工、改建后，造成逾期交付的，施工人应当承担违约责任。

第八百零二条　【承包人责任】因承包人的原因致使建设工程在合理使用期限内造成人身损害和财产损失的，承包人应当承担赔偿责任。

第八百零三条　【发包人责任】发包人未按照约定的时间和要求提供原材料、设备、场地、资金、技术资料的，承包人可以顺延工程日期，并有权请求赔偿停工、窝工等损失。

第八百零四条 【发包人责任】因发包人的原因致使工程中途停建、缓建的，发包人应当采取措施弥补或者减少损失，赔偿承包人因此造成的停工、窝工、倒运、机械设备调迁、材料和构件积压等损失和实际费用。

典型案例

9. 河南省偃师市鑫龙建安工程有限公司诉洛阳理工学院、河南六建建筑集团有限公司建设工程合同纠纷案

［案例来源：最高人民法院(2011)民提字第292号民事判决书，《最高人民法院公报》2013年第1期，第26－37页］

被告理工学院与被告河南六建通过招投标方式签订了《建设工程施工合同》，理工学院将其成教楼、住宅楼发包给河南六建。次日，河南六建将上述工程分包给原告鑫龙公司，双方签订了《洛阳大学工程分包合同》。后因发现成教楼西半部浇板出现裂缝，工程停工。

经检验，裂缝是由于两轴间基础的不均匀沉降引起的。该工程从发现裂缝被下令停工至诉前，为分析裂缝原因及专家论证和确定责任等用去了近两年的时间。原告诉请被告河南六建、被告理工学院赔偿因过错造成的经济损失303万元，支付剩余工程款125万余元。

洛阳中院一审查明，裂缝是“基础不均匀沉降引起的”，造成基础不均匀沉降是理工学院提供的《洛阳大学成教楼、住宅楼岩土工程勘察报告》有误。法院认为，理工学院具有过错责任，应承担停工损失的主要责任。原告诉请的是损害赔偿，追究的是侵权民事责任，不是合同的违约责任，故理工学院不得以其没有与鑫龙公司建立施工合同关系抗辩。

被告河南六建在发现成教楼裂缝后，处理不力，致损失扩大，应承担一定责任。原告在施工中存在部分质量问题，虽然该质量问题不是导致成教楼裂缝的原因，但其工程中的质量问题已对理工学院产生不安影响，工程停工有其不安成分在内，故原告对停工亦应承担一定责任。法院判决被告河南六建赔偿原告鑫龙公司经济损失21万余元，被告理工学院赔偿原告鑫龙公司经济损失169万余元；剩余损失由原告鑫龙公司自负。

河南高院二审、河南高院再审、最高人民法院再审对三方的责任承担比例进行了调整。

第八百零五条 【发包人责任】因发包人变更计划，提供的资料不准确，或者未按照期限提供必需的勘察、设计工作条件而造成勘察、设计的返工、停工或者修改设计，发包人应当按照勘察人、设计人实际消耗的工作量增付费用。

第八百零六条 【合同解除权】承包人将建设工程转包、违法分包的，发包人可以解除合同。

发包人提供的主要建筑材料、建筑构配件和设备不符合强制性标准或者不履行协助义务，致使承包人无法施工，经催告后在合理期限内仍未履行相应义务的，承包人可以解除合同。

合同解除后，已经完成的建设工程质量合格的，发包人应当按照约定支付相应的工程价款；已经完成的建设工程质量不合格的，参照本法第七百九十三条的规定处理。

第八百零七条 【建设工程价款优先受偿权】发包人未按照约定支付价款的，承包人可以催告发包人在合理期限内支付价款。发包人逾期不支付的，除根据建设工程的性质不宜折价、拍卖外，承包人可以与发包人协议将该工程折价，也可以请求人民法院将该工程依法拍卖。建设工程的价款就该工程折价或者拍卖的价款优先受偿。

典型案例

10. 宁德市海军第六工程建筑处诉福州怡和房地产公司建设工程合同纠纷案

［案例来源：最高人民法院民事判决书，《民事审判指导与参考》2009 年第 2 辑，第 262－271 页］

1998 年 4 月，被告怡和公司与原告宁德六建签订《建设工程施工合同》及《补充协议》，约定：由宁德六建包工包料总承包由怡和公司开发建设的“新华兴大厦”工程，约定工程总日历工期 1020 天，但对开工、竣工时间均未作约定。

2005 年 4 月，原告以被告拖欠巨额工程款致使工程无法继续施工为由，书面通知被告停工。双方认可合同于 2005 年 4 月 14 日解除。原告诉请被告支付程欠款及利息，拍卖新华兴大厦并从拍卖所得的价款中优先受偿其工程款。

福建高院一审认为，合同于 2005 年 4 月 14 日解除，宁德六建行使优先受偿权，应在此后的 6 个月内(2005 年 10 月 14 日前)提出，但其在 2006 年 5 月 11 日才主张，已经超过该权利行使的期间。法院判决被告支付给原告工程欠款及利息，驳回原告其他诉讼请求。

最高人民法院二审认为,《建设工程施工合同》对竣工时间未约定,当事人双方也未就合同的竣工时间举证。一审判决将合同解除日认定为工程竣工日缺乏法律依据。宁德六建有权请求从拍卖新华兴大厦所得的价款中优先受偿工程款。

本案相关规定:《最高人民法院关于建设工程价款优先受偿权问题的批复》(法释〔2002〕16号)

四、建设工程承包人行使优先权的期限为六个月,自建设工程竣工之日或者建设工程合同约定的竣工之日起计算。

第八百零八条 【法律适用】本章没有规定的,适用承揽合同的有关规定。

实务指引

建设工程合同属于特殊的承揽合同。

第十九章　运 输 合 同

第一节　一 般 规 定

第八百零九条　【运输合同】运输合同是承运人将旅客或者货物从起运地点运输到约定地点，旅客、托运人或者收货人支付票款或者运输费用的合同。

第八百一十条　【公共承运人强制缔约义务】从事公共运输的承运人不得拒绝旅客、托运人通常、合理的运输要求。

典型案例

1. 厦门瀛海实业发展有限公司诉马士基（中国）航运有限公司及其厦门分公司国际海上货运代理经营权损害赔偿纠纷案

［案例来源：最高人民法院（2010）民提字第213号民事判决书，《最高人民法院公报》2011年卷，第425－432页］

被告马士基公司拒绝向原告瀛海公司提供马士基公司的集装箱及集装箱铅封。原告未能与被告开展集装箱陆路运输的相关业务。原告诉请被告停止干涉原告经营自主权的行为，被告依业务惯例向其提供货运订舱和相关服务，并不得拒绝原告办理与被告有关的集装箱进出口货运和陆路集装箱运输业务。

从事公共运输的承运人不得拒绝旅客、托运人通常、合理的运输要求。本案中，就国际海上集装箱班轮运输是否属于公共运输，法院的意见有所不同。厦门海事法院一审认为，公共承运人必须是带有公用事业性质、具有公益性的运输企业。国际班轮运输是营利性业务，不属于公用事业的范畴，也不具有社会公益的性质，国际班轮公司不是公共承运人。福建高院二审则认为，马士基公司的海上运输行为除具有商业性外，还因其面向社会大众而具有公益性，因此，马士基公司属于公共承运人。

最高人民法院再审指出，公共运输是指为社会提供公用事业性服务并具有垄断地位的运输。基于公共运输履行着为社会公众提供运输服务的社会职能，具有公益性、垄断性等特征。为维护社会公众利益，我国法律法规除对公共运输规定较严格的市场准入条件和价格管制等监管措施外，还对从事公共运输的承运人规定了强制缔约义务。国际海上集装箱班轮运输是服务于国际贸易的商事经营活动，不属于公用事业，不具有公益性特征。目前，无论在世界某一区域还是整个世界范围内，国际班轮运输具有较强的竞争性，并不具有垄断性。托运人或其货运代理人在运输服务上也具有较大的选择余地，可以选择不同的班轮公司或不同的船舶承运，也可以选择不同的航线、不同的运输方式实现同一运输目的。国际班轮运输业务经营者可以在其运价本载明的运价之外，与货主另行商定运价，也可以在遵守报备制度的前提下随行就市。尽管经营国际班轮运输应当遵守法定的市场准入条件，但国际班轮运价不具有公共运输价格受严格管制的特征。因此，马士基公司从事的国际班轮运输，不属于公共运输，不负有强制缔约义务。

第八百一十一条　【承运人安全运输义务】承运人应当在约定期限或者合理期限内将旅客、货物安全运输到约定地点。

第八百一十二条　【运输路线】承运人应当按照约定的或者通常的运输路线将旅客、货物运输到约定地点。

第八百一十三条　【支付票款或运费】旅客、托运人或者收货人应当支付票款或者运输费用。承运人未按照约定路线或者通常路线运输增加票款或者运输费用的，旅客、托运人或者收货人可以拒绝支付增加部分的票款或者运输费用。

第二节　客运合同

第八百一十四条　【客运合同的成立】客运合同自承运人向旅客出具客票时成立，但是当事人另有约定或者另有交易习惯的除外。

第八百一十五条　【补交票款与补办客票】旅客应当按照有效客票记载的时间、班次和座位号乘坐。旅客无票乘坐、超程乘坐、越级乘坐或者持不

符合减价条件的优惠客票乘坐的，应当补交票款，承运人可以按照规定加收票款；旅客不支付票款的，承运人可以拒绝运输。

实名制客运合同的旅客丢失客票的，可以请求承运人挂失补办，承运人不得再次收取票款和其他不合理费用。

第八百一十六条　【退票或变更】旅客因自己的原因不能按照客票记载的时间乘坐的，应当在约定的期限内办理退票或者变更手续；逾期办理的，承运人可以不退票款，并不再承担运输义务。

典型案例

2. 孙在辰诉北京铁路局旅客运输合同纠纷案

［案例来源：北京铁路运输中级法院（2007）京铁中民终字第34号民事判决书，《人民法院案例选》2008年第3辑，第214－220页］

2007年2月，原告孙在辰购买了4张2月4日北京至盘锦2549次火车票，合计432元。原告由于自身原因不能按票面指定的日期、车次乘车，遂于2月4日中午，到北京火车站办理上述火车票的退票手续。工作人员按车票面额的20%核收了85元退票费，原告主张被告单方面扣除退票款于法无据、显失公平，诉请被告返还退票费85元。

北京铁路运输法院一审认为，本案所涉退票费系国家铁路客运杂费的一种。《铁路法》第25条规定："……国家铁路的旅客、货物运输杂费的收费项目和收费标准由国务院铁路主管部门规定……"国务院铁路主管部门铁道部依据《铁路法》制定的《铁路旅客运输规程》及《铁路客运运价规则》作出明确的规定。《铁路旅客运输规程》第48规定"旅客要求退票时，按下列规定办理，核收退票费：1. 在发站开车前，特殊情况也可在开车后2小时内，退还全部票价……"原告在铁路旅客运输合同成立后，没有按约定的时间办理退票，被告按车票面额432元的20%核收85元退票费符合上述相关规定。关于原告认为被告在引用或执行收费规定时，没有履行明示义务的意见，法院认为，规定此内容的上述现行有效的法律、政府部门规章均为向社会公开颁布后施行的，任何人均应知晓，原告孙在辰亦应知晓。至于被告北京铁路局是否应采取其他措施进一步明示或宣传，属于被告自身完善其服务的内容，与本案无关。法院判决驳回原告诉讼请求，北京铁路运输中院二审维持原判。

第八百一十七条 【托运】旅客随身携带行李应当符合约定的限量和品类要求;超过限量或者违反品类要求携带行李的,应当办理托运手续。

第八百一十八条 【行李携带】旅客不得随身携带或者在行李中夹带易燃、易爆、有毒、有腐蚀性、有放射性以及可能危及运输工具上人身和财产安全的危险物品或者违禁物品。

旅客违反前款规定的,承运人可以将危险物品或者违禁物品卸下、销毁或者送交有关部门。旅客坚持携带或者夹带危险物品或者违禁物品的,承运人应当拒绝运输。

第八百一十九条 【承运人告知义务与运输安排】承运人应当严格履行安全运输义务,及时告知旅客安全运输应当注意的事项。旅客对承运人为安全运输所作的合理安排应当积极协助和配合。

第八百二十条 【按时运输】承运人应当按照有效客票记载的时间、班次和座位号运输旅客。承运人迟延运输或者有其他不能正常运输情形的,应当及时告知和提醒旅客,采取必要的安置措施,并根据旅客的要求安排改乘其他班次或者退票;由此造成旅客损失的,承运人应当承担赔偿责任,但是不可归责于承运人的除外。

典型案例

3. 南京虹桥旅游公司诉中铁高新技术有限公司上海分公司等客运合同纠纷案

[案例来源:江苏省南京铁路运输法院民事判决书,《人民法院案例选》2002 年第 3 辑,第 262-270 页]

1998 年,原告虹桥公司与被告中铁上海分公司签订了一份“关于安排三趟暑期师生专列协议书”,约定:7 月 13 日至 8 月 9 日,由中铁上海分公司向铁路有关部门申请安排三趟暑期师生专列,第一趟由南京至北海(7 月 13 日从南京站发车,7 月 22 日返回南京),收费为 38.4 万元;另两趟也分别约定了往返日期和收费标准;运行时间按铁路调度命令执行。

被告依约向上海铁路局递交了申请安排三趟专列的请示。7 月 18 日,原告依约向被告汇付定金 10 万元;同日,原告法定代表人卢艺发传真给中铁上海分公司被告副总经理李国强,要求确保三趟专列离抵城市时间,请求确认回复。李国强回复称:“时间能基本确保,具体详细时间可能略有误差。”7 月 3 日和 7 月 4 日,上海铁路局客调命令转发了铁道部就这三趟旅游专列所发的铁道部 707 号、711 号和 712 号客调命令。该命令中的三趟专列往返日期与原告和被告的协议约定日期一致。

被告将该客调命令内容通知了原告。

7月10日0点,原告与被告约定的第一趟发往北海的旅游专列空车离开上海,抵南京等待;7月13日22点,该专列空车驶离南京,返回上海。

7月10日,原告向被告递交通告,称:由于被告单方面将第一趟专列运行时间增加13小时16分,客人无法承受,造成游客大批退团,故郑重通告三趟专列无法运行。次日,被告复函原告,称经向铁路主管部门汇报,同意并取消三趟专列的调度命令;并通知原告赔偿由于三趟专列停运产生的部分直接损失30万余元,除已付的14万元,差额16万余元。原告诉请被告返还原告预付的定金10万元和杂费4万元及利息损失,赔偿原告先期投入费用38 937元。

南京铁路运输法院认为,被告于7月10日将专列空驶南京等待,应视为被告履行合同义务。原告称被告增加了13小时,但是无证据证明被告作过第一趟车只有38小时的承诺,原告以此为理由取消全部的三趟列车,且未按约定支付全部38.4万元,构成违约,损失应该自负。

第八百二十一条 【服务标准】承运人擅自降低服务标准的,应当根据旅客的请求退票或者减收票款;提高服务标准的,不得加收票款。

第八百二十二条 【救助义务】承运人在运输过程中,应当尽力救助患有急病、分娩、遇险的旅客。

第八百二十三条 【人身伤亡的责任承担】承运人应当对运输过程中旅客的伤亡承担赔偿责任;但是,伤亡是旅客自身健康原因造成的或者承运人证明伤亡是旅客故意、重大过失造成的除外。

前款规定适用于按照规定免票、持优待票或者经承运人许可搭乘的无票旅客。

典型案例

4.钱生坤等诉新国线集团运输有限公司公路旅客运输合同纠纷案

[案例来源:江苏省无锡市中级人民法院(2009)锡民二终字第0085号民事判决书,《人民法院案例选》2009年第7辑,第51-57页]

是国方搭乘被告新国线公司的普通客车前往某地。该车由驾驶员何员直驾驶,陈建妹为售票员。在车辆未停稳时售票员陈建妹打开车门,乘客是国方随即下车。是国方下车后倒地受伤,经抢救无效,由于"严重颅脑损伤而死亡"。原告钱生坤等人(是国方妻子、母亲和子女)诉请被告支付死亡赔偿金、医疗费、丧葬费、被扶养人生活费合计31万余元及精神赔偿金。

江苏江阴法院一审认为,被告作为承运人,负有将乘客安全送至目的地的义务,受害人虽然是在下车后倒地受伤,但下车倒地是一个连贯的过程,在此过程中,受害人与被告之间的客运合同运输关系未履行完毕,被告作为承运人未能尽到安全保障义务。驾驶员与售票员是从事客运业务的专门人员,相对乘客而言具有更强的保障义务。但是被告未能提供受害人自己的过失造成的事故的证据,故不能免除被告应当承担的损害赔偿责任。精神损害赔偿金只属于民事侵权案件责任范围,本案是合同纠纷,不在此范围内,法院对此不予支持。法院判决被告赔偿原告28万余元,江苏无锡中院二审维持原判。

第八百二十四条 【行李毁损的责任承担】在运输过程中旅客随身携带物品毁损、灭失,承运人有过错的,应当承担赔偿责任。

旅客托运的行李毁损、灭失的,适用货物运输的有关规定。

典型案例

5. 潘大玉诉唐小阶客运合同纠纷案

[案例来源:江西省赣州市中级人民法院民事判决书,《人民法院案例选》2003年第1辑,第112-119页]

原告潘大玉等五人与承运人被告唐小阶约定包租被告的汽车到广州调货。当晚被告搭乘原告等人驶往广州。凌晨3时,一行人到达加油站,被告将车停在路边吃夜宵,离开时没有叫醒已睡觉的原告等人,也没有把驾驶室车门关牢、摇高车窗玻璃。被告离开后,盗贼打开车门,将原告提包盗走。原告惊醒,盗贼乘摩托车逃走,未能追上。原告报案称被盗现金8000元,此案一直未侦破。原告诉请被告赔偿8000元。

江西赣州龙南法院认为,原告等人随车同行也是该合同约定的内容之一,被告对原告等人的人身和财产安全负有责任。由于被告将车停在路边进店吃夜宵,离开时没有叫醒原告等人,也没有把驾驶室车门关牢、摇高车窗玻璃,导致原告被盗窃。被告具有过错,应该赔偿损失。法院判决被告赔偿原告损失8000元。江西赣州中院二审维持原判。

第三节　货运合同

第八百二十五条　【货物申报】托运人办理货物运输，应当向承运人准确表明收货人的姓名、名称或者凭指示的收货人，货物的名称、性质、重量、数量，收货地点等有关货物运输的必要情况。

因托运人申报不实或者遗漏重要情况，造成承运人损失的，托运人应当承担赔偿责任。

第八百二十六条　【资料转交】货物运输需要办理审批、检验等手续的，托运人应当将办理完有关手续的文件提交承运人。

第八百二十七条　【货物包装】托运人应当按照约定的方式包装货物。对包装方式没有约定或者约定不明确的，适用本法第六百一十九条的规定。

托运人违反前款规定的，承运人可以拒绝运输。

第八百二十八条　【危险物品的托运】托运人托运易燃、易爆、有毒、有腐蚀性、有放射性等危险物品的，应当按照国家有关危险物品运输的规定对危险物品妥善包装，做出危险物品标志和标签，并将有关危险物品的名称、性质和防范措施的书面材料提交承运人。

托运人违反前款规定的，承运人可以拒绝运输，也可以采取相应措施以避免损失的发生，因此产生的费用由托运人负担。

第八百二十九条　【运输合同的变更】在承运人将货物交付收货人之前，托运人可以要求承运人中止运输、返还货物、变更到达地或者将货物交给其他收货人，但是应当赔偿承运人因此受到的损失。

第八百三十条　【提货】货物运输到达后，承运人知道收货人的，应当及时通知收货人，收货人应当及时提货。收货人逾期提货的，应当向承运人支付保管费等费用。

第八百三十一条　【验货】收货人提货时应当按照约定的期限检验货物。对检验货物的期限没有约定或者约定不明确，依据本法第五百一十条的规定仍不能确定的，应当在合理期限内检验货物。收货人在约定的期限或者合理期限内对货物的数量、毁损等未提出异议的，视为承运人已经按照运输单证的记载交付的初步证据。

第八百三十二条 【货物毁损的责任承担】承运人对运输过程中货物的毁损、灭失承担赔偿责任。但是,承运人证明货物的毁损、灭失是因不可抗力、货物本身的自然性质或者合理损耗以及托运人、收货人的过错造成的,不承担赔偿责任。

典型案例

6. 陈伯明诉陈利等货物运输合同纠纷案

[案例来源:安徽省蚌埠市五河县人民法院(2006)五民二初字第44号民事判决书,《人民法院案例选》2007年第4辑,第182-185页]

原告陈伯明将一批价值17万余元的货物(海鲜)交给被告陈利运输至西安,乘运途中由于被告陈利未能保证行车安全,致使车上货物部分受损。原被告就货物损失赔偿达成协议,约定:货物总价值17万元,所有毁损的货物由被告赔偿给原告;没有毁损的货物由原告运回温岭市加工,加工好的海鲜由加工厂证明总价值,除去包装加工费、运费剩下的余款归被告;运回海鲜的运费14 000元。加工厂证明,原告拉回货物价值为近9万元(货损约8万元),包装加工费约为18 000元。被告诉请原告赔偿损失10万元。经鉴定,实际货损价值为30 455元。

安徽蚌埠五河法院认为,虽然双方对货物损失的计算方式进行了约定,但加工厂出具的证明形式上不符合法定要求,证明的内容不严谨、不规范,货物损失额应以法定鉴定机构的鉴定结论30 455元为准。运回货物的运费14 000元应计算在损失中。因被告是货车的实际车主,又是直接运输人,故被告对所运货物造成损失应承担损害赔偿责任,被告五河县河口汽车修理厂是该车登记的法定车主,故对该货物损失应承担连带责任。法院判决被告陈利赔偿原告陈伯明44 455元,被告五河县河口汽车修理厂承担连带责任。

7. 无锡泰富汽车销售服务有限公司诉上海安吉日邮汽车运输有限公司货物运输合同纠纷案

[案例来源:江苏省无锡市中级人民法院(2006)锡民二终字第0438号民事判决书,《中国审判案例要览(2007年商事审判案例卷)》,第115-121页]

原告泰富公司和案外人戴新可签订一份汽车代理销售合同,约定原告向案外人出售法国产雷诺车一辆,价格25万余元,交货时间为2005年8月10日,案外人交付定金2万元。后原告委托被告安吉日邮公司运送该车辆,被告在运输过程中发生交通事故导致车辆损坏,未能交付该车。8月30日,由于车辆已经损坏,原告和案外人达成协议终止合同,原告赔偿案外人2万元。

被告称愿意承担车辆的全部维修费用2万余元,对于其他损失则不再承担。11月,被告将该车修复后交付给原告,原告收取该车后一直未能售出。双方协商未果。原告诉请被告赔偿损失28万余元。被告(反诉原告)反诉诉请原告(反诉被告)支付运输费2400元。

江苏无锡滨湖法院认为,该车已经损坏,原告在销售时必须向购车者明确说明,否则构成欺诈。从我国消费者来说,由于该车为修复的车而非新车,故消费者必然大大降低价格或者不购买该车,该心理不同于一般意义上的物质损失。由于原告和被告协商未果的情况下又不能擅自降价处理该车,故该车的现状决定了其对原告没有任何实际价值。被告应该赔偿原告损失258 000元及利息损失;由于被告违约导致原告向案外人支付2万元违约金,被告也应赔偿;原告要求的利息损失也为合理,被告也应赔偿。法院判决被告向原告赔偿28万余元;原告向被告支付运费550元。江苏无锡中院二审维持原判。

第八百三十三条　【赔偿数额】货物的毁损、灭失的赔偿额,当事人有约定的,按照其约定;没有约定或者约定不明确,依据本法第五百一十条的规定仍不能确定的,按照交付或者应当交付时货物到达地的市场价格计算。法律、行政法规对赔偿额的计算方法和赔偿限额另有规定的,依照其规定。

典型案例

8. 南京智恒科技有限公司诉上海奇速快递有限公司货物运输合同纠纷案

[案例来源:上海市长宁区人民法院(2006)长民二(商)初字第811号民事判决书,《中国审判案例要览(2007年商事审判案例卷)》,第103－107页]

原告南京智恒公司委托被告奇速公司托运两件物品,收件人向原告分别出具了由被告制作的格式化托运单两张,均注明收件人为杭州十七部,发货人为杭州智恒,收货人为义乌开天电脑有限公司。运费金额5元,运送件数1件,物品品名、体积、计费重量、物品保价及保险费栏均空白。托运单正面的左侧以红字分别写明:"填写本单前,务请阅读背面使用须知！您的签名即视同已接受背书协议条款。"托运单背面运送服务条款中第4条写明:"本公司拒寄现金……手提电脑等贵重物品。若寄件人私藏、夹寄此类物品,无论发生何种情况,后果自负,本公司概不负责。"第6条写明:"客户有购买保险的,按保险公司规定赔偿;没有购买保险的,国内快件:(按)运费的3倍最高不超过人民币200元……"被告接收原告托运的物品,但在运送过程中,上述物品丢失。原告诉请被告返还两台笔记本电脑,返还不能则按市场价值赔偿损失13 800元。

上海长宁法院认为,被告在所涉托运单正面显著位置对背面条款作了特别提示,已经采取了合理的方式提请对方注意,因此,应认定被告对格式条款已经履行了必要的告知和说明义务。在原、被告双方长期业务往来过程中,原告反复使用由被告所提供的格式托运单办理物品托运手续,对于其中所涉货损赔偿条款内容应当给予充分的注意。原告托运的物品均未申明物品及其价值,亦未保价或购买保险,对此可能产生的风险原告应当预见到并可通过向被告要求保价或购买保险的方式避免,原告作为委托人完全享有自由选择权,其行为表明其接受被告提供的合同条款。

托运单背面的运送服务条款第6条已经明确,在没有购买保险的情况下,物品丢失,国内快件按照运费的3倍最高不超过200元赔偿,并没有违反诚实信用原则,不能认定被告存在通过格式条款恶意免除其责任、加重对方责任、排除对方主要权利义务的情形,因此该格式条款应当认定为有效,系双方对赔偿责任的约定,应根据该条款的约定来确定被告的赔偿责任。系争运单并未载明托运物品为手提电脑;原告并未提供充分的证据证明托运物品即为手提电脑。而从运单记载来看,系争物品托运运费只有5元。原告托运货物只能视作一般物品,根据托运单中约定的赔偿标准进行赔偿。法院判决被告赔偿原告损失200元。

第八百三十四条 【联运人责任划分】两个以上承运人以同一运输方式联运的,与托运人订立合同的承运人应当对全程运输承担责任;损失发生在某一运输区段的,与托运人订立合同的承运人和该区段的承运人承担连带责任。

第八百三十五条 【运费的处理】货物在运输过程中因不可抗力灭失,未收取运费的,承运人不得请求支付运费;已经收取运费的,托运人可以请求返还。法律另有规定的,依照其规定。

第八百三十六条 【承运人的留置权】托运人或者收货人不支付运费、保管费或者其他费用的,承运人对相应的运输货物享有留置权,但是当事人另有约定的除外。

第八百三十七条 【货物提存】收货人不明或者收货人无正当理由拒绝受领货物的,承运人依法可以提存货物。

第四节 多式联运合同

第八百三十八条 【多式联运经营人】多式联运经营人负责履行或者组织履行多式联运合同,对全程运输享有承运人的权利,承担承运人的义务。

典型案例

9. 宜基国际有限公司诉中国铁路对外服务上海公司等货运代理合同纠纷案

[案例来源:上海铁路运输中级法院民事判决书,《人民法院案例选》2004年商事·知识产权专辑,第180-186页]

1998年5月30日,原告宜基公司与案外人美乌公司签订购销合同,原告向其提供书包,约定应在7月25日前将货物运至乌兹别克斯坦塔什干市,逾期一周支付总货款10%赔偿金,逾期二周支付20%赔偿金。原告和被告中铁公司签订出口委托书一份,委托被告将货物运送到目的地,并明确收货人是美乌公司。6月,被告向铁路上海西站办理了货物托运手续,填写的国际联运运单中,发货人为原告,收货人为索驰运输公司。7月,货物到达目的地,承运人通知收货人索驰公司取货,但遭拒领。美乌公司不是运单上的收货人而无法领货,即要求原告变更收货人。原告即向被告提出变更要求,被告发出通知变更收货人。8月,目的地站将货物交付给美乌公司。10月,原告和美乌公司签订赔偿协议,约定原告赔偿对方在当地采购书包而额外支出的15 452美元,支付违约金37 935.2美元,赔偿对方支付给教育部的违约金25 737.69美元,共计79 124.89美元。

被告和第三人德国MTE多式联运设备公司于1997年签订了合同,相互提供运输服务。被告在接受委托后,经第三人确认该批货物的收货代理人为索驰运输公司,所以在提单上收货人填写为索驰公司。原告诉请被告支付货款损失、违约金损失,要求第三人MTE公司承担连带责任。

上海铁路运输中院认为,原告与被告签订的委托书中明确收货人为美乌公司,而被告按其与第三人的协议另行确定索驰运输公司为运单中的收货人,且被告没有证据证明联运提单已交付给原告,故被告在联运提单中增设索驰运输公司为收货代理人的行为并未得到原告的认可,应确认为违约行为。原告虽未在签订货运代理合同时向被告出示其与案外人美乌公司间的订购合同,但被告作为专业的货运代理公司对其擅自另行指定收货代理人的行为,有可能增加货物的交接环节、收货代理人有可能拒收，从而延误原告指定的收货人及时提货，并造成委托人的经济损失是可以预见的。被告擅自另行指定收货代理人的违约行为及收货代理人拒收的行为，导致货物于 7 月 19 日到达目的站后原告指定的收货人美乌公司不能及时领取货物。原告向美乌公司支付违约金而产生的实际损失与被告的违约行为有直接因果关系。

被告有偿为原告提供代理服务，应全面、真实地履行原告委托的事项。被告未经委托人同意，擅自变更收货人的行为已构成违约，且具有过错，应承担相应的违约责任。原告因延期两周向美乌公司交货而予以赔偿所产生的直接损失与被告的过错有直接因果关系，原告有权请求被告支付其向美乌公司赔偿的违约金。对原告向案外人美乌公司支付的其他赔偿金，因其双方在订购单上并未约定，系原告自愿向美乌公司作出的赔偿，也是被告所无法预见到的，与本案无直接因果关系，原告对此两笔费用提出的诉讼请求无法律依据，应不予支持。

当事人一方因另一方违反合同受到损失的，应当及时采取措施防止损失的扩大，没有及时采取措施致使损失扩大的，无权就扩大的损失要求赔偿。原告指定的收货人美乌公司提货时书包是完好无损的，原告应当妥善、及时地处理货物，采取适当措施防止损失的扩大，原告没有履行此义务，不得就扩大的损失要求违约方赔偿。原告也未能提供充分证据证明书包已全部毁损，故原告关于货款损失的请求无事实和法律依据，应不予支持。

被告在本案中实为第三人 MTE 公司在中国境内运输段的代理，被告以自己的名义在第三人 MTE 公司的授权范围内与原告订立出口货运委托合同，但原告在与被告签订合同时并不知道被告与第三人 MTE 公司之间有代理关系，故被告与第三人之间的协议不能直接约束原告。

法院判决被告赔偿原告损失 37 935.2 美元。

第八百三十九条　【多式联运的责任划分】多式联运经营人可以与参加多式联运的各区段承运人就多式联运合同的各区段运输约定相互之间的责任；但是，该约定不影响多式联运经营人对全程运输承担的义务。

第八百四十条　【多式联运单据】多式联运经营人收到托运人交付的货物时，应当签发多式联运单据。按照托运人的要求，多式联运单据可以是可转让单据，也可以是不可转让单据。

第八百四十一条　【托运人过错责任】因托运人托运货物时的过错造成多式联运经营人损失的，即使托运人已经转让多式联运单据，托运人仍然应当承担赔偿责任。

第八百四十二条　【货物毁损的赔偿责任和责任限额】货物的毁损、灭失发生于多式联运的某一运输区段的，多式联运经营人的赔偿责任和责任限额，适用调整该区段运输方式的有关法律规定；货物毁损、灭失发生的运输区段不能确定的，依照本章规定承担赔偿责任。

第二十章 技 术 合 同

第一节 一 般 规 定

第八百四十三条 【技术合同】技术合同是当事人就技术开发、转让、许可、咨询或者服务订立的确立相互之间权利和义务的合同。

第八百四十四条 【技术合同的订立原则】订立技术合同，应当有利于知识产权的保护和科学技术的进步，促进科学技术成果的研发、转化、应用和推广。

第八百四十五条 【技术合同的内容】技术合同的内容一般包括项目的名称，标的的内容、范围和要求，履行的计划、地点和方式，技术信息和资料的保密，技术成果的归属和收益的分配办法，验收标准和方法，名词和术语的解释等条款。

与履行合同有关的技术背景资料、可行性论证和技术评价报告、项目任务书和计划书、技术标准、技术规范、原始设计和工艺文件，以及其他技术文档，按照当事人的约定可以作为合同的组成部分。

技术合同涉及专利的，应当注明发明创造的名称、专利申请人和专利权人、申请日期、申请号、专利号以及专利权的有效期限。

第八百四十六条 【价款等的支付方式】技术合同价款、报酬或者使用费的支付方式由当事人约定，可以采取一次总算、一次总付或者一次总算、分期支付，也可以采取提成支付或者提成支付附加预付入门费的方式。

约定提成支付的，可以按照产品价格、实施专利和使用技术秘密后新增的产值、利润或者产品销售额的一定比例提成，也可以按照约定的其他方式计算。提成支付的比例可以采取固定比例、逐年递增比例或者逐年递减比例。

约定提成支付的，当事人可以约定查阅有关会计账目的办法。

第八百四十七条　【职务技术成果】职务技术成果的使用权、转让权属于法人或者非法人组织的，法人或者非法人组织可以就该项职务技术成果订立技术合同。法人或者非法人组织订立技术合同转让职务技术成果时，职务技术成果的完成人享有以同等条件优先受让的权利。

职务技术成果是执行法人或者非法人组织的工作任务，或者主要是利用法人或者非法人组织的物质技术条件所完成的技术成果。

第八百四十八条　【非职务技术成果】非职务技术成果的使用权、转让权属于完成技术成果的个人，完成技术成果的个人可以就该项非职务技术成果订立技术合同。

第八百四十九条　【技术成果完成人】完成技术成果的个人享有在有关技术成果文件上写明自己是技术成果完成者的权利和取得荣誉证书、奖励的权利。

实务指引

笔者认为，按照现有的法律规定，给予职务发明人奖励和报酬完全是由单位决定的，这可能会在一定程度上打击职务发明人的积极性。如果让职务发明人和单位先协商，在双方无法达成一致意见时，由法院依据公平原则和行业惯例给予职务发明人奖励和报酬，这样的处理方式似乎是可以考虑的。

典型案例

1．彭义霆、田晓辉诉湖北工业大学职务技术成果完成人奖励、报酬纠纷案

［案例来源：湖北省高级人民法院（2014）鄂民三终字第00109号民事判决书，《人民法院案例选》2017年第2辑，第183－193页］

案外人付建生、原告彭义霆、原告田晓辉是被告湖北工业大学的老师，三人组成的课题组研发了职务技术成果×××颜料生产专有技术。

2001年6月，廊坊欧克精细化工有限公司（以下简称欧克公司）与被告签订《技术投资入股合同》，合同约定，被告以颜料生产专有技术作价人民币76万元以及对原告享有的债权24万元入股，享有100万元的出资额。2001年12月，经验资报告，确认被告出资100万元（3.33%），原告彭义霆出资16万元（0.53%），原告田晓辉出资16万元（0.53%）。

2009年12月，案外人深圳市中圳兴科技发展有限公司（以下简称中圳兴公司）经拍卖以545万元竞得湖北工业大学持有的欧克公司100万股股权。2010年1月，被告、中圳兴公司、欧克公司签订《股权转让协议》，约定被告将其持有的欧克公司

100 万股股权作价 545 万元,转让给中圳兴公司。

2009 年 10 月 9 日,被告出台的文件《关于加强科学研究工作的若干意见》第 11 条规定:"……技术转让净收入的 70% 一次性奖励科技成果完成人;科技成果入股时作价金额的 70% 股份一次性奖励给科技成果完成人。"二原告诉请被告向其各支付奖励报酬 127 万余元。

湖北武汉中院重审认为,原告彭义霆、原告田晓辉依法享有涉案职务技术成果的奖励、报酬权。被告为促进科技成果转化制定的内部文件,即是该校对于职务技术成果完成人的奖励报酬政策,在文件规定的奖励报酬条件成就时,该校应当遵守。被告持有欧克公司股权,但直至 2009 年拍卖该股权时仍未就该股权本身向职务技术成果完成人进行奖励或支付报酬,现股权已被转让,职务技术成果完成人享有此期间股权的资本增值收益更能体现《合同法》和《促进科技成果转化法》关于保护职务技术成果完成人权益和促进科学技术创新的法律精神。

二原告只对被告持有的 100 万股中 76% 的技术投资入股享有权益,另 24 万股来自被告的债权,与涉案技术成果的出资入股无关。根据被告的文件规定,对于 545 万元股权转让款的 76% 即 4 142 000 元,在被告提取 30% 后,二原告与案外人付建生对该款的 70% 即 2 899 000 元各享有 1/3 的权利,即 966 000 元。法院判决被告向二原告各支付奖励报酬 966 000 元。湖北高院二审维持原判。

第八百五十条 【技术合同的无效】非法垄断技术或者侵害他人技术成果的技术合同无效。

典型案例

2. 厦门大洋工艺品有限公司诉厦门市黄河技术贸易有限公司专利实施许可合同纠纷案

[案例来源:最高人民法院(2003)民三终字第 8 号民事判决书,《最高人民法院公报》2004 年卷,第 260 - 264 页]

1999 年 11 月 19 日,被告黄河公司与原告大洋公司签订专利实施许可合同,约定:原告实施被告拥有的专利技术"黄河"牌 NEW - 668 型石板材一次压制成型机;合同签订后的 10 天内,原告向被告支付定金人民币 50 万元,被告在收到定金后 100 天内,分批负责制造出本合同应供给原告的生产线,并运抵原告指定的工厂。设备安装调试前支付 30 万元,安装调试合格后支付 20 万元;其余人民币 400 万元由原告用×××房产抵合同货款。合同签订后,原告按合同约定将房产交付给被告抵合同款,但未按照合同约定支付定金。

1999 年 11 月，被告委托某机械厂生产黄河牌 NEW－668A 型石板材一次压制成型机 50 台及黄河牌特种模具 250 副，并已支付合同款项。12 月 23 日，被告向某输送机公司订制重型悬挂输送机 3 条，当挂物输送线运抵原告的生产基地安装时，遭到原告项目负责人的阻拦，导致输送线无法安装，后来依原告通知，该输送机公司又将输送线运回。因原告不允许安装设备，被告通知机械厂暂停生产机器及模具等。双方签订的专利实施许可合同停止履行。原告诉请解除专利实施许可合同，被告返还因该合同取得的财产。

福建高院一审认为，合同签订后，原告大洋公司未依合同规定交付定金并继续履行完付款义务，构成违约，而被告黄河公司在履行合同部分义务后，因遭到原告的无理阻拦而被迫停止合同的继续履行。现原告以被告没有履行合同等为理由要求解除合同没有事实依据，讼争合同尚不具备解除合同的条件。双方签订的合同也没有特别约定合同解除的条件，据此，在黄河公司不同意解除合同的情况下，大洋公司单方解除合同及返还款项的请求不应得到支持。法院判决驳回原告大洋公司的诉讼请求。

大洋公司上诉称，讼争合同“非法垄断技术、妨碍技术进步”。最高人民法院认为，“非法垄断技术、妨碍技术进步”的行为，是指要求技术接受方接受非实施技术必不可少的附带条件，包括购买技术接受方不需要的技术、服务、原材料、设备或者产品等和接收技术接受方不需要的人员，以及不合理地限制技术接受方自由选择从不同来源购买原材料、零部件或者设备等。讼争合同涉及的石材成型机是包含专利技术的专用设备，大洋公司实施该技术，购买该机器设备是必需的。大洋公司从黄河公司处约定获得的专利实施许可，并不是制造专利产品（石材切压成型机），而是通过使用该专利产品生产、销售最终产品石材。因此，在专利实施许可合同中约定由技术许可方提供履行合同所需要的专用设备并不违反法律、法规的规定。

第二节　技术开发合同

第八百五十一条　【技术开发合同】技术开发合同是当事人之间就新技术、新产品、新工艺、新品种或者新材料及其系统的研究开发所订立的合同。

技术开发合同包括委托开发合同和合作开发合同。

技术开发合同应当采用书面形式。

当事人之间就具有实用价值的科技成果实施转化订立的合同，参照适用技术开发合同的有关规定。

第八百五十二条　【委托人的义务】委托开发合同的委托人应当按照约定支付研究开发经费和报酬，提供技术资料，提出研究开发要求，完成协作事项，接受研究开发成果。

第八百五十三条　【开发人的义务】委托开发合同的研究开发人应当按照约定制定和实施研究开发计划，合理使用研究开发经费，按期完成研究开发工作，交付研究开发成果，提供有关的技术资料和必要的技术指导，帮助委托人掌握研究开发成果。

第八百五十四条　【委托开发的责任承担】委托开发合同的当事人违反约定造成研究开发工作停滞、延误或者失败的，应当承担违约责任。

第八百五十五条　【合作开发的权利义务】合作开发合同的当事人应当按照约定进行投资，包括以技术进行投资，分工参与研究开发工作，协作配合研究开发工作。

第八百五十六条　【合作开发的责任承担】合作开发合同的当事人违反约定造成研究开发工作停滞、延误或者失败的，应当承担违约责任。

第八百五十七条　【技术公开时的解除权】作为技术开发合同标的的技术已经由他人公开，致使技术开发合同的履行没有意义的，当事人可以解除合同。

第八百五十八条　【技术开发的风险负担】技术开发合同履行过程中，因出现无法克服的技术困难，致使研究开发失败或者部分失败的，该风险由当事人约定；没有约定或者约定不明确，依据本法第五百一十条的规定仍不能确定的，风险由当事人合理分担。

当事人一方发现前款规定的可能致使研究开发失败或者部分失败的情形时，应当及时通知另一方并采取适当措施减少损失；没有及时通知并采取适当措施，致使损失扩大的，应当就扩大的损失承担责任。

第八百五十九条　【委托开发的成果归属】委托开发完成的发明创造，除法律另有规定或者当事人另有约定外，申请专利的权利属于研究开发人。研究开发人取得专利权的，委托人可以依法实施该专利。

研究开发人转让专利申请权的，委托人享有以同等条件优先受让的权利。

实务指引

这充分保障了研究开发人的权益。如果合同未进行约定，则发明的所有权属于研究开发人。

第八百六十条　【合作开发的成果归属】合作开发完成的发明创造，申请专利的权利属于合作开发的当事人共有；当事人一方转让其共有的专利申请权的，其他各方享有以同等条件优先受让的权利。但是，当事人另有约定的除外。

合作开发的当事人一方声明放弃其共有的专利申请权的，除当事人另有约定外，可以由另一方单独申请或者由其他各方共同申请。申请人取得专利权的，放弃专利申请权的一方可以免费实施该专利。

合作开发的当事人一方不同意申请专利的，另一方或者其他各方不得申请专利。

第八百六十一条　【技术成果的利用】委托开发或者合作开发完成的技术秘密成果的使用权、转让权以及收益的分配办法，由当事人约定；没有约定或者约定不明确，依据本法第五百一十条的规定仍不能确定的，在没有相同技术方案被授予专利权前，当事人均有使用和转让的权利。但是，委托开发的研究开发人不得在向委托人交付研究开发成果之前，将研究开发成果转让给第三人。

第三节　技术转让合同和技术许可合同

第八百六十二条　【技术转让、许可合同】技术转让合同是合法拥有技术的权利人，将现有特定的专利、专利申请、技术秘密的相关权利让与他人所订立的合同。

技术许可合同是合法拥有技术的权利人，将现有特定的专利、技术秘密的相关权利许可他人实施、使用所订立的合同。

技术转让合同和技术许可合同中关于提供实施技术的专用设备、原材料或者提供有关的技术咨询、技术服务的约定，属于合同的组成部分。

第八百六十三条 【技术转让、许可合同的类型及形式】技术转让合同包括专利权转让、专利申请权转让、技术秘密转让等合同。

技术许可合同包括专利实施许可、技术秘密使用许可等合同。

技术转让合同和技术许可合同应当采用书面形式。

第八百六十四条 【不得限制竞争】技术转让合同和技术许可合同可以约定实施专利或者使用技术秘密的范围，但是不得限制技术竞争和技术发展。

典型案例

3. 美国商翔国际有限公司诉中国南车集团株洲电力机车厂、湖南进出口集团公司中邦分公司技术秘密使用许可合同纠纷案

［案例来源：湖南省高级人民法院(2005)湘高法民三终字第12号民事判决书，《中国审判案例要览(2006年民事审判案例卷)》，第581－588页］

2001年11月9日，原告美国商翔公司与被告株洲机车厂、被告中邦公司签订了《不泄露不竞争协议》，约定：三方同意由商翔公司提供有关机密资料给机车厂和中邦公司，包括卷扬机架系列产品的样品和图纸。机车厂和中邦公司保证不泄露信息给任何人和公司，并保证不直接与这些客户发生任何联系。机车厂与中邦公司无论是在产品开发过程中还是开发后，任何时候都不能向任何个人、组织、公司或其他实体泄露、提供或使之有可能直接或间接得到商翔公司拥有的信息资料。机车厂和中邦公司同意不给商翔公司以外的任何客户生产与商翔公司提供的图纸等有关信息相类似的或三方已确认了图纸的产品。本协议依照田纳西州法律进行解释和确定管辖，有效期为8年。签约后，机车厂按商翔公司的要求生产卷扬机架系列产品交中邦公司销售。

2004年4月，机车厂开始为美国ez脚手架公司生产卷扬机，脚手架产品。经鉴定，以上两种卷扬机产品适用性能、整体结构相同、技术要求及加工工艺基本相同，所选型材规格及各种零部件主要尺寸基本一致，但部分零部件尺寸、形状、安装方式及外涂颜色上有差别，故应归于不完全相同之“类似”产品。

原告认为被告侵犯了原告的商业秘密，其违约行为给原告带来了巨大的经济损失，原告诉请两被告停止侵犯商业秘密、进行不正当竞争的违约行为；两被告支付原告人民币30万元违约赔偿，原告保留追加赔偿的权利。

湖南长沙中院一审认为，被告机车厂为美国ez公司生产的卷扬机、脚手架产品与为商翔公司生产的产品构成相似，违反了协议约定的不泄露不竞争条款，应认定为违约，依法应当承担违约责任。

协议虽然约定了适用美国田纳西州法律，被告也提交了美国乔治·W.堪尼的专家证词,证词中引用了田纳西州法律条款及判例,但该法律条款及判例并不完整,况且被告机车厂在举证期限内以及法庭延长的15天合理期限内均未能向法庭提供该专家证词的公证、认证手续,故本案属于域外法不能查明的情况。

由于本案存在侵权和违约责任的竞合,原告当庭选择违约责任承担方式,符合法律规定,故原告请求被告停止侵权的诉讼请求,法院不予支持。法院判决被告机车厂赔偿原告人民币30万元。

湖南高院二审认为,查明法律不是一方当事人的举证义务,而是双方当事人的责任,同时也是人民法院的责任。机车厂提供了美国田纳西州的法律。法院根据掌握的资料,已查明田纳西州的法律,同时查明适用于美国联邦各州的《谢尔曼反托拉斯法》和《克莱顿反托拉斯法》。在美国田纳西州的法律已经查明的情况下,本案应当适用美国田纳西州的法律。

根据田纳西州的相关判例和美国《谢尔曼反托拉斯法》和《克莱顿反托拉斯法》的规定,任何不合理的限制竞争、垄断贸易、损害贸易的行为都属于无效行为。《不泄露不竞争协议》的相关条款和合同精神违反了上述规定,三方当事人的意思表示都应当认定为无效。同时,协议通过对没有具体范围的“商业秘密”的约定,以排斥机车厂、中邦公司为合同以外的当事人生产商翔公司并不具有商业秘密所有权的产品,实质上是排斥和限制贸易竞争的行为,故商翔公司对不具有所有权的商业秘密的不当保护条款,是限制竞争合同条款的附属行为和手段,同样不具有法律效力。法院改判驳回商翔公司的诉讼请求。

第八百六十五条 【专利实施许可合同的有效期】专利实施许可合同仅在该专利权的存续期限内有效。专利权有效期限届满或者专利权被宣告无效的,专利权人不得就该专利与他人订立专利实施许可合同。

第八百六十六条 【许可人的义务】专利实施许可合同的许可人应当按照约定许可被许可人实施专利,交付实施专利有关的技术资料,提供必要的技术指导。

第八百六十七条 【被许可人的义务】专利实施许可合同的被许可人应当按照约定实施专利,不得许可约定以外的第三人实施该专利,并按照约定支付使用费。

第八百六十八条 【让与人、许可人的义务】技术秘密转让合同的让与人和技术秘密使用许可合同的许可人应当按照约定提供技术资料,进行技术指导,保证技术的实用性、可靠性,承担保密义务。

前款规定的保密义务,不限制许可人申请专利,但是当事人另有约定的除外。

第八百六十九条 【受让人、被许可人的义务】技术秘密转让合同的受让人和技术秘密使用许可合同的被许可人应当按照约定使用技术,支付转让费、使用费,承担保密义务。

第八百七十条 【权利瑕疵担保责任】技术转让合同的让与人和技术许可合同的许可人应当保证自己是所提供的技术的合法拥有者,并保证所提供的技术完整、无误、有效,能够达到约定的目标。

典型案例

4. 江苏济川制药有限公司诉北京福瑞康正医药技术研究所技术转让合同纠纷案

[案例来源:最高人民法院(2013)民申字第718号民事裁定书,《人民法院案例选》2014年第2辑,第277-288页]

2003年12月,原告济川公司与被告福瑞研究所签订盐酸罗哌卡因原料与注射剂技术转让合同,原告分四期支付150万元的技术转让费。合同生效后,原告依约分别支付技术转让款,并投入数十万元进行盐酸罗哌卡因注射液的临床试验。临床试验结束后,原告与被告共同申请新药证书和生产批件,国家药监局不批准注册申请,理由为:发现本申请药学方面资料存在真实性问题。因新药注册申请未获批准,盐酸罗哌卡因氯化钠注射液注册申请亦未批准。原告诉请解除双方转让合同,被告退回技术转让费150万元。

江苏泰州中院一审认为,福瑞研究所技术原因导致新药申报失败,构成根本违约。合同约定,福瑞研究所应保证转让品种的技术内容与有关数据的真实与可靠性。虽然福瑞研究所只是协助济川公司办理申报新药证书、生产批件,但前述药学资料的真实性问题却是相关注册申请不获国家药监局批准的根本原因。福瑞研究所作为相关技术出让人提供不真实的试验数据,其主观上具有主要过错。因福瑞研究所未能依照合同约定,向济川公司提供真实可靠的技术资料,最终导致济川公司未能获得新药证书和生产批件,构成违约行为。根据双方订立合同的目的、福瑞研究所违约行为及其对实现合同目的的影响、双方都有不再继续履行合同的意愿等实际情况,技术转让合同应予解除。法院判决解除合同,被告退回技术转让费150万元。江苏高院二审维持原判。

最高人民法院再审进一步指出,福瑞研究所向济川公司提供真实可靠的技术资料,不仅是双方合同的约定,也是其作为药品注册申请人的法定义务。福瑞研究所提供的药学试验资料存在的真实性问题,直接导致济川公司签订的技术转让合同目的落空，福瑞研究所理应承担违约责任。由于福瑞研究所违反约定向济川公司提供了不真实的技术资料，致使合同目的无法实现，济川公司有权要求解除技术转让合同。

第八百七十一条　【保密义务】技术转让合同的受让人和技术许可合同的被许可人应当按照约定的范围和期限，对让与人、许可人提供的技术中尚未公开的秘密部分，承担保密义务。

第八百七十二条　【许可人、让与人的违约责任】许可人未按照约定许可技术的，应当返还部分或者全部使用费，并应当承担违约责任；实施专利或者使用技术秘密超越约定的范围的，违反约定擅自许可第三人实施该项专利或者使用该项技术秘密的，应当停止违约行为，承担违约责任；违反约定的保密义务的，应当承担违约责任。

让与人承担违约责任，参照适用前款规定。

第八百七十三条　【被许可人、受让人的违约责任】被许可人未按照约定支付使用费的，应当补交使用费并按照约定支付违约金；不补交使用费或者支付违约金的，应当停止实施专利或者使用技术秘密，交还技术资料，承担违约责任；实施专利或者使用技术秘密超越约定的范围的，未经许可人同意擅自许可第三人实施该专利或者使用该技术秘密的，应当停止违约行为，承担违约责任；违反约定的保密义务的，应当承担违约责任。

受让人承担违约责任，参照适用前款规定。

第八百七十四条　【侵权责任的承担】受让人或者被许可人按照约定实施专利、使用技术秘密侵害他人合法权益的，由让与人或者许可人承担责任，但是当事人另有约定的除外。

第八百七十五条　【后续改进成果的利益分配】当事人可以按照互利的原则，在合同中约定实施专利、使用技术秘密后续改进的技术成果的分享办法；没有约定或者约定不明确，依据本法第五百一十条的规定仍不能确定的，一方后续改进的技术成果，其他各方无权分享。

典型案例

5. 王兴华诉黑龙江无线电一厂专利实施许可合同纠纷案

［案例来源：最高人民法院(2006)民三提字第2号民事判决书，《最高人民法院公报》2007年卷，第260－265页］

1990年11月1日，原告王兴华与被告无线电一厂签订《专利实施许可合同》，约定:王兴华将其实用新型专利“单人便携式浴箱”有偿转让给无线电一厂使用,双方均可对专利进行技术改进设计,不影响本合同的执行;1990 年 10 月至 1991 年 10 月,无线电一厂按销售额的 2.5% 付给王兴华专利使用费;1991 年 10 月至 1996 年 3 月,无线电一厂按销售额的 2.6% 付给王兴华使用费。

1991 年 3 月 20 日,王兴华与无线电一厂签订《终止合同协议书》,以该合同涉及的“单人便携式浴箱”的结构形式在生产中无法实施为由终止了合同。

王兴华与王振中、吕文富、梅明宇三位第三人之间的专利权属纠纷业经哈尔滨中院生效判决确认,“单人便携式浴箱”发明专利权属为王兴华、王振中、吕文富共有,效益分配比例为王兴华 45%,王振中 35%,吕文富 15%,梅明宇 5%。原告王兴华诉请被告无线电一厂支付专利使用费。

黑龙江哈尔滨中院一审认为,生效判决确认专利权为王兴华及王振中、吕文富共有,无线电一厂应按约定给付王兴华及王振中、吕文富、梅明宇相应的使用费。此款无线电一厂已实际支付,王兴华及王振中、吕文富、梅明宇应按判决确认的分配比例分享。法院判决驳回原告诉讼请求。

黑龙江高院二审查明,无线电一厂从 1990 年 10 月至 1996 年 3 月对“单人便携式浴箱”专利技术进行了改进,先后生产出 S－400A 型浴箱、S－400B 型浴箱。无线电一厂在王兴华专利有效期内共生产 S－400A、S－400B 浴箱 291 847 台,销售 270 086 台。1993 年 7 月 10 日以后,无线电一厂停止支付专利使用费。

法院认为,1991 年 3 月,王兴华在没有征得王振中、梅明宇同意和授权的情况下,以个人名义与无线电一厂签订《终止合同协议书》侵害了他人的合法权益,且《终止合同协议书》签订后,无线电一厂并没有返还技术的全套设计图纸和设计资料,仍然使用该专利技术进行生产,至 1993 年 7 月 10 日还在支付专利使用费,这些行为说明《终止合同协议书》并未实际履行。

王兴华等人发生权属争议后,经有关部门和法院确认专利权为王兴华、王振中、吕文富共有。依照法律规定,1989 年 6 月 1 日中国专利局授予该专利权之日,专利权即为王兴华、王振中、吕文富共有。王兴华擅自以个人名义与无线电一厂签订《终止合同协议书》应认定无效。无线电一厂应按照排他实施许可合同的约定支付专利使用费。法院改判无线电一厂支付王兴华、王振中、吕文富、梅明宇专利使用费 324 万余元。

黑龙江高院再审查明,原二审期间,黑龙江高院曾就无线电一厂生产的 S－400A 型和 S－400B 型专利产品技术是否落入王兴华等“单人便携式浴箱专利”的保护范围,委托国家科委知识产权事务中心进行技术鉴定。其鉴定结论为:S－400A 型和 S－400B 型专利产品技术没有落入王兴华等专利的保护范围。

法院认为,1991 年 3 月王兴华与无线电一厂签订《终止合同协议书》时,仍是专利证书上所记载的唯一专利权人。在此期间,王振中、吕文富、梅明宇等人对涉案专利权与王兴华共有的权利并未依法得以确认。实施许可合同和《终止合同协议书》的专利实施许可方均由王兴华一人签字,故两份合同均为有效合同。专利权经确认为共有时,无线电一厂基于《专利实施许可合同》所负的义务已经依《终止合同协议书》解除,与王兴华等人之间已不存在合同关系,无须支付专利使用费。无线电一厂改进的 S－400A 和 S－400B 型浴箱,经鉴定,没有落入"单人便携式浴箱"专利的保护范围,无须支付专利使用费。法院改判维持原一审判决,即驳回原告诉讼请求。

最高人民法院再审查明,1990 年 11 月签订《专利实施许可合同》时,王兴华是作为甲方(王兴华、王振中、梅明宇)代表签名,该合同虽没有约定专利的处分权归上述三人共有,但约定了甲方有获得入门费、专利使用费的权利。该合同虽未约定其他两人的收益数额,但没有约定的只是具体的分配比例,并不是没有约定两人应获得收益。

法院认为,1991 年 3 月,王兴华与无线电一厂签订终止协议书时,未经其他许可人的同意和授权,擅自终止原签订的《专利实施许可合同》,损害了其他许可人的利益。根据原审查明的事实,王兴华与无线电一厂签订终止协议书,目的是想撇开王振中等人。对于王兴华的用意以及王兴华与王振中等人的专利权属纠纷,无线电一厂是明知的。《终止合同协议书》无效。

《专利实施许可合同》约定:甲乙双方均可对专利进行技术改进设计,但不改变该专利的实际属性,不影响本合同的执行。无线电一厂应当按照约定向王兴华、王振中、梅明宇支付专利实施许可使用费。吕文富作为专利权人之一,理应获得相应的份额。

不管无线电一厂继续使用的是王兴华等人的专利技术,还是经过改进的自己的技术或者获得专利的技术,均涉及专利侵权判定,本案对此不应予以审理。原再审期间,黑龙江高院采用的鉴定结论未在法庭上出示、未经双方当事人质证,原再审判决将其作为定案的依据,违反法定程序。法院改判维持原二审判决,即无线电一厂支付王兴华、王振中、吕文富、梅明宇专利使用费 324 万余元。

第八百七十六条 【其他知识产权转让和许可合同】集成电路布图设计专有权、植物新品种权、计算机软件著作权等其他知识产权的转让和许可,参照适用本节的有关规定。

第八百七十七条 【特别法优先适用】法律、行政法规对技术进出口合同或者专利、专利申请合同另有规定的,依照其规定。

第四节　技术咨询合同和技术服务合同

第八百七十八条　【技术咨询、服务合同】技术咨询合同是当事人一方以技术知识为对方就特定技术项目提供可行性论证、技术预测、专题技术调查、分析评价报告等所订立的合同。

技术服务合同是当事人一方以技术知识为对方解决特定技术问题所订立的合同,不包括承揽合同和建设工程合同。

第八百七十九条　【技术咨询合同委托人的义务】技术咨询合同的委托人应当按照约定阐明咨询的问题,提供技术背景材料及有关技术资料,接受受托人的工作成果,支付报酬。

第八百八十条　【技术咨询合同受托人的义务】技术咨询合同的受托人应当按照约定的期限完成咨询报告或者解答问题,提出的咨询报告应当达到约定的要求。

第八百八十一条　【技术咨询合同的责任承担】技术咨询合同的委托人未按照约定提供必要的资料,影响工作进度和质量,不接受或者逾期接受工作成果的,支付的报酬不得追回,未支付的报酬应当支付。

技术咨询合同的受托人未按期提出咨询报告或者提出的咨询报告不符合约定的,应当承担减收或者免收报酬等违约责任。

技术咨询合同的委托人按照受托人符合约定要求的咨询报告和意见作出决策所造成的损失,由委托人承担,但是当事人另有约定的除外。

第八百八十二条　【技术服务合同委托人的义务】技术服务合同的委托人应当按照约定提供工作条件,完成配合事项,接受工作成果并支付报酬。

第八百八十三条　【技术服务合同受托人的义务】技术服务合同的受托人应当按照约定完成服务项目,解决技术问题,保证工作质量,并传授解决技术问题的知识。

第八百八十四条　【技术服务合同的责任承担】技术服务合同的委托人不履行合同义务或者履行合同义务不符合约定,影响工作进度和质量,不接受或者逾期接受工作成果的,支付的报酬不得追回,未支付的报酬应当支付。

技术服务合同的受托人未按照约定完成服务工作的，应当承担免收报酬等违约责任。

第八百八十五条　【新技术成果的归属】技术咨询合同、技术服务合同履行过程中，受托人利用委托人提供的技术资料和工作条件完成的新的技术成果，属于受托人。委托人利用受托人的工作成果完成的新的技术成果，属于委托人。当事人另有约定的，按照其约定。

第八百八十六条　【费用承担】技术咨询合同和技术服务合同对受托人正常开展工作所需费用的负担没有约定或者约定不明确的，由受托人负担。

第八百八十七条　【特别法优先适用】法律、行政法规对技术中介合同、技术培训合同另有规定的，依照其规定。

第二十一章 保管合同

第八百八十八条 【保管合同】保管合同是保管人保管寄存人交付的保管物，并返还该物的合同。

寄存人到保管人处从事购物、就餐、住宿等活动，将物品存放在指定场所的，视为保管，但是当事人另有约定或者另有交易习惯的除外。

典型案例

1. 梁锡念诉中山市保安服务总公司、中山市保安服务总公司石岐区分公司保安服务合同纠纷案

［案例来源：广东省中山市中级人民法院(2008)中中法审监民再字第8号民事判决书，《中国审判案例要览(2009年民事审判案例卷)》，第264－271页］

中山市卫生局与疾控中心在同一大院内办公。被告保安分公司负责卫生局和疾控中心的保安工作，其具体工作要求主要是接听、转接值班室电话、指挥车辆停放、定期检查防火设施、开放电梯电灯以及院内24小时治安管理。卫生局和疾控中心每月支付每名保安工资1300元。某星期日，原告梁锡念到其工作单位疾控中心加班。12时左右，原告向被告保安分公司保安员报案称，其停放于大院内的摩托车被盗，并随即报警，但至今未破案。原告基于保管合同关系诉请被告保安总公司、保安分公司赔偿经济损失13 000元。

广东中山法院一审认为，保安分公司在院内配备保安员值班，其工作内容主要是负责维持大院日常的公共秩序。从保安分公司提供的值班情况登记表来看，事发当日保安员有正常值班，已履行了一般性的保安服务工作。从权利义务对等的原则来说，由于双方是一种有偿服务，保安分公司提供的有偿服务是一种与收费相适应的一般性服务，而不能要求保安分公司的保安工作达到预防、杜绝犯罪发生的程度，也就不能要求其对犯罪行为导致的损失承担责任。虽然保安分公司没有对出入大院的车辆进行登记等，但这是受疾控中心本身对外服务的性质所限，并非保安公司不履行职责。法院判决驳回原告诉讼请求。

广东中山中院二审认为,梁锡念与保安分公司之间存在保安服务关系而不是车辆保管合同关系。梁锡念以双方存在保管合同关系为由请求保安分公司承担全部赔偿责任缺乏法律依据。由于保安分公司没有提供完善的保安服务,导致梁锡念的摩托车被盗,保安分公司应负担一部分的赔偿责任。但是,梁锡念未提供证据证明其损失的大小以确定保安分公司的具体赔偿责任,一审判决驳回梁锡念诉讼请求的处理正确。法院判决维持原判。

广东中山中院再审进一步指出,保安服务公司作为专门从事有偿安全防范服务,维护保安服务目标安全的企业,其所承担的保安责任应有法律规定或保安服务合同约定为依据,不能要求保安服务公司无限度地承担客户人身、财产的保险责任。事发当天,保安分公司的保安员正常值班,不存在脱岗、空岗等行为,梁锡念丢失摩托车后即找到保安员报案,保安员亦协助梁锡念报警,并记录,履行了保安员职责,尽到了安全防范的义务。

卫生局并未要求保安员对出入大院的车辆、人员进行登记、盘问,且未安装报警或监控系统,大院安全防范措施存在一定疏漏,保安分公司对此并无责任。虽然案发当天为星期日,往来人员较工作日少,但仍不能超出约定范围和标准要求保安员对出入车辆进行登记。保安员在履行职责过程中,并无明显失职行为。

保安分公司进行门卫值班、巡查等安全防范工作的直接目的是减少或防范犯罪,但由于绝大多数案件的突发性很强,即使履行了正常的防范性安全保卫义务,也无法避免犯罪行为的发生。保安分公司与卫生局、疾控中心之间并非保管合同关系,而是保安服务合同关系,其职责是保卫,而不是保管,在发生失窃案件后,保安分公司只能依照自己的职责承担相对应的责任。二审判决认定事实清楚,认定保安分公司应承担部分责任属适用法律不当,但驳回梁锡念诉讼请求的处理结果正确,应予维持。

2. 熊斌诉秭归县世纪星酒店保管合同纠纷案

[案例来源:湖北省宜昌市中级人民法院(2004)宜民终字第277号民事判决书,《中国审判案例要览(2005年商事审判案例卷)》,第138-143页]

某日晚,原告熊斌在被告世纪星酒店茶艺部消费至凌晨3点多钟。由于原告饮酒较多,便将随身所带的现金1万元寄存到茶艺部,由茶艺部负责人宋礼宾将钱款清点后收入吧台。原告之后就在该部包间休息。次日上午,原告去领取存放的现金时,发现宋礼宾不在岗,于是向酒店服务员及负责人询问,酒店负责人称宋礼宾已携款外出不知去向。原告诉请被告返还原告寄存的1万元。

湖北宜昌秭归法院一审认为,原告到被告处消费,为方便起见将随身携带的1万元存放在被告工作人员宋礼宾手中时,原被告之间即形成了保管合同关系。被告的工作人员在工作时接受原告存放的1万元的行为属于被告的职务行为，其行为后果应当由被告承担。因此，被告的工作人员携款外逃后，被告应返还1万元。湖北宜昌中院二审维持原判。

3. 罗永光诉百色市鑫鑫大酒店有限公司保管合同纠纷案

[案例来源：广西壮族自治区百色市中级人民法院（2012）百民再字第41号民事判决书，《中国审判案例要览（2013年民事审判案例卷）》，第232－238页]

某日晚23时许，原告罗永光驾驶一辆小轿车到被告鑫鑫大酒店处住宿。原告依被告保安的指引将车停放在停车场内并用遥控钥匙将车锁好。被告工作人员因原告为熟客未予登记出入。次日上午8时许，原告罗永光发现小轿车不见了，遂报警。原告交纳住宿费158元，由于车辆被盗，原告未向被告交纳停车费。原告诉请被告赔偿车辆被盗的经济损失。

广西百色右江法院一审认为，旅客在宾馆住宿期间，依宾馆的指示或者许可，将车辆停放于宾馆内部场地后，宾馆对车辆即负有保管义务；但是，宾馆未对车辆停放单独收费且证明自己对车辆被盗没有重大过失的，不承担损害赔偿责任。被告对过夜车辆单独收取停车费，因此，原告驾车在被告保安人员的指引下将车辆停放酒店停车场后，酒店对车辆即负有保管义务。被告工作人员以原告为熟客，对其车辆出入未予登记，未尽到谨慎注意义务，致使原告车辆丢失，应承担相应的违约责任。法院判决被告赔偿原告车辆损失182 496元。

广西百色中院二审查明，偷走涉案小轿车的潘居勇案发被捕，被南宁中院判处有期徒刑12年，但涉案小轿车至今尚未能追缴。生效刑事判决书中认定被盗的车辆价值为142 800元。二审法院据此将车辆价值从182 496元调整为142 800元。同时，法院认为，鑫鑫大酒店的工作人员在车辆停放后没有发放出入卡，也未予登记，罗永光对此予以默许，给车辆被盗埋下了隐患，使犯罪分子盗得车辆后轻易逃避门卫的检查。故罗永光对车辆被盗也有疏忽大意的过失责任。应由鑫鑫大酒店承担赔偿被上诉人车辆被盗损失70%的主要责任，由罗永光自行承担损失30%的次要责任。法院改判由鑫鑫大酒店赔偿罗永光车辆损失99 960元。

广西百色中院再审认为，二审判决认定事实清楚，但以罗永光一方没有主动要求对方出具保管凭证为由判罗永光自行承担30%责任，背离了本案事实和法律规定，应予纠正。法院改判鑫鑫大酒店赔偿罗永光车辆损失142 800元。

第八百八十九条　【保管费】寄存人应当按照约定向保管人支付保管费。

当事人对保管费没有约定或者约定不明确，依据本法第五百一十条的规定仍不能确定的，视为无偿保管。

第八百九十条 【保管合同的成立】保管合同自保管物交付时成立，但是当事人另有约定的除外。

典型案例

4. 郭岩诉北京宜家家居有限公司保管合同纠纷案

［案例来源：北京市朝阳区人民法院（2007）朝民初字第14109号民事判决书，《人民法院案例选》2009年第5辑，第134－139页］

原告郭岩驾车到被告宜家公司购物，并将车辆停放在被告下属地下停车场内。原告购物中，被告通知其返回停车场。原告返回后发现其车辆车窗落下，未发现有物品丢失，于是锁好车辆后再次返回被告商场。原告购物结束，再次返回停车场时，发现其车锁被撬，导致车辆受损、财物丢失，遂报警。原告将受损车辆送修，并支付维修费。此外，原告主张车内丢失摄像机1台、手包1个、身份证等物品。原告诉请被告赔偿修车费338元、摄像机7800元、手包5200元、误工损失365元、交通费290元及补办证件费65元，共计14 058元。

北京朝阳法院认为，原告将车辆停放在被告下属停车场内的事实存在，双方就车辆的保管合同成立。该停车场为被告下设封闭停车场，被告应承担更高的管理责任。原告车辆在保管期间被损坏，被告没有尽到妥善保管保管物的义务。被告应当赔偿原告的修车损失及车辆送修期间产生的误工损失。

原告在存放车辆时既未将其主张的摄像机等物品交付被告停车场管理人员，也未将贵重物品放置车内的情况明确告知管理人员。原告的行为不符合保管合同自保管物交付时成立的法律规定，故无法认定原告与被告之间就车内物品另行建立了保管合同关系。现有证据亦不足以证明上述物品存放在被损车辆内及具体价值事实。法院判决被告赔偿原告车辆修理费338元及误工损失73元。

5. 罗云鹏诉厦门鹭江宾馆保管合同纠纷案

［案例来源：福建省厦门市中级人民法院（2006）厦民终字第1149号民事判决书，《人民法院案例选》2007年第4辑，第153－162页］

原告罗云鹏到被告鹭江宾馆住宿时，将白色轿车停放在宾馆的停车场内。其后，罗云鹏取车时发现该车丢失。该车车主为第三人洪罗通，购买价格近26万元。被盗车辆已立案侦查，尚未查获。车主洪罗通将车辆的索赔权利授予原告。原告诉请被告赔偿损失。

厦门思明法院一审认为，依旅店服务合同的性质、目的和交易习惯，被告鹭江宾馆作为提供服务方对旅客的财产负有保管义务。双方之间除成立旅店服务合同外尚成立保管合同，前者为主合同，后者为从合同。被告未履行保证原告财产安全的从合同义务,致其使用的车辆失窃,应对原告负赔偿损失的责任。法院判决被告支付原告车辆损失23万元。

厦门中院二审则认为,罗云鹏与鹭江宾馆之间不存在保管合同关系,鹭江宾馆对车辆被盗不应承担赔偿责任。尽管罗云鹏将车辆停放在鹭江宾馆停车场内,但车辆钥匙始终由罗云鹏实际保管,鹭江宾馆并未向罗云鹏收取停车费,也未向罗云鹏交付停车牌等保管凭证,即讼争车辆并未实际交付给鹭江宾馆。可见,罗云鹏与鹭江宾馆之间并未形成保管合同关系,鹭江宾馆对车辆不负有保管义务,对车辆被盗不应承担赔偿责任。

第八百九十一条 【保管凭证】寄存人向保管人交付保管物的,保管人应当出具保管凭证,但是另有交易习惯的除外。

第八百九十二条 【保管义务】保管人应当妥善保管保管物。

当事人可以约定保管场所或者方法。除紧急情况或者为维护寄存人利益外,不得擅自改变保管场所或者方法。

第八百九十三条 【寄存人告知义务】寄存人交付的保管物有瑕疵或者根据保管物的性质需要采取特殊保管措施的,寄存人应当将有关情况告知保管人。寄存人未告知,致使保管物受损失的,保管人不承担赔偿责任;保管人因此受损失的,除保管人知道或者应当知道且未采取补救措施外,寄存人应当承担赔偿责任。

第八百九十四条 【转交第三人保管】保管人不得将保管物转交第三人保管,但是当事人另有约定的除外。

保管人违反前款规定,将保管物转交第三人保管,造成保管物损失的,应当承担赔偿责任。

第八百九十五条 【保管物的使用】保管人不得使用或者许可第三人使用保管物,但是当事人另有约定的除外。

典型案例

6. 林正东诉中期证券经纪有限责任公司等证券合同纠纷案

[案例来源:北京市高级人民法院(2005)高民终字第406号民事判决书,《中国审判案例要览(2006年商事审判案例卷)》,第203-212页]

2004年1月,原告林正东与被告中期证券公司苏州街营业部签订《证券交易委托代理协议书》,约定:由营业部代理保管原告买人或存入的有价证券;原告资金存取自由;因他人伪造、变造资金账户卡给原告造成损失,营业部有过错的,应由营业部先承担,再依法追偿相关损失。同时,林正东还与被告营业部签订了《上交所指定交易协议书》,约定原告选择被告营业部为证券指定交易商。林正东随即在中期证券苏州街营业部开设账户,向该账户转入交易结算资金共计1500万元,并在指定证券交易账户从事股票交易活动。2004年2月4日至12日,原告在中期证券的席位上有股票交易记载;2月12日,有撤销指定交易记载;2月12日至7月23日,在国元证券的席位上有股票交易记载。

7月15日,林正东查询资金账户,发现余额仅为28 601.71元,其余资金不知去向。林正东以中期证券苏州街营业部未尽管理责任,诉请被告中期证券苏州街营业部、被告中期证券公司赔偿资金损失1500万元。

庭审中,林正东表示对在中期证券席位上的股票交易行为负责,但认为在国元证券席位的股票交易行为不是自己所为,理由是,其没有在国元证券开户,也未在中期证券撤销指定交易,至于自己的证券交易账号如何在国元证券有交易,自己不得而知。关于林正东账户上的其他资金去向不明问题,中期证券苏州街营业部称,因中期证券公司内部工作人员存在涉嫌犯罪,现有关部门已立案侦查,该部分责任应由责任人承担。

北京一中院一审认为,中期证券苏州街营业部有对林正东买入或存入的有价证券进行代为保管,保证林正东自由存取资金和正常交易的义务。现林正东存入其在该营业部开设的资金账户中的资金,除其本人进行股票交易亏损的外,其他资金未经支取,却去向不明,使其不能进行正常的交易活动。中期证券苏州街营业部在履行协议过程中,未尽到为林正东买入或存入的有价证券进行妥善保管,保证林正东自由存取资金和正常交易的义务,属于违约。中期证券苏州街营业部对林正东的资金流失应先予承担责任。

对有关人员持林正东的证券账户在国元证券席位上的股票交易行为的归责问题,中期证券苏州街营业部提出,撤销指定交易行为以及在国元证券的席位上的股票交易行为是林正东的合作伙伴所为,所以该部分责任应由林正东承担。法院认为,林正东未在国元证券开设账户,无论是谁撤销的,均应经过非常严谨的撤销指定交易程序才能撤销。根据双方约定,林正东如欲撤销指定交易,需另行签署有关文件。同时根据《上交所全面指定交易制度》的规定,投资者撤销指定交易,须向其原指定的证券营业部填交“指定交易撤销申请表”,如果中期证券苏州街营业部认为是林正东或其合作伙伴所为,应当向法庭提供证据。中期证券苏州街营业部对其所称未提交相关证据佐证,法院对其辩称不予采信。

法院判决中期证券苏州街营业部、中期证券公司赔偿林正东经济损失1478万余元及利息。北京高院二审维持原判。

第八百九十六条 【第三人主张权利】第三人对保管物主张权利的，除依法对保管物采取保全或者执行措施外，保管人应当履行向寄存人返还保管物的义务。

第三人对保管人提起诉讼或者对保管物申请扣押的，保管人应当及时通知寄存人。

第八百九十七条 【保管物毁损、灭失的责任承担】保管期内，因保管人保管不善造成保管物毁损、灭失的，保管人应当承担赔偿责任。但是，无偿保管人证明自己没有故意或者重大过失的，不承担赔偿责任。

典型案例

7. 谢家智诉张运生、潘国坚保管合同纠纷案

［案例来源：广东省高级人民法院(2012)粤高法审监民提字第277号民事判决书，《审判监督指导》2013年第3辑，第235－243页］

被告张运生、潘国坚系“永发中心停车场”实际经营者。“永发中心停车场”未经工商行政管理部门依法登记，即利用某大楼地下室经营车辆停放业务。

某日晚，因降暴雨，“永发中心停车场”中包括原告谢家智车辆在内的所有20辆车均被雨水浸泡，造成一定损毁。此后，派出所干警组织车辆受损车主与张运生在场接受调解，未成。原告诉请二被告支付赔偿款。

广州花都法院一审认为，被保管车辆受损，保管人依法应承担损害赔偿责任，但收取保管费用的“永发中心停车场”未依法登记成立，不具备民事诉讼法规定的主体资格，故车辆损害赔偿责任的承担主体应为“永发中心停车场”实际经营者，即被告张运生、潘国坚。

作为保管义务人，二被告有偿为谢家智保管车辆，应依法通过向有关部门申请，领取法定经营许可证，按照经营停车场的条件完善保管设施，建立严格的保管程序，确保相关车辆的安全。现因张运生、潘国坚未经许可经营停车场，且因保管不善导致车辆损失，应承担赔偿责任(支付赔偿款54 807元)。

张运生、潘国坚上诉称，特大暴雨属不可抗力。广州中院二审认为，我国华南沿海地区的夏季台风雨每年均有发生，且气象部门亦可预测，并提前发布警报。依据上述报道内容，对该次台风登陆，广州市三防总指挥部于24日也启动了城区防台风Ⅳ级应急响应。因此，上述暴雨并非不可预见，不构成不可抗力。

经再审、检察院抗诉、再次再审，一审判决始终得以维持。

8. 中华联合财产保险股份有限公司绍兴中心支公司诉长沙时代帝景大酒店有限公司保险代位求偿纠纷案

[案例来源:湖南省长沙市岳麓区人民法院(2012)岳民初字第01304号民事判决书,《人民法院案例选》2013年第2辑,第297-303页]

湖南金昌房地产开发有限公司(以下简称金昌公司)与被告帝景大酒店签订《租赁合同》,约定租用被告酒店第8层,并由被告免费为其提供停车位。合同签订后,该公司将一奔驰牌小轿车停放于被告地下车库内。某日,因天降暴雨,洪水倒流进入市政排水管道,导致帝景大酒店地下车库被淹,停放于该车库的奔驰牌小轿车未能幸免遭水淹没。该车被淹后,金昌公司及时联系原告联合财保公司协商车辆损失险赔偿事宜,经双方共同定损后,确定车辆损失为89万元,原告先行赔付,并签订《保险权益转让书》,约定将保险理赔的一切权益转让给原告,原告有权以自己名义向责任方追偿。原告诉请被告支付追偿款89万元。

湖南长沙岳麓法院认为,保险代位求偿权是一种法定的请求权转移,从属于被保险人对第三者的赔偿请求权。被保险车辆使用人与被告间的合同约定,"被告免费提供停车位",双方未形成车辆寄存关系,仅形成停车位借用关系。涉案车辆受损的根本原因是暴雨导致洪水倒流进入市政排水管道,致使车库积水所致,是为不可抗力,被告对此损失的造成并无主观上的故意;原告提交的证据不足以证明涉案车损是因被告过错,因此,原告承担举证不能的不利后果;基于权利义务相一致和公平原则,被告在本案中应承担有限注意义务。被告提交的证人证言证明被告在事发当晚通知了车辆使用人,并采取了抗洪措施。那么在原告未提供相反证据证明的情况下,应推定被告已履行了必要之注意义务,主观上无过错。综上,原告不享有保险代位求偿权。

第八百九十八条　【特殊物品的寄存】寄存人寄存货币、有价证券或者其他贵重物品的,应当向保管人声明,由保管人验收或者封存;寄存人未声明的,该物品毁损、灭失后,保管人可以按照一般物品予以赔偿。

第八百九十九条　【保管物的领取】寄存人可以随时领取保管物。

当事人对保管期限没有约定或者约定不明确的,保管人可以随时请求寄存人领取保管物;约定保管期限的,保管人无特别事由,不得请求寄存人提前领取保管物。

第九百条　【保管物的归还】保管期限届满或者寄存人提前领取保管物的,保管人应当将原物及其孳息归还寄存人。

第九百零一条 【保管货币的归还】保管人保管货币的，可以返还相同种类、数量的货币；保管其他可替代物的，可以按照约定返还相同种类、品质、数量的物品。

第九百零二条 【支付保管费】有偿的保管合同，寄存人应当按照约定的期限向保管人支付保管费。

当事人对支付期限没有约定或者约定不明确，依据本法第五百一十条的规定仍不能确定的，应当在领取保管物的同时支付。

第九百零三条 【保管人的留置权】寄存人未按照约定支付保管费或者其他费用的，保管人对保管物享有留置权，但是当事人另有约定的除外。

第二十二章　仓储合同

第九百零四条　【仓储合同】仓储合同是保管人储存存货人交付的仓储物，存货人支付仓储费的合同。

典型案例

庆丰集团松原嘉丰粮食经贸有限公司与营口港务股份有限公司仓储合同纠纷管辖权异议案

[案例来源：吉林省高级人民法院（2010）吉民二初字第6－2号民事裁定书，《审判监督指导》2011年第2辑，第150－158页]

2009年3月，原告庆丰公司与案外人吉林吉安新能源集团有限公司（以下简称吉安公司）签订了《乙醇货权转移证明》，约定吉安公司存放于被告港务公司处的5000吨酒精，其货权转移给庆丰公司。同日，庆丰公司与港务公司签订《仓储协议》，对港务公司为庆丰公司提供仓储服务等事项进行了约定，还约定“合同执行产生争议，双方协商解决，如不能友好解决，则在庆丰公司所在地法院诉讼解决”。6月，庆丰公司到港务公司提取乙醇，港务公司告知所储存的乙醇已被案外人吉安生化乾安酒精有限公司提走，已无货提供给庆丰公司。庆丰公司以港务公司严重违约为由，向自己所在地的吉林高院提起诉讼，诉请港务公司承担违约责任并赔偿损失5500万元。港务公司提出管辖权异议，认为本案属于沿海港口作业纠纷，应由大连海事法院专属管辖。

吉林高院一审认为，本案系仓储合同纠纷，而非港口作业纠纷，不适用专属管辖的规定。双方关于地域管辖的约定合法有效，且本案诉讼标的额为5500万元，符合吉林高院管辖的第一审民事案件的标准。法院裁决驳回管辖权异议。

最高人民法院二审认为，本案是因港口货物保管合同纠纷提起的管辖权异议案件，属于海商合同纠纷案件，应由海事法院专门管辖。因港务公司及约定的货物交付地均在营口港，所以本案应由大连海事法院管辖。法院裁决本案由吉林高院移送大连海事法院管辖。庆丰公司申请再审，被驳回。

第九百零五条 【仓储合同的成立】仓储合同自保管人和存货人意思表示一致时成立。

第九百零六条 【存货人的告知义务】储存易燃、易爆、有毒、有腐蚀性、有放射性等危险物品或者易变质物品的，存货人应当说明该物品的性质，提供有关资料。

存货人违反前款规定的，保管人可以拒收仓储物，也可以采取相应措施以避免损失的发生，因此产生的费用由存货人负担。

保管人储存易燃、易爆、有毒、有腐蚀性、有放射性等危险物品的，应当具备相应的保管条件。

第九百零七条 【保管人的验收义务】保管人应当按照约定对入库仓储物进行验收。保管人验收时发现入库仓储物与约定不符合的，应当及时通知存货人。保管人验收后，发生仓储物的品种、数量、质量不符合约定的，保管人应当承担赔偿责任。

第九百零八条 【保管凭证】存货人交付仓储物的，保管人应当出具仓单、入库单等凭证。

第九百零九条 【仓单】保管人应当在仓单上签名或者盖章。仓单包括下列事项：

（一）存货人的姓名或者名称和住所；

（二）仓储物的品种、数量、质量、包装及其件数和标记；

（三）仓储物的损耗标准；

（四）储存场所；

（五）储存期限；

（六）仓储费；

（七）仓储物已经办理保险的，其保险金额、期间以及保险人的名称；

（八）填发人、填发地和填发日期。

第九百一十条 【仓单的性质】仓单是提取仓储物的凭证。存货人或者仓单持有人在仓单上背书并经保管人签名或者盖章的，可以转让提取仓储物的权利。

第九百一十一条 【检查仓储物或提取样品】保管人根据存货人或者仓单持有人的要求，应当同意其检查仓储物或者提取样品。

第九百一十二条　【保管人的通知义务】保管人发现入库仓储物有变质或者其他损坏的，应当及时通知存货人或者仓单持有人。

第九百一十三条　【仓储物的必要处置】保管人发现入库仓储物有变质或者其他损坏，危及其他仓储物的安全和正常保管的，应当催告存货人或者仓单持有人作出必要的处置。因情况紧急，保管人可以作出必要的处置；但是，事后应当将该情况及时通知存货人或者仓单持有人。

第九百一十四条　【仓储物的提取】当事人对储存期限没有约定或者约定不明确的，存货人或者仓单持有人可以随时提取仓储物，保管人也可以随时请求存货人或者仓单持有人提取仓储物，但是应当给予必要的准备时间。

第九百一十五条　【仓储物的提取】储存期限届满，存货人或者仓单持有人应当凭仓单、入库单等提取仓储物。存货人或者仓单持有人逾期提取的，应当加收仓储费；提前提取的，不减收仓储费。

第九百一十六条　【仓储物的提存】储存期限届满，存货人或者仓单持有人不提取仓储物的，保管人可以催告其在合理期限内提取；逾期不提取的，保管人可以提存仓储物。

第九百一十七条　【仓储物毁损、灭失的责任承担】储存期内，因保管不善造成仓储物毁损、灭失的，保管人应当承担赔偿责任。因仓储物本身的自然性质、包装不符合约定或者超过有效储存期造成仓储物变质、损坏的，保管人不承担赔偿责任。

第九百一十八条　【法律适用】本章没有规定的，适用保管合同的有关规定。

第二十三章　委 托 合 同

第九百一十九条　【委托合同】委托合同是委托人和受托人约定，由受托人处理委托人事务的合同。

典型案例

1. 王洪诉巫赏翠等委托合同纠纷案

[案例来源：广西壮族自治区高级人民法院（2010）桂民一终字第119号民事判决书，《中国审判案例要览（2011年民事审判案例卷）》，第541-546页]

2009年4月，防城港市恒信房地产有限公司（以下简称恒信公司）以工程款的名义转账840万元给原告王洪。次日，原告王洪以钢材款名义转账840万元到被告巫赏翠账户。2010年3月，王洪以委托巫赏翠购买钢材，巫赏翠没有向王洪提供钢材为由，诉请巫赏翠偿还840万元及利息。另外，本案第三人陈荣生是恒信公司的法定代表人，其与巫赏翠曾经恋爱，巫赏翠于2008年2月在香港生育女儿陈某某。

广西高院二审认为，本案实质上应当定性为委托合同关系纠纷。王洪应当负有对委托合同包括合同的成立、生效、权利义务等事实进行举证的义务。王洪仅凭向巫赏翠转款840万元的银行凭证上注明的款项来源为“钢材款”即主张双方存在委托代购钢材关系，而双方当事人仅通过口头委托即达成840万元的大宗交易不尽然符合商业惯例，且该银行凭证为王洪单方填写，在王洪的主张仅有其陈述无其他客观证据证实又被对方当事人否认的情况下，对王洪的主张不予支持。

另外，从巫赏翠与陈荣生共同生育了女儿陈某某及陈荣生作为本案中王洪申请财产保全的担保人的事实来看，巫赏翠与陈荣生有存在感情纠纷的可能性，虽然巫赏翠主张的赠与关系被陈荣生否认，由于陈荣生与巫赏翠存在利害关系，故在陈荣生与巫赏翠可能存在感情纠纷的情况下，陈荣生在本案中的意见不能当然采信，巫赏翠的抗辩理由可能有一定的合理性，由于巫赏翠可能具有合理性的抗辩使得王洪主张的委托事实继续限于真伪不明状态。

王洪主张与巫赏翠存在委托合同法律关系没有事实依据，由于基础法律关系不存在，王洪要求巫赏翠承担合同责任、返还财产的理由不成立。王洪主张，或者基于其与巫赏翠之间的委托代购钢材合同关系不成立，或者基于双方解除合同，或者基于不当得利，只要巫赏翠已经实际收到 840 万元款项但没有证据证明其有权利获得该款项，则应当承担返还财产的后果问题。法院认为，基于特定基础法律关系而产生的纠纷，当事人必须就其基础关系展开诉讼，而不能避开基础法律关系直接提起不当得利诉讼。王洪实际是为了举证的便利而试图通过更换诉讼理由为不当得利以避开其所主张与巫赏翠之间的基础法律关系的举证困难。

第九百二十条 【特别委托与概括委托】委托人可以特别委托受托人处理一项或者数项事务，也可以概括委托受托人处理一切事务。

第九百二十一条 【费用负担】委托人应当预付处理委托事务的费用。受托人为处理委托事务垫付的必要费用，委托人应当偿还该费用并支付利息。

第九百二十二条 【委托事务的处理】受托人应当按照委托人的指示处理委托事务。需要变更委托人指示的，应当经委托人同意；因情况紧急，难以和委托人取得联系的，受托人应当妥善处理委托事务，但是事后应当将该情况及时报告委托人。

第九百二十三条 【转委托】受托人应当亲自处理委托事务。经委托人同意，受托人可以转委托。转委托经同意或者追认的，委托人可以就委托事务直接指示转委托的第三人，受托人仅就第三人的选任及其对第三人的指示承担责任。转委托未经同意或者追认的，受托人应当对转委托的第三人的行为承担责任；但是，在紧急情况下受托人为了维护委托人的利益需要转委托第三人的除外。

第九百二十四条 【受托人的报告义务】受托人应当按照委托人的要求，报告委托事务的处理情况。委托合同终止时，受托人应当报告委托事务的结果。

第九百二十五条 【隐名代理】受托人以自己的名义，在委托人的授权范围内与第三人订立的合同，第三人在订立合同时知道受托人与委托人之间的代理关系的，该合同直接约束委托人和第三人；但是，有确切证据证明该合同只约束受托人和第三人的除外。

第九百二十六条 【委托人的介入权与第三人的选择权】受托人以自己的名义与第三人订立合同时，第三人不知道受托人与委托人之间的代理关系的，受托人因第三人的原因对委托人不履行义务，受托人应当向委托人披露第三人，委托人因此可以行使受托人对第三人的权利。但是，第三人与受托人订立合同时如果知道该委托人就不会订立合同的除外。

受托人因委托人的原因对第三人不履行义务，受托人应当向第三人披露委托人，第三人因此可以选择受托人或者委托人作为相对人主张其权利，但是第三人不得变更选定的相对人。

委托人行使受托人对第三人的权利的，第三人可以向委托人主张其对受托人的抗辩。第三人选定委托人作为其相对人的，委托人可以向第三人主张其对受托人的抗辩以及受托人对第三人的抗辩。

典型案例

2. 上海闽路润贸易有限公司诉上海钢翼贸易有限公司买卖合同纠纷案

［案例来源：最高人民法院(2015)民申字第956号民事裁定书，《最高人民法院公报》2016年卷，第253－256页］

原告闽路润公司基于上海兴盟国际贸易有限公司(以下简称兴盟公司)的委托以自己名义与被告钢翼公司订立《购销合同》。在原告向被告主张权利之前，兴盟公司并未向被告主张权利。上海二中院关于李强合同诈骗案的刑事判决书载明：李强以兴盟公司的名义委托原告采购钢材，原告根据李强的指定向被告购买钢材，李强行贿被告业务经理，使得被告向其控制的铁申公司购货，并伪造原告公章签订担保合同。原告、被告均已支付相应货款，李强通过铁申公司收取被告支付的购货款后未交付货物。原告诉请解除合同，被告返还货款。

钢翼公司主张，据兴盟公司送达给闽路润公司的《函》，兴盟公司同意将《购销合同》项下的全部债权转让给闽路润公司，由闽路润公司向钢翼公司主张违约责任，故闽路润公司所行使的权利，是基于兴盟公司的债权让与产生的，闽路润公司行使的是兴盟公司的权利，应视为兴盟公司行使了介入权，《购销合同》应该直接约束兴盟公司，闽路润公司不再作为合同主体。

最高人民法院再审认为，《购销合同》是闽路润公司基于兴盟公司的委托与钢翼公司订立，现尚无证据证明钢翼公司在与闽路润公司订立合同时明知闽路润公司是基于兴盟公司的委托与其订立的合同，故不能认定该合同直接约束兴盟公司。在闽路润公司向钢翼公司主张权利之前，兴盟公司并未向钢翼公司主张权利，故不能认为兴盟公司已经行使介入权。兴盟公司不是《购销合同》的主体，不享有《购销合同》项下的权利，无权将基于《购销合同》产生的债权进行转让。故兴盟公司与闽路润公司之间所谓的债权转让无法实际发生。兴盟公司发给闽路润公司的《函》，从合同解释角度可认定为，兴盟公司承诺放弃介入权，由闽路润公司行使《购销合同》项下的权利，该函件并不影响闽路润公司作为《购销合同》的主体地位。

综上，闽路润公司虽是基于委托与钢翼公司订立合同，且在合同履行过程中向兴盟公司披露第三人钢翼公司，但并无证据表明兴盟公司行使了介入权，故闽路润公司仍是《购销合同》的主体。据刑事判决书认定的事实，钢翼公司之所以向李强控制的铁申公司购买钢材，是因李强贿赂了钢翼公司的工作人员。在没有证据证明闽路润公司明知或者参与李强实施的犯罪行为的情况下，闽路润公司与钢翼公司所订立的《购销合同》效力不受犯罪行为的影响。《购销合同》合法有效。闽路润公司在兴盟公司并没有行使介入权的情况下，仍是《购销合同》的主体，有权行使《购销合同》项下的权利。因此，在符合法定解除条件的情况下，闽路润公司有权解除《购销合同》，并要求钢翼公司返还货款。

第九百二十七条　【财产转交义务】受托人处理委托事务取得的财产，应当转交给委托人。

第九百二十八条　【支付报酬】受托人完成委托事务的，委托人应当按照约定向其支付报酬。

因不可归责于受托人的事由，委托合同解除或者委托事务不能完成的，委托人应当向受托人支付相应的报酬。当事人另有约定的，按照其约定。

第九百二十九条　【受托人的过错责任承担】有偿的委托合同，因受托人的过错造成委托人损失的，委托人可以请求赔偿损失。无偿的委托合同，因受托人的故意或者重大过失造成委托人损失的，委托人可以请求赔偿损失。

受托人超越权限造成委托人损失的，应当赔偿损失。

典型案例

3. 周海钢等诉上海长绿置业有限公司委托合同纠纷案

［案例来源：上海市长宁区人民法院（2003）长民三（民）初字第 292 号民事判决书，《上海法院案例精选》2004 年，第 133 – 139 页］

2000 年 10 月，原告周海钢、原告张悦婵与被告长绿公司签订《商品房预售合同》,约定原告购买涉案房屋,价款暂定为人民币69.2万元。合同补充条款中约定:因房屋竣工后办理产证需要6个月,故原告同意被告在交房后6个月内办好大产证,否则原告有权按已付房款向被告追索逾期利息等。2002年6月,被告要求原告于7月9日办理入户手续,并告知原告交纳办证费等费用,其中契税按房屋总价0.75%计算收取。7月5日,原告按该通知书要求向被告交付维修基金、办证费(含按房屋总价0.75%计算的契税)。

8月30日,上海市财政局、地方税务局通知,从2002年9月1日起,对在2002年9月1日以后缴纳普通商品住房契税的纳税人,按成交价格的1.5%征收契税。9月24日,被告通知原告至其财务部领取其于同年7月5日交被告并约定由被告代缴的契税款。10月10日,原告自行向有关税务机关按总房价的1.5%缴纳了购房契税。11月4日,被告取得含原告所购房屋在内的《上海市房地产产权证》,即大产证。两原告诉称,因被告未履行其应尽的义务,致使原告自己去缴纳契税,多付了按房价0.75%计算的契税,遭受了损失。原告诉请被告赔偿原告按契税调整后的标准缴纳契税的经济损失。

上海长宁法院认为,原、被告之间未签订书面的委托合同,但原告依据被告的通知,基于信赖将契税及其他相关费用交予被告,被告亦向原告出具了收据,但未收取代办手续报酬,因此原、被告之间业已形成无偿委托合同关系。作为受托人的被告应当按照委托人即原告的要求处理委托事务。由于委托事务中未明确约定被告代缴契税的具体期限,被告按惯例通常在取得大产证后再为原告办理小产证,并在这一期限内代原告缴纳契税,其未在9月1日前代原告缴纳契税,主观上并无故意拖延办理委托事项,其行为不属重大过失,原告要求被告因房屋契税的调整而要求被告承担赔偿责任没有法律依据。原告作为纳税义务人,因未在法定的期限内履行申报及缴纳契税的义务,且在该法定期限之后,原、被告未就被告履行代缴契税义务约定具体期限,所以被告在履行委托合同中恰遇上海市人民政府取消房屋契税补贴政策,这一风险应由既是委托人又是纳税义务人的原告承担。

4. 北京京霞油品有限公司诉北京世纪律师事务所委托合同纠纷案

[案例来源:北京市第一中级人民法院(2005)一中民终字第6934号民事判决书,《中国审判案例要览(2006年民事审判案例卷)》,第231-237页]

2003年10月,原告京霞公司与被告世纪律所签订《委托代理协议》,原告委托被告与卖方进行0#柴油1万吨的谈判;法律服务费为2750元/吨与实际合同之差,合同签订时付50万元,如无实际交货,全数退回。当日,由世纪律所介绍并起草协议,京霞公司与军调中心签署"0#柴油协议书",约定军调中心向京霞公司提供0#柴油10 000吨。京霞公司向军调中心交付定金50万元,款到账后军调中心保证在15

天内提油。后军调中心一直未向京霞油品公司供货。

11月3日，京霞公司与案外人燕东化工厂签订合同，约定由京霞公司向燕东化工厂供0#柴油1000吨。11月28日，军调中心向京霞公司返还定金11万元。2004年1月，京霞公司因未能履行协议，给付燕东化工厂违约金9万元。原告京霞公司诉请被告世纪律所赔偿39万元货款损失、9710元诉讼费损失以及因违约而承担的违约金9万元。

北京海淀法院一审认为，世纪律所作为专业机构与京霞公司签订有偿委托合同，其所负义务应为运用其所具备的法律知识保护被代理人的合法权益，在被代理人授权范围内，积极、慎重、全方位的履行其代理义务，包括对谈判对象是否具备合法身份进行审核，但本案中世纪律所未尽到委托代理人应注意之义务，致使京霞油品公司受到损失，故其应对此承担相应民事赔偿责任。法院全部支持了原告的诉讼请求。北京一中院二审维持原判。

5. 周宏举诉江苏省徐州西关法律服务所、谢琳、涂廷民委托合同纠纷案

[案例来源：江苏省徐州市泉山区人民法院(2007)泉民二初字第562号民事判决书，《人民法院案例选》2008年第1辑，第193－201页]

原告周宏举对劳动仲裁裁决结果不服，委托被告徐州西关法律服务所，并由该所垫付诉讼费向法院提起诉讼，由被告谢琳、涂廷民担任代理人。被告谢琳以"由于仲裁时代理人的错误造成时效过期"撤回了诉讼请求。后双方产生纠纷。原告诉请三被告赔偿损失2万元。

江苏徐州泉山法院认为，原告委托被告徐州西关法律服务所代为处理有关劳动争议的法律事务，该所指派被告谢琳、涂廷民作为原告周宏举的代理人处理仲裁及诉讼事务，被告谢琳、涂廷民作为代理人应当按照约定全面履行自己的义务。被告谢琳、涂廷民在履行义务过程中由于笔误和在未得到原告允许的情况下即撤回了诉讼请求，导致原告诉讼权益的丧失，有一定过错，理应承担违约赔偿责任。因被告谢琳、涂廷民是受徐州西关法律服务所的指派，系职务行为，其过错应由被告徐州西关法律服务所承担。法院依据公平原则并结合本案的具体情况酌定被告徐州西关法律服务所赔偿原告周宏举5000元。

第九百三十条　【受托人受损】受托人处理委托事务时，因不可归责于自己的事由受到损失的，可以向委托人请求赔偿损失。

第九百三十一条　【委托人受损】委托人经受托人同意，可以在受托人之外委托第三人处理委托事务。因此造成受托人损失的，受托人可以向委托人请求赔偿损失。

第九百三十二条 【共同受托的责任承担】两个以上的受托人共同处理委托事务的，对委托人承担连带责任。

第九百三十三条 【委托合同的任意解除权】委托人或者受托人可以随时解除委托合同。因解除合同造成对方损失的，除不可归责于该当事人的事由外，无偿委托合同的解除方应当赔偿因解除时间不当造成的直接损失，有偿委托合同的解除方应当赔偿对方的直接损失和合同履行后可以获得的利益。

典型案例

6. 上海盘起贸易有限公司诉盘起工业（大连）有限公司委托合同纠纷案

［案例来源：最高人民法院（2005）民二终字第143号民事判决书，《最高人民法院公报》2006年卷，第200－206页；《商事审判指导》2005年第2辑，第182－192页］

2000年7月，日本盘起工业株式会社（以下简称日本盘起）法定代表人森久保有司（同时系大连盘起的法定代表人）经与梁崇宣磋商后签署《设立上海盘起的决定》，决定成立原告上海盘起，确认上海盘起为盘起集团成员，是盘起集团在大陆的唯一销售代表机构。随后，森久保有司与梁崇宣签订《委托书》，约定委托梁崇宣组建、经营管理上海盘起及其他相关销售机构，受托人同意无条件接受委托人对委托事项的撤销。7月28日，上海盘起成立，注册资本100万元，梁崇宣出资90万元，法定代表人梁崇宣。

2000年8月，原告上海盘起与被告大连盘起签订一份《业务协议书》：大连盘起有责任按照盘起集团的标准，按质、按时、按量地供给上海盘起所需产品；大连盘起委托上海盘起在中国地区销售其生产经营的产品，不再委托、建立其他销售机构和渠道，如有必要须事前与上海盘起建立协议；上海盘起负责建设、管理、运营销售机构和渠道，根据客户需求可自行购买其他厂商产品进行销售活动；大连盘起将以最优惠的价格供给产品，并无偿提供、转让给上海盘起在中国地区的销售权、商标使用权及其他无形资产，上海盘起保证正确使用其销售权、商标及无形资产等。协议有效期为20年。

上海盘起向大连盘起订购各种模具及配件，进行销售活动。对货款的结算期限，双方没有明确约定。截至2002年4月，上海盘起共有货款人民币591万余元尚未给付大连盘起，但大连盘起此前没有催收过。2002年4月，日本盘起的森久保有司签署《撤销委托书的决定》，以上海盘起严重拖欠大连盘起货款，且其财务和销售活动缺乏透明度为由，决定撤销其原与梁崇宣签署的委托书及其附件，并撤销上海盘起。当日，大连盘起以上海盘起拖欠货款为由向法院提起诉讼。4 月 22 日，日本盘起及大连盘起又作出对梁崇宣个人的《撤销委托书决定》。

截至 2002 年 4 月，上海盘起组建及经营投入 74 万余元，促销活动投入 91 万余元。原告诉请大连盘起赔偿损失 5000 万元。

辽宁高院一审认为，《业务协议书》履行期间，大连盘起因故决定撤销原委托事项，终止协议书，并通知上海盘起，致使这种委托关系的终止发生效力。《业务协议书》是一种商务委托，它的订立和履行是基于双方当事人的相互信任，一旦这种信任发生动摇，双方均可以解除合同，而不适用实际履行原则。

上海盘起为履行双方签订的《业务协议书》设立公司、招募人员、广告宣传、开拓市场、建立相应的营销网络等投入一定的人力和物力，而大连盘起提前终止协议，给上海盘起造成一定的经济损失。大连盘起终止协议致使协议不能继续履行，不可归责于大连盘起。大连盘起应当赔偿因提前解除协议给上海盘起造成的经济损失。关于上海盘起的经济损失，经上海盘起举证，法院确认为人民币 166 万余元。关于预期利益损失的赔偿问题，法院认为，上海盘起诉请的预期利益损失，由于其具有不确定性，且《合同法》又赋予委托合同当事人对合同的随时解除权，故上海盘起主张合同解除后的预期利益损失缺乏法律依据，不予支持。

最高人民法院二审认为，虽然当事人行使法定解除权亦应承担民事责任，但这种责任的性质、程度和后果不能等同于当事人故意违约应承担的违约责任。本案系因行使法定解除权而产生的民事责任。根据法律关系的性质和实际情况，不宜对“赔偿损失”作扩大解释。一审判决驳回上海盘起要求大连盘起承担可得利益损失的诉请，并无不当。

7. 上海市海华永泰律师事务所诉杨雄伟法律服务合同纠纷案

[案例来源：浙江省宁波市中级人民法院（2014）浙甬民二终字第 339 号民事判决书，《人民法院案例选》2015 年第 1 辑，第 122 – 130 页]

2010 年 2 月，原告海华永泰律所与被告杨雄伟签订委托代理合同，合同约定：被告特别授权委托原告方律师施天佑作为其诉陈绍永、章胜利民间借贷纠纷一案的诉讼代理人；被告应向原告支付的律师代理费为实际执行到金额的 10%；该合同签订后，非因法定或合同约定事由任何一方不得解除。原告方律师施天佑即着手诉讼代理业务。2010 年 6 月，象山县人民法院作出民事判决书，判决支持杨雄伟的诉讼请求。判决生效后，杨雄伟向法院申请强制执行。

2011 年 7 月，因原、被告就律师费支付事项发生纠纷，原告起诉被告要求支付律师费 39 000 元，并确认被告要求解除委托合同的通知无效，经法院主持调解，双方达成调解协议：杨雄伟支付海华永泰律所 39 000 元。

2011 年 9 月,被告向原告出具授权委托书,授权原告方律师施天佑在案件执行阶段有相关权限。2012 年 1 月至 7 月,被告杨雄伟先后共领取执行款共计 41 万余元。2014 年 1 月,原告诉请被告支付律师费 41 348 元。2 月,被告杨雄伟向原告寄发终止委托通知函,要求终止与原告之间的(执行)委托代理关系。

浙江宁波象山法院认为,委托(代理)合同的当事人依法享有任意解除权,但现行法律并未明文禁止当事人可约定对此排除适用。根据合同约定,合同签订后,非因法定或合同约定事由任何一方不得解除,故应视为双方已明确约定排除适用任意解除权,此系原、被告真实合意,也符合双方选择风险代理之目的,应予遵循。鉴于合同对约定解除的事由并未作出列举说明,故应按法定的解除条件考量合同解除条件成就与否。双方曾因被告拒付律师费及单方解除代理合同发生纠纷,原告就此诉至法院后,法院经调解作出民事调解书,该调解书确认合同继续履行及被告向原告出具执行委托书,应严格按此执行。本案并无证据证明原告存在法定解除的事由,故双方均应按该生效调解书的相关规定履行。法院判决支持原告诉讼请求,浙江宁波中院二审维持原判。

8. 天津融汇律师事务所诉中建二局第四建筑工程有限公司法律服务合同纠纷案

[案例来源:天津市高级人民法院(2015)津高民提字第 20 号民事判决书,《人民法院案例选》2015 年第 4 辑,第 118 - 124 页]

2009 年 9 月,被告中建二局四公司和原告融汇律所签订《委托合同》,约定中建二局四公司所涉承包合同纠纷一案,由原告代理法律事务及诉讼事宜。委托人按收到案件执行款项总额度 20% 支付律师服务费,律师在 1 年内完成案件一审程序,逾期完成,委托人有权解除委托代理合同,案件涉及相关费用由受托人自行承担。2009 年 12 月,融汇律所律师代理建二局四公司向法院起诉,对方提出反诉,对工程质量提出异议,且要求进行鉴定,法院找到多家鉴定机构,因不具备鉴定条件而终止鉴定。

2011 年 7 月 18 日,中建二局四公司依据合同约定向融汇律所提出解除委托关系。7 月 22 日,法院第三次开庭,融汇律所按时到庭准备参加诉讼,但因中建二局四公司另行委托律师,未能参加诉讼活动。天津滨海新区法院作出中建二局四公司胜诉的判决。该案上诉后,经调解,对方给付中建二局四公司工程款 127 万余元。原告诉请被告给付律师服务费共计 25 万余元。

天津红桥法院认为,根据《委托合同》的约定,一审程序应于 2010 年 9 月 15 日前完成,如未完成中建二局四公司可以解除委托合同,但中建二局四公司直至 2011 年 7 月 18 日才致函融汇律所解除合同,距解除权发生之日已过 10 个月之久。中建二局四公司在合同中专门要求约定一审程序的完成时间，应该是对案件的诉讼时间特别关注，但直到解除权发生之日10个月以后，即逾期将近1倍时间之后，中建二局四公司才行使解除权，显然已经超过了“合理期限”。

另外，解除权产生后，中建二局四公司继续接受融汇律所的代理服务，应视为一种继续履行合同的默示，融汇律所由此产生了对双方继续履行合同的信任并继续提供代理服务，如果在10个月后允许中建二局四公司行使解除权，势必扩大融汇律所的损失，亦不利于保持合同的稳定性。综上，中建二局四公司可以据此解除合同，但应当赔偿因此给融汇律所造成的损失。

法院判决被告给付代理费17万余元。天津一中院二审、天津高院再审均维持一审判决。

天津高院再审认为，委托人或者受托人可以随时解除委托合同。因解除委托合同给对方造成损失的，除不可归责于该当事人的事由以外，应当赔偿损失，故中建二局四公司可以据此解除合同，但应当赔偿因此给融汇律所造成的损失。融汇律所为中建二局四公司提供了1年10个月的代理服务，并基本完成了代理工作，一审酌情判令中建二局四公司给付融汇律所代理费25万余元的70%即17万余元并无不可，可以作为中建二局四公司因行使随时解除权而对融汇律所的赔偿。

第九百三十四条 【委托合同的终止】委托人死亡、终止或者受托人死亡、丧失民事行为能力、终止的，委托合同终止；但是，当事人另有约定或者根据委托事务的性质不宜终止的除外。

第九百三十五条 【终止后的继续受托】因委托人死亡或者被宣告破产、解散，致使委托合同终止将损害委托人利益的，在委托人的继承人、遗产管理人或者清算人承受委托事务之前，受托人应当继续处理委托事务。

第九百三十六条 【终止后的必要措施】因受托人死亡、丧失民事行为能力或者被宣告破产、解散，致使委托合同终止的，受托人的继承人、遗产管理人、法定代理人或者清算人应当及时通知委托人。因委托合同终止将损害委托人利益的，在委托人作出善后处理之前，受托人的继承人、遗产管理人、法定代理人或者清算人应当采取必要措施。

第二十四章　物业服务合同

第九百三十七条　【物业服务合同】物业服务合同是物业服务人在物业服务区域内，为业主提供建筑物及其附属设施的维修养护、环境卫生和相关秩序的管理维护等物业服务，业主支付物业费的合同。

物业服务人包括物业服务企业和其他管理人。

第九百三十八条　【物业服务合同的内容与形式】物业服务合同的内容一般包括服务事项、服务质量、服务费用的标准和收取办法、维修资金的使用、服务用房的管理和使用、服务期限、服务交接等条款。

物业服务人公开作出的有利于业主的服务承诺，为物业服务合同的组成部分。

物业服务合同应当采用书面形式。

典型案例

1. 刁义丽诉泉州市华洲物业管理有限公司物业服务合同纠纷案

［案例来源：福建省泉州市中级人民法院(2005)泉民终字第1598号民事判决书，《人民法院案例选》2007年第1辑，第195－206页］

2003年4月，原告刁义丽向案外人吴孝新承租涉案917室房屋，每月租金1000元，水电费、物业费由刁义丽自理，每月按物业管理公司的规定交付。刁义丽分别于6月和7月向被告华洲物业公司交纳了两笔水电费、物业费等费用，其中每月的物业费为64元。

7月，原告向公安机关报案称，其当日凌晨3点回房屋时，被一名穿保安制服的男子尾随。该男子进入其房间并意图对其强奸，后原告趁其不备从九楼跳到八楼阳台逃脱。该案件尚在侦查中。原告诉请被告向原告道歉并赔偿精神损失费10 000元；赔偿原告租金损失2000元。

福建晋江法院认为，原告刁义丽主张在其租住的房屋受到某男子的侵害，但对此只有其单方的陈述和公安机关根据其陈述所做的询问笔录等证据，没有其他证据佐证。现本案尚处在刑事侦查过程中,公安机关对原告的报案尚未作出结论,犯罪嫌疑人也尚未归案,因此对原告主张受他人侵害的事实,缺乏证据证明,不予采信。且即使原告的诉称属实,因其系选择采取以违约为诉由提起诉讼,认为华洲物业公司没有尽到保护住户人身财产安全的物业管理义务,但本案中原、被告之间并未签订书面的物业管理合同,华洲物业公司并没有约定的安全保护义务。法院判决驳回原告刁义丽的诉讼请求。

福建泉州中院二审认为,刁义丽陈述的其受到侵害的行为,由于事件具有的突发性质和发生的时间,结合日常生活经验,不能要求当事人在事发后受到惊吓、精神高度紧张的情况下,注意保留此事件完整充分的证据。在刑事侦查尚未终结时,在民事诉讼中不应要求其承担以充分确凿的证据证明其受侵害事实的高度证明标准,而应根据其举证可能性和举证能力承担盖然性占优的证明标准即可。刁义丽在有关公安机关所做的询问笔录,比较详细地记录了其受侵害的事实经过,该证据作为公安机关受理报案的档案材料,与一般当事人的陈述相比有更高的证明效力。从公安机关《受理案件信息记录》来看,也表明有关公安机关根据掌握证据对此案进行了立案侦查,在案情记载中也体现了刁义丽报案所称的基本事实。这两份证据可以相互印证,基本证明刁义丽主张的受侵害事实。在刁义丽完成证明责任后,华洲物业公司未能提供相应的反驳证据证明刁义丽虚假报案或虚假陈述,应认定刁义丽在其所租住的华洲商贸城受他人侵害的主张属实。

刁义丽提供了其与出租人间的租赁合同及华洲物业公司向 917 室住户催交水电费、物业费的单据和刁义丽的交纳水电费、物业费凭证,据此可以认为刁义丽作为小区的居住者,已经事实上与华洲物业公司之间建立了物业管理合同关系,享有相应的权利义务。

安全保卫义务作为《物业管理条例》第 47 条规定的法定义务和一般物业管理合同中管理人的一项主要职责,虽不要求物业管理公司完全保证业主的财产利益和人身安全不受侵害,但要求其提供与收费水平和标准相配套的安保硬件设施、保安人员及其工作和值班制度。作为市场与居住区相混,人流量大,未能实行封闭管理的华洲商贸城,华洲物业公司在进行管理时,更应采取更严格的制度和措施来履行其应尽的安全保卫义务。结合刁义丽在有关公安机关询问笔录中陈述和公安机关立案信息记录中记载的情形,应认定华洲物业公司存在未尽安全保卫义务的违约行为。该行为客观上也导致了上诉人刁义丽作为小区居民受他人非法侵害的风险的增大和在发生侵害行为时未能及时被发现、制止或采取其他措施使刁义丽得到帮助,造成了侵害后果的扩大,因此该行为也与刁义丽受侵害之间,存在法律上的因果关系。

刁义丽明确选择了违约之诉并据此提供了相应证据和理由，而赔礼道歉和精神损害赔偿系作为侵权损害赔偿的责任方式，合同诉讼中的精神损害抚慰金仅存在于法律、司法解释明文规定的几类合同中，物业管理合同并不包括。刁义丽以华洲物业公司违约为由要求华洲物业公司赔礼道歉和赔偿精神损害抚慰金缺乏法律依据。法院改判华洲物业公司支付刁义丽房屋租金损失1950元。

2. 陈意文诉广州花都金城物业管理有限责任公司物业服务合同纠纷案

[案例来源：广东省广州市中级人民法院(2008)穗中法民五终字第2796号民事判决书，《中国审判案例要览(2009年民事审判案例卷)》，第386－392页]

第三人张定兰是金锣湾商业购物中心内某柜台的所有人。2002年6月23日，被告金城物业公司为购物中心提供物业管理服务，按柜位每月收取3元/m^2的管理费。第三人张定兰将涉案柜台租赁给原告陈意文使用，租期两年。原告按时向被告缴纳物业费等费用。

某日上午，原告的雇员发现其柜台被人撬开，货件散落在地，货物被盗。原告当即报案，现该案件尚未破案。原告自行清点财物，自报按进货价被盗的手镯、玉器等物的价值共计9.2万元。原告诉请被告赔偿货物损失7万元。

广州花都法院一审认为，原告与被告虽未签订物业服务合同，但被告实际收取原告的物业费、实际提供物业管理服务，原、被告之间已实际存在物业服务关系。虽然原告与被告没有约定财物保管合同，但被告在其职责范围内未尽到安全防范义务，疏于管理，致使盗贼乘虚进入金锣湾商业购物中心，导致原告的财物被盗，无法追回。因此，被告在购物中心的安全防范中未尽到职责，对原告的财物被盗有一定的过错。

原告未能提供证明被盗物品的价值的证据，应承担举证不能的后果。虽然盗窃案件未侦破，原告的财物损失难以确定，但按照权利义务均衡的原则，被告对原告的损失应当承担适当的赔偿责任。法院酌定被告赔偿原告8000元。广州中院二审维持原判。

第九百三十九条　【前期物业服务合同】 建设单位依法与物业服务人订立的前期物业服务合同，以及业主委员会与业主大会依法选聘的物业服务人订立的物业服务合同，对业主具有法律约束力。

第九百四十条　【前期物业服务合同的终止】 建设单位依法与物业服务人订立的前期物业服务合同约定的服务期限届满前，业主委员会或者业主与新物业服务人订立的物业服务合同生效的，前期物业服务合同终止。

典型案例

3. 宁波市镇海鼎天物业管理有限公司诉宁波市北仑加贝俱乐部物业服务合同纠纷案

［案例来源：浙江省宁波市中级人民法院(2008)甬民三终字第518号民事判决书，《人民法院案例选》2012年第1辑，第190－197页］

原告鼎天物业公司是被告加贝俱乐部所在物业管理区域内的物业管理企业，自2006年起就开始履行其与房产开发商签订的《前期物业管理合同》，履行物业管理职责。被告拖欠物业费，原告多次与其协商无果。原告诉请被告支付2006年与2007年的综合服务费56 929元及专项维修资金14 232元。

浙江宁波镇海法院认为，原、被告之间虽未签订书面的物业服务合同，但原告与房产开发商签订的《前期物业管理合同》所载明的物业管理区域得到主管部门的确认，该区域范围内的业主均应受《前期物业管理合同》的约束。被告作为该区域范围内的业主之一，在物业被交付后应根据物业服务合同的约定交纳物业服务费用，原、被告之间存在事实上的物业服务合同关系。

业主大会或者业主委员会的决定，对业主具有约束力；业主大会或者业主委员会作出的决定侵害业主合法权益的，受侵害的业主可以请求法院予以撤销。业主委员会关于《前期物业管理合同》继续有效之承诺对原告具有约束力，原告应履行《前期物业管理合同》所约定的物业服务义务，同时享有相应的权利。

鉴于物业服务的区域性及业主交纳服务费的个体性，物业服务企业与业主应各自履行服务义务及交费义务，物业服务企业不得因部分业主未交纳服务费而拒绝提供物业服务或降低服务质量，业主也不得依据其对物业服务质量优劣的评判而拒绝履行交费义务。如果物业服务质量不符合法律规定或合同约定，业主大会可依法解聘该企业。原告有权要求被告支付2006年、2007年的综合服务费。

专项维修资金属于业主所有，业主委员会虽授权原告收取，但原告仅得以代理人身份向被告收取，而无权以原告身份主张实体权利。原告无权要求被告支付专项维修资金。法院判决被告支付综合服务费56 929元。

浙江宁波中院二审查明，加贝俱乐部自行委托××保洁中心对垃圾进行清理，并支出了相应的保洁费。鼎天物业公司客观上并未承担该物业管理区域内的全部保洁服务。对加贝俱乐部支出的保洁费，鼎天物业公司也表示愿意在诉求的综合服务费中予以扣除。法院改判被告支付原告综合服务费39 129元。

第九百四十一条 【物业服务人的转委托】物业服务人将物业服务区域内的部分专项服务事项委托给专业性服务组织或者其他第三人的，应当就该部分专项服务事项向业主负责。

物业服务人不得将其应当提供的全部物业服务转委托给第三人，或者将全部物业服务支解后分别转委托给第三人。

第九百四十二条 【物业服务人的安全保障义务】物业服务人应当按照约定和物业的使用性质，妥善维修、养护、清洁、绿化和经营管理物业服务区域内的业主共有部分，维护物业服务区域内的基本秩序，采取合理措施保护业主的人身、财产安全。

对物业服务区域内违反有关治安、环保、消防等法律法规的行为，物业服务人应当及时采取合理措施制止、向有关行政主管部门报告并协助处理。

典型案例

4. 李新斌诉洛阳石化总厂惠康物业管理公司物业服务合同纠纷案

［案例来源：河北省洛阳市吉利区人民法院（2006）吉民初字第10号民事判决书，《人民法院案例选》2006年第3辑，第214－218页］

某日13:50，原告李新斌驾驶自己的轿车进入被告惠康物业公司管理的小区（原告在此居住），小区门卫发放了出入证。原告将车停放于小区幼儿园门口。14:45，原告发现车不见。门卫称14:10时该黑色桑塔纳车闯岗东去，原告这才得知自己的车被盗。于是立即报警。刑警队经立案调查，至今仍未破案。原告诉请被告赔偿车辆损失。

洛阳吉利法院认为，被告对小区内居民的人身、财产安全负有注意、保护的义务。原告的车辆系案外人的犯罪行为所致，被告发现车辆闯岗后没有采取有效措施并报警，以至于错过了最佳的报警时机，对原告车辆丢失应当承担与其过错相适应的赔偿责任。应以被告承担20%的责任为宜。法院判决被告赔偿原告车辆损失19 300元。

5. 李慧诉崇德物业管理（深圳）有限公司物业服务合同纠纷案

［案例来源：广东省深圳市罗湖区人民法院（2007）深罗法民三初字第90号民事判决书，《中国审判案例要览（2008年民事审判案例卷）》，第81－84页］

2004年，原告李慧购买了涉案房屋。2006年9月，深圳市公安局东晓派出所收到案外人余涛的报案，称涉案房屋于当晚有财物被盗。被告崇德物业公司系涉案房屋所在小区的物业管理公司。被告安排保安人员看守小区出入口、大堂，对公共部位进行巡逻。原告诉请被告赔偿被盗物的经济损失35万余元。

深圳罗湖法院认为,原告提交的派出所证明仅能证实该派出所接到案外人余涛报称被盗一批物品。原告未能提交能够确认被盗物品种类和数量的证据,故无法确定原告是否有所损失及损失的具体数额。

被告为该小区提供物业管理服务,已经对该小区实施了相应的社区保安措施,履行了相关安全保障义务。原告虽主张被告在履行物业管理职责过程中存在过错,致使涉案房屋被盗,财物严重损失,但未能提供有效证据加以证明。法院判决驳回原告的诉讼请求。

第九百四十三条　【物业服务人的报告义务】物业服务人应当定期将服务的事项、负责人员、质量要求、收费项目、收费标准、履行情况,以及维修资金使用情况、业主共有部分的经营与收益情况等以合理方式向业主公开并向业主大会、业主委员会报告。

第九百四十四条　【支付物业费】业主应当按照约定向物业服务人支付物业费。物业服务人已经按照约定和有关规定提供服务的,业主不得以未接受或者无需接受相关物业服务为由拒绝支付物业费。

业主违反约定逾期不支付物业费的,物业服务人可以催告其在合理期限内支付;合理期限届满仍不支付的,物业服务人可以提起诉讼或者申请仲裁。

物业服务人不得采取停止供电、供水、供热、供燃气等方式催交物业费。

典型案例

6. 济南中天物业管理有限公司诉马淑芹物业服务合同纠纷案

[案例来源:山东省济南市中级人民法院(2007)济民一终字第59号民事判决书,《中国审判案例要览(2008年民事审判案例卷)》,第63-69页]

2003年,被告马淑芹入住"名人大第"小区。原告中天物业公司对该小区进行物业管理,提供物业管理服务。原告诉请被告偿付物业费2514.6元。

在该小区业主联名签署的一份证明中,业主称原告提供的物业服务质量差、管理混乱,达不到其收费的二级资质标准。

济南历城法院一审认为,上述证明明确反映原告的服务质量与收费标准不符,冬天暖气不能达到16℃,且联合签名者中有78户反映暖气不达标。原告向被告提供的物业管理服务中存在瑕疵。原告存在未及时公示、告知被告其物业服务及相关标准,其提供的物业服务不到位等瑕疵,但这并不能成为被告从根本上不履行合同义务、拒绝缴纳物业费的理由。原告履行合同义务存在瑕疵,对物业费应酌情予以调整,由被告承担物业费的50%较为适当。法院判决被告马淑芹支付原告中天物业公司物业费1257.1元。

济南中院二审认为,马淑芹仅以业主联名签署的证明作为物业服务存在瑕疵的证据属于证据不足,对此应不予认定。一个好的居住小区,物业管理服务质量的高低是其不可或缺的重要方面,而小区居民按时交纳的物业费用,是维持、提高小区物业服务水平的物质基础保障。从全体业主的整体利益与长远利益考量,即使能够认定物业服务存在如暖气不够热之类的瑕疵,马淑芹也不应以此为由拒交或少交物业费。法院改判马淑芹向中天物业公司支付物业费2514元。

7. 中山市昌生物业管理有限公司诉马继川物业服务合同纠纷案

[案例来源:广东省中山市中级人民法院(2012)中中法民一终字第835号,《中国审判案例要览(2013年民事审判案例卷)》,第256-260页]

被告马继川与原告昌生物业公司签订了《物业服务合同》。合同签订之后,马继川依约履行了交费义务。2009年10月,因马继川楼下102房业主在露台上加建玻璃顶棚,昌生物业公司没有阻止,也没有采取有效的保安措施保障其安全,故马继川从2010年1月起拒绝交费。原告诉请被告支付物业费。

广州中山第一法院认为,业主在具有"正当理由"的情况下,可以行使履行抗辩权。法律对物业公司的服务标准没有统一的规定,合同约定的服务标准的完成质量也难以量化。一般来说,只有在物业公司履行合同存在重大瑕疵时,即其没有提供合同约定的大部分服务项目或提供的服务质量很差时,业主才有权进行抗辩。102房业主加建的玻璃顶棚对被告构成了一定的安全隐患,但不能证明原告未提供合同约定的大部分服务,或提供的大部分服务未达到合同约定的要求。原告所提供的物业服务虽有瑕疵,但不能成为被告拒付物业费的理由。法院判决马继川支付物业费7469.70元。

广东中山中院二审认为,物业公司面向全体小区业主提供的物业管理服务具有公共物品的性质,关系到全体业主的切身利益,如允许个别业主以物业服务存在一般瑕疵为由拒交物业管理费用,将造成物业公司运营经费不足,影响其维持正常服务,最终损害小区中其他正常交费的业主利益。在物业服务合同关系中,业主认为昌生物业公司提供的服务存在一般瑕疵并不足以构成拒交物业费的正当理由,只有当物业公司提供的服务有较大瑕疵,影响业主正常生活时,相关业主才可以此为抗辩理由减免物业费。

楼下业主擅自在露台上加建玻璃顶棚,对马继川的安全保障造成了较大的妨碍。昌生物业公司应当阻止该玻璃顶棚的建设,并主动、及时将此情况报告给行政管理部门,请求处理。昌生物业公司主张其履行了上述法定职责,但并未提供相应证据予以佐证,其应承担举证不能的不利法律后果。昌生物业公司造成的安全隐患确实给马继川的正常生活、居住带来一定程度的影响。马继川行使瑕疵履行抗辩权、请求减免服务费用具有相应合理。法院酌定马继川尚欠物业费可适当减免20%的幅度,改判马继川向昌生物业公司支付物业费5975.76元。

第九百四十五条 【业主的告知与配合义务】业主装饰装修房屋的,应当事先告知物业服务人,遵守物业服务人提示的合理注意事项,并配合其进行必要的现场检查。

业主转让、出租物业专有部分、设立居住权或者依法改变共有部分用途的,应当及时将相关情况告知物业服务人。

典型案例

8. 南通新海通物业管理有限责任公司诉裴蕾物业服务合同纠纷案

[案例来源:江苏省南通市中级人民法院(2006)通中民二终字第0109号民事判决书,《人民法院案例选》2007年第2辑,第240-250页]

2003年,被告裴蕾购买房屋时,房屋买卖合同中约定“不得擅自封闭阳台(除北阳台)”。后被告同原告新海通物业公司签订《补充协议》,约定:“本小区同意不得封闭阳台,改变立面。”被告入住后,发现房屋挑檐过窄,雨天积水,同时临近马路,灰尘大、噪音大,遂在阳台上加装了无色、无边框、平推开合式的玻璃窗。原告诉请被告拆除玻璃窗,恢复原状。

江苏南通崇川法院一审判决驳回原告新海通物业公司诉讼请求。

江苏南通中院二审认为,《补充协议》禁止封闭阳台的格式条款排除了裴蕾的主要权利,应属无效。“不得封闭阳台”的条款未与裴蕾等业主协商,亦非遵从业主大会的决定或业主委员会的授权,属于格式条款。案涉阳台作为附属于房屋主体的特定部分,在构造和使用上均具有独立性,应确定为房屋的专有部分,业主裴蕾依法享有专有所有权。封闭阳台本属行使专有所有权权能范围内的行为,而专有所有权作为一种完全的物权,具有直接支配性、排他性等本质属性,显然属于业主的主要权利。而且,物业公司以位阶较低的物业管理权以未经协商的格式条款排除了业主位阶更高的专有所有权,导致双方权利义务的失衡。两权比较之下,业主的权利亦是一种主要权利。《补充协议》以格式条款禁止封闭阳台,排除了对方的主要权利,应属无效。

裴蕾封闭阳台符合行使专有所有权的正当性要求。裴蕾因居住安全、防尘、防噪音之需封闭阳台,采用之方法已顾及小区环境的整体美观,且未损害其他建筑物区分所有人的合法权益,其目的、方式和结果正当,不属于法律法规禁止业主从事的行为。而且,裴蕾封闭阳台未损害其他建筑物区分所有人的合法利益和社会公共利益,亦无来自业主整体意志的限制。

业主基于专有所有权而享有的居住利益应得到优先保护。对于本案阳台能否封闭及如何封闭的问题,理想的方式是由物业公司从符合多数业主意愿的原则出发与业主协商。但由于物业公司与包括裴蕾在内的业主不能就此达成一致,因而,法院只能就个案依法作出裁量,以平衡各方利益。法律应当保护业主裴蕾对专有所有权的正当行使。建筑物和小区外部美观、整体风貌的保护亦属法理和通常意义上的正当利益,理应得到维护。而本案裴蕾对阳台加以封闭,不可避免地对建筑和小区的整体和谐造成一定影响,但如物业公司在没有合法依据情况下因此限制裴蕾封闭阳台,又会侵犯裴蕾的正当权利,两者存在一定的利益冲突。利益衡量之下,业主基于专有所有权而享有的居住利益比建筑物和小区整体美观这样的表层利益等次更高,也更为重大,应得到优先保护。法院判决维持原判。

9. 青岛中南物业管理有限公司南京分公司诉徐献太、陆素侠物业服务合同纠纷案

[案件来源:江苏省南京市江宁区人民法院民事判决书,《最高人民法院公报》2007年卷,第503－506页]

被告徐献太、陆素侠购买常锦公司开发的××房屋1套。原告中南物业公司受常锦公司委托对该小区进行前期物业管理。二被告签署了《业主公约》,其中规定:业主应当遵守政府有关部门关于房屋使用及装修的规定,不得擅自改变使用房屋及公共设施的用途、外观、结构。二被告与中南物业公司签订《物业管理服务协议》,其中约定:中南物业公司向业主提供的物业管理服务内容包括对公共绿地、花木、建筑小品的养护与管理。

被告徐献太、陆素侠所购房屋南阳台外有一庭院绿地,该庭院绿地周边有高50厘米左右的木栅栏围挡,常锦公司建设该房屋时在南阳台上预留了出入门。徐献太、陆素侠在对房屋进行装修时,将该房屋南阳台外的庭院绿地进行了改造,破坏原有绿地后在庭院里铺设水泥地、砌花台、建鱼池。被告徐献太、陆素侠申请证人出庭作证,以证明常锦公司的售楼人员曾口头承诺买一楼送花园。原告诉请被告拆除违法改建的水泥地坪和鱼池等,恢复为原有的绿地。

南京江宁法院认为,二被告所购房屋的南阳台外的庭院绿地设有栅栏围挡,常锦公司建设该房屋时在南阳台上预留了出入门。据此,二被告一家可以进入该庭院绿地，而小区其他业主则不能进入，即从该庭院绿地的建造设计情况看，似乎该庭院绿地仅供徐献太、陆素侠一家使用。但是，上述事实尚不能认定二被告对房屋南阳台外的庭院绿地享有独占使用权。

即使售楼人员口头承诺买一楼送花园，但在常锦公司与徐献太、陆素侠正式签订的商品房买卖合同中，并未对南阳台外的庭院绿地的使用权作出明确约定。关于该庭院绿地使用权归属问题的约定，应当依据商品房买卖合同的内容加以确定。根据该合同，不能认定二被告在购买房屋的同时取得了庭院绿地的使用权。只能认定二被告对其所购麒麟锦城小区房屋南阳台外的庭院绿地享有一般使用权，不能认定对该庭院绿地享有独占使用权。

因此，二被告不能破坏庭院绿地，不能擅自对该庭院绿地进行改造。退一步讲，即使二被告对于该庭院绿地具有独占使用权，鉴于该庭院绿地属于小区绿地的组成部分，根据物权的公益性原则，徐献太、陆素侠在使用该庭院绿地时亦不得擅自破坏该庭院绿地，损害小区其他业主的合法权益。法院判决二被告拆除其改建的水泥地、鱼池、花台，恢复该庭院绿地原状。

第九百四十六条　【物业服务合同的解除】业主依照法定程序共同决定解聘物业服务人的，可以解除物业服务合同。决定解聘的，应当提前六十日书面通知物业服务人，但是合同对通知期限另有约定的除外。

依据前款规定解除合同造成物业服务人损失的，除不可归责于业主的事由外，业主应当赔偿损失。

典型案例

10. 嘉定区真建六街坊业主委员会诉上海嘉盛物业管理有限公司物业服务合同纠纷案

［案例来源：上海市第二中级人民法院（2014）沪二中民二（民）终字第222号民事判决书，《人民法院案例选》2015年第1辑，第131－138页］

2008年12月，原告业主委员会与被告嘉盛物业公司签订物业服务合同。经续期，合同于2010年12月31日到期，未再续签。2011年4月，原告在小区内张贴告示拟继续聘用被告物业公司，期限为业委会任期，获2/3以上业主同意。

2012年3月，原告单方改变续聘的决定，并在小区内公布《关于召开业主大会选聘物业公司的方案》：业委会将制作选聘方案表决书，采取议标方式选聘物业服务企业。8月，原告出具选聘物业公司的表决结果，要求被告11月前撤出小区，退还相关资料。嘉定区房管局函告原告：其在未制订选聘方案并经业主大会表决通过前,不得擅自开展选聘物业服务企业,要求原告停止目前涉及选聘物业服务企业的一切活动,并限期改正。原告未予回应。

2013 年 2 月,原告出具公示,要求被告退出小区物业服务,并要求业主在《征询意见表》中签字。2013 年 3 月,原告公示《征求意见表》的征求结果:应参加业主 842 户,同意票 783 户占总投票权户数的 92.99%,其建筑面积占总建筑面积 93.28%。同意的户数及其建筑面积均超过半数,本次征询同意的意见获得通过。原告诉请解除事实物业服务合同关系,被告退出原告小区,被告将小区物业管理服务相关资料移交给原告。

上海嘉定法院一审认为,原告于 2011 年 4 月 20 日明确通过业主大会表决决定继续聘请被告为物业服务企业,期限为本届业主委员会任期。现业委会任期未届满,故原、被告之间的物业服务合同的期限尚未届满。

业主大会有权决定是否解聘物业服务企业。原告于 2012 年 3 月决定召开业主大会,但原告召开的该次业主大会决定选聘案外人的过程,经行政职能部门认定程序违法,应予改正。

原告于 2013 年 2 月召开业主大会,要求业主投票决定是否通过诉讼的方式解聘被告。原告以 2013 年 3 月 1 日征询结果符合法定解聘条件为由,诉讼要求解除与被告的物业服务合同关系。为探究业主的真实意思,法院委托当地政府部门对涉案小区的业主进行了意见征询,结论为赞成解除合同关系的业主超过了反对的业主。根据 2013 年 3 月 1 日的征询结果,结合政府部门对小区业主的民意测试,法院考虑本案所涉小区的具体情况,解除原、被告物业服务合同关系。法院判决解除物业服务合同。上海二中院二审维持原判。

第九百四十七条 【物业服务合同的续订】物业服务期限届满前,业主依法共同决定续聘的,应当与原物业服务人在合同期限届满前续订物业服务合同。

物业服务期限届满前,物业服务人不同意续聘的,应当在合同期限届满前九十日书面通知业主或者业主委员会,但是合同对通知期限另有约定的除外。

第九百四十八条 【不定期物业服务合同】物业服务期限届满后,业主没有依法作出续聘或者另聘物业服务人的决定,物业服务人继续提供物业服务的,原物业服务合同继续有效,但是服务期限为不定期。

当事人可以随时解除不定期物业服务合同，但是应当提前六十日书面通知对方。

第九百四十九条　【物业服务合同的终止】物业服务合同终止的，原物业服务人应当在约定期限或者合理期限内退出物业服务区域，将物业服务用房、相关设施、物业服务所必需的相关资料等交还给业主委员会、决定自行管理的业主或者其指定的人，配合新物业服务人做好交接工作，并如实告知物业的使用和管理状况。

原物业服务人违反前款规定的，不得请求业主支付物业服务合同终止后的物业费；造成业主损失的，应当赔偿损失。

典型案例

11. 厦门海沧大永固大厦业主委员会诉厦门海投物业公司物业服务合同纠纷案

［案例来源：福建省厦门市中级人民法院(2009)民终字第22号民事判决书，《人民法院案例选》2010年第3辑，第150－153页］

2001年1月，被告海投物业公司进入大永固小区进行前期物业服务。2004年3月，被告与小区开发商签订《物业管理委托合同》，受托对该小区进行物业管理服务，委托管理期限2004年4月至2006年3月。2006年10月，被告终止了对大永固小区的物业管理服务，但未办理相关的移交手续。11月，原告大永固小区业主委员会经备案成立。原告诉请被告移交公共维修金94 539.2元，移交竣工总平面图等资料和设备，恢复受损消防设施。

厦门海沧法院一审认为，被告终止物业服务后，依法应当办理物业交接。公共维修金属于专项维修资金，小区业主委员会现已报备成立，被告应将结余的公共维修金返还给原告。被告未能履行物业服务合同的约定，履行管理、服务职责，导致部分消防设施受到损害，原告有权要求恢复。

厦门中院二审认为，海投物业公司在其进行物业管理服务期间有义务保护小区的公共设施不受损害，在其撤离时理应办理相应的移交手续。海投物业公司撤离时该小区业主委员会虽尚未成立而无法与其办理移交，但其此时应将该小区的物业管理移交给委托人即开发商，但海投物业公司却在未办理任何移交手续的情况下撤离该小区，致使小区处于无人管理状态，无法查清讼争消防设施的损坏时间。故海投物业公司对其撤离时讼争消防设施处于正常状况负有举证责任，因海投物业公司对此举证不能，其理应承担举证不能的法律后果，一审判决正确。

第九百五十条 【原物业服务人的暂时服务】物业服务合同终止后,在业主或者业主大会选聘的新物业服务人或者决定自行管理的业主接管之前,原物业服务人应当继续处理物业服务事项,并可以请求业主支付该期间的物业费。

典型案例

12. 重庆悦来物业管理有限公司诉何红物业服务合同纠纷案

[案例来源:重庆市渝北区人民法院(2012)渝北法民初字第15547号民事判决书,《人民法院案例选》2015年第4辑,第14－21页]

原告悦来物业公司与富悦大厦小区的建设单位重庆富悦实业集团有限公司签订《物业管理前期委托合同》,自2001年8月至2004年8月。3年期满后,原告仍一直为被告所居住的小区提供物业服务。2010年5月,富悦大厦业主委员会与案外人×××物业管理公司签订了一份《物业服务合同》。6月,在物业交接过程中,因部分业主出面干扰,原告未能交接成功,遂继续为小区提供物业服务至2012年7月。原告诉请被告支付物业费2894元。

重庆渝北法院认为,尽管《物业管理前期委托合同》约定的期限为3年,但期满后原告仍为小区提供物业管理服务至2010年5月31日,原、被告之间形成事实物业服务关系。5月31日后,尽管业主委员会另聘了新的物业服务企业,但由于部分业主出面干扰致使原告未能交接成功而继续为富悦大厦小区提供物业服务至2012年7月20日,并非原告拒绝退出或移交,故应当认为2010年6月1日至2012年7月20日原、被告之间亦形成事实物业服务关系,此期间被告仍应向原告支付相应的物业费。法院判决被告支付原告物业费2401.5元。

第二十五章　行 纪 合 同

第九百五十一条　【行纪合同】行纪合同是行纪人以自己的名义为委托人从事贸易活动，委托人支付报酬的合同。

典型案例

1. 陈瑞金诉中国工商银行股份有限公司闽侯支行委托合同纠纷案

［案例来源：福建省福州市中级人民法院（2008）榕民终字第389号民事判决书，《中国审判案例要览（2009年民事审判案例卷）》，第201－207页］

2007年4月，原告陈瑞金委托表妹陈某某到被告工行闽侯支行处申购基金，被告的工作人员林某某为了挪用原告的资金，先按照正常程序要求陈某某填写申请书，为原告开通了基金账户。然后，在陈某某应被告要求输入基金账户密码时，偷偷地将原告银行卡上的62万元资金转账到洪某某（林某某的朋友）的账户上。之后，林某某打印出虚假的购买基金的凭证，将转账凭证混在虚假的购买基金凭证中一起交给陈某某签名，陈某某在所有的凭证上草率地签了名。最后，林某某再在凭证上加盖工商银行的“业务清讫”和个人印章，一份交给原告，一份销毁。6月，原告再次委托表妹陈某某到被告处申购基金4万元，林某某以同样的方式挪用了该笔现金。2007年7月，原告欲委托陈某某收回投资时，却发现基金账户没有基金份额。原告诉请被告返还购买基金的本金66万元，并以被告实际返还之日的基金净值作为依据计算经济损失。

福建福州闽侯法院一审认为，本案属于证券交易代理合同纠纷。被告的工作人员林某某利用职务便利挪用资金，属于被告的内部法律关系，不能作为被告对外不承担民事责任的理由。被告接受原告的委托后，没有完成委托事项为原告代购基金，已经构成根本性违约，被告作为行纪人应承担违约责任，其承担的违约责任应包括原告申购基金后预期可获得的利益。原告于7月要求赎回基金，因此，原告申购基金的损失应按照基金净值计算到7月为止，7月之后的损失按照银行同期贷款利率计算。

福建福州中院二审认为,陈瑞金与工行闽侯支行之间的委托合同关系成立并生效。委托人陈瑞金依约负有向受托人即工行闽侯支行交纳基金申购款的义务,工行闽侯支行负有按约代为向指定机构申请购买相关基金的义务。由于申购系以陈瑞金名义进行,工行闽侯支行在此过程中并不存在独立的意思表示,因此双方形成的是委托合同关系,而非行纪合同关系。

林某某将陈瑞金共计66万元的申购资金占为己有,从而导致工行闽侯支行实际上无法完成委托事项而构成违约。陈瑞金有权向银行主张权利而不是向其内部工作人员个人主张权利。银行不能以其内部人员的刑事责任对抗外部的民事责任。本案民事纠纷的处理并不以相关刑事案件的审理结果为依据。

所谓"可以获得的利益",是指当事人订立合同时期待通过合同的履行所获得的利益,具有期待性和现实性的特点,即必须是当事人在订立合同时能够合理预见的,且只要合同如期履行就会由当事人得到的利益。但是本案委托合同的履行,并不必然产生基金收益。在基金销售过程中,代销机构并不实际代表基金公司就相关申请向投资者作出确认基金交易成功与否的意思表示。也就是说,代销机构接受并办理投资者的相关申请,并不意味着投资者申请的交易已经成功。因此,工行闽侯支行接受委托,并不产生陈瑞金必然申购到等值基金份额的结果。陈瑞金申购基金时适逢基金热销,申购资金规模往往超过基金发行规模,通常实行按比例配售,故陈瑞金申购基金的数额不等同于其可以得到的利益。但是,工行闽侯支行应当按银行同期存款利息赔偿陈瑞金的损失。

第九百五十二条 【费用负担】行纪人处理委托事务支出的费用,由行纪人负担,但是当事人另有约定的除外。

典型案例

2. 王梦蛟与叶桂花、叶月华行纪合同纠纷案

[案例来源:福建省泉州市安溪县人民法院(2005)安民初字第867号民事判决书,《中国审判案例要览(2006年民事审判案例卷)》,第243-246页]

1995年12月至1998年12月,被告叶桂花、叶月华两人合伙承包经营供销合作社第三门市部。原告王梦蛟将自行购买零配件组装而成的自行车委托两被告在门市部销售,双方口头约定,自行车的出售价格由原告决定,被告每为原告出售一辆自行车,原告应给付两被告代销费20元作为报酬。被告叶桂花在抽取代销费后,未能将其余的代销款归还原告。

在为原告代销自行车期间,被告叶桂花向税务部门交纳自行车增值税3275.26

元,支付仓库租金4320元。原告诉请被告叶桂花偿还尚欠原告货款8030元及逾期付款违约金。被告叶桂花反诉请求原告支付自行车税款、仓库租金、工资等费用。

福建泉州安溪法院认为,原、被告代销自行车的行为属于行纪合同关系,即两被告作为行纪人接受委托人(原告)的委托,以自己的名义,为原告销售自行车。行纪人处理委托事务支出的费用,由行纪人负担,但当事人另有约定的除外。被告叶桂花在出具欠条及还款计划给原告时,均未注明应扣除税款、仓库租金等费用,原、被告双方事先也未约定自行车税款、仓库租金应由原告支付,因此该税款应由被告自行(行纪人)负担。原告已按照约定给付被告代销费作为提供服务的报酬,被告不能要求原告再支付工资。

被告叶桂花未能按照约定归还原告代销自行车价款,应承担违约责任。法院判决被告叶桂花给付原告自行车款8005元及违约金。

第九百五十三条 【委托物的保管】行纪人占有委托物的,应当妥善保管委托物。

典型案例

3. 内蒙古乾坤金银精炼股份有限公司诉中国农业银行等代销合同纠纷案

[案例来源:内蒙古自治区高级人民法院(2005)内民初字第21号民事判决书,《商事审判指导》2007年第2辑,第225-233页]

2002年5月,原告乾坤公司与被告农行个人业务部签订《金杯代销合同》,由被告代销原告的仿"大力神"纪念杯;发行价格为5300元/个,其中300元为代销手续费,由被告从代销总额中自行直接扣除;发行总量为9999个,销售金额为5299.47万元。定金条款约定,被告向原告预付保证定金1500万元。原告向被告农行发送"大力神"纪念杯合计8696个。合同履行期内,原告仅于2002年6月收到金杯销售回款5.3万元。截至2004年8月15日,农行36家分行实际共代销"大力神"纪念杯2655个,实际封存6041个。原告诉请农行和农行个人业务部支付8696个金杯的货款3871.54万元及延期付款利息440万元。

内蒙古高院一审认为,农行所持有的剩余"大力神"纪念杯已无退还的必要,农行应当按照合同约定的5000元/个的价格,将其已收到的8696个"大力神"纪念杯的价款4348万元扣除已支付的5.3万元后,全部支付原告。法院判决农行向原告支付"大力神"纪念杯价款4342.7万元,并取得由其占有的剩余"大力神"纪念杯的所有权。

最高人民法院二审认为，在代销合同的履行过程中，代销商品的所有权属于委托人，代销期间代销人对代销商品享有占有权。

《金杯代销合同》约定了定金条款，但双方约定的定金1500万元超过主合同标的额20%的规定。合同约定的总价款为4999.5(9999×0.5)万元，故999.9万元应作为定金，其余款项500.1万元应作为预付货款。至合同终止日农行只销售“大力神”纪念杯2655个，农业银行未履行部分占应履行部分的比率为73.45%，故其丧失定金的比率亦为73.45%，即农业银行丧失定金返还请求权的数额为734.4266万元，可主张返还定金265.4734万元，连同前述作为预付款处理的500.1万元，共计765.5734万元，冲抵已售金杯货款。农业银行已支付销售款5.3万元，故农业银行尚欠乾坤公司的货款总计为：0.5万元×2655个－5.3万元－765.5734万元＝556.6266万元。

法院判决农行支付乾坤公司货款556.6266万元及相应利息，返还6041个未销售的“大力神”纪念杯。

第九百五十四条 【委托物的处分】委托物交付给行纪人时有瑕疵或者容易腐烂、变质的，经委托人同意，行纪人可以处分该物；不能与委托人及时取得联系的，行纪人可以合理处分。

第九百五十五条 【委托物的买卖】行纪人低于委托人指定的价格卖出或者高于委托人指定的价格买入的，应当经委托人同意；未经委托人同意，行纪人补偿其差额的，该买卖对委托人发生效力。

行纪人高于委托人指定的价格卖出或者低于委托人指定的价格买入的，可以按照约定增加报酬；没有约定或者约定不明确，依据本法第五百一十条的规定仍不能确定的，该利益属于委托人。

委托人对价格有特别指示的，行纪人不得违背该指示卖出或者买入。

第九百五十六条 【行纪人的介入权】行纪人卖出或者买入具有市场定价的商品，除委托人有相反的意思表示外，行纪人自己可以作为买受人或者出卖人。

行纪人有前款规定情形的，仍然可以请求委托人支付报酬。

第九百五十七条 【委托物的处置】行纪人按照约定买入委托物，委托人应当及时受领。经行纪人催告，委托人无正当理由拒绝受领的，行纪人依法可以提存委托物。

委托物不能卖出或者委托人撤回出卖，经行纪人催告，委托人不取回或者不处分该物的，行纪人依法可以提存委托物。

第九百五十八条 【行纪人与第三人的关系】行纪人与第三人订立合同的,行纪人对该合同直接享有权利、承担义务。

第三人不履行义务致使委托人受到损害的,行纪人应当承担赔偿责任,但是行纪人与委托人另有约定的除外。

第九百五十九条 【行纪人的留置权】行纪人完成或者部分完成委托事务的,委托人应当向其支付相应的报酬。委托人逾期不支付报酬的,行纪人对委托物享有留置权,但是当事人另有约定的除外。

第九百六十条 【法律适用】本章没有规定的,参照适用委托合同的有关规定。

第二十六章　中介合同

第九百六十一条　【中介合同】中介合同是中介人向委托人报告订立合同的机会或者提供订立合同的媒介服务，委托人支付报酬的合同。

典型案例

1. 满堂红（中国）置业有限公司诉陈传实中介合同纠纷案

［案例来源：广东省广州市中级人民法院（2005）穗中法民四终字第997号民事判决书，《人民法院案例选》2006年第3辑，第119－129页］

2004年5月，原告满堂红公司与被告陈传实签订《定金支付及要约发出委托书》，约定被告委托原告向案涉房屋的业主发出要约购买案涉房屋，案涉房屋总房款为25万元，房屋的交付标准为“不附带家私家电”，付款方式为一次性付款；一旦业主同意按25万元成交或低于25万元成交，并同意上述条件，被告即确认成交；原告在上述期限内取得符合要约条件的业主承诺，业主承诺到达原告即视为到达陈传实，原告与业主的买卖合同即告成立；被告在业主按照上述要约条件作出承诺后，如不依要约履行的，则被告需向原告支付违约金12 500元。

当天，原告与业主何群笑签订了《承诺书》，约定：何群笑同意按照买方提出的要约条件出售涉案房屋，售价为25万元，房屋交接情况为不含家私家电，收款方式为一次性收款。后在被告陈传实与何群笑协商过程中，双方对涉案房屋的交付标准（是否附带两台分体式空调），以及付款方式是否为一次性付款的问题发生争议。双方对此无法协商一致，导致案涉房屋买卖合同至今未能成交。原告诉请被告支付违约金12 500元。

广州天河法院认为，《定金支付及要约发出委托书》的内容是作为委托人的被告与作为受托人的原告约定，由受托人处理委托人事务的合同，属于委托合同。原告履行了向案涉房屋业主何群笑发出买房要约的义务，而何群笑对此要约作出了承诺，愿意按照要约条件出售案涉房屋，该承诺已到达原告，按约定即表示已到达被告，因此，被告与何群笑关于案涉房屋的买卖合同关系应自此成立。被告应按合同约定履行义务，与何群笑办理相关的房地产交易过户手续等。但被告未履行，导致案涉房屋未能成交，责任在被告。被告与何群笑双方均明确约定不附带家私家电以及房款方式为一次性付款，被告应按此约定条件接受房屋与支付房款25万元，而被告拒不履行，其所提出的关于附带家私家电以及分期付款的要求，与约定不符。法院判决被告陈传实支付原告满堂红公司违约金12 500元。

广州中院二审认为，《定金支付及要约发出委托书》确立了双方居间合同法律关系。委托书中约定的"如满堂红公司取得业主承诺后，陈传实不依该委托书履行，则陈传实须向满堂红公司支付违约金12 500元"，应当是陈传实在买卖合同履行过程中存在违约行为所应承担的违约责任，不属于居间合同调整的范畴，其权利人应当为涉案房屋的卖方，因此，满堂红公司作为居间合同的当事人不能依此追究陈传实在买卖合同中的违约责任。法院改判驳回满堂红公司的诉讼请求。

2. 北京中和信恒房地产经纪有限公司诉宋耀明中介合同纠纷案

[案例来源：北京市第二中级人民法院(2010)二中民终字第21522号民事判决书，《中国审判案例要览(2011年商事审判案例卷)》，第162－166页]

被告宋耀明系1208室、1209室房屋的所有权人。2010年5月，被告宋耀明委托田润会出租该房屋，并发布相关的出租信息。在此期间，被告的妻子曾到原告中和信恒公司处刊登上述房屋出租的信息。其后，原告曾带克莱德公司相关人员到1208室、1209室房屋看房，并商谈相关租赁事宜，但当时并未与宋耀明达成租赁合同。5月底，被告与克莱德公司就1208室、1209室房屋达成租赁合同，克莱德公司实际承租了该房屋。原告诉请被告支付中介服务费75 000元。

北京朝阳法院认为，原告所提供的证据只能证明原告带克莱德公司看过1208室、1209室房屋，不能证明原被告居间合同达成一致的意思表示，克莱德公司实际承租了该房屋的事实亦不能证明系原告的介绍导致该公司与被告订立租赁合同。法院判决驳回原告中和信恒公司的诉讼请求。

北京二中院二审期间，宋耀明认可其代理人田润会曾经携带案涉房屋的产权证明到中和信恒公司处刊登案涉房屋的出租信息；宋耀明认可中和信恒公司工作人员带克莱德公司的代理人宋育于5月24日前后看过案涉房屋，并与宋耀明代理人田润会协商过房屋出租事宜。法院据此认为，应当认定宋耀明曾经事实上委托中和信恒公司提供出租房屋的居间服务；在中和信恒公司带人看房之后，田润会即与宋育于5月29日订立租约，有违诚实信用原则；宋耀明主张其他中介公司提供了本案租赁合同的居间服务，但其并未就此提供有效的证据予以证明，并且其与克莱德公司订立的租约并非经纪成交版的租赁合同。综上，可以认定中和信恒公司已经提供了相应的居间服务。

虽然中和信恒公司最终并未促成宋耀明与克莱德公司订立租赁合同，但没有促成合同订立的原因是宋耀明、克莱德公司回避中和信恒公司而自行协商的结果，不可归责于中和信恒公司。依据缔约过失责任的相关规定，当事人在合同订立阶段，应当依据诚信责任原则进行磋商。宋耀明在委托过程中避开中和信恒公司，应当赔偿中和信恒公司合理的损失。法院改判宋耀明给付中和信恒公司3万元。

3. 张高艳与天津市千金一诺装饰有限公司等居间合同纠纷案

［案例来源：天津市高级人民法院（2014）津高民二终字第0017号民事判决书，《人民法院案例选》2015年第1辑，第116－121页］

原告张高艳与被告千金一诺公司签订《居间合同》，约定：被告挂靠第三人中太公司承揽建设工程；原告通过其他途径得知案外人兴源公司欲投资北京市平谷区系列污水处理厂工程，并需要相应的公司承建该工程；原告介绍被告以中太公司的名义与兴源公司签订相应的工程合同；若中太公司与兴源公司签订工程合同，则被告向乙方支付居间费899万余元。千金一诺公司注册资本50万元。中太公司对投标单位资质要求为注册资本不低于1200万元。

其后，中太公司与兴源公司就案涉污水处理工程签订《合同协议书》。原告诉请被告和第三人中太公司共同给付原告居间费649万余元。

天津一中院一审判决驳回原告诉讼请求。天津高院二审维持原判。法院认为，污水处理属于市政公用事业，涉及社会公共利益，应当依法进行招标。承建方必须符合相应的资质要求，且承建方须通过公开的招投标方式取得工程。张高艳与千金一诺公司签订的《居间合同》约定，张高艳介绍千金一诺公司以中太公司的名义与污水处理工程的发包方兴源公司签订相应的工程合同，千金一诺公司向张高艳支付居间费899.5万元。从《居间合同》的目的来看，是使不符合投标资质要求的千金一诺公司通过张高艳的居间行为实际取得涉诉工程，这与中太公司通过公开招投标方式取得工程明显存在矛盾。张高艳的居间行为与市政公用事业工程的建设应通过公开招投标方式确定工程承建方的要求是相悖的，张高艳的此类居间行为也是法律所明令禁止的，《居间合同》无效。

第九百六十二条　【中介人的报告义务】中介人应当就有关订立合同的事项向委托人如实报告。

中介人故意隐瞒与订立合同有关的重要事实或者提供虚假情况，损害委托人利益的，不得请求支付报酬并应当承担赔偿责任。

典型案例

4. 张学民诉北京春秋房地产经济有限公司中介合同纠纷案

[案例来源:北京市第二中级人民法院(2005)二中民终字第02300号民事判决书,《人民法院案例选》2006年第3辑,第130-136页]

2004年7月,原告张学民委托被告春秋公司承租一套房屋。后被告向原告介绍某房屋,原告与出租人签订租赁合同,并向出租人支付租金。后原告向被告支付信息服务费2000元。同月24日,房屋所有权人余某某回到涉案房屋,与原告发生争议。余某某向法院提起诉讼,要求原告搬出其房屋。余某某称其与崔彦军于2004年7月13日签订租赁合同,租期为1年,对此后发生的张学民租赁房屋的情况其并不知情。余某某与张学民达成调解,张学民腾出了租住的房屋。原告诉请被告返还信息服务费2000元,赔偿损失24 216元。

北京东城法院认为,居间合同的居间人应当就有关订立合同的事项向委托人如实报告。居间人故意隐瞒与订立合同有关的重要事实或者提供虚假情况,损害委托人利益的,不得要求支付报酬并应当承担损害赔偿责任。被告未核实出租人的真实情况导致原告受到损失,应予赔偿。法院判决被告返还原告居间服务费2000元,赔偿原告经济损失24 216元。

北京二中院二审进一步指出,春秋公司在向张学民推荐房屋前,有责任和能力查实该房屋的准确资料,尤其是查阅房屋权属证明、核实出租人真实身份。春秋公司既未验看拆迁安置补助协议原件,也未到房屋权属登记机关或物业管理企业等相关部门做必要核实,更未采取合理方式提请原告注意查实房屋权属资料,系怠于履行居间人应尽的义务,严重损害了委托人的知情权。

5. 王宝树诉厦门高鹏房地产营销策划有限公司中介合同纠纷案

[案例来源:福建省厦门市中级人民法院(2014)厦民终字第2034号民事判决书,《人民法院案例选》2015年第4辑,第152-157页]

2013年1月,在被告高鹏公司的居间下,原告王宝树与出卖方黄远明、黄美秀签订协议书,原告向出卖方购买某房产。原告向被告高鹏公司支付居间报酬15 000元及交易服务费用800元。

2010年3月,出卖人黄远明购买了涉案房产,并以该房产为其借款设定抵押担保向某银行借款71万余元。2012年4月,该银行将黄远明、黄美秀诉至法院。由于上述房产被法院查封,原告无法办理过户。2013年10月,黄远明因涉嫌犯合同诈骗罪,被批捕。2014年1月,法院判决黄远明构成合同诈骗罪,同时判决责令黄远明退赔王宝树经济损失22万余元。原告诉请被告归还原告居间报酬等费用15 800元,偿还原告经济损失38 970元。

厦门集美法院认为，案外人黄远明出售讼争房产给王宝树的行为已被认定为合同诈骗，黄远明与王宝树签订的合同即为无效合同。居间人负有如实报告义务，如其故意隐瞒与订立合同有关的重要事实或者提供虚假情况，损害委托人利益的，不得要求支付居间报酬并应当承担损害赔偿责任。案外人黄远明因未偿还讼争房产贷款已于2012年8月被法院判决需偿还贷款。而该事实与本案交易有重要联系，但高鹏公司并未审查，也未如实向王宝树报告，可见高鹏公司未尽到居间人的义务，损害了委托人的利益，且讼争房屋买卖合同无效，其不得要求支付报酬。法院判决被告退还原告居间报酬等费用15 800元。厦门中院二审维持原判。

6. 顾松奇诉马伯乐、邱惠芳中介合同纠纷案

［案例来源：江苏省南通市中级人民法院(2004)通中民一终字第040号民事判决书，《中国审判案例要览(2005年民事审判案例卷)》，第143－149页］

被告马伯乐系新广中介服务社的负责人，被告邱惠芳系新广中介服务社的雇员。2002年7月，刘美香与原告顾松奇签订房屋买卖合同。新广中介服务社由被告邱惠芳作为代表签订合同，并借用南通市承誓信息服务社的公章在《房地产转让中介合同》上盖章。合同签订后，原告通过新广中介服务社向刘美香多次要求交付房屋未果，遂向公安机关报案。经法院审理，认定刘美香构成合同诈骗罪。原告诉请两被告赔偿经济损失5万元，并退还尚未返还的中介费500元。

江苏南通崇川法院一审仅判决被告马伯乐退还原告顾松奇500元中介费。江苏南通中院二审查明：新广中介服务社得到刘美香谎报房源信息后，未向刘美香审查该房屋产权的真实情况，并由邱惠芳向顾松奇发布了中介信息。在顾松奇询问房屋的有关情况时，马伯乐、邱惠芳曾经以不实的承诺表示过户无问题等。生效刑事判决书认定，被告人刘美香犯罪所得赃款未能退赔，致被害人经济损失未能得到弥补。此外，该判决书第2项“对刘美香的犯罪所得人民币78 800元继续予以追缴，发还被害人”的判决条款未能执行到位。

法院认为，房地产中介机构应当审查当事人提供的有关房地产权利证书等证件。对不提供有关证件或提供证件不符合规定的，中介服务机关应当拒绝接受委托。刘美香提供涉案房源后，中介公司没有履行相应的法定义务，客观上为刘美香的诈骗行为提供了帮助。中介公司向原告提供了虚假的房屋信息，虽然没有证据证明中介公司是故意发布虚假信息的，但至少可以认定其存在过失，违反了诚实信用原则。原告行使的是私法救济权利，而刘美香被判处刑罚属于公法救济，两者性质不同。在刘美香无力赔偿损失的情况下，原告有权利要求中介公司予以赔偿。法院增加判决马伯乐赔偿顾松奇经济损失5万元。

第九百六十三条　【支付报酬及费用负担】中介人促成合同成立的，委托人应当按照约定支付报酬。对中介人的报酬没有约定或者约定不明确，依据本法第五百一十条的规定仍不能确定的，根据中介人的劳务合理确定。因中介人提供订立合同的媒介服务而促成合同成立的，由该合同的当事人平均负担中介人的报酬。

中介人促成合同成立的，中介活动的费用，由中介人负担。

典型案例

7. 上海龙迪房地产经纪事务所诉夏海华中介合同纠纷案

［案例来源：上海市第一中级人民法院（2013）沪一中民二（民）终字第 885 号民事判决书，《中国审判案例要览（2014 年民事审判案例卷）》，第 384－393 页］

2012 年 9 月，通过原告龙迪事务所居间，被告夏海华与案外人汪某签订《房地产买卖合同》，约定被告购买某房屋。同日，原告与被告签订《佣金确认书》，约定由被告在签订买卖合同当日一次性支付原告佣金 15 000 元。后被告与汪某并未按约定履行《房地产买卖合同》，也未向原告支付佣金。原告诉请被告支付原告居间费 15 000元以及律师费。律师费的依据为《房地产买卖合同》的约定：被告一次性支付中介佣金 15 000 元。如拒付或少付，则产生的一切后果由支付方负责（包括诉讼费、律师费等）。

上海浦东新区法院一审认为，《佣金确认书》明确在签订买卖合同当日即支付佣金，故买卖合同签订之后进行过户交易等手续并非原告主张佣金的必要条件。原告有权请求被告支付。而原告要求律师费的主张，依据为被告夏海华与案外人汪某所签订之《房地产买卖合同》，根据合同的相对性，原告并非该合同的当事人，该合同所约定的被告承担律师费的责任对象仅是案外人汪某而非原告。法院判决被告支付原告居间费人民币 15 000 元。

上海一中院二审查明，夏海华与案外人汪某签署的《房地产买卖合同》约定：双方签订合同后，中介机构对该房的经纪业务活动已完成。至于后续的辅助性服务，中介机构只协助双方完成，双方不得在后续内容的服务过程中，寻找借口并以此为由，拒付或少付中介佣金。双方签约后，不论双方有任何原因（合同已约定的除外）而造成违约或合同解除，双方均按合同原条款约定支付中介佣金。

夏海华上诉称，龙迪事务所存在隐瞒房龄信息，误导其与案外人当日签约，并以此主张龙迪事务所在居间服务过程中存在过错。法院认为，系争房屋的产权信息对外公开，夏海华自身也有审查的义务。因夏海华未提供证据加以佐证，故其抗辩意见，难以采信。

夏海华上诉称,其与案外人并没有履行房地产买卖合同,且实际已解除合同,因此龙迪事务所没有全部完成居间服务工作,居间费应当减少支付。法院认为,从目前的二手房买卖操作流程来看,绝大多数的买卖双方仍需要居间方的陪同和协助,这就意味着居间方在促成买卖双方签约后,仍需要中介人员陪同完成后续的交易工作,居间方存在人力成本的支出,而这些成本支出含在买卖双方向居间方支付的居间费中,如果买卖双方不再履行合同,则居间方的上述支出相对减少。夏海华主张减少居间费的承担,法院可综合情况在合理范围内酌定。

龙迪事务所称,《佣金确认书》已明确佣金的支付时间和条件等;在买卖合同补充条款中,也明确买卖双方签订合同即为其全部居间义务完成,买卖双方不得以任何理由主张减少或者拒绝支付。法院认为,上述协议及补充条款系居间方制作,且没有证据表明居间方已向买卖双方明示上述内容;由于相关内容排除买卖双方的权利、免除居间方的合同责任,故可以认定为格式条款,应属无效。

考虑到龙迪事务所带夏海华看房,促成夏海华与案外人之间的买卖合同签署,居间合同已经成立等事实,另外还考虑到龙迪事务所虽然未全部完成居间协助义务,但系夏海华未继续履行合同违约造成,居间费可酌定为 1 万元。

8. 北京莹灿房地产经纪有限公司诉张亚杰中介合同纠纷案

[案例来源:北京市第二中级人民法院(2010)二中民终字第 16553 号民事判决书,《中国审判案例要览(2011 年民事审判案例卷)》,第 261 - 265 页]

2009 年 11 月 3 日,原告莹灿公司带被告张亚杰看过涉案房屋,双方并于当日签订《居间服务确认书(带看房屋)》,约定"居间人提供本项服务不收取委托人任何费用,但委托人应当保证在接受居间人本次服务后的 6 个月内,委托人或者关联人不会越过居间人与本次带看房屋的业主或者关联人以任何方式成交,否则应当向居间人作出赔偿,支付给居间人相当于应付居间报酬 2 倍的赔偿金。居间报酬标准以居间人店内公示为准"。2009 年 10 月,张亚杰通过北京鑫尊房地产经纪有限责任公司(以下简称鑫尊公司)看过上述房屋。

2009 年 11 月 5 日,被告与原业主张芳兵、居间人鑫尊公司签订《房屋买卖居间服务合同》,购买上述房屋,张亚杰并于当日向鑫尊公司支付佣金 5000 元。

原告诉请被告支付原告赔偿金 55 000 元。

北京丰台法院认为,《居间服务确认书(带看房屋)》为原告提供的格式条款,根据本案现已查明的事实来看,其中约定原告在带被告看房后,被告在 6 个月内不得越过居间人与当次带看房屋的业主、关联人以任何方式成交,否则应支付居间报酬 2 倍的赔偿金。该格式条款实际为居间人无论是否促成合同,均可获取佣金,并以佣金为标准的 2 倍作为违约赔偿金。该约定加重被告的责任,免除原告的责任,该条款应为无效条款。法院判决驳回原告诉讼请求。

北京二中院二审认为，在双方签订《居间服务确认书（带看房屋）》时，张业杰对赔偿金条款的内容及法律后果是明知的，因此，该条款合法有效，对张亚杰具有约束力。张亚杰在接受莹灿公司居间服务后，在6个月内越过莹灿公司与业主完成购房交易，已构成违约。因莹灿公司没有提供证据证明其实际损失高于合同中约定的居间报酬，法院酌定赔偿数额为27 500元。

第九百六十四条　【费用负担】中介人未促成合同成立的，不得请求支付报酬；但是，可以按照约定请求委托人支付从事中介活动支出的必要费用。

典型案例

9. 吴浩文诉四川有元投资咨询有限公司中介合同纠纷案

［案例来源：四川省成都市绵江区人民法院（2006）绵江民初字第316号民事判决书，《人民法院案例选》2009年第2辑，第207－213页］

2004年9月，原告吴浩文之妻田碧蓉代原告与被告有元公司签署《委托承诺书》：原告拟在银行贷款160万元，以其房屋作抵押，委托被告全权负责贷款事宜。被告按贷款金额的5%收取中介费，正式签合同时原告支付定金3万元，如果由于被告原因未能在“国庆”前将款贷到，将全额退还支付的定金；如果由于原告原因未能在国庆前贷到款，所支付定金不予退还。

9月29日，原告将双方所约定的3万元中介费定金交付被告。被告至今未促成原告与银行签订借款合同。原告诉请被告返还双倍定金6万元。

成都绵江法院认为，被告未能在约定的时间内贷到款时，如果不能证明是原告的原因，则应推定为是被告的原因。被告辩称的原告另行委托他人办理贷款事项和拒不交出房产证办理抵押登记手续，均是在双方约定的被告完成贷款事宜的时间之后，并不能证明在双方约定的时间由于原告的原因而导致贷款事宜未完成。被告未能在约定的时间内贷到款不是原告的原因，应推定为被告的原因。

按照《委托承诺书》中的约定，如果由于被告原因未能在约定的时间内贷到款，将全额退还支付的定金，该约定是双方真实意思表示，对双方均有约束力。虽然双方在约定中表述的是“定金”，但按照双方的实际约定，其并不具有法律规定的定金性质。法院判决被告返还原告3万元。

第九百六十五条 【跳单】委托人在接受中介人的服务后,利用中介人提供的交易机会或者媒介服务,绕开中介人直接订立合同的,应当向中介人支付报酬。

典型案例

10. 上海慕利投资咨询有限公司诉上海欧伯尔塑胶有限公司中介合同纠纷案

[案例来源:上海市第一中级人民法院(2011)沪一终民二(民)终字第334号民事判决书,《中国审判案例要览(2012年民事审判案例卷)》,第233-239页]

原告慕利公司通过网站发布了良汇公司有意出售某厂房的消息。2009年3月,被告欧伯尔公司的陈建新(2010年3月担任该公司法定代表人)去现场洽谈购买事宜未果。2009年6月,原告慕利公司员工带陈建新去了包括上述厂房在内的两处现场考察,双方签订《客户确认书》:……若客户在慕利公司不知情的情况下与业主完成交易,客户将赔偿慕利公司该业务出租中的一个月租金(买卖则赔付该物业总售价的1.5%)作为违约金。

10月26日,欧伯尔公司及陈建新、张赛勇与良汇公司原股东签订了《股权转让协议》,被告欧伯尔公司以600万元取得了良汇公司60%的股权。事后,欧伯尔公司迁入涉案厂房。原告认为,其已完成居间合同约定的居间义务,被告应根据约定支付其居间费用。被告则认为其是通过股权转让形式介入,与原告的经纪行为无关。原告诉请被告支付居间服务费12万元。

上海奉贤法院认为,作为诉争厂房的所有人良汇公司当时欲出售其名下的厂房,被告欧伯尔公司也有意予以购买,但鉴于良汇公司厂房所涉及的土地系通过国有划拨取得,故双方无法直接通过买卖的方式进行产权转让,为此最终以股权转让方式进行。被告通过股权转让取得了良汇公司60%的股权,也就意味着被告取得了良汇公司60%的所有权,该行为系一种变相的所有权买卖交易行为。

被告未按照《客户确认书》的约定将其交易的情况告知原告,私自与良汇公司进行交易,其行为存在违约。原告有权请求被告要求按照双方签订的《客户确认书》由被告承担违约责任。违约金的计算方式应以600万元为基数的1.5%计算。法院判决被告欧伯尔公司支付原告慕利公司违约金9万元。上海一中院二审维持原判。

11. 上海中原物业顾问有限公司诉陶德华中介合同纠纷案

[案例来源:上海市第二中级人民法院(2009)沪二中民二(民)终字第1508号民事判决书,《最高人民法院公报》2012年第2期,第25-26页;《中国审判案例要览(2010年民事审判案例卷)》,第231-235页;《人民法院案例选》2016年第4辑,第3-5页]

2008年下半年,原产权人李某某到多家房屋中介公司挂牌销售涉案房屋。10

月，××房地产经纪公司带被告陶德华看了该房屋；11 月 23 日，××房地产顾问公司带陶德华之妻曹某某看了该房屋；11 月 27 日，原告中原公司带陶德华看了该房屋，并于同日与陶德华签订了《房地产求购确认书》，约定：陶德华在验看过该房地产后 6 个月内，陶德华或与陶德华有关联的人，利用中原公司提供的信息、机会等条件但未通过中原公司而与第三方达成买卖交易的，陶德华应按照实际成交价的 1%，向中原公司支付违约金。

中原公司对该房屋报价 165 万元，而××房地产顾问公司报价 145 万元，并积极与卖方协商价格。11 月 30 日，在××房地产顾问公司居间下，陶德华与卖方签订了房屋买卖合同，成交价 138 万元。后买卖双方办理了过户手续，陶德华向××房地产顾问公司支付佣金 1.38 万元。原告诉请被告支付违约金 1.65 万元。

上海虹口法院一审判决被告陶德华向原告中原公司支付违约金 1.38 万元。

上海二中院二审认为，《房地产求购确认书》中的禁止“跳单”格式条款，其本意是为防止买方利用中介公司提供的房源信息却“跳”过中介公司购买房屋，从而使中介公司无法得到应得的佣金。该约定并不存在免除一方责任、加重对方责任、排除对方主要权利的情形，应认定有效。衡量买方是否“跳单”违约的关键，是看买方是否利用了该中介公司提供的房源信息、机会等条件。如果买方并未利用该中介公司提供的信息、机会等条件，而是通过其他公众可以获知的正当途径获得同一房源信息，则买方有权选择报价低、服务好的中介公司促成房屋买卖合同成立，而不构成“跳单”违约。原产权人通过多家中介公司挂牌出售同一房屋，陶德华及其家人分别通过不同的中介公司了解到同一房源信息，并通过其他中介公司促成了房屋买卖合同成立。因此，陶德华并没有利用中原公司的信息、机会，故不构成违约。法院改判驳回中原公司诉讼请求。

12. 北京链家房地产经纪有限公司诉盖睿等中介合同纠纷案

［案例来源：北京市第二中级人民法院（2008）二中民终字第 17939 号民事判决书，《中国审判案例要览（2009 年民事审判案例卷）》，第 217－221 页］

2008 年 5 月，原告链家公司与被告盖睿签订《房屋买卖经纪合同》，约定：被告委托原告为其寻找所需房源，原告为被告提供房屋信息并带被告实地看房，被告及其利害关系人与原告介绍之业主不得私自达成交易事项。任何一方违反合同约定，侵害对方合法利益的，应赔偿登记售房价的 3% 作为违约金。后原告带被告察看了第三人的某房屋，第三人最终通过案外某中介公司完成该套房屋的交易，登记至被告丈夫名下。

原告诉请解除《房屋买卖经纪合同》，由被告按其与第三人实际成交价的 3% 支付违约金 41 700 元。

北京朝阳法院一审认为,原告要求解除该合同,而被告并不认可其与原告有合同关系,故涉案合同解除。

原告以被告与第三人私下交易为由,要求其承担违约责任,被告认为其与第三人并非私下交易。从合同中设立该违约条款的目的看,主要是为了避免房屋买受人在通过中介公司获取房屋出售信息后,利用该信息直接与房屋出售方达成交易,使中介公司提供居间服务以赚取佣金的目的落空。但就本案而言,被告称其系通过案外中介公司获取该售房信息,原房主朱文亦表示其在多家中介公司均登记了涉案房屋的出售信息,且只要条件符合,可由任何一家中介公司居间出售,并未独家委托原告出售该房屋。被告在同一时期内通过多家中介公司获取同一处房源信息的可能性存在且合理。被告出于佣金比例高低及服务质量的考虑最终选择案外中介公司而非原告完成该笔交易属于市场经济条件下正常的商业竞争,并不违法。原告未举证证明被告在与原房主朱文通过案外中介公司完成交易的过程系利用了自己提供的房源信息或订约机会,故被告行为并不构成合同中约定的私下交易,原告据此要求被告承担违约责任依据不足。法院判决解除《房屋买卖经纪合同》,驳回原告其他诉讼请求。北京二中院二审维持原判。

第九百六十六条　【法律适用】本章没有规定的,参照适用委托合同的有关规定。

第二十七章　合 伙 合 同

第九百六十七条　【合伙合同】合伙合同是两个以上合伙人为了共同的事业目的，订立的共享利益、共担风险的协议。

典型案例

1. 黄国均诉遵义市大林弯采矿厂、苏芝昌合伙合同纠纷案

［案例来源：贵州省遵义市中级人民法院（2014）遵市法环民终字第20号民事判决书，《人民法院案例选》2016年第8辑，第81－82页］

被告大林弯采矿厂原系被告苏芝昌的个人独资企业，已办理采矿许可证、营业执照，但无安全生产许可证。2003年12月，原告黄国均与苏芝昌签订《合伙协议》，约定苏芝昌提供采矿许可证、营业执照等开采手续，由黄国均自行投资、开采，自负盈亏、自行承担矿洞安全责任。

后被告苏芝昌将大林弯采矿厂转让给马红（已故）、汪祖斌。2008年3月，大林弯采矿厂变更登记为合伙企业，合伙人为马红（已故）、苏芝昌、汪祖斌，马红为合伙事务执行人。原告黄国均仍以大林弯采矿厂的采矿许可证、营业执照从事开采活动。大林弯采矿厂由于无安全生产许可证被责令全部停止开采，后又因违法转让采矿权被行政处罚。黄国均诉请被告赔偿损失220万元。

贵州遵义红花岗法院一审认为，黄国均与苏芝昌签订《合伙协议》，独立从事采矿活动，未到相关行政主管部门进行审批和变更登记，违反国家关于矿产资源开发利用和保护的审批规定，损害国家关于矿产资源的管理秩序。大林弯采矿厂变更登记为合伙企业后，也未将黄国均登记为合伙人。上述行为实为挂靠采矿，《合伙协议》应为无效，大林弯采矿厂对此具有较大过错。黄国均应当对其自身的违法行为所产生的后果承担责任。法院判决驳回黄国均的诉讼请求。

贵州遵义中院二审认为，大林弯采矿厂无论在个人独资企业阶段，还是依法变更为私营普通合伙企业阶段，都明知与黄国均签订的《合伙协议》以及允许黄国均独自采矿违法，但仍然认可，并向黄国均收取各项费用，较之黄国均行为而言，具有更大过错,大林弯采矿厂应当承担与其过错相应的责任,赔偿黄国均因此遭受的部分损失。法院改判大林弯采矿厂赔偿黄国均损失 13 万余元。

第九百六十八条 【合伙人的义务】合伙人应当按照约定的出资方式、数额和缴付期限,履行出资义务。

第九百六十九条 【合伙财产】合伙人的出资、因合伙事务依法取得的收益和其他财产,属于合伙财产。

合伙合同终止前,合伙人不得请求分割合伙财产。

典型案例

2. 吴云雯、李家新诉李家男合伙合同纠纷案

[案例来源:北京市第一中级人民法院(2012)一中民终字第 11856 号民事判决书,《中国审判案例要览(2013 年商事审判案例卷)》,第 30 – 34 页]

2005 年 9 月,原告李家新与被告李家男订立协议,约定:由李家新出资购买李家男工作单位出让的两个商店,含东北旺商店;转让费 28 万元,商品资金 7000 元,均由李家新出资承担;如遇征地拆迁,因征地拆迁发生的一切补偿或赔偿归李家新所有。原告李家新和原告吴云雯实际完成出资。李家男办理了东北旺商店个体工商户营业执照,业主为李家男。

2006 年 8 月,吴云雯、李家新、李家男订立合伙协议,约定:东北旺商店合伙人为李家新、李家男、吴云雯,三人在出资总额中各占 1/3;未约定利润分配和亏损分担比例的,由三方平均分配和分担。李家男一直负责东北旺商店的经营管理。东北旺商店拆迁后,拆迁款共计 750 万元,已被李家男领取。二原告诉请被告李家男分别给付原告吴云雯、李家新拆迁款 250 万元。

北京门头沟法院一审认为,东北旺商店属于经营性房屋,其拆迁补偿对象是东北旺商店的经营者。东北旺商店领取的是个体工商户营业执照,经营者为李家男,故其拆迁后相关补偿对象应为李家男,李家男有权占有并领取拆迁款。

公民对涉及个人重大利益的处分应当有明确的意思表示。李家新、李家男和吴云雯之间就东北旺商店的经营管理等事项签订了合伙协议,对东北旺商店的利润分配进行了约定。但双方当事人签订的合伙协议对利润分配方式的约定并不当然地及于东北旺商店的拆迁补偿,且双方亦未向本院提交明确的拆迁利益分配方案,故李家新、吴云雯不得仅依据合伙协议要求分割拆迁利益。但是,根据合伙协议的约定,东北旺商店的存续及经营管理有赖于李家新和吴云雯在出资等方面的贡献,在拆迁利益的分配中也应考虑此节。关于具体分配数额,本院将结合二原告对东北旺商店的贡献程度、拆迁项目、经营管理等因素，酌情予以判定。法院判决李家男分别给付李家新、吴云雯拆迁补偿款75万元。北京一中院二审维持原判。

第九百七十条　【合伙事务】合伙人就合伙事务作出决定的，除合伙合同另有约定外，应当经全体合伙人一致同意。

合伙事务由全体合伙人共同执行。按照合伙合同的约定或者全体合伙人的决定，可以委托一个或者数个合伙人执行合伙事务；其他合伙人不再执行合伙事务，但是有权监督执行情况。

合伙人分别执行合伙事务的，执行事务合伙人可以对其他合伙人执行的事务提出异议；提出异议后，其他合伙人应当暂停该项事务的执行。

典型案例

3. 刚启成诉才郎农业承包合同纠纷案

［案例来源：青海省共和县人民法院（2005）共民初字第124号民事判决书，《中国审判案例要览（2006年民事审判案例卷）》，第49－52页］

2004年2月，贵南县某村与被告才郎签订了耕地承包合同书，合同约定，由被告才郎承包该村耕地1925亩，承包期限10年，承包费每年3万元。合同签订后被告才郎即与石海尤、达贝、达保、南尖才让及原告刚启成等人合伙共同经营，由于经营不善，2004年发生亏损。2004年10月，当时的合伙负责人被告才郎主张将承包的耕地及果园全部转包给第三人祁自贤经营，合伙人只赚取稳定的转包费差额利润，不再投资经营。原告刚启成不同意，但被告才郎仍将承包的耕地全部转包给了第三人祁自贤经营。2005年5月，原告刚启成与石海尤、达贝、达保、南尖才让5人共同协商后形成"六人合约书"，主要约定"由刚启成担任合伙承包耕地的总负责人，免去才郎总负责人的职务"等。原告刚启成诉请确认被告擅自转包耕地经营权的行为无效。

青海共和法院认为，原告刚启成、被告才郎及石海尤、达贝、达保、南尖才让6人之间已形成事实上的合伙关系。被告才郎在2005年5月之前是合伙的负责人，原告刚启成是5月之后的合伙负责人，合伙负责人对外进行的民事行为对全体合伙人有约束力，并应由全体合伙人承担民事责任。被告才郎于2004年10月转包的行为是基于合伙人经营亏损和无力经营的前提下作出决定的，转包行为没有损害其他合伙人及他人的利益，同时也符合我国农村土地承包法的规定，并且贵南县某村也同意和认可合伙人的转包行为，第三人祁自贤也认可转包的口头协议，并已实际履行。转包行为至今没能签订书面协议是因合伙人内部纠纷所致，合伙人内部纠纷不应对抗与第三人签订书面转包合同,现转包行为在形式上的口头协议不影响其合法成立。因此,被告才郎代表合伙人向第三人祁自贤转包所承包的耕地及果园的行为应对全体合伙人有效,各合伙人及第三人祁自贤应当履行转包协议。法院判决驳回原告刚启成的诉讼请求。

第九百七十一条 【报酬约定】合伙人不得因执行合伙事务而请求支付报酬,但是合伙合同另有约定的除外。

第九百七十二条 【利润分配和亏损分担】合伙的利润分配和亏损分担,按照合伙合同的约定办理;合伙合同没有约定或者约定不明确的,由合伙人协商决定;协商不成的,由合伙人按照实缴出资比例分配、分担;无法确定出资比例的,由合伙人平均分配、分担。

典型案例

4. 张邦诉董依俊等合伙合同纠纷案

[案例来源:福建省长乐市人民法院(2009)长民初字第1582号民事判决书,《人民法院案例选》2011年第4辑,第19-23页]

原告张邦与三被告董依俊、施作家、王喜务签订一份《打桩机股东协议书》。协议约定由原、被告合伙经营打桩机,由原告张邦负责三台打桩机;总投资171万元,其中被告董依俊出资45万元,被告施作家出资45万余元,被告王喜务出资40万元,原告张邦出资39万余元。原告张邦为合伙事务实际执行人。2008年10月,被告以原告"贪污"为由将原告赶出合伙体,并拿走了此前由原告管理的合伙账簿,不让原告插手此后的合伙事务,亦未向原告分配其尚可分配的利润。原告已于2008年10月实际退出该合伙体。现三台打桩机的相关产权票证和合伙财务账簿均在被告处。原告诉请被告支付45万元及利息、分红。

福建长乐法院认为,原告张邦虽已实际退出合伙体,但其作为合伙人在与三被告的实际合伙经营期间的正当权益理应受到法律保护,故其有权要求分割合伙期间的合伙财产,即合伙时投入的财产和合伙经营期间积累的财产。原告申请对合伙财产三台打桩机进行价值评估,并对合伙经营期间的合伙账目进行审计核算,但被告持有相关凭证而无正当理由拒不向本院提交。以该凭证为依据的合伙基础财产,即打桩机价值的评估和合伙账目的审计核算,事关原告的诉讼请求能否得到本院的依法支持。《最高人民法院关于民事诉讼证据的若干规定》(法释〔2001〕33号)第75条规定:"有证据证明一方当事人持有证据无正当理由拒不提供,如果对方当事人主张该证据的内容不利于证据持有人,可以推定该主张成立。"法院据此推定原告的诉讼请求成立。

5. 张庆超、王照明诉张文虎、上海宝星机械设备修造有限公司等合伙合同纠纷案

[案例来源:上海市第二中级人民法院(2004)沪二中民三(商)终字第239号民事判决书,《人民法院案例选》2006年第1辑,第234-243页]

1999年,被告张文虎与两原告张庆超、王照明签订《股东协议书》,约定三方共同投资182万余元成立被告宝星公司,三方股份均等、共担风险责任、共同分享经营利润、共同参与经营管理等。该《股东协议书》上加盖有被告宝星公司公章。后三方因在公司经营管理中出现分歧,被告张文虎排斥两原告参与经营。

1999年5月,原告张庆超投入被告宝星公司资金12万余元,占宝星公司所收资金24.83%;原告王照明投入被告宝星公司资金20万元,并为其代垫费用4万余元,占宝星公司所收资金47.15%;被告张文虎投入被告宝星公司资金14万余元,占宝星公司所收资金28.02%。截至2002年8月,原告张庆超从宝星公司取回6万余元;原告王照明取回22万元;被告张文虎取回33万余元。两原告诉请确认两原告1999年至2002年享有宝星公司的股东权;被告张文虎、被告宝星公司支付盈余利润47万余元。

上海宝山法院一审认为,诉争《股东协议书》实属两原告与被告张文虎借用被告宝星公司名义进行经营的协议。被告宝星公司的成立早于1999年,三方不存在新设公司并成为新公司股东的合意;被告宝星公司工商公示的两股东,即张文虎与张文耀均未实际出资。该公司由被告张文虎管理运作,被告张文耀系挂名股东,既未出资亦未参加管理。《股东协议书》协议书虽明确约定两原告与被告张文虎三方共同投资成立宝星公司,由三方共同经营管理公司,但实际上述三方除各自投入部分资金并共同经营外,并未对宝星公司成立时工商记载的50万元注册资金及股东名单予以相应变更并公示。因而,被告宝星公司依公示原则,对外依然只承担注册资金为50万元的有限责任。《股东协议书》系三方当事人借用宝星公司名义进行合伙经营的形式载体。两原告不能因实际投入部分资金及实际参与管理而成为公司股东。

基于涉讼争议的利益系三人共同经营宝星公司期间产生,在三方不能再行共同经营的情况下,应对共同经营的盈亏进行盘点、分配。虽协议明确共同投资182万余元(三方份额均等),但实际三方出资既未足额,又未均等。由于三方未约定依出资比例分配盈亏,且在共同经营期间的作用、贡献难分彼此,故法院认为不论三方实际出资几何,均应按三方协议约定的“三方共担风险、共同分配利润”的原则分配盈亏,即将审计结论确认的可分利润64万余元由三方均分,每人均得21万余元。上海二中院二审维持原判。

第九百七十三条 【合伙人的追偿权】合伙人对合伙债务承担连带责任。清偿合伙债务超过自己应当承担份额的合伙人,有权向其他合伙人追偿。

典型案例

6. 杨文秀诉何凤祥、李忠庆、黄增强合伙合同纠纷案

[案例来源:天津市第二中级人民法院(2015)二中民一终字第1244号民事判决书,《人民法院案例选》2016年第3辑,第146－153页]

杨文秀曾以何凤祥向其借款共53万元为由,诉至法院,诉请何凤祥偿还借款53万元。天津二中院二审审理过程中,杨文秀与何凤祥、李忠庆、黄增强于庭下达成《和解协议》,约定:(1)何凤祥给付杨文秀15万元。(2)原由何凤祥、杨文秀、李忠庆、黄增强合伙经营的"颗粒厂",即日起由杨文秀、李忠庆、黄增强合伙经营,何凤祥退出经营。该"颗粒厂"给付杨文秀18万元。(3)杨文秀撤回上诉。天津二中院裁定准许杨文秀撤回上诉。

此后,除本案被告何凤祥按协议约定向原告杨文秀支付1万元外,本案被告李忠庆、黄增强未向原告支付款项。原告诉请被告何凤祥给付原告欠款14万元;被告李忠庆、黄增强连带给付原告欠款18万元,如被告李忠庆、黄增强不能偿还的,由被告何凤祥承担连带清偿责任。

天津东丽法院一审认为,被告何凤祥负有向原告支付15万元的合同义务,何凤祥已付1万元,尚欠14万元应该予以支付。

依据《和解协议》第2条,"颗粒厂"负有向原告支付18万元的合同义务。解释合同,应首先依循字义。依据文义解释,此约定的付款义务人应为"颗粒厂"。"颗粒厂"为合伙组织,该债务为"颗粒厂"的合伙债务。原、被告均无法证明"颗粒厂"合伙财产情况,故"颗粒厂"的合伙人应以其个人全部财产对该债务负连带清偿责任。依据对《和解协议》第2条的体系解释,该协议第2条先在前段约定"颗粒厂"合伙人的变动情况,再于后段约定"颗粒厂"的付款义务,故应认定18万元债务系在合伙人变动后所形成。合伙人变动后,被告何凤祥并非"颗粒厂"的合伙人,故何凤祥无须就18万元债务承担连带清偿责任。

合伙人变动后,"颗粒厂"的合伙人为原告及被告李忠庆、黄增强,包括原告本人在内,三位合伙人应就18万元债务全额向原告承担连带清偿责任。原告同为债权人和债务人,故18万元债务因混同而消灭,被告李忠庆、黄增强亦同时免除其连带清偿责任。但是,按照法律规定,偿还合伙债务超过自己应当承担数额的合伙人,有权向其他合伙人追偿。因混同而使债务消灭的,亦准此。

据原告主张,在合伙人变动后,"颗粒厂"系按三位合伙人各占1/3的股权比例运作,故各合伙人就“颗粒厂”的合伙债务亦应按此比例分担始为合理。因此,就18万元的合伙债务,原告及被告李忠庆、黄增强各应负担1/3(6万元),原告因混同而多承担了12万元债务(18万元-6万元),就其多负担的债务,其可向被告李忠庆、黄增强追偿。

法院判决被告何凤祥给付原告14万元;被告黄增强、李忠庆各自给付原告6万元。天津二中院二审维持原判。

第九百七十四条 【合伙份额的转让】除合伙合同另有约定外,合伙人向合伙人以外的人转让其全部或者部分财产份额的,须经其他合伙人一致同意。

典型案例

7. 王春昌诉王超松等合伙合同纠纷案

[案例来源:广东省梅州市中级人民法院(2010)梅中法民三终字第22号民事判决书,《人民法院案例选》2011年第1辑,第158-163页]

2001年6月,王敬棠、王超松、郑启宁等十位合伙人达成口头协议,共同出资成立了梅县松源中巴股份,该中巴股份共6份,每份21万元。松源中巴挂靠在梅县松源汽车运输站进行经营。原告王春昌投入股金10.5万元。王春昌未参与经营管理工作,其股东权利由王超松代为行使,并曾多次向王春昌、王超松等人支付摊账利息。2005年6月,王春昌胞弟第三人王孙潮开始负责松源中巴股份的财务工作。2006年3月,王敬棠退出松源中巴时,与王超松、郑启宁、王孙潮等人共同签订了《退股协议》,王孙潮在该协议上以股东的身份签名确认。

2008年7月,王超松、郑启宁、王德城、王孙潮经过共同协商,同意将松源中巴股份转让给王德城,据此,签订了《退股协议》。王超松、郑启宁、王德城、王孙潮均以股东的身份在该协议上签名确认,梅县松源汽车运输站作为挂靠单位亦在该协议上盖章。2009年1月,原告王春昌以其合法权益受到损害等为由,诉请确认2008年7月王超松等人签订的《退股协议》无效并予以撤销。

广东梅州梅县法院一审认为,原告王春昌自松源中巴成立后未参与经营管理,其股东权利一直由王超松代为行使,2006年后由其弟王孙潮代为行使后,其成为隐名股东。2006年后王孙潮一直以股东的身份在各种收据上签名并领取分红款。王孙潮代表王春昌与被告王超松、郑启宁与第三人王德城之间签订的《退股协议》,属合同法上的表见代理,该退股协议合法有效,相应法律后果应由被代理人即原告承受。法院判决驳回原告诉讼请求。广东梅州中院二审维持原判。

第九百七十五条 【可代位行使的合伙人权利】合伙人的债权人不得代位行使合伙人依照本章规定和合伙合同享有的权利，但是合伙人享有的利益分配请求权除外。

第九百七十六条 【不定期合伙合同】合伙人对合伙期限没有约定或者约定不明确，依据本法第五百一十条的规定仍不能确定的，视为不定期合伙。

合伙期限届满，合伙人继续执行合伙事务，其他合伙人没有提出异议的，原合伙合同继续有效，但是合伙期限为不定期。

合伙人可以随时解除不定期合伙合同，但是应当在合理期限之前通知其他合伙人。

第九百七十七条 【合伙合同的终止】合伙人死亡、丧失民事行为能力或者终止的，合伙合同终止；但是，合伙合同另有约定或者根据合伙事务的性质不宜终止的除外。

第九百七十八条 【合伙财产的分配】合伙合同终止后，合伙财产在支付因终止而产生的费用以及清偿合伙债务后有剩余的，依据本法第九百七十二条的规定进行分配。

图书在版编目(CIP)数据

民法典合同编实务手册 / 陈志编著. -- 北京 : 法律出版社, 2021

ISBN 978-7-5197-5318-4

Ⅰ. ①民… Ⅱ. ①陈… Ⅲ. ①合同法-中国-手册 Ⅳ. ①D923.6-62

中国版本图书馆 CIP 数据核字(2021)第 019649 号

民法典合同编实务手册
MINFADIAN HETONGBIAN SHIWU SHOUCE

陈 志 编著

责任编辑 章 雯 慕雪丹
装帧设计 汪奇峰

编辑统筹 法商出版分社

出版 法律出版社
总发行 中国法律图书有限公司
经销 新华书店
印刷 永清县金鑫印刷有限公司
责任印制 胡晓雅

开本 710 毫米×1000 毫米 1/16
印张 27.5
字数 508 千
版本 2021 年 3 月第 1 版
印次 2021 年 3 月第 1 次印刷

法律出版社/北京市丰台区莲花池西里 7 号(100073)
网址/www.lawpress.com.cn
投稿邮箱/info@lawpress.com.cn
举报维权邮箱/jbwq@lawpress.com.cn
销售热线/400-660-8393
咨询电话/010-63939796

中国法律图书有限公司/北京市丰台区莲花池西里 7 号(100073)
全国各地中法图分、子公司销售电话:
统一销售客服/400-660-8393/6393
第一法律书店/010-83938432/8433
西安分公司/029-85330678
重庆分公司/023-67453036
上海分公司/021-62071010/1636
深圳分公司/0755-83072995

书号:ISBN 978-7-5197-5318-4
定价:100.00 元